KB274027

전북 무주 지역의 언어와 생활

전북 무주 지역의 언어와 생활

국립국어원 지역어조사추진위원회

이기갑 (위원장, 목포대학교 교수)

강영봉 (위원, 제주대학교 교수)

곽충구 (위원, 서강대학교 교수)

김무식 (위원, 경성대학교 교수)

김봉국 (위원, 부산교육대학교 교수)

김정대 (위원, 경남대학교 교수)

박경래 (위원, 세명대학교 교수)

소강춘 (위원, 전주대학교 교수)

최명옥 (위원, 서울대학교 교수)

한영목 (위원, 충남대학교 교수)

지역어 구술 자료 총서 5-2
전북 무주 지역의 언어와 생활

초판 제1쇄 인쇄   2009년 3월 20일
초판 제1쇄 발행   2009년 3월 31일

지 은 이 ‖ 소강춘
펴 낸 이 ‖ 국립국어원
펴 낸 곳 ‖ 태학사

　　　　　주소 ｜ 경기도 파주시 교하읍 문발리 파주출판도시 498-8
　　　　　전화 ｜ (031) 955-7580~2(마케팅부) · 955-7584~90(편집부)
　　　　　전송 ｜ (031) 955-0910
　　　　　홈페이지 ｜ www.thaehak4.com
　　　　　전자우편 ｜ thaehak4@chol.com
　　　　　등록 ｜ 제 406-2006-00008호

값은 뒤표지에 있습니다.

ISBN 978-89-5966-353-8 94710
ISBN 978-89-5966-200-5   (세트)

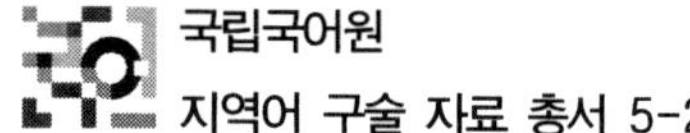

국립국어원
지역어 구술 자료 총서 5-2

전북 무주 지역의 언어와 생활

소강춘

태학사

■ 책을 내면서

　이 책은 전라북도 무주군 대차리에 거주하는 이종성(당시 76세) 할아버지의 구술 발화를 녹취하여 전사한 것이다.

　이 구술 담화는 국립국어원에서 매년 실시하는 지역어 조사 사업의 하나로 수행된 것인데, 전북 무주 지역의 조사는 2006년에 실시되었고, 그 조사 결과 보고서도 같은 해에 출간된 바 있다. 이 책에 실린 구술 담화 역시 조사 보고서에 포함된 내용이다. 그러나 조사 보고서의 양이 많지 않아 여러 사람이 이용하는 데 어려움이 있었고, 보고서의 내용 또한 잘못된 부분이 많아서 이를 고쳐야 할 필요가 있었다. 이런 이유로 구술 담화만을 따로 떼어 단행본을 펴내게 되었다. 이 과정에서 잘못된 전사와 표준어 대역 등을 수정하고, 주석과 색인을 덧붙이는 작업이 새로 이루어졌다.

　구술 담화는 그 지역 토박이들의 자연스러운 발화를 그대로 전사한 것이므로, 전사된 구술 담화는 담화 연구의 자료로서 오긴하게 이용될 수 있다. 이런 구술 담화의 전사는 이미 뿌리깊은나무사의 「민중자서전」이나 정신문화연구원의 「구비문학대계」에서도 시도된 바 있다. 또한 국립국어원의 「서울토박이말자료집」(Ⅰ)과 (Ⅳ) 역시 서울 토박이들의 구술 담화를 싣고 있다. 그러나 뿌리깊은나무사의 「민중자서전」이나 정신문화연구원의 「구비문학대계」는 전사의 정확성이 의심될 뿐 아니라 부분적으로 편집이 행해지기도 하였다. 또 「서울토박이말자료집」은 비교적 정확히 전사된 자료이지만 담화의 길이가 짧은 것이 흠이다.

이 책은 이러한 문제점을 보완하기 위해서 시도된 것이다. 이종성 할아버지의 약 4시간 동안 말한 구술 내용을 고스란히 담고 있다. 여기에는 마을의 개황, 회갑, 장례, 제사 절차, 집 짓는 이야기 등이 담겨 있다.

이 구술 담화는 전라북도의 동북부 지역의 언어와 충청남도 동남부 지역의 언어를 생생하게 반영하고 있다. 다양한 실생활의 어휘와 음운 및 문법 현상을 자연스럽게 나타내는 자료들이 많이 포함되어 있기에 이 지역어의 실상을 파악하는데 많은 도움이 될 것이라고 생각한다. 특히 집 짓는 과정 전체에 대한 상세한 설명이 있어, 이 분야에 많은 도움이 될 것이다. 필자는 표준어 번역과 주석 그리고 색인을 통하여 이런 어휘들에 대한 상세한 정보를 제공하려고 노력하였다.

이번 자료집의 발간에는 무엇보다도 국립국어원의 의지가 컸다. 이미 보고서로 발간된 내용을 다시 점검하면서 그 내용을 수정하고, 여기에 주석과 색인 등을 덧붙이는 작업은 애초에 예상했던 것 이상의 엄청난 시간을 필요로 했다. 이런 고되고 험난한 작업을 수행하지 않을 수 없도록 독려를 가한 이상규 원장과 권재일 원장의 채찍질에 힘입은 바가 크다. 또한 지역어 조사 사업의 뒷바라지를 위해서 노심초사하면서도 꼼꼼하게 일을 챙기시는 박민규, 김덕호 선생의 헌신 때문에 이 작업은 그나마 제 시간에 끝마칠 수 있었다고 생각한다. 지역어 조사위원들과의 공동 작업은 어느덧 5년째에 접어든다. 그동안 조사 질문지를 만들고 지역어 조사 사업의 틀을 짜는 데 함께 고생했던 위원들의 우정과 격려 그리고 충고가 이번 단행본을 내는 데 큰 힘이 되었다.

이 구술 담화 자료집을 내면서 함께 조사했고, 어휘와 문법 부분의 작업에 수고를 했던 전주대학교 주경미 교수님께 감사를 드린다. 그러나 누구보다 이 구술 담화의 단행본 간행에 이바지한 분은 이종성 할아버지이시다. 부드러우면서도 정직하고 강직하게 삶의 터전을 지켜내신 우리의 할아버님들의 표상이시다. 어려운 질문에 답해주시고, 담담하게 삶의 질

곡을 구술해 주신 어르신께 깊은 감사를 드린다. 앞으로도 늘 건강하시
고, 행복하시길 기도한다.

■ 조사 과정

　국립국어원에서는 2004년부터 전국의 지역어 조사 사업을 시행하고 있다. 이 사업은 도(道)를 단위로 하여, 한 도에서 한 지점씩 연차적인 조사를 진행할 예정으로 있다. 첫 해에는 질문지를 만들고 시험해 보기 위하여 예비조사를 실시하였고, 본격적인 조사는 이듬해인 2005년부터 시작되었다. 첫해 전라북도 사업은 완주군 구이면에서 예비조사와 남원군 보절면의 본 조사를 실시했다. 그리고 2006년에는 무주군을 조사했다.

　이 조사는 2006년 7월 14일에서 9월 30일까지 진행되었다. 주제보자 이종성(당시 76세) 할아버지와, 보조제보자 김임순(당시 76세) 할머니를 대상으로 필자가 직접 조사하고, 전사했다. 보충조사는 몇 차례 진행되었는데, 특히 주석을 하면서 많은 도움을 받았다.

　주제보자 이종성 할아버지는 손수 집을 지어 분가하시면서 시작된 어려운 가정 형편에도 자녀 교육을 잘 시키셔서 남서울대학교 교수이신 아드님과 인천에서 검찰청에 근무하시는 아드님을 두셨다. 부지런하시고, 총기가 있으시고, 주위에 신망이 두터우신 분이셨다.

　할아버지가 평소 자녀분들께 하신 말씀이 어르신의 삶에 대한 태도를 엿보게 한다.

　　더러 나 근 소리 해요.(더러 나는 그런 소리를 해요.)
　　야이, 저두 피고나다고 생강말구 사라믄 항상 절물때 바빠야 된다.
　　(야, 저도 피곤하다고 생각 말고 사람은 항상 젊을 때 바빠야 된다.)

제보자 이종성

제보자 집 앞 골목

바뿌야 사래미 머 생전 너꼬 사라야, 바뿌야지 볼꺼시 읻찌:, 암바뿌고 정하믄 볼꺼시 읍따.(바빠야 사람이 뭐 생전 넓고 살아야, 바빠야지 볼 것이 있지, 안 바쁘고 정하면 볼 것이 없다.)

그랑깨, 바뿡걸 머 구차나다 머 거시기하다 생강말고 그걸 고마께 생가가고 게 열씨미 이케 그러케 생가글 하야지.(그러니까, 바쁜 것을 뭐 귀찮다 뭐 거시기하다 생각 말고 그것을 고맙게 생각하고 그 열심히 이렇게 그렇게 생각을 해야지.)

머 내가 이런 소리 아내도 저 저덜 그러케 생각할테지마는, 하이고 내가 바빠서 대견해서 모다거따.(뭐 내가 이런 소리 안 해도, 저 저희들도 그렇게 생각할테지마는, 아이고 내가 바빠서 대근해서 못 하겠다.)

머 머시든지 사램이래능게 마리요, 소:하라께 생가게야 쉬랑게제, 대그나께 생가가믄 항상 대그내요.(뭐 무엇이든지 사람이라는 것이 말이요, 수월하게 생각해야 수월한 것이지, 대간하게 생각하면 항상 대간해요.)

뭐 대그낭거또 하이고 대그냐 모대 대그냐.(뭐 대근한 것도 아이고 대근해서 못 해 대간해.)

이케 생각허먼 머다능기여, 할 만하다 쫌 쉬랍따.(이렇게 생각하면 무엇하는 것이야, 할 만하다 좀 수월하다.)

이케 마멀 너부다니 마멀 머그머 드라고, 그 내가 더러 그란디.(이렇게 맘을 넓다랗게 맘을 먹으면 덜하고, 그 내가 더러 그렇게 말하는데.)

어르신이 세상을 바라보시는 긍정적이고 적극적인 모습을 볼 수 있다. 조사 과정에서 보여주신 어르신의 친절하시고, 넉넉하신 모습이 새롭게 떠오른다.

조사 자료는 많이 있다. 그러나 전사에 대한 부담 때문에 여기서는 4시간 정도의 분량으로 삶에 대한 이야기와 전통 의례, 그리고 집 짓는 과정에 대한 자료만을 전사하고 주석했다. 아쉬움이 남는다.

전사

제보자의 구술 자료는 SONY DAT D-100 디지털 녹음기로 녹음하였고, 녹음된 자료는 GOLDWAVE 프로그램을 이용하여 음성파일로 변환하였다. 이 음성파일을 컴퓨터로 재생하여 들으면서 TRANSCRIBER 1.4.2로 전사하였다.

전사는 소리 나는 대로 전사하는 것을 원칙으로 하였다. 구술 발화는 문장 단위로 분절(segmentation)하는 것을 원칙으로 하였다. 따라서 각 분절 단위의 끝은 반드시 문장 종결 부호(마침표, 물음표, 느낌표)로 마무리하였다. 제보자의 이야기 중에 조사자의 말이 들어가더라도 하나의 주제로 이야기가 계속되는 경우에는 제보자와 조사자 사이에 문장부호를 찍지 않았다. 내용이 전환될 경우, 조사자의 말과 제보자의 말을 모두 전사하였다. 이야기가 중간에 끊겨 내용이 전환되면 문장이 완전히 끝나지 않았다고 하더라도 문장부호 '……' 를 사용하여 문장을 마무리하였다. 의미 내용상 분절이 어려운 경우에는 같은 분절 내에서 문장이 끝날 때까지 입력하고 문장부호를 넣은 다음 지역어 문장에 대한 표준어 대역을 넣고 문장 종결부호를 넣었다.

음성 전사의 경우 잘 들리지 않는 부분이 있을 때 추측이 가능한 부분은 [x x] 안에 전사하고 음성 청취와 전사가 불가능하면 음절, 혹은 모라(mora) 수만큼 ***로 표시하였다. 표준어 대역에서도 같은 방법으로 표시하였다.

고딕체	조사자
ˉ명조체	제보자
:	장음 표시이며, 길이가 상당히 길 경우 ::처럼 장음 표시를 겹쳐 사용하였다.
****	청취가 불가능한 부분에서 해당 음절수만큼 사용하였다.
xxxx	감추어야 할 부분에서 해당 음절수만큼 사용하였다.
~	비음을 표시하기 위해 사용하였다.
〉	원래 통시적 변화에 사용하는 부호이다. 여기서는 공시적 변화에도 사용하였다.
^	색인에서 방언과 대응 표준어에 의미 차이가 있는 경우
^^	색인에서 방언에 대응하는 표준어가 없는 경우

주석

주석은 각 장마다 미주를 달았다. 독자로서는 각주가 이용하기에 편리하나, 책의 편집상 불가피하게 미주로 만족할 수밖에 없었다. 주석은 가능한 한 친절하게 붙여 놓았다. 주로 어휘의 의미는 사전적 풀이가 있는 경우는 사전적 풀이를 이용했지만 풀이가 없는 경우는 제보자의 설명을 통해 그 뜻을 풀이했다. 그밖에 형태에 대한 음운론적 해석은 필요할 경우 음운변동 과정을 제시하여 이해를 쉽게 했다. 문법 형태의 경우 그 기능에 대한 설명을 간략하게 붙여 놓았다. 독자의 편의를 위해서 동일한 내용의 주석이 반복되는 것을 허용하였다.

표준어 대역

전사된 방언 표현에 대해서는 표준어 대역을 붙였다. 원래의 조사 보고서에는 문장 단위로 표준어 번역을 붙였기에, 여기서는 조사보고서의 체제에 따라 표준어 대역을 붙였다. 이 점이 독자들에게 내용의 이해에 어려움을 줄 수 있을 거라는 우려가 있다.

전사된 방언 문장을 표준어로 옮길 때는 직역하는 것을 원칙으로 하였다. 문장 중간에 '인자', '여', '요', '거'와 같은 군말 또는 담화표지가 있을 경우에도 이를 표준어 대역에 그대로 살려 놓으려고 노력하였다. 적당한 표준어 대응 표현이 없는 경우, 방언 표현을 그대로 표준어 대역에 사용하면서 주석을 달았다.

의례 생활

〈가족 사항〉

그러면요. 그 큰아드님, 인자[1] 그 아들 둘에 딸 셋 그러케되세요?

˗ 큰아덜이요?[2]

아니 어르시니 어르신 자제부니?

˗ 아:. 아덜 서이.

아들 서이?

˗ 예, 딸 둘.

딸 둘? 맨: 위에가 아드리요, 따리요? 맨: 위에가 아드리요, 따리요?

˗ 따리요. 장나미[3] 따리요.

그 따니문 어디게세요?

˗ 인처니요.

인처네?

˗ 예.

둘째 지금 그 크나드니문 그믄 딸, 그다메 아드리 크나드리에요?

˗ 응, 아덜. 그 아덜은 저 처난.

처나안?

˗ 잉.

어느 대하게 게세요?

˗ 남서울대하게요.

남서울대하게:?

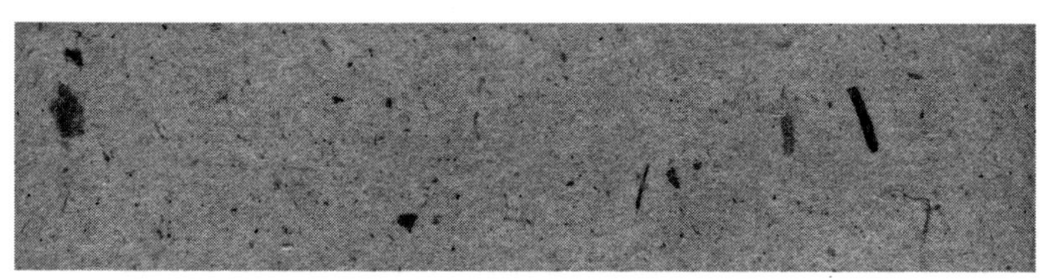

〈가족 사항〉

그러면요, 그 큰아드님, 이제 그 아들 둘에 딸 셋 그렇게 되세요?

⁻ 큰아들이요?

아니, 어르신이 어르신 자제분이?

⁻ 아. 아들 셋이.

아들 셋이?

⁻ 예, 딸 둘.

딸 둘? 맨 위가 아들이요, 딸이요? 매 위가 아들이요, 딸이요?

⁻ 딸이요. 장남이 딸이요.

그 따님은 어디계세요?

⁻ 인천이요.

인천에?

⁻ 예.

둘째 지금 그 큰아드님은 그러면 딸, 그 다음에 아들이 큰아들이에요?

⁻ 응, 아들. 그 아들은 저 천안.

천안?

⁻ 응.

어느 대학에 계세요?

⁻ 남서울대학에요.

남서울대학에?

그먼 그러케 키워노센는데 가:끔 지베 자주 모도시죠? 바뻐가꼬?

⁻ 예, 자주 모돠요.

저도 그래……

⁻ 그 뭐가 그러케 바뿌대요:?[4]

그레요 요즘.

⁻ 그러제 나넌요, 인제 이게 방학때, 인자 학생덜 방하가고[5] 나먼 쫌 저 저 지비서[6] 놀고 그랄찌 아라도, 항상 머르항거에[7] 학꾜를 가서, 머 이라고 바:뿌데요, 만날.

바~악 때가 더 바뻐요.

⁻ 에:, 그래요.

교수들허고 중고등학꾜 선생들허고 달라요.

⁻ 예:.

학쌩드른 방학때 쉬는데.

⁻ 에. 그닝갑뜨마뇨[8]. 그냥 머:허고 사고, 반날[9] 학꾜 나가고 머 바뿌대요, 바뻐. 놀쌩각뜰 안허는갑드만뇨[10]. 벼랑[11].

그렁개 가르치면, 쫌 머 그럴꺼튼데, 또 가르치먼 보닌드리 바뿌니까.

⁻ 기[12] 나는 그러들들해요. 교수니믄 시방[13] 어느 학꾜?

전주대하게 이써요.

⁻ 아! 전주대핵꾜[14]. 더러 나 근[15] 소리 해요. 야이, 저두 피고나다고 생강말구 사라믄 항상 절물때 바빠야 된다. 바뿌야[16] 사래미 머 생전 너꼬[17] 사라야, 바뿌야지 볼꺼시 읻찌:, 암바뿌고 정하믄 볼꺼시 읍따. 그랑깨[18], 바뿐걸 머 구차나다 머 거시기하다[19] 생강말고 그걸 고마께 생가가고 게 열씨미 이케[20] 그러케 생가글 하야지[21]. 머 내가 이런 소리 아내도 저 저덜 그러케 생각할테지마는, 하이고 내가 바빠서 대견해서[22] 모다거따. 뭐 머시든지 사램이래능게[23] 마리요, 소:하라게[24] 생가게야 쉬랑게제, 대그나게 생가가믄 항상 대그내요. 뭐 대그낭거또 하이고

그러면 그렇게 키워놓으셨는데 가끔 집에 자주 못 오시죠? 바빠가지고?

ˉ 예, 자주 못 와요.

저도 그래요……

ˉ 그 뭐가 그렇게 바쁘대요?

그래요 요즘.

ˉ 그러지 나는요, 이제 이게 방학 때, 이제 학생들 방학하고 나면 조금 저 집에서 놀고 그럴지 알아도, 항상 무엇을 하려고 학교를 가서, 뭐 일하고 바쁘데요, 만날.

방학 때가 더 바빠요.

ˉ 예, 그래요.

교수들하고 중고등학교 선생들하고 달라요.

ˉ 예.

학생들은 방학 때 쉬는데.

ˉ 예. 그러는 것 같드만요. 그냥 뭐하고 살고, 만날 학교 나가고 뭐 바쁘대요, 바빠. 놀 생각들 안하는 가보드만요. 별로.

그러니까 가르치면, 좀 뭐 그럴 것 같은데, 또 가르치면 본인들이 바쁘니까.

ˉ 그것이 나는 그렇다고들 해요. 교수님은 지금 어느 학교?

전주대학에 있어요.

ˉ 이! 전주대학교. 디리 나는 그런 소리를 해요. 아, 저도 피곤하냐고 생각 말고 사람은 항상 젊을 때 바빠야 된다. 바빠야 사람이 뭐 생전 넓고 살아야, 바빠야지 볼 것이 있지, 안 바쁘고 정하면 볼 것이 없다. 그러니까, 바쁜 것을 뭐 귀찮하다 뭐 거시기하다 생각 말고 그것을 고맙게 생각하고 그 열심히 이렇게 그렇게 생각을 해야지. 뭐 내가 이런 소리 안 해도 저 저희들도 그렇게 생각할 테지마는, 아이고 내가 바빠서 대근해서 못하겠다. 뭐 무엇이든지 사람이라는 것이 말이요, 수월하게 생각해야 수월한 것이지, 대간하게 생각하면 항상 대간해요. 뭐 대근한 것도 아이고

대그냐[25] 모대 대그냐. 이케 생각허면 머다능기여[26], 할 만하다 쫌 쉬랍
따[27]. 이케 마멀 너부다니[28] 마멀 머그머 드라고[29], 그 내가 더러 그란
디. 머 내가 이런 소리 하나, 하나 아나나 저두 그러케 생가할테지마
는. 멀.

　그먼 첟따님믄 대하글 안보내센, 안보내세꼬?

˘ 안보낼찌요.

　초네서 방아깐핻찌만 저히도 마찬가지에…… 그 아드니미 딱 대하게 드러가
셔쓸 때 어떤 기부니시등가요?

˘ 아! 기부니야 머 조쵸, 멀.

　아드니믄 고등학꾜를 어디서 나오셔써요?

˘ 무주서 나와써요.

　무주서……

˘ 에. 중고등핵꾜럴[30] 다 무주서 나와써.

　아따! 그러고 대학가면 공부 자랜네, 무주서.

˘ 예. 게렏쩨 무주: 기 인제, 공부라는거시 시기스는[31] 게 안되드만요,
시기서는. 지가 할라고 해야지, 지그믄 철때[32] 안되요, 그냥. 궁민핵꾜 댕
길때부터 초등핵꾜 초등핵꾜 댕길때부텀[33] 가는[34] 지베 오면 나가덜 아내
요. 하:앙상 챙만[35] 보고 그라고 머 먼만 보고 그라지[36], 생:전 머 이 여 친
구들하고 머, 고사테 막 어우러디고[37], 막 멀 그라건 아냐. 하:앙상 생화리
중핵꾜 댕길때보다, 초등핵꾜 댕길때버텀[38] 상얼 머 머언 상 먼 상 머 상
을 탇쌀트만요. 게 나 그때 인제 무주 고등핵꾜, 고등핵꾜 사망년때 댕길
쩌기[39]. 에, 가 다님선생니미 저: 이리[40] 이리 거그 고향이 거그라고 그라
더만. 그래서 인재, 함번 우리 지비를 차자왇써요.

˘ 그레 인제, 난 인제 거 중고등핵꾜 댕기면, 엔 엔나레 인제, 숨 저 갈:
보무로[41] 소풍댕기고 그러카자나요? 허구 댕기문 내가 미안내서, 우리 아
덜보구[42], 야! 너 선생님 저…… 그저니는[43] 머 별거업써, 머 그 담배 가튼

대근해서 못 해 대간해. 이렇게 생각하면 무엇하는 것이야, 할 만하다 좀 수월하다. 이렇게 맘을 넓다랗게 맘을 먹으면 덜하고, 그 내가 더러 그런데. 뭐 내가 이런 소리 하나, 하나 안하나 저도 그렇게 생각할 테지마는. 뭘.

그러면 첫 따님은 대학을 안 보내셨, 안 보내셨고?

⎺ 안 보냈지요.

촌에서 방앗간 했지만 저희도 마찬가지 였…… 그 아드님이 딱 대학에 들어가셨을 때 어떤 기분이시든가요?

⎺ 아! 기분이야 뭐 좋지요, 뭘.

아드님은 고등학교를 어디서 나오셨어요?

⎺ 무주에서 나왔어요.

무주에서……

⎺ 예. 중고등학교를 다 무주에서 나왔어.

아따! 그리고 대학가면 공부 잘 했네, 무주에서.

⎺ 예. 그랬지 무주 그 이제, 공부라는 것이 시켜서는 그 안되드만요, 시켜서는. 지가 할려고 해야지, 지금은 절대 안돼요, 그냥. 국민학교 다닐 때부터 초등학교 초등학교 다닐 때부터 가는 집에 오면 나가들 안해요. 항상 책만 보고 그리고 뭐 뭣만 보고 그러지, 생전 뭐 이 여 친구들하고 뭐, 고산에 마 어울리고, 마 뭣 그런 것은 안헤. 항상 생할이 중학교 다닐 때부터, 초등학교 다닐 때부터 상을 뭐 뭔 상 뭔 상 뭔 상을 탔었드만요. 그래 나 그때 이제 무주 고등학교, 고등학교 삼학년 때 다닐 적에. 예, 그 아이 담임선생님이 저 이리 이리 거기가 고향이 거기라고 그러드만. 그래서 이제, 한번 우리 집에를 찾아왔어요.

⎺ 그래서 이제, 나는 이제 그 중고등학교 다니면, 옛 옛날에 이제, 소 저 가을 봄으로 소풍 다니고 그렇게 하잖아요? 하고 다니면 내가 미안해서, 우리 아들 보고, 야! 너 선생님 저…… 그 전에는 뭐 별 것 없어, 뭐 그 담배

거 인제 머 그런거 뭐 이제. 담배나 존놈 한 꽉 사다 주라, 사자 그먼. 아 냅:뒤요[44], 머하러 사요. 해:년 아 인자 아들 저 세슬 져 먼저 중고등핵꾜 다 이르케. 센 네:엘뚜 우리 딸꺼지 네슬 다 인제 중고등해꾜는 무준 따 마치죠. ***도 선생 `마:대`주거. 가따 그럼 마대, 거 선생님 저. 참 이거 내가 인저 너무다[45] 선생니만테 잘 모당긴데. 근데 허허허, 하 근데 제가 마다그먼[46] 어띠키야[47]. 내가 날치기로, 누가 마대요. 그래가꾸선 인제 이레[48] 선생님 지비로 왇뜨만, 거참.

　‾ 금방두 애기해찌마는, 내가 참 저 선생니물 차자베야 되는데, 선생님 내롸서[49] 마 하시년 말쓰미, 이행호가 잉 공부를 자란다고 장레 머 거시기[50] 하건는디. 대해글[51] 보낼라나 암보내나 그걸 나한테 함번 내 으겨늘 드려볼려고 왇뜨만요. 아 지가[52] 머 인제 내 도는 읍찌마는[53] 지가 한다고 그서 대헤꾜 머 학껑만[54] 한다먼 워터케라두[55] 갈치야죠. 갈치야지요. 그름 어느 대해꾜를 보내냐, 아 그거꺼진 내가 알쑤가 인능가요. 거까진 안 쓰고 인제. 지가 인제 댕긴데 지 아랑이루[56] 인제 지가 머 어떠카지 내 그꺼지는 나 인제, 뭐 생각 몬허걷따고 내 그런디. 그러구서 점, 저 저러케 열씨미 해구서나[57] 서울 저 거시기 대학 나와써요, 첨머니는[58]. 멀 그케 생각할라면 생가기 안나, 대하궈는 거시기 저 또 이러케 생가기 안나네,

서울써 학꾜를 다나와써요? 대하글?

　‾ 예. 대하궈는 거시기 거시기 대하권 나오고.

대전써 나와써요?

　‾ 아니 서울. 참 뭘 해따가도 글케 생각 생가글 하먼 잘 안나요. 거 인재. 박싸하궈는 점북때, 점북때에서나 나오고, 전주여서[59] 쪼끔 일썬써요. 바로 이제 대학 대학 대하권 다 조립하고[60], 여 다 마치고, 조립하기 저네 대전 연구소, 대전 연구소로 발령이 나드만요. 대전 연구소서나: 머 한: 솔차니[61] 일썬써요. 함매[62], 고그서 일따가 인제,

같은 것 이제 뭐 그런 것 뭐 이제. 담배나 좋은 것 한 곽 사다 줘라, 사자 그러면. 아 내비둬요, 뭐하러 사요. 매년 아 이제 아들 저 셋을 저 먼저 중고등학교 다 이렇게. 셋 넷도 우리 딸까지 넷을 다 이제 중고등학교는 무주에서 마쳤지요. ***도 선생 마다고 해 죽어. 갔다 그럼 마다고 해, 그 선생님 저. 참 이것 내가 이제 너무나 선생님한데 잘 못 한 것인데. 그런 데 하하하, 하 그런데 저희가 마다고 하면 어떻게 해. 내가 날치기로, 누가 마다고 해요. 그래가지고서 이제 이리 선생님이 집으로 왔더만, 그 참.

― 금방도 이야기했지만은, 내가 참 저 선생님을 찾아뵈어야 되는데, 선생님 내려와서 마 하시는 말씀이, 이행호가 이 공부를 잘한다고 장래 뭐 거시기 하겠는데. 대학을 보내려나 안 보내나 그것을 나한데 한번 내 의견을 들어보려고 왔드만요. 아 제가 뭐 이제 내 돈은 없지만은 지가 한다고 해서 대학교 뭐 합격만 한다면 어떻게 해서라도 가르쳐야죠. 가르쳐야지요. 그러면 어느 대학교를 보내냐, 아 그것까지는 내가 알 수가 있는가요. 거기까지는 안 쓰고 이제. 지가 이제 다니는 데 지 아량으로 이제 지가 뭐 어떻게 하지 내가 그것까지는 나 이제, 뭐 생각 못 하겠다고 내 그런데. 그렇게 하고서 저 저 저렇게 열심히 해가지고서나 서울 저 거시기 대학 나왔어요, 처음에는. 뭘 그렇게 생각하려면 생각이 안나, 대학원은 거시기 저 또 이렇게 생각이 안나네.

서운에서 학교를 다 나왔어요? 대학을?

― 예. 대학원은 거시기 거시기 대학원 나오고.

대전에서 나왔어요?

― 아니 서울. 참 뭘 했다가도 그렇게 생각 생각을 하면 잘 안나요. 그 이제. 박사학위는 전북대, 전북대에서 나오고, 전주에서 조금 있었어요. 바로 이제 대학 대학 대학원 다 졸업하고, 여 다 마치고, 졸업하기 전에 대전 연구소, 대전 연구소로 발령이 나드만요. 대전 연구소에서 뭐 한 상당히 있었어요. 아마. 거기에서 있다가 이제.

- 대학 교수로 인제, 초메는[63] 전주 전주 가서나 하 한 이삼년 이썬능가. 그래가꾸서 인제, 저 처난 저 거기 저 거또 시허믈 저 거시기 교수를 뽑는다고……

저 때무네 그냥 아버님허고 이애기도 몯허싱가바요.

- 그래가꾸서나 인제 거가서 인제 시험 바가꼬, 시험 바가꼬 인자 거 이때 처나느로 가써요. 그래가지…… 저: 나넌[61] 머 워디 머 노푼 냥반덜[65] 머 아넌 사램두 업꾸 빽뚜 업꾸 그냥 머, 그렁거 거시간다고해두 머 무신 머 워디서 뭐 머…… 선사하고[66] 뭐하고 그런거 돈 참: 그렁걸 가 하두 안하고, 그렁거 업씨 그냥 순전 그냥 지가 그냥 제 노려기로[67] 노려 글 해가꼬서 그냥, 그르케 해씨유[68].

아 부모니미 그러케 성실하게 서션는디 얼마나 또 성실허게 사랃걷써요.

- 예, 성시래요. 성실허기는.

그래도 그래도 인제…… 그래도 자제부늘 키우실 때 보면…… 나가따 오신다고.

- 아파트를.

근데 자제부늘 키우실 때 일 안코 그래도 공부허는 애가 이뻐요? 일 도화주는 애가 이뻐요? 공부허는 애가 이뻐요?

- 나는 아치메 그래찌만, 게 내가 몯빼워서 하두 공부가 워니되서나, 뭐 일거튼거 그런거 애 그러케 앙거시개써[69], 공부하라구랟찌. 우리 시:채[70] 머스마도[71] 인제, 가는 저 대전 대 대즌 그 멍가 암만 ** 대즌 저 저 대하글 나와꺼등요. 에 고곧또[72], 거 중핵꾜때 중핵꾜때부텀 엔나레는 인제, 이 집 지키 저네 이제 거시기 이썬는데, 자방트리라고요[73]. 자방틀 인자 방에다 움모게다[74] 이케 만날 노쿠서[75] 인자 자방틀, 저 으자라고, 똥고로만 나무 요마:낭걸[76] 인자 으자 자방틀 안자서 거 일항거 고그서. 끄그인[77] 머 책 그때는 머 책쌍일써, 아들 공부하라고 뭐 책상얼 내가 사줟써 뭘해써, 나.

￢ 대학 교수로 이제, 처음에는 전주 전주 가서 한 이삼년 있었는가. 그래가지고서 이제, 저 천안 저 거기 저 거 또 시험을 저 거시기 교수를 뽑는다고……

저 때문에 그냥 아버님하고 이야기도 못 하시는가 봐요.

￢ 그래가지고서나 이제 거기 가서 이제 시험 봐가지고, 시험 봐가지고 이제 그 때 천안으로 갔어요. 그래가지고…… 저 나는 뭐 어디 뭐 높은 양반들 뭐 아는 사람도 없고 빽도 없고 그냥 뭐, 그런것 거시기한다고 해도 뭐 무슨 뭐 어디서 뭐 머…… 선사하고 뭐하고 그런것 돈 참 그런 것가 하도 안하고, 그런 것 없이 그냥 순전히 그냥 지가 그냥 제 노력으로 노력을 해가지고서 그냥, 그렇게 했어요.

아 부모님이 그렇게 성실하게 사셨는데 얼마나 또 성실하게 살았겠어요.

￢ 예, 성실해요. 성실하기는.

그래도 그래도 인제…… 그래도 자제분을 키우실 때 보면…… 나갔다 오신다고.

￢ 아파트를.

그런데 자제분을 키우실 때 일 않고 그래도 공부하는 애가 예뻐요? 일 도와주는 애가 예뻐요? 공부하는 애가 예뻐요?

￢ 나는 아침에 그랬지만, 그 내가 못 배워서 하도 공부가 원이 되어서, 뭐 일간은 거 그런 것 에 그렇게 안 거시기했어, 공부하리고 그랬기. 우리 셋째 새내아이도 인제, 가는 저 대전 대전 그 뭔가 아무리해도 ** 대전 저 저 대학을 나왔거든요. 예 그것도, 그 중학교때 중학교때부터 옛날에는 인제, 이 집 짓기 전에 이제 거시기 있었는데, 재봉틀이라고요. 재봉틀 인제 방에다 윗목에가 이렇게 매일 놓고서 인제 재봉틀, 저 의자라고, 똥고롬한 나무 이만한 것을 인제 의자 재봉틀 앉아서 그 일하는 것 거기서. 그까짓것 뭐 책 그때는 뭐 책상있어, 아들 공부하라고 뭐 책상을 내가 사주었어 무엇을 했어, 나.

￣ 그래 자다보면 그때 인제 혼채[78], 그 젯 저 틀 자방틀 자방틀 그먼 인제, 책쌍 사마 쓰능기라. 으자를 제 젯 자방틀 으자. 거그서 그러케 이자, 아휴 그냥 자다보면, 그냥 다: 그 쪼까능거시[79] 공부한다고 그러고 안잪꼬: 안잪꼬 그러문[80] 내가. 야! 이 잠온디 자라 자라 그라문 그래 그때 그때 시저른 그르:케 오래 공부를 해도 무란모금도 안줘써. 머 아무걷또 바메 머, 야 이 너 저 배고푸먼 인자 야시기 애이먼 머라도 아무끝또 안줘써요. 그개[81], 그러케 거지갠싸테요. 그러다가 인재…… 인제 첨문지[82] 저: 나중이 내가 그저니 살리믈 해따가 또 살림 함번 좀, 내가 좀 마니 좀 주러 줄때가 이써요.

￣ 그러카자[83] 살리미 줄자, 우리 크나덜이 인재 대핵꾜 가지, 야 인자 고등핵꾜 가지, 또 인제 저 시챔머스마[84] 중핵꾜 가지. 또 인제 우리 저 뭐 그때는 머 궁민핵꾜야 별거지만, 그때는 다 인자 중고등핵꾜 다 올 거시기 줘썰써요. 수엄뇨[85] 수엄뇨를 다 줘꺼덩. 그러다봉게 인제, 대그나데요. 좀. 대그내서나 우리 두채아는 공부를 게 열씨미 아네, 인자 야 공부를 아내 영. 그럼 자는 핵 핵꾜 가따오면 마리여, 책뽀를 가따 훅 지버 내쏘고[86] 훅 지버 내쏘고, 써서[87] 놀로 나가뻐리는거야.

허허허.

￣ 게 내가 야이! 너는 저 선생님 저거 숙쩨 안내주냐? 그럼 안내줘요.

허허허.

￣ 기러먼 구마니여[88].

허허허.

￣ 그란데 우리 세챈노미[89] 세챈놈도 공부를 잘핻써요. 인재. 저 거시기 때 초등핵꾜서부터 중핵꾜서도 자로고, 그래 고등핵꾜럴 저 구미 그모공고라고, 에 그저니 저 박정히:씨가 그 저 시서를 해썰꺼등요. 게 인제 그 그가 공곤데, 공고래두 인제 그 학꾜서나 학꾜서 인자, 중 에 우수한 아드럴 게 그때는 보낻찌. 보:재주고 저퍼도[90] 몯뽀낻써요.

˝ 그래 자다보면 그때 이제 혼자, 그 저 틀 재봉틀 재봉틀 그러면 이제, 책상 삼아 쓰는 것이라. 의자를 제 제 재봉틀 의자. 거기서 그렇게 이제, 아유 그냥 자다 보면, 그냥 다 그 조그만한 것이 공부한다고 그러고 앉아 있고 앉아 있고 그러면 내가. 야! 이 잠 온데 자라 자라 그러면 그래 그때 그때 시절은 그렇게 오래 공부를 해도 물 한 모금도 안 줬어. 뭐 아무것도 밤에 뭐, 야 이 너 저 배고프면 인제 야식이 아니면 뭐라도 아무 것도 안 줬어요. 그게, 그렇게 거시기했았테요. 그라다가 인제…… 인제 처음에 저 나중에 내가 그전에 살림을 했다가 또 살림을 한번 좀, 내가 좀 많이 좀 줄어 줄 때가 있어요.

˝ 그렇게 하자 살림이 줄자, 우리 큰아들이 인제 대학교 가지, 야 이제 고등학교 가지, 또 인제 저 셋째 사내아이 중학교 가지. 또 인제 우리 저 뭐 그때는 뭐 국민학교야 별 것이 아니지만, 그때는 다 이제 중고등학교는 다 올 거시기 줬었어요. 수업료 수업료를 다 주었거든. 그러다 보니까 이제, 대근하데요. 좀. 대근해서나 우리 둘째아이는 공부를 그렇게 열심히 안 해, 이제 야 공부를 안 해 영. 그럼 자는 학교 갔다오면 말이야, 책보를 갔다 휙 집어 내버리고 휙 집어 내버리고, 곧바로 놀러 나가버리는 거야.

허허허.

˝ 그래 내가 야! 너는 저 선생님 저 숙제 안 내주냐? 그럼 안 내줘요.)

허허허.

˝ 그러면 그만이야.

허허허.

˝ 그런데 우리 셋째 놈이 셋째놈도 공부를 잘 했어요. 이제. 저 거시기때 초등학교에서부터 중학교에서도 잘하고, 그래서 고등학교를 저 구미 금호공고라고, 예 그전에 저 박정희씨가 그 저 시설을 했었거든요. 그 이제 그 그것이 공고인데, 공고라도 이제 그 학교에서 학교에서 이제, 중 예 우수한 아들을 그 그때는 보냈지. 보내고 싶어도 못 보냈어요.

그때는 우수한 애가.

￣ 그래 거가서 인재, 학꾜럴[91] 인재 나오무[92] 으무저그로 인재 또 이저……

취지글 핻썬써야 된찌요?

￣ 아니 군대럴 오년가늘 사라야되야[93]. 저 거그서 인재 고등해꾜럴 나완는데 아무껃도 주들안햐[94]. 머 우리가 져, 머 인자 책갑가틍거 이런거나 거 거시가까[95] 머 인재 무신 뭘. 수엄뇨를 주들 안핻써요. 그래 인제. 정부서 갈치꺼그든요. 게 으무저그로 인제, 군대생화를 오년가늘 하는디, 게 거기서 인자 오년간 할쩨게 인제. 거그서 또 인제 그모공대라고 읻썬써요. 에;. 그모공고, 고여페가 그모공대. 그 내가 저 신채머스마 하고…… 야 이너 그 그모공대를 가면 어찌냐 그모공대로 가면, 인자. 그 학꾜 사라믄 소~이로 대부분 잉과니 되드만요. 소이로 소이로 잉관되서[96], 게그 학꾜를 나오머는 소이로 잉관되고, 도시 군데는[97] 가야되고. 그렁께나 그리 가문 어터커느냐 그렁깨나. 그런디: 그모:공대를 가무는, 군대럴 으무저그로 인제, 장교는 장꼰데…… 멘녀를 하드라 머? 사호 십녀닌가 얼매 하여튼 거 오래 하야되야[98]. 그럼. 으무저그로 해야대요, 나올띠도[99] 몬나오고.

￣ 그냥 내가 시깅깨 마다데:[100]. 나 마다고. 거그서부텀[101] 어터게던지 대해글 갈라고 맘먹드만. 그래 그래가꼬선 인제 군대를 가서, 인자 군데를 가서 오년가늘 그랟씽개 게그비 인제 상사꿉. 상사꿉 됭게 인자, 나와서 외출와서 자고 그라능갑떼[102]. 나와서 순전 공부하고 그라는 갑드만, 가마: 이 보니께. 그라고 그때 월급또 인제 상사끄빙개 월급또 좀 받꼬. 게 제 학꾜 다 마치고 나올쩌그 도늘 오뱅마눠닝가 얼매를 군대 마치고 나오, 가지고 나오드만. 그래가꾸서 나오고 바로 인재 대즌가서[103] 하권, 저 오뱅마눤 가지구 간, 가진 그노미로 그니므로 인제, 지가 하궈늘 댕기드만요[104].

그때는 우수한 애가.

˗ 그래 거기 가서 이제, 학교를 이제 나오면 의무적으로 이제 또 이 저……

취직을 했었어야 됐지요.?

˗ 아니 군대를 오년간을 살아야 돼. 저 거기서 이제 고등학교를 나왔는데 아무것도 주지를 안 해. 뭐 우리가 저, 뭐 이제 책값같은 것 이런 것이나 그 거시기할까 뭐 이제 무슨 뭣. 수업료를 주들 안했어요. 그래 이제. 정부에서 가르쳤었거든요. 그래 의무적으로 이제, 군대 생활을 오년간을 하는데, 그 거기서 이제 오년간 할 적에 이제. 거기서 또 이제 금호공대라고 있었어요. 예. 금호공고, 그 옆에가 금호공대. 그 내가 저 셋째 사내아이 하고…… 야 너 그 금호공대를 가면 어쩌냐 금호공대로 가면, 이제. 그 학교 사람은 소위로 대부분 임관이 되드만요. 소위로 소위로 임관돼서, 그 학교를 나오면 소위로 임관되고, 도시 군대는 가야되고. 그러니까 그리 가면 어떻겠느냐 그러니까. 그런데 금호공대를 가면, 군대를 의무적으로 이제, 장교는 장교인데…… 몇 년을 하더라 뭐? 사오 십년인가 얼마 하여튼 그 오래 해야돼. 그럼. 의무적으로 해야 돼요, 나올 때도 못 나오고.

˗ 그냥 내가 시키니까 마다고 하데. 나 마다고. 거기서부터 어떻게든지 대학을 갈라고 마음 먹드만. 그래 그레기기고는 이제 군대를 가서, 이제 군대를 가서 오년간을 그랬으니까 계급이 이제 상사급. 상사급 되니까 이제, 나와서 외출 와서 자고 그러는가보데. 나와서 순전히 공부하고 그러는 가보드만, 가만히 보니까. 그리고 그때 월급도 인제 상사급이니까 월급도 조금 받고. 그 제 학교 다 마치고 나올 적에 돈을 오백만원인가 얼마를 군대 마치고 나와, 가지고 나오드만. 그래가지고서 나오고 바로 이제 대전 가서 학원. 저 오백만원 가지고 간, 가진 그놈으로 이제, 지가 학원을 다니드만요.

아:.

￢ 그래 인제 가가 인제 시험볼라니깨, 임문게를 인제 댕기야 대학시험 볼라믄[105] 거시기 한데. 공고럴 보니께 셤볼라니까[106] 아주 그냥 틀리대야. 뭐 통 모지란디야[107]. 그래가꾸서 인제, 하귀늘 댕기서. 그래가꾸선 인제 대전. 한판…… 그 무신 대하기냐?

충남대하꾜요, 한남대하기요?

￢ 아니. 한남대. 한남대하꾜 나와써요 한남대하꾜. 한남대하꾜 나오고 그래구서나. 그 인재 나도 그카고, 이게 그저네 내 우리 저 크나들 저: 대하꾜 댕길때 내 그라거든. 그냐 공무어니 어띠냐 공무어니? 긍깨 우리 크나들 그려, 공무언 하야 월급 돈 얼마 안되요. 그라네. 게 내가 그래꺼덩 에 회사라는 거슨 일딴 이거시 사업:까자나 이기 회사는 사업. 게 장사랑게 이거뚜 인제, 뭐 회사도 인자 잘만 거시가먼 거시간디. 잘몯 고시가 먼[108] 그 회사가 잘되먼 거시간디, 잘몯되믄 혹시 거시기하믄 그 질구다닝깨[109], 공무언 그치[110] 그러케 튼트나지, 야무들[111] 모다지 안냐, 긍깨나[112]. 그래서 인제, 자그나 보고 내가 그렁깨나 공무언 가마:이 봉깨, 대하꾜 댕김서[113] 순 공무언 시허믈 보드만요. 그래 인제 공무언[114] 시허믈 바가꼬[115], 시험 바가꼬 대버니 칠급 칠급 그 됃써요.

검찰직 진급대서?

￢ 아니 검찰. 이 거지기요, 인제 저 전자게산 전자: 거……

아:.

￢ 그 그 꽈럴[116] 맏탇 그 꽈를 배왇써요, 우리 세채 머스마가. 그래서 인제 공무어네 합격되아 가꼬, 인천 검찰청으로 검찰청에 인제 그리 발령이 나가꼬. 그래 인제.

조케 괜찬쵸. 지그먼 속 페너건네?

￢ 응 그래, 제 시꾸도[117] 공무어니고 저도 공무어니고.

그렁개. 오히려 젤 속 페널꺼 가테.

아.

 그래 이제 가가 이제 시험을 보려고 하니까, 인문계를 인제 다녀야 대학 시험 보려면 거시기 한데. 공고를 보니까 시험보려고 하니까 아주 그냥 틀리대. 뭐 통 모자라드래. 그래가지고서 이제, 학원을 다녀서. 그래 가지고서 이제 대전. 한판…… 그 무슨 대학이냐?

충남대학교요, 한남대학교요?

 아니. 한남대. 한남대학교 나왔어요 한남대학교. 한남대학교 나오고 그러고서나. 그 이제 나도 그렇게 하고, 이것이 그 전에 내 우리 저 큰아들 저 대학교 다닐 때 내 그랬거든. 그냥 공무원이 어쩌냐 공무원이? 그러니까 우리 큰아들 그래, 공무원 해야 월급 돈 얼마 안돼요. 그러네. 그래 내가 그랬거든 예 회사라는 것은 일단 이것이 사업가잖아 이것이 회사는 사업. 그 장사라는 것이 이것도 이제, 뭐 회사도 이제 잘만 거시기 하면 거시기한데. 잘못 거시기하면 그 회사가 잘되면 거시기한데, 잘못 되면 혹시 거시기하면 **다니니까. 공무원 같이 그렇게 튼튼하지, 야물지 못 하지 안냐, 그러니까. 그래서 인제, 작은애 보고 내가 그러니까 공무원 가만히 보니까, 대학교 다니면서 순 공무원 시험을 보드만요. 그래 이제 공무원 시험을 봐가지고, 시험 봐가지고 단번에 칠급 칠급 그 됐어요.

검찰직 진급됐어?

 아니 검찰, 이 거시기요. 인제 저 전자계산 건가 그……

아.

 그 그 과를 맡았 그 과를 배웠어요, 우리 셋째 새내아이가. 그래서 이제 공무원에 합격이 되어 가지고, 인천 검찰청으로 검찰청에 이제 그리 발령이 나가지고. 그래 이제.

좋겠 괜찮지요. 지금은 속 편하겠네?

 응 그래, 제 식구도 공무원이고 저도 공무원이고.

그러니까. 오히려 제일 속 편할 것 같애.

˝ 에 에, 그러치요. 뭐 공무언해서나 큰 돈 머, 큰 도는 몰 뻐러도, 자기 먹꼬살기는 머 그냥 걱쩡아내도 되잔, 걱쩡아나자나요[118]. 아 그람 됀찌 머. 나는 장남 항상 그래 그리 머 도니 마느면 조치마는 너:무다 마늘꺼 웁꼬, 자기 그냥 몸 건강하니 식꾸[119] 넬 머꼬살고, 아들 공부시길 시기고 지비라도 그냥 쓸만항거 가지고, 그르캐 지내면 그 질[120] 뺀쪽 페너다. 머 그케 크개 욕심낼꺼 업따. 난 그래요. 그란디 머 시방 제벌가 마려, 그: 돈 그러케 마는 사람도 그래도 돈늘 막 더 벌라고 하고 또 그 사람드리 머머 정부똔도 막 그냥 여 머 거시기 이: 거시기 도늘 막 먹꾸 이래 이러 자나요. 사라미랑기[121] 참 다 욕씨미랑기 하니 업써요.

 예 예, 그렇지요. 뭐 공무원해서나 큰 돈 뭐, 큰 돈은 못 벌어도, 자기 먹고 살기는 뭐 그냥 걱정 안해도 되잖, 걱정 안하잖아요. 아 그러면 됐지 뭐. 나는 장남 항상 그래 그래 뭐 돈이 많으면 좋지만 너무나 많을 것 없고, 자기 그냥 몸 건강하니 식구 넷 먹고 살고, 아들 공부시킬 시키고 집이라도 그냥 쓸만한 것 가지고, 그렇게 지내면 그 제일 뱃속 편하다. 뭐 그렇게 크게 욕심낼 것 없다. 나는 그래요. 그런데 뭐 지금 재벌가 말이여, 그 돈 그렇게 많은 사람도 그래도 돈을 막 더 벌려고 하고 또 그 사람들이 뭐 뭐 정부돈도 막 그냥 여 뭐 거시기 이 거시기 돈을 막 먹고 이래 이러잖아요. 사람이라는 것이 참 다 욕심이라는 것이 한이 없어요.

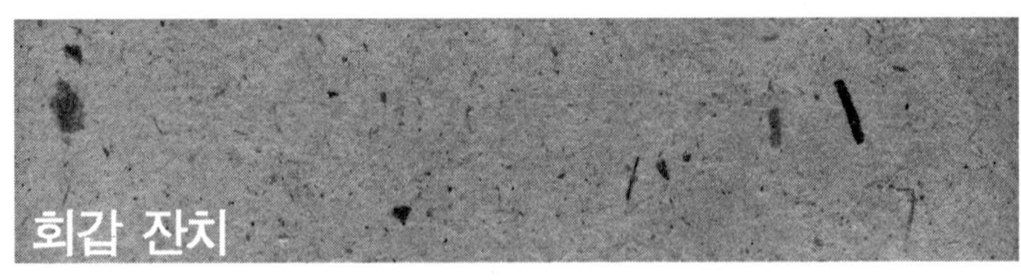

〈회갑 잔치〉

　사람이 육씹, 만 육씹쎄가 되며는 아까 일련 되면 도리라고, 그러면 돌잔치 하는 거처럼 사라미 육씹쎄가 되면 하는 잔치를 머라 그래요?

　˗ 육십쎄? 황갑짠치라고 허지요.

　그러죠 잉[122]?

　˗ 예.

　그 잔치할때 여기넌 어떠케 하셔요?

　˗ 여기는[123]……

　어르신때는 어떠케 하셨써요?

　˗ 어:, 엔나레? 그저니[124] 엔나레는 인자 머 대지가틍거[125] 잡꼬, 인자 술 머 이렁거 다 모데 이제. 이제 경사나 경사나 마찬가지요. 다 음식장만해 가꼬 인제 동네 사람 인제, 오래가꼬 다 인제 한차례 메기요[126] 인재 술하 고. 그래가꼬서나 그저니 엔나레넌 인제: 칭구지가니 치나게 지내덩가 동 구가니라덩가[127], 이런 사람더런 인제 머 신발거틍거 항커리라도[128] 사다 준다던가, 무신 머 저 반찬꺼리, 지:미라[129] 엔나레는 인제 지:미이라도 한 톨사고 뭐 조구라도 머 한 멘마리 사다준다덩가. 항갑때 그러케 해써요. 엔:나레 그저네. 그저네는 그러케 핸는데, 그러다 인제 중넌니[130], 이재 다: 가정이 좀 이제 나사짐서[131], 나사짐서 인제, 항:갑하는 사람두 인제 부주 를[132] 바닫써요, 돈늘. 부주를 받따가, 시방은[133] 시방은 인제 항갑짠치 잘 아내요.

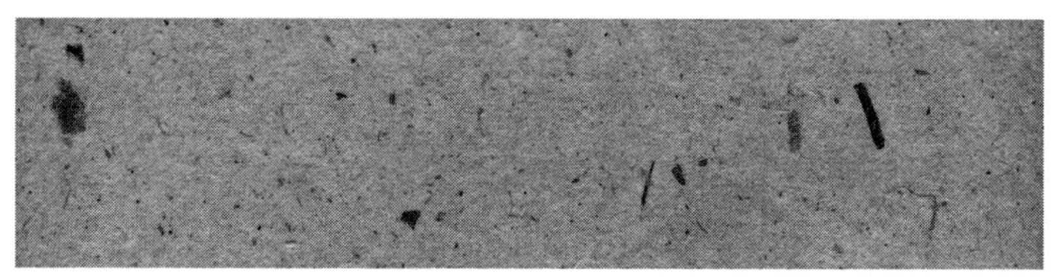

〈회갑 잔치〉

사람이 육십, 만 육십세가 되면 아까 일년 되면 돌이라고, 그러면 돌잔치하는 것처럼 사람이 육십세가 되면 하는 잔치를 뭐라 그래요?

˗ 육십세? 환갑잔치라고 하지요.

그렇지요 잉?

˗ 예.

그 잔치할 때 여기는 어떻게 하세요?

˗ 여기는……

어르신 때는 어떻게 하셨어요?

˗ 어, 옛날에? 그 전에 옛날에는 이제 뭐 돼지같은 것 잡고, 이제 술 뭐 이런 것 다 못 해 이제. 이제 경사나 경사나 마찬가지요. 다 음식 장만해 가지고 이제 동네 사람 이제, 오라고 해 가지고 다 이제 한차례 먹여요 이제 순 하고. 그래가지고서 그 전에 옛날에는 이제 친구기긴에 친히게 지내든가 동기간이라든가, 이런 사람들은 이제 뭐 신발같은 것 한 컬레라도 사다 준다고 하던가, 무슨 뭐 저 반찬거리, 김이라 옛날에는 이제 김이라도 한 톳 사고 뭐 조기라도 뭐 한 몇 마리 사다 준다든가. 환갑때 그렇게 했어요. 옛날에 그전에. 그전에는 그렇게 했는데, 그러다 이제 중년에, 이제 다 가정이 좀 이제 나아지면서, 나아지면서 이제, 환갑하는 사람도 이제 부조를 받았어요, 돈을. 부조를 받다가, 지금은 지금은 이제 환갑잔치 잘 안해요.

그죠?

￣ 애, 아내요. 시방 요즈믄 아내요.

요즈믄 칠수늘 하죠잉?

￣ 에, 아내요, 시방은 항갑짠치 하는 사라미 베랑[134] 업써요. 요세는 아
네요. 그때 나 인제 항갑지널때 그때만해도……

다 치루셷죠?

￣ 예, 그러케 핻써요. 거이 시방은 항갑짠치 아나 아나데요, 시방은.
그동안 항갑 요즘 다: 항갑 누구나 다 오니까.

￣ 애.

〈결혼식〉

그러면 엔나레 게론식할때요, 어르신 겨론식할때…… 그때 동내 사람드리
부조를 가꼬오넝거요? 그때도?

￣ 애, 가꼬오죠.

주로 그때는 머 가꼬왇써?

￣ '도니지요 머.

어르신 게론 하실때도?

￣ 애, 도니요.

지금부터 한 사심년전 그때도?

￣ 아! 도니요.

아니 엔나레……

￣ 우리 인제 나 게론할 고 저네 고 저네 우리 형님 인제 게론한다덩가
고 저네는, 동고가네는[135] 머 쌀도 함말[136] 가저오고 뭐 콩거틍걷또 함말
가저오고 이르케, 곡씨기로[137] 가져온 사라미 읻써요. 인자 그건, 친동고
가니라 그래 가딴써요[138]. 친동가니라 친동가니라 가따주고. 그외에는 점
부[139] 인자 도느로 도넌 인제 다: 얼매썩[140] 얼매썩 도는 그러케 하구요.

그러지요?

˗ 예, 안해요. 지금 요즘은 안해요.

요즘은 칠순을 하지요?

˗ 예, 안해요. 지금은 환갑잔치 하는 사람이 별로 없어요. 요즘은 안해요. 그때 나 인제 환갑지낼 때 그때만 해도……

다 치루셨지요?

˗ 예, 그렇게 했어요. 거의 지금은 환갑잔치 안해 안하데요, 지금은. 그동안 환갑 요즘 다 환갑 누구나 다 오니까.

˗ 예.

〈결혼식〉

그러면 옛날에 결혼식할 때요, 어르신 결혼식할 때…… 그때 동네 사람들이 부조를 가지고 온 것이요? 그때도?

˗ 예, 가지고 오지요.

주로 그때는 뭐 가지고 왔어?

˗ 돈이지요 뭐.

어르신 결혼하실 때도?

˗ 예, 돈이요.

지금부터 한 사십년전 그때도?

˗ 아! 돈이요.

아니 옛날에……

˗ 우리 이제 나 결혼할 그 전에 그 전에 우리 형님 이제 결혼한다든가 그 전에는, 동기간에는 뭐 쌀도 한 말 가져오고 뭐 콩같은 것도 한 말 가져오고 이렇게, 곡식으로 가져온 사람이 있어요. 이제 그건. 친동기간이라 그렇게 갖다 써요. 친동기간이라 친동기간이라 갖다 주고. 그 외에는 전부 이제 돈으로 돈은 이제 다 얼마씩 얼마씩 돈은 그렇게 하고요.

〈회갑 음식상〉

항갑쌍은 대게 그때 잘 차릴때 어떠케 차렸써요? 음식가틍거?

￣ 음시건 인제 내 뭐 참 지비서나 나 항갑 때 핸는디요.

지베서 허셷써요?

￣ 지비서[141] 해써요, 우리 집.

그때 어떠케 준비해썬나, 예기좀 해줘 보세요.

￣ 그때요? 돼지 잡꼬, 떡 뭐 떡꺼틍거[142] 이제 이렁거 머 다: 하고, 적꺼틍거또 마니 다 꾸코[143]. 술도 그때 인제 지비서 핻씨요. 거시기 쌀, 에 우리 농사진 쌀로 여기서 맨드럳써요[144]. 그때 잘: 맫 수리 잘 되써요. 맨드러 가꼬. 술도 그때 인제 지비서 맨들고, 인제 항갑잔치 '상도 핻썯써요. 상도 상도하고 인재, 그리고 동네 동니[145] 양반들 점부 인제 다 소리헤가 지구[146] 인제 다 인제 술 머 인제 오시는 냥반들 그때 떡꾸글 해뜽가 어쨀뜽가 그 그러케 해야[147], 해서 다 대접하고 그래써요.

그믄 그때 수른 얼마나 하셛써요?

￣ 수리요? 우리 동네 수른 마:니 해야 돼요. 우리 부라기 만, 부라기 커놔서나[148]. 그때 나 항갑때만 해도, 그라고 음시기 시방거치 이케 술거틍기고 모든 음시기 시방가치 헌하덜[149] 모댇써요. 그때마네도 그때마내도 근데. 그때만해도 저 저 막걸 소주가 드라고[150] 막걸리 썯써요, 여지가니. 쌀로 비즌 막걸리. 인제 그때 또 시냥헐 때는 쌀도 안주고, 도개서나[151] 그 밑 밀까루 또 한참하고 그랟써거던 그란디 이제. 난 지비서나 인제, 저: 나가도 저 저 고지로[152] 이르케 띠워서 하는 사람, 누룩, 누룩 고노멀, 꼬드바벌[153] 인자 바벌 꼬드바벌 찌가지고, 찌가지고 인제 누룩하고 이노멀 막 버무려[154] 이케, 버무리가꼬 그노멀 인제 그 무신 저 고지약 띠우능기라고[155] 약 띠우능기 읻씨요. 고노멀 질러가꼬서[156] 인제. 그 아 선생니믄 잘 모를끼여[157] 아마, 고지 때우능거[158] 그걸.

고지띠운담 마른 잘 모르겐는데요.

〈회갑 음식상〉

환갑상은 대개 그때 잘 차릴 때 어떻게 차렸어요? 음식같은 것?

￢ 음식은 이제 내 뭐 참 집에서 나 환갑 때 했는데요.

집에서 하셨어요?

￢ 집에서 했어요, 우리 집.

그때 어떻게 준비했었나, 이야기좀 해줘 보세요.

￢ 그때요? 돼지 잡고, 떡 뭐 떡같은 것 이제 이런 것 뭐 다 하고, 적같은 것도 많이 다 굽고. 술도 그때 인제 집에서 했어요. 거시기 쌀, 예 우리 농사진 쌀로 여기서 만들었어요. 그때 잘 맨 술이 잘됐어요. 만들어 가지고. 술도 그때 이제 집에서 만들고, 이제 환갑잔치 상도 했었어요. 상도 상도하고 이제, 그리고 동네 동네 양반들 전부 이제 다 소리해가지고 이제 다 이제 술 뭐 이제 오시는 양반들 그때 떡국을 했던가 어쨌던가 그 그렇게 해야, 해서 다 대접하고 그랬어요.

그러면 그때 술은 얼마나 하셨어요?

￢ 술이요? 우리 동네 술은 많이 해야 돼요. 우리 부락이 만, 부락이 커서. 그때 나 환갑때만 해도, 그리고 음식이 지금같이 이렇게 술같은 것이고 모든 음식이 지금같이 흔하지를 못했어요. 그때만해도 그때만해도 그런데. 그때만해도 저 저 막걸리 소주가 덜하고 막걸리 썼어요, 어지간하게. 쌀로 빚은 마걸리. 이게 그때 또 시랑할 때는 쌀도 안주고, 도기에서 그 밀 밀가루 또 한참하고 그랬었거든 그런데 이제. 나는 집에서 이제, 저 나가도 저 저 고지로 이렇게 띄워서 하는 사람, 누룩, 누룩 그놈을, 꼬드밥을 이제 밥을 꼬드밥을 쩌가지고, 쩌가지고 이제 누룩하고 이놈을 막 버물려 이렇게, 버무려가지고 그 놈을 이제 그 무슨 저 고지약 띄우는 것이라고 약 띄우는 것이 있어요. 그 놈을 뿌려 섞어가지고 이제. 그 아 선생님은 잘 모를 것이야 아마, 고지 띄우는 것 그것을.

고지 띄운다는 말을 잘 모르겠는데요.

- 고지띠우능기 인제, 양너쿠서[159] 인제 그 싸를 인제 띠우닝기요[160], 띠우능기 긍깨.

얘:.

- 요 요 요로케 요만:치[161] 이르케 이르케 인제 나무로 이르케 짱게 일 썰써요, 이르캐. 짱게 일는디 여기다가 조~이를 깔고 꼬드바벌, 바벌…… 꼬드바비라고 바블 되게하는게 인제, 꼬드바븐 인제 바블 되게하는게 꼬뜨배비라고[162] 하거덩, 되게 해가지구선 누루글 인제 누룩하고만 막 버무리자나요. 막 버무려가꼬서 인제 거그다가 거 술 잘되는 약 야기라고 인제 거그다 살짝 질러가꾸설랑은[163], 게 이게 칭게칭게[164] 이렇게 쟁에요[165], 이러케. 칭게칭게 인제 방이다가 쟁이는, 그러니깨 쟁이요. 이르캐 쟁이 쟁이 쟁이노쿠서 인제. 온도기, 도쑤를 이제 거기다 노면 그때, 도쑤가 사십 사십오도가 너머가면 이 재가 너머 수리 잘 안되요. 사십오도 미마느로.

- 게 고곤[166] 띠울쩌게는 자멀 몯짜요. 미트로 간놈 우로 노코, 우로 간놈 미트로 노코 이르케 해가꾸서나나 해. 고곤 그 인재 뜨면 노소로:하게[167] 인제 게 잘 뜨거든요. 잘 뜨가꾸서 인재 그래가꾸서 인재. 그 뜬노멀 저 큰: 도가지[168] 옹기도가지 옹기로 인제 거기다 그노물 너코서, 인제 물, 무를 막 거기다 인자 붇꾸서 인제 뜨신디[169] 이캐 폭: 싸, 폭 싸노머는. 에, 이십사시 사십 사십팔 한 육씹시간 한 육씹시간에서 한 칠십시간이면 어지가니 되요.

그먼 한 사밀이나 사일 이쓰먼 되건네요?

- 애. 월리[170] 다 됭거는 한 근 오일 오일잉께나, 여 오일께레도[171] 한 만마누로는 한 사일간 사일가니면 다 돼요, 사일간. 내갸: 하는 그런 엔날 그 야글 안 느코[172], 이제 누루가고 꼬드바버고 비비가꼬서[173] 그냥 물너가꼬서 하는노믄, 인제 저 거시기다가요. 체를 이러케 노코 얼기미[174] 이케 무럴 이케 부어감서 이케 이케 소느로 이케 막 짜가지고 막껄리 이캐

ˉ 고지 띠우는 것이 이제. 약 넣고서 이제 그 쌀을 이제 띠우는 것이요, 띠우는 것 그러니까.

예.

ˉ 이 이 이렇게 이만큼 이렇게 이렇게 이제 나무로 이렇게 짠 것이 있었어요, 이렇게. 짜는 것이 있는데 여기다가 종이를 깔고 꼬드밥을, 밥을…… 꼬드밥이라고 밥을 되게 하는 것 이제, 꼬드밥은 이제 밥을 되게 하는 것이 꼬드밥이라고 하거든, 되게 해가지고서 누룩을 이제 누룩하고 만 막 버무리잖아요. 막 버무려가지고서 이제 거기에다가 그 술 잘 되는 약 약이라고 이제 거기에다 살짝 뿌려가지고서는, 그 이렇게 층층이 이렇게 쟁여요, 이렇게. 층층이 이제 방에다가 쟁이는, 그러니까 쟁여요. 이렇게 쟁여 쟁여 쟁여 놓고서 이제. 온도기, 도수를 이제 거기에다 놓으면 그때, 도수가 사십 사십오도가 넘어가면 이 재가 넘어서 술이 잘 안돼요. 사십오도 미만으로.

ˉ 그 그것 띠울 적에는 잠을 못 자요. 밑으로 간 놈 위로 놓고, 위로 간 놈 밑으로 놓고 이렇게 해가지고서나 해. 그것은 그 이제 뜨면 노르스름하게 이제 그 잘 뜨거든요. 잘 떠가지고 이제 그래가지고서 이제. 그 뜬 놈을 저 큰 도가지, 옹기도가지 옹기로 이제 거기에다 그 놈을 넣고서, 이제 물, 물을 막 거기에다 이제 붓고서 이제 따뜻한 데다 이렇게 푹 쌓아, 푹 쌓아 놓으면, 예, 이십사시 사신 사신판 한 우신시간 한 우십시간에서 한 칠십시간이면 어지간히 돼요.

그러면 한 삼일이나 사일 있으면 되겠네요?

ˉ 예. 원래 다 되는 것은 한 근 오일 오일이니까, 여 오일께라도 한 만 만으로 한 사일간 사일간이면 다 돼요, 사일간. 내가 하는 그런 옛날 그 약을 안 넣고, 이제 누룩하고 꼬드밥하고 비벼가지고 그냥 물 넣어가지고서 하는 놈은, 이제 저 거시기에다가요. 체를 이렇게 놓고 얼게미 이렇게 물을 이렇게 부어가면서 이렇게 이렇게 손으로 이렇게 막 짜가지고 막걸리

걸르자나요. 그게 인제 막껄리요 인재, 막껄린디. 내가 한 수런 인제 요버네 그러케 꼬드밥 찌가꼬[175] 이러케 고지다 띠워서 띠워서 해나 해나서나 그러케 짜들 안 하고. 인제 용수라고.

에, 용수.

⁻ 이르케 쿡 찔르먼 우때꺼슨[176] 맬:간[177] 술 맬간 술 이캐 떠내요. 그러케 해가꾸서나 항갑짠치 해써요. 그때 싸를 한 섬.

한 섬?

⁻ 애. 말로 이르케 시무말잉깨나[178] 그 시방 구십키로로 두 시방 구십키로로 두 두가마이~지. 두어말.

그러면 그 용수를 바가서 인자 그 싸를, 그러케 수를 떠내면 그 찌꺼기는 머 헤요?

⁻ 찌꺼기요? 찌꺼기 인제, 찌꺼기는 또 인제 모리미라구요[179]. 인제 고느믈 꼭 짜믄 모림 이제 톱:트반[180] 모리미라고 잇써요. 모리미라고. 그 마슨 또 겐찬야 그기 인제 보매 텁터바니[181] 그러치 모리미라고 잇써, 긍깨. 모리미는 또 먹꼬, 찌꺼기는 인제 또 소나 돼지나 인제 징강달[182].

이렇게 거르잖아요. 그것이 이제 막걸리에요 이제, 막걸리인데. 내가 한 술은 이제 이번에 그렇게 꼬드밥 쪄가지고 이렇게 고지에다 띄워서 띄워서 해놔 해 놓아서 그렇게 짜지 않고. 이제 용수라고.

예, 용수.

ᄀ 이렇게 쿡 찌르면 윗 것은 맑은 술 맑은 술 이렇게 떠내요. 그렇게 해가지고서 환갑잔치 했어요. 그때 쌀을 한 섬.

한 섬?

ᄀ 예. 말로 이렇게 스무말이니까 그 지금 구십킬로로 두 지금 구십킬로로 두 가마니지. 두어말.

그러면 그 용수를 박아서 이제 그 쌀을, 그렇게 술을 떠내면 그 찌꺼기는 뭐 해요?

ᄀ 찌꺼기요? 찌꺼기 이제, 찌꺼기는 또 이제 모리미라고요. 이제 그것을 꽉 짜면 모리미 이제 톱톱한 모리미라고 있어요. 모리미라고. 그 맛은 괜찮아 그것이 이제 봄에는 텁텁하니 그렇지 모리미라고 있어, 그러니까. 모리미는 또 먹고, 찌꺼기는 이제 또 소나 돼지나 이제 징강달.

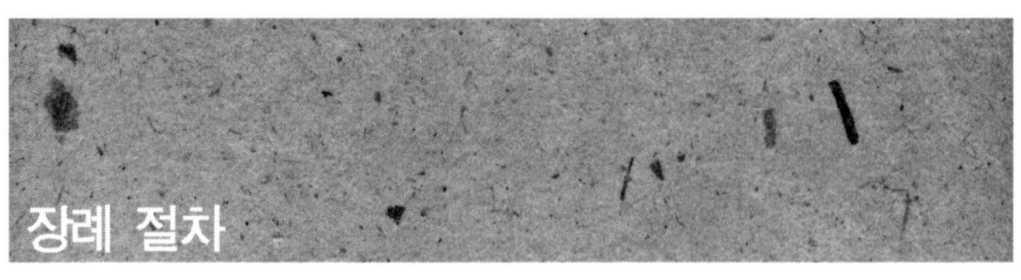

장례 절차

〈전통 상례〉

그: 마을마다나 또 지반마다 돌아가셔쓸 때 그 장례: 쫌 절차가 다를 다른 수도 이찌요? 으: 여기 혹시 여기서 전통저그로 엔날부터 지내던 장례는, 요즈문 머 다르지만 엔나레 어르신 절믈때부터 이러케 쭉: 이케 짐 장례가 마:니 문화가 바 바껟짜나요.

ᆨ 배껟찌요[183].

엔날 엔나레 이 동네에서 핻던걸 하고, 그다메 요즘하고 이러케 쫌 한번 이야기 좀 해줘보세요. 엔나레는 어터케해요?

ᆨ 엔나렌 인제 상을 당하쟈나요.

이십때나 머 십때, 먼저 십때 요때 정도.

ᆨ 엔나레 인자 상얼[184] 당해면요. 상얼 당해머년[185] 동네뿐드리 엔나레는 도:널 그때 이제 도니 귀한 때라 하긴 그려. 도늘[186] 부주로[187] 안하고, 막껄리. 상얼 당허믄 요 요저니넌[188] 도늘 부주하고, 그저네 인자 그저네······

그저네?

ᆨ 에, 그저네. 우리:가 나 한 시물대쌀 여기 머글쩌기두 그러캐해써요. 인제 막껄리를 인제 도게[189] 가서······ 그저네는 소주가 업썯써요. 전:순 막껄리 막껄리제. 동네 술찝일짜나요.

얘.

ᆨ 동네 술찌비 가서 수럴 한되 바다가꼬, 상제[190] 상지비다가[191] 가따 주고, 상제한테 인사하고. 그러고선 인제, 어! 게라고요. 상두게라고[192] 내가

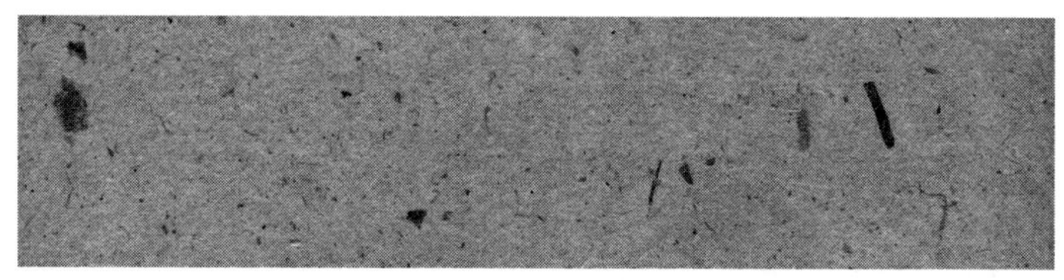

〈전통 상례〉

그 마을마다나 또 집안마다 돌아가셨을 때 그 장례 조금 절차가 다를 다른 수도 있지요? 으 여기 혹시 여기서 전통적으로 옛날부터 지내던 장례는, 요즘은 뭐 다르지만 옛날에 어르신 젊을 때부터 이렇게 쭉 이렇게 지금 장례가 많이 문화가 바뀌었잖아요.

⎺ 바뀌었어요.

옛날 옛날에 이 동네에서 했던 것하고, 그 다음에 요즈음하고 이렇게 좀 한번 이야기 좀 해주세요. 옛날에는 어떻게 했어요?

⎺ 옛날엔 이제 상을 당하잖아요.

이십대나 뭐 십대, 먼저 십대 이때 정도.

⎺ 옛날에 이제 상을 당하면요. 상을 당하면 동네분들이 옛날에는 돈을 그때 이제 돈이 귀한 때라 하기는 그래. 돈을 부조로 안하고, 막걸리. 상을 당하면 이 이전에는 돈을 부조하고, 그런에 이제 그런에

그전에?

⎺ 예, 그전에. 우리가 나 한 스물댓살 여기 먹을 적에도 그렇게 했어요. 이제 막걸리를 이제 도가에 가서…… 그전에는 소주가 없었어요. 전 순전히 막걸리 막걸리지. 동네 술집있잖아요.

예.

⎺ 동네 술집에 가서 술을 한 되 받아가지고, 상주 상집에다가 가져다주고, 상주에게 인사하고. 그리고서 이제, 어! 계라고요. 상두계라고 내가

아치메 애기해짜나요. 상두게가 일꺼덩요. 아니면, 그저네 십사명 아따두 인제 시비명 와따데구. 게꾼드리 와서 인제, 게꾼드라고 인제 그 머 칭구들 상제 칭구드리나 인제 또…… 에:, 지반 지반 으른 이제 지방간드리나 가깐 양반드리[193] 와서 인제. 바메 인제 가도 아너고, 인자 마당에다가 부럴 이케 나무럴 막 차량나무라고요[194]. 상 이케 상당허며는 그냥 저 사니 가서 막 쌩나무럴요. 소나무를 막 비왈썸써요, 막.

그 누가 머라고 안해요?

￢ 아이 딴때는 너무라지 그거는. 머 암 암 머라고하지요[195]. 버브서두[196] 그렁건 애기 안하고.

자기 산 아닌 아니라도?

￢ 아 인제 보통으로 부락사니 만차나요? 넘산이 아니라 부락사니 인제 부락사니 가서 게핻써요. 그러케 하다 인제 나무 다목[197] 추니깨 인재 추니께 부를 해노코 인제. 밤세:더락[198] 거기서 인제 처량이라고[199], 인자 거기서……

그 부를 무슨 부리라고 한다고요, 아까?

￢ 으? 처량. 처량 처량한다고.

아니 처량하는데 그 그 피우는 부를 머라고 헤요?

￢ 처량뿌리라고[200] 구레, 처량부리라고.

처량뿌리라고?

￢ 이, 처량뿌리라고. 그 처량 느 그 나무를 비로[201] 갈쩌게 처량나무허러로 간다고 그라거든요. 처량나무. 바미 때기로[202] 처량나무를 비로 간다고. 게 인제 상두군드리[203] 또 인제, 마~이 비와요. 상두군드리 마~이 비오고. 인자 가깐 인제, 칭구지가니라던가 또 동고가니라던가[204] 이런 사람드리 벼오구. 그래구서[205] 인제, 이거다 부를 해노코[206], 긍깨: 사밀 출상잉께나 이틀저녀글 거그서 인제 세우자나요, 이틀 바멀. 게 인제 거그서나, 처량하면서 인제 '술 머꼬 머 또 '화투거틍거 엔날엔 화투. 시방은 화투 드:

아침에 이야기 했잖아요. 상두계가 있거든요. 아니면, 그전에 십사명 왔다가도 이제 십이명 왔다고 하데. 계꾼들이 와서 이제, 계꾼들이라고 이제 그 뭐 친구들 상주 친구들이나 이제 또…… 예, 집안 집안 어른 이제 집안간들이나 가까운 양반들이 와서 이제. 방에 이제 가지도 안하고, 이제 마당에다가 불을 이렇게 나무를 막 철야나무라고요. 상 이렇게 상당하면 그냥 저 산에 가서 막 생나무를요. 소나무를 막 베왔었어요, 막.

그 누가 뭐라고 안해요?

¯ 아니 다른 때는 나무라지 그것은. 뭐 암 암 나무라지요. 법에서도 그런 것은 얘기 안하고.

자기 산 아니 아니라도?

¯ 아 이제 보통으로 부락산이 많잖아요? 남의 산이 아니라 부락산이 인제 부락산에 가서 그렇게 했어요. 그렇게 해다 이제 나무 다복이 추우니까 이제 추우니까 불을 해놓고 이제. 밤새도록 거기서 이제 철야라고, 이제 거기서……

그 불을 무슨 불이라고 한다고요, 아까?

¯ 으? 철야. 철야, 철야한다고.

아니 철야하는데 그 그 피우는 불을 뭐라고 해요?

¯ 철야불이라고 그래, 철야불이라고.

철야불이라고?

¯ 응, 철야불이라고. 그 철야 그 나무를 베러 갈 적에 철야나무하러 간다고 그러거든요. 철야나무. 밤에 때려고 철야나무를 베로 간다고. 그 이제 상두꾼들이 또 이제, 많이 베어 와요. 상두꾼들이 많이 베어오고. 이제 가까운 이제, 친구지간이라든가 또 동기간이라든가 이런 사람들이 베어오고. 그렇게 하고서 이제, 이것에다 불을 해놓고, 그러니까 삼일 출상이니까 이틀 저녁을 거기서 이제 세우잖아요, 이틀 밤을. 그 이제 거기서, 철야하면서 이제 술 먹고 또 화투같은 것 옛날엔 화투. 지금은 화투 덜

라지만[207], 화투 시방도 화투 그래도 마~이하지?

응:.

⎺ 이. 화투거틍거 하고.

윤노리도?

⎺ 에, 윤노리 윤노리는 아내요, 우리 동네. 우리 동네 윤노리는 아내요.
저히 나뭐는 윤노리를 마니하거든요.

⎺ 예:. 워디[208] 딴데 가니깨는 저 참 이기 저 상당핸는디 저 윤노는디를
봐써요. 그 용포리 용포리도 가니깨 유설[209] 놀지 암매:[210], 요 용포리도.
근디 여그는 유슬 안노라요. 그래가꾸 인제 사밀 사밀되머는.

사라미 맨처메 주그면……

⎺ 에:.

주그며는 어떠케해요?

⎺ 주그면?

예.

⎺ 첼뻔, 인제 주그머는 초여미라고[211] 초여미라고 인제. 손하고 발하고
딱 뻬체노코[212], 소는 위에로 이러케 해가꼬 임시로 인재. 이게 인제 초여
멀 안해노면 인재 나중이 가믄 이 빧빠다게 굳자나요. 빧빠다게 구드믄
이게 오무리들[213] 모다자냐, 오무리덜 몯항깨 초여미라고, 인제. 다리하고
팔하고 인재, 임시 이르캐 깍 이르캐 무꺼놔요. 이르캐. 에, 배에다 이르
케 소늘 무꺼노코, 다리는 쪽: 뻐처가꼬 인제 인제 무꺼노코. 그라고 인
제, 인제 온또 인제 그저니 입던 온 인제 싹 가라 가라 가라 가라 그러캐
해노코 인제. 그라고 이제, '호니부리나 멀로 폭:[214] 더퍼노체. 그라고 이
따가 인자 첼뻐니는 그러케 하고, 인자 고 이튼나라고 인자 '대여미라
고[215]. 대여미라고 인제. 삼. 엔날 그 베나는[216] 삼.

예:.

⎺ 베나는 사미로[217] 인자, 일곰매럴[218] 일곰맬럴 묵짜나요.

하지만, 화투 지금도 화투 그래도 많이 하지?

　응.

￢ 응. 화투같은 것 하고.

윷놀이도?

￢ 예, 윷놀이 윷놀이는 안해요, 우리 동네. 우리 동네는 윷놀이는 안해요.

저희 남원은 윷놀이를 많이 하거든요.

￢ 예. 어디 딴 데 가니까 저 참 여기 저 상을 당했는데 저 윷 노는 데를

봤어요. 그 용포리 용포리도 가니까 윷을 놀지 아마, 이 용포리도. 그런데

여기는 윷을 안 놀아요. 그래가지고 이제 삼일 삼일되며는.

사람이 맨 처음 죽으면……

￢ 예.

죽으며는 어떻게 해요?

￢ 죽으면?

예.

￢ 첫번, 이제 죽으면 초염이라고 초염이라고 이제. 손하고 발하고 딱

뻗쳐놓고, 손은 위로 이렇게 해가지고 임시로 이제. 이것이 이제 초염을

안해놓으면 이제 나중에 가면 이 빳빳하게 굳잖아요. 빳빳하게 굳으면 이

렇게 오므리지를 못하잖아, 오므리지를 못하니까 초염이라고, 이제. 다리

하고 팔하고 이제, 임시 이렇게 딱 이렇게 묶어니요. 이렇게. 예, 배에다

이렇게 손을 묶어놓고, 다리는 쭉 뻗쳐가지고 이제 이제 묶어놓고. 그리

고 이제, 이제 옷도 이제 그전에 입던 옷 이제 싹 갈아 갈아 갈아 갈아 그

렇게 해놓고 이제. 그리고 이제, 홑이불이나 무엇으로 푹 덮어놓지. 그리

고 있다가 이제 첫번에는 그렇게 하고, 이제 그 이튿날하고 이제 대염이

라고. 대염이라고 이제. 삼. 옛날 그 베 나는 삼.

　예.

￢ 베 나는 삼으로 이제, 일곱 매듭을 일곱 매듭을 묶잖아요.

사무로 무꺼요? 삼 어떤 거 헝거브로 무꺼요?

⎺ 엔나리는 사미로 무껀써요. 엔나리는 사므로 무껀넌데, 시방은 인자 사미 업자냐. 사미 업씅깨, 삼베, 삼베 그냥 그걸로 인자 시방 그리요. 헝거비로 무꺼요.

사무로……

⎺ 예, 그저네는 다 사미로 무껀써요, 그레서. 엔나레는 인제, 나이 마는 마느신 으런덜[219] 인넌 지번, 고 혹시나 인자 어트개서 인제. 그런데 그파게[220] 상이나 당핼까 어치까헤서[221], 사멀 미리 줌비를 해놑썬써요, 모도[222]. 지비다가 줌비럴. 그레서 인제 사미에 일곰매 묵꼬, 그렁개. 인재 거시기 그 온 저…… 오딛짜나 왜……

수이?

⎺ 수이 수이. 수이를 인제 대염할쩌기 사미르 일곰매를 묵꼬, 수이 수이를 입히가꼬, 그러고 인자 과간에다가.

그러면 코가튼데 이런데 이러케 이러케 그 이런데 다 막죠 잉?

⎺ 에.

그럼 그거슨 초염때 마가요 대염때 마가요?

⎺ 코?

에.

⎺ 초염때 막죠.

초염때 이런거슨?

⎺ 초염때.

그때, 그때 그 이베다가 동전가틍거 엽쩐가틍걷또 너 쥘지요 잉?

⎺ 에, 대염할쩌기 인제.

대염할때 너요, 그거슨?

⎺ 예, 대염할쩌기 너테요. 동전 동전도 느코, 쌀 쌀도 이비다가 머 천서기요, 늠서[223] 천서기요 이천서기요 삼천서기요 하고. 그라고 인제 동저넌

삼으로 묶어요? 삼 어떤 그 헝겊으로 묶어요?

˗ 옛날에는 삼으로 묶었어요. 옛날에는 삼으로 묶었는데, 지금은 이제 삼이 없잖아. 삼이 없으니까, 삼베, 삼베 그냥 그것으로 이제 지금은 그래요. 헝겊으로 묶어요.

삼으로……

˗ 예, 그전에는 다 삼으로 묶었어요, 그래서. 옛날에는 이제, 나이 많은 많으신 어른들 있는 집은, 그 혹시나 이제 어떻게 해서 이제. 그런데 급하게 상이나 당할까 어떨까 해서, 삼을 미리 준비를 해났었어요, 모두. 집에다가 준비를. 그래서 이제 삼으로 일곱 매듭 묶고, 그러니까. 이제 거시기 그 옷 저…… 옷 있잖아 왜……

수의?

˗ 수의 수의. 수의를 이제 대염할 적에 삼으로 일곱 매듭을 묶고, 수의 수의를 입혀가지고, 그리고 이제 곽 안에다가.

그러면 코같은 데 이런데 이렇게 이렇게 그 이런데 다 막지요 잉?

˗ 예.

그러면 그것은 초염때 막아요 대염때 막아요?

˗ 코?

예.

˗ 초염때 마지요.

초염때 이런 것은?

˗ 초염때.

그때, 그때 그 입에다가 동전같은 것 엽전같은 것도 넣어주었지요 잉?

˗ 예, 대염할 적에 이제.

대염할 때 넣어요, 그것은?

˗ 예, 대염할 적에 넣데요. 동전 동전도 넣고, 쌀 쌀도 입에다가 뭐 천석이요, 넣으면서 천석이요 이천석이요 삼천석이요 하고. 그리고 이제 동

천냥이요 이천냥이요 삼천냥이요 그라믄서 인제 도늘 너코. 그래 인재 인
재 부모가 돌아가셨찌마는 게 인재 도나고[224] 멍는 싱냥하고 그게 인재 우
리 생가기 그리요. 게 인제 가지고 가시라고. 게 느는상발라요[225]. 그러캔
써요. 게 그에 늘쩌기, 그개 머 싸른 인재 천냥이요 이천냥이요 삼천냥
그러카고. 도넌……

ˉ 아 참! 저 천서기요 천서기요 이천서기요 그러카고, 도넌 인자 천냥이
요 이천냥이요 삼천냥이요 그러케 인재 도넌 그러캐.

여물 허는 사라미?

ˉ 애애. 염하는 사라미 그러케 하구 그랟써요.

그런데 맨 처으메요, 그 그 사라미 인자 주그면 그 오슬 버서서 엔날 지붕에
다 던저찌요?

ˉ 에.

그거슨 어떤 오슬 갇따 던 던 던지면서, 머라고 하면서 던졛써요?

ˉ 그게 인제 그 저 도라가신 맹인[226] 오설 던짐서나…… 머라구더라 그
기.

엔나레 그걸 헤노코 헬쨔?

ˉ 이. 핻써요.

요즈믄 안치요? 요즘도 헤요?

ˉ 시방 사람들도 하는 사라믄 할끼요 아매[227]. 그런 사람들.

이 동네는?

ˉ 생가기 안나네……

저 그럼 인자 대 대염미 끈나면, 그다메 인자 그다메는 어떠케 해요? 그먼
대여미라고 하는 마른, 옫 갈아이피고.

ˉ 예. 게 인제 초여면, 아까도 애기핻드끼[228], 대강 실쩍 실쩍 실쩍[229] 제
이 숨 바로 떠러지고 나먼, 떠러지고 나먼 그 인재. 에, 자식더리 상제가
상제가 인재 손 이케 이케 저 배위다 이러케해서 인재, 우선 임시로 인자

전은 천냥이요 이천냥이요 삼천냥이요 그러면서 이제 돈을 넣고. 그래 이제 이제 부모가 돌아가셨지만 그 이제 돈하고 먹는 먹는 식량하고 그것 이제 우리 생각이 그래요. 그 이제 가지고 가시라고. 그렇게 넣는 것 같아요. 그렇게 했어요. 그 그렇게 넣을 적에, 그렇게 뭐 쌀은 이제 천냥이요 이천냥이요 삼천냥 그렇게 하고. 돈은……

＂아 참! 저 천석이요 천석이요 이천석이요 그렇게 하고, 돈은 이제 천냥이요 이천냥이요 삼천냥이요 그렇게 이제 돈은 그렇게.

염을 하는 사람이?

＂예예. 염하는 사람이 그렇게 하고 그랬어요.

그런데 맨 처음에요, 그 그 사람이 이제 죽으면 그 옷을 벗어서 옛날 지붕에다 던졌지요?

＂예.

그것은 어떤 옷을 갖다 던 던 던지면서, 뭐라고 하면서 던졌어요?

＂그것이 이제 그 저 돌아가신 망인 옷을 던지면서나…… 뭐라고 하드라 그것이.

옛날에 그걸 해놓고 했지요?

＂응. 했어요.

요즘은 않지요? 요즘도 해요?

＂지금 사람들도 하는 사람은 할거예요 아마. 그런 사람들.

이 동네는?

＂생각이 안나네……

저 그러면 이제 대 대염이 끝나면, 그 다음에 이제 그 다음에는 어떻게 해요? 그러면 대염이라고 하는 말은, 옷 갈아입히고.

＂예. 그 이제 초염은, 아까도 이야기했듯이, 대강 슬쩍 슬쩍 슬쩍 저 이 숨 바로 떨어지고 나면, 떨어지고 나면 그 이제. 예, 자식들이 상주가 상주가 이제 손 이렇게 이렇게 저 배 위에다 이렇게 해서 이제, 우선 임시

이케. 요리조리 요동 모다게 궁게 인제 해노코. 대:여미라는 거슨 인제,
고 이튿날 고 이튿날 인재. 그 인재 자기 가족 인재 가족들 거시간다면
대염 저 그 상주는 직쩝 안하고, 고 고 인자 염. 그걸뚜[230] 인재 아무나 모
대, 거 저 해본 사라미 거 머 고 해본 사라미제. 고 사람 고 사람드리 와
서 인제 대여미라고 이르캐, 일곰매를 매 묵꼬, 그 인재 수이를 인제 첨:
부[231] 이피고 거기 대. 그래가꾸서[232] 인재, 다 묵꺼노쿠[233] 인재, 곽:[234] 늘[235]
과 과가네다 인자 모시지[236]. 곽 아네다. 그냥 느따가 인재. 하룬빰 자:고,
고 이튿날 인재.

그며는 그때 그때 그 그(ᄀ 장네) 느레다 늘때요.

ᄀ 애.

대염 끈나믄 몯지 몯찌를 해요?

ᄀ 해요.

대염 끈나고나면요 잉?

ᄀ 으:, 몯찔하고 몯찔질해요.

과네다가요?

ᄀ 에, 그라고서나. 인제:. 거시기 인제. 그 나중에 인재 행상이다가[237],
행상이다 인자 이 과늘 올려노차나요? 과널 올려노면, 과늘 요동 요리
질[238] 몯하게, 그 줄로, 줄로 인제 점:부 또 과글[239] 무꺼요, 이재.

에에.

ᄀ 줄로. 동애쭈리라고[240], 그저니 인제 시방은 인제 저: 무주에 다 그걸
가지더만. 엔날엔 게 인자 저…… 엔나르는 그 인자 생상주를[241] 동애주
리라고 그랜꺼등뇨. 동에줄[242] 동애줄이라고 그러는디. 그레 인제 그 광뭉
는[243] 그 주를 읻따 또 까느로마니[244]. 가로:마니[245] 이캐 디리오[246]. 지비 이
르캐…… 에.

지브로 만드러요?

ᄀ 예, 지비로.

로 이제 이렇게. 이리저리 요동 못하게 그러니까 이제 해놓고. 대염이라
는 것은 이제, 그 이튿날 그 이튿날 이제. 그 이제 자기 가족 이제 가족들
거시기한다면 대염 저 그 상주는 적접 안하고, 그 그 이제 염. 그것도 이
제 아무나 못해, 그 저 해본 사람이 그 뭐 그 해본 사람이지. 그 사람 그
사람들이 와서 이제 대염이라고 이렇게, 일곱 매듭을 매 묶고, 그 이제 수
의를 이제 전부 입히고 거기에 대. 그래가지고서 이제, 다 묶어놓고 이제,
곽 널과 곽 안에다 이제 모시지. 곽 안에다. 그냥 넣었다가 이제. 하룻밤
자고, 그 이튿날 이제.

그러며는 그때 그때 그 (ˉ 장례) 널에다 넣을 때요.

ˉ 예.

대염 끝나면 못질 못질을 해요?

ˉ 해요.

대염 끝나고 나면요 잉?

ˉ 응, 못질하고 못질해요.

관에다가요?

ˉ 예, 그리고서. 이제. 거시기 이제. 그 나중에 이제 행상에다가, 행상에
다 이제 이 관을 올려놓잖아요? 관을 올려놓으면, 관을 요동 요동질을 못
하게, 그 줄로, 줄로 이제 전부 또 곽을 묶어요, 이제.

예예.

ˉ 줄로. 동아줄이라고, 그전에 이제 지금은 이제 저 무주에서 다 그것
을 가지더만. 옛날에는 그 이제 저…… 옛날에는 그 이제 행상 줄을 동
아줄이라고 그랬거든요. 동아줄 동아줄이라고 그러는데. 그래 이제 그 곽
묶는 그 줄을 있다가 또 가느스름하니. 가느스름하게 이렇게 드려요. 짚
으로 이렇게…… 예.

짚으로 만들어요?

ˉ 에, 집으로.

지비로 인제 저. 상두구니라고.

‐ 상두구니라고 그 사람드리……

동애주런 생이 인제 미는기고. 그라고 인제, 상주덜. 이케 쓰넌 거슨 머리다 이걸.

‐ 그리 그리 쓰자내요, 왜?

거기다도 이케 그 새내키. 새내키로 헤 헤 에?

‐ 예예예, 샌 새네키로 이케. 삼얼 너 가지고, 사마고 지바고 너어가지고 이르캐. 그거보고 팅이라구래요 팅이. 상주팅이라고247), (아:) 아지마네248) 쓰는 거시.

상주팅이여?

‐ 팅이라고 고. 그래서 인제 팅이를 다 멩그랄짜나요249), 그래가꼬, 그래 그 저. 대염 다하먼 대염 다허면 그 과글 그 줄로 이르캔 꽉꽉 얼거요, 쫌 매요250). 그래가꾸서나 나중에 인재 생이 나갈쩌기 행상 우구다가251) 거그 꽉 그 줄로 꼼짝 요동 이리저리 요동 모더게 그 줄로 다라매요.

아:! 그러면요, 인자 자 그러케 허면 그러케 허면 인자, 그 바까테서는 그 아네서는 그러케 헬꼬, 도라가시면 바까케 아가 그 저 저 뭐야, 철 철량부링가를 켜노코.

‐ 차량 챠량뿔.

처량뿔 켜노코.

‐ 얘.

동네 싸람들 상두군드리 와서 인재 다 줌비 하지요 잉? 아까 팅이도 만들고, 또 인제 여러가지 준비를 하지요 잉?

‐ 얘.

그때 그때 바까테서는 주로 어떠 어떤 이를 해요? 상두군드리 주로.

‐ 상두군드리? 그때는 일할껃 업찌. 거기서 인재 차량어고 노름 노르미지. 할 이리 업찌 인재.

짚으로 이제 저. 상두꾼이라고.

˚ 상두꾼이라고 그 사람들이⋯⋯

동아줄은 상여 이제 메는 것이고. 그러고 이제, 상주들. 이렇게 쓰는 것은 머리에다 이것.

˚ 그렇게 그렇게 쓰잖아요, 왜?

거기에다도 이렇게 그 새끼. 새끼로 해 해 해?

˚ 예예예, 새끼로 새끼로 이렇게. 삼을 넣어 가지고, 삼하고 짚하고 넣어가지고 이렇게. 그것 보고 팅이라고 그래요 팅이. 상주 팅이라고, (아) 아주머니들 쓰는 것이.

상주 팅이여?

˚ 팅이라고 하고. 그래서 이제 팅이를 다 만들었잖아요, 그래가지고. 그래 그 저. 대염 다 하면 대염 다 하면 그 곽을 그 줄로 이렇게 꽉꽉 얽어요, 잡아매요. 그래가지고서나 나중에 이제 상여 나갈 적에 행상 위에다 거기 꽉 그 줄로 꼼짝 요동 이리저리 요동 못하게 그 줄로 달아매요.

아! 그러면요, 이제 자 그렇게 하면 그렇게 하면 이제, 그 바깥에서는 그 안에서는 그렇게 했고, 돌아가시면 바깥에 아까 그 저 저 뭐야, 철 철야불인가를 켜놓고.

˚ 철야 철야불.

철야불 켜놓고

˚ 예.

동네 사람들 상두꾼들이 와서 이제 다 준비하지요 잉? 아까 팅이도 만들고, 또 이제 여러가지 준비를 하지요 잉?

˚ 예.

그때 그때 바깥에서는 주로 어떠 어떠한 일을 해요? 상두꾼들이 주로.

˚ 상두꾼들이? 그때는 일할 것 없지. 거기서 이제 철야하고 놀음 놀음이지. 할 일이 없지 이제.

그 그 그때 제가 어릴때 보면……

- 예:.

그 그 메고 가는 거슬 뭐라고레요? 나중에 그 멀 꼳 읻꼬 이러케 이러케 허
능거?

- 거시기 요요도[252] 읻꼬,

예.

- 영전도[253] 읻꼬, 만사도[254] 읻꼬 그러치요.

잠깐만요 이? 그면 그거슬 행낭이라고[255] 그래요 아까? 그 그거슬? 그걸 나
가 나갈쩌그는 생이라고 그러나요?

- '생이라구 그라죠.

그먼…… 생이다가.

- 생애라고헤[256] 생이 메구, 여기는.

생이라고요?

- 으, 생이라구래요.

그먼 그 생이 그가 읻꼬, 아까 그 저 동애쭐로……

- 어:

동애쭐로 묵끼 위해서 이러케 이러케 나무 두개가 두개를 노코……

- 얘.

여푸로 인자 동애쭈리 이러케 사람드리 메능거 요로케 인자 가로질른 나무
읻쬬?

- 얘: 얘:.

요 요로케 요로케 트리 짜저 짜여진 거 요고슨 뭐라구려? 그게 아까 너 그
저 곽 올리는데?

- 이 나무?

얘.

- 거 거 거시보고 거시기라구레 거.

그 그 그때 제가 어릴 때 보면……

⁻ 예.

그 그 메고 가는 것을 뭐라고 그래요? 나중에 그 뭐 꽃 있고 이렇게 이렇게 하는 것?

⁻ 거시기 요요도 있고,

예.

⁻ 영정도 있고, 만사도 있고 그렇지요.

잠깐만요 이? 그러면 그것을 행상이라고 그래요 아까? 그 그것을? 그것을 나가 나갈 적에는 상여라고 그러나요?

⁻ 상여라고 그러지요.

그러면…… 상여에다가.

⁻ 상여라고 해 상여 메고, 여기는.

상여라구요?

⁻ 응, 상여라고 그래요.

그러면 그 상여 그것이 있고, 아까 그 저 동아줄로……

⁻ 응.

동아줄로 묶기 위해서 이렇게 이렇게 나무 두개가 두개를 놓고……

⁻ 예.

옆으로 이제 동아줄이 이렇게 사람들이 메는 것 이렇게 이제 가로지른 나무 있지요?

⁻ 예, 예.

이 이렇게 이렇게 틀이 짜여져 짜여진 것 이것은 뭐라고 그래요? 그것이 아까 너 그 저 곽 올리는 데?

⁻ 이 나무?

예.

⁻ 그 그 거시기 보고 거시기라고 그래 그.

모양이 요 요.

⁻ 아라 아라요 아라 아라.

예예예. 요로케 생겨 인는 걸 읻?

⁻ 예예 아라. 이 나무, 요 나무 마리요?

얘. 요요요 요고설 뭐라굴고, 여그다 인자 요로케 인자 메능거 멛깨 읻꼬 인
자.

⁻ 요요요, 짠자능거슨 궁글뫼기라고[257] 하고,

궁글……

⁻ 짱짜냥거.

궁굴모기라고?

⁻ 궁굴뫼기라 하고, 요 큰나무 이거?

얘.

⁻ 이건 대차라고[258] 해 대차.

대차?

⁻ 으:.

요 아페 요고선요, 아페 요고선? 그거또 대차?

⁻ 머김모기라[259] 할꺼, 이건 머김목.

먿?

⁻ 머김목.

머기목?

⁻ 머김목.

머김목?

⁻ 얘.

아: 아! 그리고 인자 요고 요고시 동애쭈리고 이?

⁻ 그 인재 여그다 인재 주를 이르캐 양쪼게다 주를 동애주를 지비로 이
르캐 해자나요?

모양이 이 이.

‾ 알아 알아요 알아 알아.

예예예. 이렇게 생겨 있는 것 이?

‾ 예예 알아. 이 나무, 이 나무 말이요?

예. 이이이 이것을 뭐라고 그러고, 여기에다 이제 이렇게 이제 메는 것 몇 개
있고 이제.

‾ 이이이, 자잘한 것은 궁글목이라고 하고,

궁글……

‾ 잔잔한 것.

궁글목이라고?

‾ 궁글목이라고 하고, 이 큰 나무 이것?

예.

‾ 이것은 대차라고 해 대차.

대차?

‾ 응.

이 앞에 이것은요, 앞에 이것은? 그것도 대차?

‾ 머김목이라 할 것이야, 이것은 머김목.

뭐?

‾ 머김목.

머기목?

‾ 머김목.

머김목?

‾ 예.

아 아! 그리고 이제 이것 이것이 동아줄이고요 이?

‾ 그 이제 여기다 이제 줄을 이렇게 양쪽에다 줄을 동아줄을 짚으로 이
렇게 하잖아요?

애.

⁻ 그래가꼬 나무 이러케 질러가꼬[260] 여그[261] 여그 하나썩[262] 하나썩 여가 들어가서.

들어가제.

⁻ 애애애 동애줄.

그다메 여기다가 인자 여기다가 인자 아까장[263] 과글 이러케 묵찌요 잉?

⁻ 애애.

이러케 인재. 안 움지기게.

⁻ 예.

그다메 여그다 인자 이러케 이러케 씨우는 씨우자나요?

⁻ 애.

요로케 여페서 보먼 요로케 인자 끋까치 허고 요로게 헤서……

⁻ 씨우지.

머 부터 읻꼬.

⁻ 이.

요 요고설 다 이 요고 요고시 생애에요 잉?

⁻ 애.

요 요 요고시 요고시 생이여 잉? 그면, 그러면, 거기는 거기는 끋또 읻꼬……

⁻ 예:.

여러가지 부치죠?

⁻ 애.

혹씨 그 그런거뜰 이름가틍거 기영, 생각나시는 거쯤 이 이애기 해줘보세요.

⁻ 거 읻찌요 다. 이제 전체를 노코 생이라고 하기는 하는데.

예.

⁻ 생이라고 해도 그기[264] 또 이리미[265] 읻써요, 고곧또.

예.

˗ 그래가지고 나무 이렇게 질러가지고 여기 여기 하나씩 하나씩 여기에가 들어가서.

들어가지.

˗ 예예예 동아줄.

그 다음에 여기에다가 이제 여기에다가 이제 앞까지 곽을 이렇게 묶지요 잉?

˗ 예예.

이렇게 인제. 안 움직이게.

˗ 예.

그 다음에 여기에다 이제 이렇게 이렇게 씌우는 씌우잖아요?

˗ 예.

이렇게 옆에서 보면 이렇게 이제 꽃같이 하고 이렇게 해서……

˗ 씌우지.

뭐 붙어 있고.

˗ 응.

이 이것을 다 이 이것 이것이 상여예요 잉?

˗ 예.

이 이 이것이 이것이 상여여 이? 그러면, 그러면, 거기는 거기는 꽃도 있고……

˗ 예.

여러가지 붙이지요?

˗ 예.

혹시 그 그런 것들 이름같은 것 기억, 생각나시는 것 좀 이 이야기 해줘보세요.

˗ 그 있지요 다. 이제 전체를 놓고 상여라고 하기는 하는데.

예.

˗ 상여라고 해도 거기 또 이름이 있어요, 그것도.

그러치요.

￣ 고고또 이리미 인는디 생가기 안나네 잘.

애. 그:.

￣ 이리미 다 잍써요.

그 생이 위에 요로케 포장가틍거또 치지요 잉?

￣ 애.

그건 뭐 그건 뭐라구레?

￣ 그 거시기. 저: 그기 거시기 하하하.

사람드리 아페 이러케 들고 가는 거슨 머여?

￣ 그건 인자 영전도[266] 읻꼬, 영전.

영저는 뭐뭐뭐? 어떵거설 영저니라그레?

￣ 영저니랑거선.

예.

￣ 공포:, 공포하고[267] 영저나고 두가지고, 거가 만사고[268] 세가지거등
요[269]. 여 공포넌 삼베.

애.

￣ 삼베로 이르캐 해가지고서 이르캐 읻찌왜 공포?

애애. 삼배만 이르케.

￣ 삼베만 대나무다[270] 다라매가지고 하능거.

그기 공포여?

￣ 그게[271] 공포고. 또 영저니라능건 인재 뺄간[272] 이제 저:. 거시기다가
이재 홍겁때기[273] 인주허고 거기따[274] 인제 여 그럴 써가지고 그게 영저니
고. 만사라 만사라는거 인제 영저나고[275] 공포하고넌 아래우럴 다 다라매
고 대남다가[276].

아:!

￣ 아래우럴 다. 만사라는 거슨 이 한쫑만[277] 다라매서 펄:럭 펄:러기 이

그렇지요.

˚ 그것도 이름이 있는데 생각이 안나네 잘.

예. 그.

˚ 이름이 다 있어요.

그 상여 위에 이렇게 포장같은 것도 치지요 잉?

˚ 예.

그것은 뭐 그것은 뭐라고 그래요?

˚ 그 거시기. 저 그것이 거시기 하하하.

사람들이 앞에 이렇게 들고 가는 것은 뭐요?

˚ 그것은 이제 명정도 있고, 명정.

명정은 뭐뭐뭐? 어떤 것을 명정이라고 그래?

˚ 명정이라는 것은.

예.

˚ 공포, 공포하고 명정하고 두가지고, 거의가 만사고 세가지거든요. 이 공포는 삼베.

예.

˚ 삼베로 이렇게 해가지고서 이렇게 있지 왜 공포?

예 예. 삼베만 이렇게.

˚ 삼베만 대나무에다 달아매가지고 하는 것.

그것이 공포여?

˚ 그것이 공포고. 또 명정이라고 하는 것은 이제 빨간 이제 저. 거시기 에다가 이제 헝겊때기 인주하고 거기에다 이제 이 글을 써가지고 그것이 명전이고. 만사라 만사라는 것은 이제 명전하고 공포하고는 아래위를 다 달아매고 대나무에다가.

아!

˚ 아래위를 다. 만사라는 것은 이 한 쪽만 달아매서 펄럭 펄럭이 이것

기 만사고.

그먼 만사에도 글씨를 쓰능가요?

˥ 다 쓰지.

공포에는 안쓰고?

˥ 왜 공포도 다 쓰지.

어:, 공포도.

˥ 공포도.

그먼 만사는 무슨 무슨 처느로 허능거요?

˥ 어?

아까 하나는 삼배로 허능거시……

˥ 공포.

공포고.

˥ 어:.

영저는:?

˥ 영저는 이르캐 이재 홍겁때기로 아래우 짬매능[278] 거……

아래 쫌매능거고.

˥ 기기[279] 영저니고.

어:. 만사는 그냥 이러케 막……

˥ 펄렁 펄렁 (펄렁 펄렁하고) 애 (가는 거고.) 그기 만사고.

그러면: 그거슬요.

˥ 애.

그 거 그 동네에서 다른 사라미 쓰다가 가따 주기도 해요?

˥ 다른 사라미 써다 주기도 하고, 보:퉁이면[280] 인자 거 거기 그 가멀[281],
가멀 떠가지고 오먼 거그서 또 쓰는 수가 마나요. 그 상가지비서나[282]
쓸…… 잘 글씨거틍거[283] 붇굴씨[284] 잘쓰고 이런 사래미.

대개 어떤 내용을 써요, 거그다가?

이 만사고.

그러면 만사에도 글씨를 쓰는가요?

⎺ 다 쓰지.

공포에는 안 쓰고?

⎺ 왜 공포에도 다 쓰지.

어, 공포에도.

⎺ 공포에도.

그러면 만사는 무슨 무슨 천으로 하는 것이요?

⎺ 어?

아까 하나는 삼베로 하는 것이……

⎺ 공포.

공포고.

⎺ 응.

명전은?

⎺ 명전은 이렇게 이제 헝겊때기로 아래위를 잡아매는 것…….

아래 잡아매는 것이고.

⎺ 그것이 명전이고.

어. 만사는 그냥 이렇게 막……

⎺ 퍽렁 퍽렁 (펄렁 펄렁 하고) 예 (가는 것이고.) 그것이 만사고.

그러면 그것을요.

⎺ 예.

그 그 그 동네에서 다른 사람이 써다가 가져다주기도 해요?

⎺ 다른 사람이 써다 주기도 하고, 보통이면 이제 그 거기 그 감을, 감을 떠가지고 오면 거기서 또 쓰는 수가 많아요. 그 상가집에서나 쓸…… 잘 글씨같은 것 붓글씨 잘 쓰고 이런 사람이.

대개 어떤 내용을 써요, 거기에다가?

- 만:사는 그 인재 머: 나도 거 확씨리 잘 모루건는데[285]. 인잰 내가 누가 인자 그 만사를 헨자느면요.

애.

- 아무거시 누가 이캐 이기 만사를 인재 그 호상[286] 그럴때 먼자 먼자 쓰능가 그걸 모르걷써. 먼자 먼자 쓰능가 인재. 그 호상에 대한 이재 그 아무거시가 호상에 대한 거시기를 한다고 그러케 인재 그 만사 하:준 사람, 이영지르[287] 헬쓰면 이형지[288] 일똥이라등가. 갠니[289] 헬쓰면 개인 누가 이르캐 헨따고 인자 그거 쓰고 인재, 호상이라는 거설 거기다 쓰능갑떼[290] 이제 그건.

아:!

- 만사. 그래 인재, 엔날버텀[291] 인자 거 저: 부잴찌비[292].

애.

- 부재찌비드라고 그런디는 엔나레는 만사가 마:나짜나 막, 아마 움는[293] 지비는 그 만사 영전하고 공포하고 시가지만 일썩꼬[294]. 부잴찌비는 막 만사가 만코 그래 인제. 이 중녀네는요 중녀네는 인제 또 그 이형제라고 부라게서 인재 아까도 아침쩌레 이형제라고 드러가꾸서 인재, 애경사 가네 인재 뭐: 그지비 일쓰면 그르케 인자 가치와서 인재 예 이를 가틍거 도와주고 이런 게 이런 이영지라고 일끄든뇨[295]. 자기 부무[296] 도라가시면, 도라가시면 인재 그종모기 일써요 인재 인재 만사가 멛깨를 해주기로.

어:.

- 고로게[297] 종목, 그런 게가 일써요, 또. 그래구서 인재 만사를 해주는 그런 수도 일꼬. 또 개인쩌그로 자기가 그냥 해주는 수도 일꼬 그려.

그런거또 그러니까 만사도 부자찌번 만코, 결구근……

- 그치이:. 애, 그러치요.

그렁개 요즈무로 마라먼 그러니까 머 화환 보내능거 머 그런식 쩡도 되능가요?

˝ 만사는 그 이제 뭐 나도 그 확실히 잘 모르겠는데. 이제 내가 누가 이제 만사를 했잖으면요.

예.

˝ 아무것이 누가 이렇게 여기 만사를 이제 그 호상 그럴 때 무슨 자 무슨 자 쓰는가 그것을 모르겠어. 무슨 자 무슨 자 쓰는가 이제. 그 호상에 대한 이제 그 아무것이가 호상에 대한 거시기를 한다고 그렇게 이제 그 만사 해준 사람, 의형제를 했으면 의형제 일동이라든가. 개인이 했으면 개인 누가 이렇게 했다고 이제 그것 쓰고 이제, 호상이라는 것을 거기에다 쓰는가보데 이제 그것은.

아!

˝ 만사. 그래 이제, 옛날부터 이제 그 저 부잣집에.

예.

˝ 부잣집들하고 그런 데는 옛날에는 만사가 많았잖아 막, 아마 없는 집에는 그 만사 명전하고 공포하고 세가지만 있었고. 부잣집에는 막 만사가 많고 그래 이제. 이 중년에는요 중년에는 이제 또 그 의형제라고 부락에서 이제 아까도 아침결에 의형제라고 들어가지고 이제, 애경사간에 이제 뭐 그 집에 있으면 그렇게 이제 같이 와서 이제 예 일을 같은 것 도와주고 이런 것이 이런 의형제라고 있거든요. 자기 부모 돌아가시면, 돌아가시면 이제 ㄱ 종목이 있어요 이제 이제 만사가 몇 개를 해주기로.

어.

˝ 그렇게 종목, 그런 계가 있어요, 또. 그래가지고서 이제 만사를 해주는 그런 수도 있고. 또 개인적으로 자기가 그냥 해주는 수도 있고 그래.

그런 것도 그러니까 만사도 부잣집은 많고, 결국은……

˝ 그렇지. 예, 그렇지요.

그러니까 요즘으로 말하면 그러니까 뭐 화환 보내는 것 뭐 그런 식 정도 되는가요?

‾ 어?

요즘가테 보면 그 막 그 장례식짱 가먼 막 꼳 마:니 보내자나요?

‾ 어 어:.

마치 그 꼳뽀내능거더고 (‾ 그러치 그러치) 그런시기나 마찬가지건네요?

‾ 화환 보냉기나[208] 마창가지지.

얘.

‾ 그나 마창가지여.

자 그러면 인자 그러케 헤서 인제 상여가 나갈 나갈 준비를 헐 때.

‾ 얘.

그 상두꾼들리 그 저 철야를 하면서 그 미리 연습또 한번씩 하지요?

‾ 예:, 연스비라고 하능 건요. 이제 '댇뜨리라고 읻썯써요, 엔나레 댇뜨리라고. 인는 지번 부재찝[299] 우리 동네도 엔나레 우리 쪼그만헐쩌그 부재찝 한집 그러칸[300] 집 읻써요. 인재: 도라가시머는.

얘.

‾ 내일 이재 내일 이재 출쌍헐꺼 거트머는[301] 오늘 오늘 바메 생이를 첨:부[302] 이캐 다 뀌미가꼬[303] 다 뀌미가꼬, 인재 참 상두군드리 첨:부 다 미고, 상주가 뒤따 따라 따라댕김서나[304] 인재 메:긴 사라미[305] 읻짜나, 생이서나 방울 이케 흔듬서나[306] 이케 메김서 동네로 이르캐 함번 와따가따 이르캐 하고, 그러캐 하는 사라미 읻써요. 그거보고 엔나레 우리들 댇뜨리라고 그렏써요. 그러케 할라면 인재 머 거기 인재 그런 사람들 다 메기야[307] 되자냐[308] 이?

으으으.

‾ 메기야 되고 허니깨 도니 이써야 되자냐, 그렁깨. 엔나레 인재 부재찝 아조[309] 인는 사람만 그러캐 허고 어지간 허먼 다: 그러캐 아나고 그냥 그러캐 고[310] 안날 아나고 연습 아나고, 고 이튼날 엔나렌 다 그냥 생이 나갈쩌그만[311] 그렏써요. 우리 동네 또 우리가 쪼마네쓸쩌게[312] 그르캐 우리

˗ 어?

요즘 같은 데 보면 그 막 그 장례식장 가면 막 꽃 많이 보내잖아요?

˗ 어 어.

마치 그 꽃 보내는 것하고 (˗ 그렇지 그렇지) 그런 식이나 마찬가지겠네요?

˗ 화환 보내는 것이나 마찬가지지.

예.

˗ 그것이나 마찬가지야.

자 그러면 이제 그렇게 해서 이제 상여가 나갈 나갈 준비를 할 때.

˗ 예.

그 상두꾼들이 그 저 철야를 하면서 그 미리 연습도 한번씩 하지요?

˗ 예, 연습이라고 하는 것은요. 이제 대뜰이라고 있었어요, 옛날에 대뜰이라고. 있는 집은 부자집 우리 동네도 옛날에 우리 조그만 할 적에 부자집 한 집 그렇게 한 집 있었어요. 이제 돌아가시면.

예.

˗ 내일 이제 내일 이제 출상할 것 같으면 오늘 오늘 밤에 상여를 전부 이렇게 다 꾸며가지고 다 꾸며가지고, 이제 참 상두꾼들이 전부 다 메고, 상주가 뒤 따라 따라 다니면서나 이제 메기는 사람이 있잖아, 상여에서나 방울 이렇게 흔들면서나 이렇게 메기면서 동네로 이렇게 한번 왔다갔다 이렇게 하고, 그렇게 하는 사람이 있었어요. 그것 보고 옛날에 우리들 내 뜨리라고 그랬어요. 그렇게 하려면 이제 뭐 거기 이제 그런 사람들 다 먹여야 되잖아 이?

으으으.

˗ 먹여야 되고 하니까 돈이 있어야 되잖아, 그러니까. 옛날에 이제 부자집 아주 있는 사람만 그렇게 하고 어지간하면 다 그렇게 안하고 그냥 그렇게 그 안날 안하고 연습 안하고, 그 이튿날 옛날에 다 그냥 상여 나갈 적에만 그랬어요. 우리 동네 또 우리가 조그만 했을 적에 그렇게 우리 동

동니[313] 그 사라미 머 엔나레 땅 백썩 백썩핻다는 지비 거든요. 그집 하라
버지 주거서 그르캐 핻써요.

〈장례 절차〉
그먼 관 과니 나가요 이?
- 얘.
과니? 그럴때 나갈 때 어떠케 나가요?
- 과니?
얘.
- 방이서 방에서 나갈쩌게? 머리버틈[314] 나가지.
머리부터?
- 머리버틈 나간디[315], 이: 바로 문텅너미[316] 문텅너미 인제 엔나레 마리
라구[317] 일짜녀 마리.
예.
- 마리다가 인재 그 바가지 이캐 큰:놈 하나 이캐 어퍼노테, 어퍼논 어
퍼놈서나 인재, 그 상두군드리 양쪼게서 이개 이캐 이제 들고 나가자나
요. 들고감서[318] 그 이제 바가지 문터기[319] 나감서.
얘.
- 시르렁 시르렁 톱찌리야[320], 이라데요. 그기 세버늘 해요.
얘.
- 시렁 시렁 톱찌리야. 그람서 나옴서 그 바가지를 팍: 깨데, 팍 밥꼬
인자 그래. 그래 낟……
그 그 그.
- 바가지럴 팍 발바서 깨요.
발로 깨능거요?
- 응, 발로. 사래미 인재. 사래미 인재, 신체[321] 모시고 나오는 양반더리

네 그 사람이 뭐 옛날에 땅 백석 백석 했다는 집이 거든요. 그 집 할아버
지 죽어서 그렇게 했어요.

〈장례 절차〉
그러면 관 관이 나가요 이?
¯ 예.
관이? 그럴 때 나갈 때 어떻게 나가요?
¯ 관이?
예.
¯ 방에서. 방에서 나갈 적에? 머리부터 나가지.
머리부터?
¯ 머리부터 나가는데, 이 바로 문턱 넘어 문턱 넘어 이제 옛날에 마루
라고 있잖아 마루.
예.
¯ 마루에다가 이제 그 바가지 이렇게 큰 놈 하나 이렇게 엎어놓데, 엎
어놓은 엎어놓으면서나 이제, 그 상두꾼들이 양 쪽에서 이렇게 이렇게 이
제 들고 나가잖아요. 들고 가면서 그 이제 바가지 문턱에 나가면서.
예.
¯ 시르렁 시르렁 톱질이야, 이렇게 하데요. 그것 세번은 해요.
예.
¯ 시렁 시렁 톱질이야. 그러면서 나오면서 그 바가지를 팍 깨데, 팍 밟
고 이제 그래. 그래 난……
그 그 그.
¯ 바가지를 팍 밟아서 깨요.
발로 깨는 것이요?
¯ 응, 발로 사람이 이제. 사람이 이제, 시체 모시고 나오는 양반들이 맨

맨: 뒤 맨: 뒤에 나오는 사라미 그 바가치를[322] 발로 팍 발바서 깨뜨리고 가는 바가치 이마:넝거 가따 어퍼노코.

인자 그러케 헤서 나와서 인제 그담날 생이가 나가는……

‾ 예, 그래서 인재 생이다가 인자 모시가꼬[323] 그래가꾸서 인재 나가지요.

그면 생이에 그 아까 메고갈때 상두꾼드리 읻꾸요. 아페 메고간 사라믄 메기는 무슨 무슨 꾸니라구레요? 메는 사라믄 상두꾸니고.

‾ 애.

아페 그 그 종치면서 이러케 잡꼬 허는 사라미 읻찌요? 그 사라믄 뭐라구려?

‾ 그 우리두 우리 마으른 그냥 보통 여그 저 별또로 이르캐 인제 별또로 인자 그건만 흔들고 메긴 사람도 읻끼는 인는데. 보통 그냥 민[324] 사람 드리 그냥 그러캐 마니 방울 흔드러 미구 마니 나가요. 그라구 인재, 그 제서 인자 이르캐 그거보고 메기린다고[325] 헤요, 메긴다고.

메긴다고.

‾ 방울 이르캐 흔들고 소릳 찔 지른 사람미 메기는 사래미라고[326] 그래요.

메기는 사람. 그 인자 매기는 사람드리 그 매기는데, 그 매기는 소리하고, 그: 매고가는 소리가 또 달라요 잉? 동네마다 좀씩 달르더라고요.

‾ 틀려[327], 동네 부랑마당[328] 틀리요.

그면 여기서 여기서 이 동네에서 허다 다른 동네에 가서 그 매며는 그 또 몯 따라 갈 쑤도 읻건네요 잉?

‾ 고기[329] 궁게 거기 가먼 인자, 고기 술리대로[330] 하야지머[331]. 그 동 그 마을 술리대로. 앙그러컫써요?

상이가 인자 올라 가써요.

‾ 애.

그 장지 올라갇써.

뒤 맨 뒤에 나오는 사람이 그 바가지를 발로 팍 밟아서 깨트리고 가는 바가지 이만한 것 갖다 엎어놓고.

이제 그렇게 해서 나와서 이제 그 다음 날 상여가 나가는……

ᐨ 예, 그래서 이제 상여에다가 이제 모셔가지고 그래가지고서 이제 나가지요.

그러면 상여에 그 아까 메고 갈 때 상두꾼들이 있고요. 앞에 메고 가는 사람은 메기는 무슨 무슨 꾼이라고 그래요? 메는 사람은 상두꾼이고.

ᐨ 예.

앞에 그 그 종 치면서 이렇게 잡고 하는 사람이 있지요? 그 사람은 뭐라고 그래요?

ᐨ 그 우리도 우리 마을은 그냥 보통 여기 저 별도로 이렇게 이제 별도로 이제 그것만 흔들고 메기는 사람도 있기는 있는데. 보통 그냥 멘 사람들이 그냥 그렇게 많이 방울 흔들어 메고 많이 나가요. 그리고 이제, 그제야 이제 이렇게 그것 보고 메겨 넣는다고 해요, 메긴다고.

메긴다고.

ᐨ 방울 이렇게 흔들고 소리 질 지른 사람이 메기는 사람이라고 그래요.

메기는 사람. 그 인제 메기는 사람들이 그 메기는데, 그 메기는 소리하고, 그 메고 가는 소리가 또 달라요 잉? 동네마다 조금씩 다르더라고요.

ᐨ 특려, 동네 부락마다 틀려요.

그러면 여기서 여기서 이 동네에서 하다 다른 동네에 가서 그 메며는 그 또 못 따라 갈 수도 있겠네요 잉?

ᐨ 거기 그러니까 거기 가면 이제, 거기 순리대로 해야지 뭐. 그 동 그 마을 순리대로. 안 그렇겠어요?

상여가 이제 올라갔어요.

ᐨ 예.

그 장지에 올라갔어.

‑ 으.

그머는 그 생이는 나: 어떠케헤요?

‑ 생이?

애.

‑ 인제 엔나레는, 엔나런:.

그 만사나 만사나 아까 그 마니 가저강건 어떠케 허고 와요?

‑ 엔나레는 인제 기게[332], 행상이라는[333] 거시 인제 그 나무로 이케 인제 부라게서나 부라게서 인제 모 어느 지꾼 지꾼 잍짜너요, 그개. 상두개라등가 지꾸니[334] 인재 그 지꾼드리 도널 내가지고서나 생이를 맨드러[335] 놑써요. 매:나고서 인제 그 어: 동네 마을 끄터머리라등가 이케 생이찌비라고, 그케 지블 지노코, 다: 쓰고노문 다시 인재 그 생이라는걸 나무 그: 점문[336] 나무가틍거 가지고 생이지비다 또 가따 너요. 너코.

궁굴모기랄지 머 가틍거……

‑ 궁굴모기라든지 그 대차라등가 인제 전반[337] 그 따린[338]거슨 인제 거기 따 생이찌비다 가따 너요. 넏따가 인재 딴 사람들 상당해면 거기서 내다가 인제 쓰고, 그런디 이기[339] 인재 그 싸긴써요[340]. 함번 가따 쓰는디 싹 싸긴꼬.

그 꼳까틍거슨……

‑ 그렁게 인제 꼬까틍거.

애.

‑ 공포하고 영전, 영저나고는 인제 신체위에다[341] 까라줘 이르캐.

어:.

‑ 신체를 땅에다 이케[342] 모시고, 모시고 인제 그 위에다가 영저나고 공포하고 이르캐 배위에다 이캐 까라줘. 까라주고, 만사는 엔나레 가자왇써요[343], 인재 지비로. 가자서 시방[344] 인제 시방언 안그러치마는 엔나레는 부모가 주그머는 삼년까지는 매 때마다 바벌 떠다 놑짜나요.

- 응.

그러면 그 상여는 나중에 어떻게 해요?

- 상여?

예.

- 이제 옛날에는, 옛날은.

그 만사나 만사나 아까 그 많이 가져간 것은 어떻게 하고 와요?

- 옛날에는 이제 그것이, 행상이라는 것이 이제 그 나무로 이렇게 이제 부락에서나 부락에서 이제 모 어느 지꾼 지꾼 있잖아요, 그게. 상두계라든가 지꾼이 이제 그 지꾼들이 돈을 내가지고서나 상여를 만들어 놓았어요. 매놓고서 이제 그 어 동네 마을 끝머리든가 이렇게 상여집이라고, 그렇게 집을 지어 놓고, 다 쓰고 나면 다시 이제 그 상여라는 것을 나무 그 전부 나무같은 것을 가지고 상여집에다 또 가져다 넣어요. 넣고.

궁글목이랄지 뭐 같은 거……

- 궁글목이라든지 그 대차라든가 이제 전부 그 따른 것은 이제 거기에다 상여집에다 갖다 넣어요. 넣었다가 이제 딴 사람들 상 당하면 거기에서 내다가 이제 쓰고, 그런데 이것이 이제 그 삯이 있어요. 한번 가져다 쓰는데 삯 삯 있고.

그 꽃같은 것은……

- 그러니까 이제 꽃같은 것.

예.

- 공포하고 명전, 명전하고는 이제 시체 위에다 깔아줘 이렇게.

어.

- 시체를 땅에다 이렇게 모시고, 모시고 이제 그 위에다가 명전하고 공포하고 이렇게 배 위에다 이렇게 깔아줘. 깔아주고, 만사는 옛날에는 가지고 왔어요, 이제 집으로. 가져와서 지금 이제 지금은 안 그렇지마는 옛날에는 부모가 죽으면 삼년까지는 매 때마다 밥을 떠다 놓았잖아요.

그러치요, 애.

⁻ 어? 삼년상으. 삼년상을 낼라고.

응.

⁻ 그래서 인제 그: 그 그걸보고 인제 빈사라고³¹⁵⁾ 그랜는데, 엔나레. 빈사를 이르캐 커:게 이케 인재 짙짜녀³¹⁶⁾ 저 거시기다. 으지까니다³¹⁷⁾ 진는 사람도 이꼬, 한디다 인재 지가꼬서 이캐 물 몯드러가게 이케 지비루 이르캐 잘하는 사람도 잍꾸 그러꺼든요. 만사는 인자 빈사 양쪽 여피다 이르케 첨:부 거러붙썬써요. 다 거러노코, 인재 삼년상 인제 지사³¹⁸⁾, 삼년상 지내면 인재, 그저니는 저: 요 삼년상 나드라건³¹⁹⁾ 상제가요³⁵⁰⁾ 상제르 항상 이 건거틍거³⁵¹⁾ 그러고 귀늘 쓰고 댕겨써요. 어른드리 귀널. 인제 삼년상 나믄 복 번는다고 그라거든요³⁵²⁾, 복. 게 인제 제사 지내고, 사니 가서나 인제 그 그 인제 상제 그 인제 옷 거니라든가 머 이렁거 인제 그렁걸 인제 딱³⁵³⁾ 처댄³⁵⁴⁾ 사람도 이꼬. 그라고 인재 아버지가 아페 도라가시고거나 어머니가 아페 도라가시거나, 어머니가 아페 도라가시면 다메³⁵⁵⁾ 아버지가 도라갈 때 또 그걸 맨들 되자네요.

애애.

⁻ 그런 사라면 저 사니 가서 인제 부래노코³⁵⁶⁾ 부를 이러캐 실실 둘러요³⁵⁷⁾. 함번 둘러가꼬 첨부 지베 가따놔. 가따가 개 모드키³⁵⁸⁾ 놔따가 자기 아버님 도라가시면 내내³⁵⁹⁾ 고노미로³⁶⁰⁾ 또 인재 상북³⁶¹⁾ 애 또 인재 이꼬³⁶²⁾ 그르캐 해요. 게 인재 뒤로 인재 쓸데 엄는 사람드른 머 다 처댄뻐리고. 그 인재, 시방언 머 그거 다 인제 만사고 머고 단저리³⁶³⁾ 그냥 다 업 치대³⁶⁴⁾ 업쌔뿌리자나요, 시방은.

그면 여기는요 여기는 그 과늘 베껜써요? 베끼고 신체만 넏써요? 과늘 가치 넏써요?

⁻ 인제 엔나레: 인제 과늘 쓰는 사래미³⁶⁵⁾ 이써써요, 과늘. 과늘 쓰는 사라미 보펜쩌그로³⁶⁶⁾, 과늘 빼는 헹페닌디³⁶⁷⁾ 과늘 지파나고³⁶⁸⁾ 지파는 다 빼고, 천지

그렇지요, 예.

￢ 어? 삼년상을. 삼년상을 지내려고.

응.

￢ 그래서 이제 그 그 그것을 보고 이제 빈사라고 그랬는데, 옛날에. 빈
사를 이렇게 크게 이렇게 이제 짓잖아 저 거시기에다. 의짓칸에다 짓는
사람도 있고, 한데다 이제 지어가지고 이렇게 물 못 들어가게 이렇게 짚
으로 이렇게 잘 하는 사람도 있고 그랬거든요. 만사는 이제 빈사 양 쪽
옆에다 이렇게 전부 걸어놓았었어요. 다 걸어놓고, 이제 삼년상 이제 제
사, 삼년상 지내면 이제, 그전에는 저 이 삼년상 날 때까지는 상주가요 상
주는 항상 이 권같은 것 그리고 권을 쓰고 다녔어요. 어른들이 권을. 이
제 삼년상 나면 복 벗는다고 그러거든요, 복. 그 이제 제사 지내고, 산에
가서나 이제 그 그 이제 상주 그 이제 옷 권이라는가 뭐 이런 것 이제 그
런 것을 이제 딱 쳐대는 사람도 있고. 그리고 이제 아버지가 앞에 돌아가
시고 그러거나 어머니가 앞에 돌아가시거나, 어머니가 앞에 돌아가시면
다음에 아버지가 돌아가실 때 또 그것을 만들어야 되잖아요.

예예.

￢ 그런 사람은 저 산에 가서 이제 불을 피워놓고 불을 이렇게 슬슬 둘
러요. 한번 둘러가지고 전부 집에 갖다가 놔. 갖다가 개 모아 놓았다가
자기 아버님 돌아가시면 내나 그 놈으로 또 이제 산복 에 또 이게 입고
그렇게 해요. 그 이제 뒤로 이제 쓸 데 없는 사람들은 뭐 다 쳐대버리고.
그 이제, 지금은 뭐 그것 다 이제 만사고 뭐고 완전히 다 없 쳐대 없애버
리잖아요, 지금은.

그러면 여기는요 여기는 그 관을 벗겼어요? 벗기고 시체만 넣었어요? 관을
같이 넣었어요?

￢ 이제 옛날에 이제 관을 쓰는 사람이 있었어요, 관을. 관을 쓰는 사람
이 보편적으로, 관을 빼는 형편인데 관을 지판하고 지판은 다 빼고, 천지

파너고[369] 지파너고 저 서판[370] 양쪼게 서판만 쓰는 사라미 마낻써요, 서판.

  애.

 ⌐ 게서 인제 엔나레는 기냥 과늘 다 쓰는 사래미 일썯꺼든 다 그냥 하나도 안 빼고. 게 그기, 가마:니 생각허먼 인제 거 자기 부무가 인자 암만[371] 주거찌마는 흐그로 이케 막짱허기가[372] 이제 자식 도리로서 보기가 좀 안대짜냐⌐.

  으:.

 ⌐ 그럼 인제 그 과늘 쓰먼 소기 저 공가느로 가마니 이씅깨, 게 눌리는 거시 조깨[374] 이제 보기가 좀 갠는다[375]. 그게 사:실상 나중에 따지고 보머는 사래미 이재. 공기랑건 공가니라능게 생기면 그라구 고 소그서[376] 인제 사래미 인재 사리고 머고 쎙기머는[377], 그 공 공가니 생기먼 버러지라등가[378] 머가 생기가 마려니래요.

  얘.

 ⌐ 그리가꾸서 엔나레 그르케 인제 과늘 쓰는 사래미 인는데, 고 뒤 뒤로 인제: 서판만 쓰고 지파너고 천지파너고는 보통 씨고[379] 서판만 쓰는 사래미 이꼬. 근디 시방은 저 시방은 여 그 그저니는 인제 거 나무로 혀서 거 핸는데, 인자 중녀니는[380] 또 그거 그게 업써징개 석꽌, 돌로 맨등기자나 인자. 그래서 돌로 보통 시방도 돌로: 인재 거시개능개 일딴 양쪼그서 서판, 서판만 쓰내미[381] 마나요. 지파나고 천지파나고는 안쓰는 사라미 마나요. 이기 인제: 쓰는 사람도 혹씨 이쓸랑가 모른디 원치근 우리가 생가개도 그기 소기 공가늘 안 두는 거시 기기[382] 원치기요, 그기. 근데, 나중에 기기 혹씨 인재 이장도[383] 하는 수가 이짜너요, 이장. 이장얼 하면 흐그로 막따진 디는 참 인제 폭 그 제 육타리 잘대가꼬 뻬만 인재 이르캐 일찌마넌. 그기 인재 과널 그냥 그대로 거시간 사라먼, 그 소기 머 머래도 벌거지 일쓰먼 보기가 지랄차냐요[384]. 다 그러캐 보통 그러캐 하더만요, 시방언.

판하고 지판하고 저 서판 양쪽에 서판만 쓰는 사람이 많았어요, 서판.

예.

￣ 그래서 이제 옛날에는 그냥 관을 다 쓰는 사람이 있었거든 다 그냥 하나도 안 빼고. 그 그것이, 가만히 생각하면 이제 그 자기 부모가 이제 아무리 죽었지만 흙으로 이렇게 막장하기가 이제 자식 도리로서 보기가 좀 안됐잖아.

응.

￣ 그러면 이제 그 관을 쓰면 속이 저 공간으로 가만히 있으니까, 그 눌리는 것이 조금 이제 보기가 좀 그랬는데. 그게 사실상 나중에 따지고 보면 사람이 이제. 공기라는 것은 공간이라는 것이 생기면 그리고 그 속에서 이제 사람이 이제 살이고 뭐고 썩으며는, 그 공 공간이 생기면 벌레라든가 뭐가 생기기가 마련이래요.

예.

￣ 그래가지고서 옛날에 그렇게 이제 관을 쓰는 사람이 있는데, 그 뒤 뒤로 이제 서판만 쓰고 지판하고 천지판하고는 보통 쓰고 서판만 쓰는 사람이 있고. 그런데 지금은 저 지금은 이 그 그전에는 이제 그 나무로 해서 그 했는데, 이제 중년에는 또 그것 그것이 없어지니까 석관, 돌로 만든 것이잖아 이제. 그래서 돌로 보통 지금도 돌로 이제 거시기하는 것이 일단 양쪽에서 서판, 서판만 쓰는 놈이 많아요. 지판하고 천지판하고는 안 쓰는 사람이 많아요. 이것이 이제 쓰는 사람도 혹시 있을라는가 모른데 원칙은 우리가 생각해도 그것이 속이 공간을 안 두는 것이 그것이 원칙이요, 그것이. 그런데, 나중에 그것이 혹시 이제 이장도 하는 수가 있잖아요, 이장. 이장을 하면 흙으로 막 다진 데는 참 이제 폭 그 이제 육탈이 잘 되어가지고 뼈만 이제 이렇게 있지만은. 그것이 이제 관을 그냥 그대로 거시기한 사람은, 그 속에 뭐 뭐라도 벌레가 있으면 보기가 지랄하잖아요. 다 그렇게 보통 그렇게 하드만요, 지금은.

자 그러면 인제 그 도라가시면 동네 사람들한테 어디 알릴라고.

― 얘.

돌아가시먼 바로 내는 걸 먼 먼 먼 내다고구려?

― 부구지[385]. 부구지.

그 그때 엔날로 마라면,

― 예.

그 상두꾼드리 와서 그걸 쓰는 거요?

― 아니어, 상두군드리 쓰능게 아니고, 그건 그리도 인저 글씨 쓰능건 그도 쓸만헌 사람드리 쓰야제. 그 지바네 그 지바네 좀 가깝꼬, 그도[386] 쓸마넌 사람더리, 그때 와서 상 당해면[387] 상 당해면, 오널 이재 상얼 당하자나요.

얘.

― 그럼 오늘 저녀게 인재, 그 지바니라등가 칭구지가니도 말 마디[388] 이릉깨. 인자 그 잘 지낸 양반드리 와서 쓸마넌 사람드리 점부[389] 인재 상두가[390] 상두가 알키주문[391] 다 써요. 다 써가꾸서 인재, 고 이튿날 엔나레는 사:방 인제 그저니는 저나가[392] 업고 뭐, 우편 거시기도 우꼬[393] 그렁개 인재. 써가꼬 사:라미 사라미 너른[394] 너는 어드로 가고 너는 서쪼가고[395] 너는 동쪼그 가고 너는 부쪼그 가구 이르캐 인재 마타요, 이래. 그또 인재 고 인자 그 상당핸 지비 머 친 잘 칭구지가네 잘 아는 사람드리 이르캐 맏따가[396] 사방에 토를[397] 인재. 사람드리 가따 줼찌요. 이재.

그걸 뭐한다고 그래요?

― 그건? 부구지, 부구 저낸다고[398] 그라지 머.

부구 저낸다고요?

― 얘, 부구 저낟따고. 부고 저나러 간다고 그랟써.

부구를 저나면,

― 얘.

자 그러면 이제 그 돌아가시면 동네 사람들한테 어디 알리려고.

⌐ 예.

돌아가시면 바로 내는 것을 뭣 뭣 뭣 낸다고 그래요?

⌐ 부고지. 부고지.

그 그때 옛날로 말하면,

⌐ 예.

그 상두꾼들이 와서 그것을 쓰는 거요?

⌐ 아니야, 상두꾼들이 쓰는 것이 아니고, 그것은 그래도 이제 글씨 쓰는 것은 그래도 쓸만한 사람들이 써야지. 그 집안에 그 집안에 좀 가깝고, 그래도 쓸만한 사람들이, 그때 와서 상 당하면 상 당하면, 오늘 이제 상을 당하잖아요.

예.

⌐ 그럼 오늘 저녁에 이제, 그 집안이라든가 친구지간에도 말 마디 이르니까. 이제 그 잘 지낸 양반들이 와서 쓸만한 사람들이 전부 이제 상주가 상주가 알려주면 다 써요. 다 써가지고서 인제, 그 이튿날 옛날에는 사방 이제 그전에는 전화가 없고 뭐, 우편 거시기도 없고 그러니까 이제. 써가지고 사람이 사람이 너는 너는 어디로 가고 너는 서쪽하고 너는 동쪽에 가고 너는 북쪽에 가고 이렇게 이제 맡아요, 이렇게. 그것도 이제 그 이제 그 상 당한 집에 뭐 친 잘 친구지간에 잔 아는 사람들이 이렇게 많이 가지고 사방에 연통을 이제. 사람들이 갖다 주었지요. 이제.

그것을 뭐한다고 그래요?

⌐ 그것? 부고지, 부고 전한다고 그러지 뭐.

부고 전한다고요?

⌐ 예, 부고 전했다고. 부고 전하러 간다고 그랬어.

부고를 전하면,

⌐ 예.

자 인자 제가 옆 여페동네 사는데.
- 얘.
제가 인자 이르케 가서 부고를 저낻써요. 어르신한태 가따 드롇써. 그러면 그
그 동네에 인자 우리 친처기나 사람드리 멛찝 살고 읻쓰면, 제가 어르신한테만
저나면, 어르신만 와요? 아니먼 어르시니 동네뿐한테 열라글해서 와요?
- 야:!
(임말에서 연)
- 딴 딴 동네 부구럴 가따주머는.
얘.
- 그 사람만 오능가?
얘.
- 딴 사람도 오능가, 가치?
얘, 그 지여게서.
- 그 사람만 와요.
그 사람.
- 부구 낸 사람만 와요, 얘.
근디 마냑……
- 그라고 인제 부구낸 사라마고 상가찝하고 서로가 인제 친처기 된다
등가.
얘.
- 친척 아니더라도 친구지가니 잘 안다든가, 요로캉깨³⁹⁹⁾ 부구 내지. 그
외 몰름서⁴⁰⁰⁾ 서로 알면, 어디 저 장에를 바도 서로 인사 아나고 모르는
사라믄 몰릉깨⁴⁰¹⁾ 아너지. 야:는 사람만 하지.
이러케 인자 그 그집 어 어느 지베 친척 그 동네가 마으레 친처기 이따, 멛찌
비 읻따먼 멛 찌블 다: 안내고 한 집만 헤가지고.
- 아니여 아니여.

자 이제 제가 옆 옆에 동네 사는데.

¯ 예.

제가 이제 그렇게 가서 부고를 전했어요. 어르신한테 갖다 드렸어. 그러면 그 그 동네에 이제 우리 친척이나 사람들이 몇 집 살고 있으면, 제가 어르신한 테만 전하면, 어르신만 와요? 아니면 어르신이 동네분한테 연락을 해서 와요?

¯ 아!

(임말에서 연)

¯ 딴 딴 동네 부고를 갖다 주며는.

예.

¯ 그 사람만 오는가?

예.

¯ 딴 사람도 오는가, 같이?

예, 그 지역에서.

¯ 그 사람만 와요.

그 사람.

¯ 부고 낸 사람만 와요, 예.

그런데 만약……

¯ 그리고 이제 부고 낸 사람하고 상가집하고 서로가 이제 친척이 된다 든가.

예.

¯ 친척 아니드라도 친구지간에 잘 안다든가, 이렇게 하니까 부고 내지. 그 외 모르면서 서로 알면, 어디 저 장에를 봐도, 서로 인사 안하고 모르 는 사람은 모르니까 안하지. 아는 사람만 하지.

이렇게 이제 그 그 집 어 어느 집에 친척 그 동네가 마을에 친척이 있다, 몇 집이 있다면 몇 집을 다 안 내고 한 집만 해가지고.

¯ 아니야 아니야.

열락좀 해라.

‾ 아:~이 각각 다 내요.

각각 다 내요?

‾ 각각 다 내요. 그건 각각 다 내. 열찌비먼 열찝 머 시무지비먼 시무집[02] 각각 다 저요, 다.

부고도 바든 사람만 오는 거시 잉? 원치기에요?

‾ 얘. 인제 시방은 저놔가 잍씀깨 저나가 잍씀개 상 당허먼 에를 드러서 윤마을[03] 워디 마으레 잍쓰머는, 내가 그 마을 이제 셀찌비나 넫찌비나 아는 양반 잍쓰먼, 저놔를 헤가꼬서 아 그 누구누구 거시강깨[04] 거그서 좀 알레돌라고[05] 시방은 저나르 이르캐, 이르캐 쫌 마니도 하능갑뜨만, 엔나레 부구낼 때는 각각 첨부[06] 다: 보내요.

다: 낸써요?

‾ 얘, 다내요.

그 부고를 안 바드면 안 오는 거여?

‾ 구르치요[07]. 엔나레는 안바드면 안 와써요.

아 그랟써요?

‾ 엔나레 안바드면 안 와써.

요즈믄 그냥 연락 바드면 인자 갈마너먼 그냥 아라서 가기도 허자나요?

‾ 시방 인자 그렁거 부고 업써요. 시방은 업꼬:. 저놔[08] 처꼬 알마넌 사라먼 시방 인자 다 저놔로 인재 저놔하고, 그가고 또 인재 저놔를 내 아내도 저놔를 아내도 알마난 평소에 잘 지내고 알마넌 사람더른 그냥 알머는 가지, 인재 시방언 가요. 그 상새서[09] 그냥 알머는 가요. 그래 시방.

자 그럼 인자 부고 내고, 생에를 매고, 나가요. 지베서부터 방으로부터 나가는, 나가서 상에 들고 장지까지 가는 걸 그걸 머한다고 그래요?

‾ 장지까지 가능거?

얘.

연락좀 해라.

‑ 아니 각각 다 내요.

각각 다 내요?

‑ 각각 다 내요. 그것은 각각 다 내. 열집이면 열집 뭐 스무집이면 스무집 각각 다 줘요, 다.

부고도 받은 사람만 오는 것이 잉? 원칙이에요?

‑ 예. 이제 지금은 전화가 있으니까 전화가 있으니까 상 당하면 예를 들어서 이웃마을 어디 마을에 있으면, 내가 그 마을 이제 세집이나 네집이나 아는 양반 있으면, 전화를 해가지고서 아 그 누구누구 거시기하니까 거기에서 좀 알려 달라고 지금은 전화를 이렇게, 이렇게 좀 많이도 하는 가보드만, 옛날에 부고낼 때는 각각 전부 다 보내요.

다 냈어요?

‑ 예, 다내요.

그 부고를 안 받으면 안 오는 것이야?

‑ 그렇지요. 옛날에는 안 받으면 안 왔어요.

아 그랬어요?

‑ 옛날에 안 받으면 안 왔어.

요즘은 그냥 연락 받으면 이제 갈만하면 그냥 알아서 가기도 하잖아요?

‑ 지금 이제 그런 것 부고 없어요, 지금은 없고 전화 쳤고 알만한 사람은 지금 이제 다 전화로 이제 전화하고, 그렇게하고 또 이제 전화를 내가 안해도 전화를 안해도 알만한 평소에 잘 지내고 알만한 사람들은 그냥 알면 가지, 이제 지금은 가요. 그 상 당하면 그냥 알면 가요. 그래 지금.

자 그럼 인제 부고 내고, 상여를 메고, 나가요. 집에서부터 방으로부터 나가는, 나가서 상여 들고 장지까지 가는 것 그것을 뭐한다고 그래요?

‑ 장지까지 가는 것?

예.

˗ 장니[410] 모시고 가는 기지머.

장니 모시고 가는거요 잉?

˗ 애, 장니 모시로 간다고.

그죠, 그 운구헌다는 마른 어디다 어디다 쓰는 거요?

˗ 으?

운구헌다는 말.

˗ 운구?

그런 마른 안써요?

˗ 운구, 자세히 모르건는데.

자 그먼 거기까지 갇써요.

˗ 애.

장네지까지 갇써 가면, 동네 사람드리 이케 파노치요 잉?

˗ 애.

그 파논는 요 요 요거슬 머라구레요?

˗ 파논는 거슬?

애.

˗ 묻짜리.

이제 묻짜리를 잡찌요? 애. 묘지 묻짜리다……

˗ 묻짜리 자바가꼬,

애. 땅을 팡거슬?

˗ 예, 대강 이제 제 널버:라니[411] 이케 파요.

애.

˗ 널베라니 파 노코. 그라고 신체 드러갈때는 인제 신체 드러갈쩡만[412]
이르케 널베라니 판데다, 인제 쪼부때너게[413] 또 또 더 파요. (그러치요.)
공 고 알광이라고[414] 그래요, 알광.

알광.

˜ 장례 모시고 가는 것이지 뭐.

장례 모시고 가는 것이요 잉?

˜ 예, 장례 모시로 간다고.

그렇지요, 그 운구한다는 말은 어디에다 어디에다 쓰는 것이요?

˜ 으?

운구한다는 말.

˜ 운구?

그런 말은 안써요?

˜ 운구, 자세히 모르겠는데.

자 그러면 거기까지 갔어요.

˜ 예.

장례지까지 갔어 가면, 동네 사람들이 이렇게 파놓지요 잉?

˜ 예.

그 파놓는 이 이 이것을 뭐라고 그래요?

˜ 파놓는 것을?

예.

˜ 묘자리.

이제 묘자리를 잡지요? 예. 묘지 묘자리에다……

˜ 묘자리 잡아가지고,

예. 땅을 파는 것을?

˜ 예, 대강 이제 넓직하게 이렇게 파요.

예.

˜ 넓직하게 파 놓고. 그리고 시체 들어갈 때는 이제 시제 들어갈 정도
만 이렇게 넓직하니 판 데다, 이제 좁다랗게 또 또 더 파요. (그렇지요.)
그 그 알광이라고 그래요, 알광.

알광.

˗ 알광판다고.

알광판다고 해요?

˗ 알광판다고, 애.

알광에다 나중에 인제 시체를 넌는거에요 잉?

˗ 애애, 그러치.

자 그면 인자 가서 생애를 내리고, 인자 생애 소게서 그 과늘 꺼내서, 그 알광으로 옴기는 거슬 머한다구래요?

˗ 고게?

애.

˗ 거시기 거시기여. 아이 자꾸만 머 잘 안나게, 생가기 이케 자란나.

그 그거슬 하과난다고 그렁가요?

˗ 으으으, 하관 하과난다구래요[115]. 하과난다고.

그러면 그때 하관할 때는 어떤 어떤 방버부로 해요? 어떤 방버부로, 애?

˗ 인제 생이:서 인제 뜨더가꼬.

예.

˗ 완저니 다 뜯짜너요.

애.

˗ 게서 인제 그 묻짜리 인는디꺼지는[116], 묻짜지 인느디꺼지는 인재. 그: 과나고 상두군드리, 상두군드리 양쪼게 인재, 들구 인재 가구, 알광 판디꺼지 들구 가고. 상주는 그 뒤 따라오고. 그렁개 거기 그 인재, 상두군드리 거끄지[117] 갇따노머는 알광 판디끄지 갇따노면, 알광이[118] 는는[119] 거선 는는 거슨 인재 거: 상두군 가깐 지바니라등가 이캐 이런 사람더리 인재 그런 사람드리 너요, 거그다가.

그때 그때 널 때요. 널 때, 지금 이게 산이라면, 산쪼기라면, 요로케 알광얼 팓써요.

˗ 애.

˝ 알광 판다고.

알광 판다고 해요?

˝ 알광 판다고, 예.

알광에다가 나중에 이제 시체를 넣는 거예요 잉?

˝ 예예, 그렇지요.

자 그러면 이제 가서 상여를 내리고, 이제 상여 속에서 그 관을 꺼내서, 그 알광으로 옮기는 것을 뭐한다고 그래요?

˝ 그것이?

예.

˝ 거시기 거시기여. 아이 자꾸만 뭐 잘 안나게, 생각이 이렇게 잘 안 나. 그 그것을 하관한다고 그런가요?

˝ 으으으, 하관 하관한다고 그래요. 하관한다고.

그러면 그때 하관할 때는 어떤 어떤 방법으로 해요? 어떤 방법으로, 예?

˝ 이제 상여에서 이제 뜯어가지고.

예.

˝ 완전히 다 뜯잖아요.

예.

˝ 그렇게 해서 이제 그 묘자리 있는 데까지는, 묘자리 있는 데까지는 이제, 그 관하고 상두꾼든이, 상두꾼들이 앞쪽에 이제, 들고 이제 끼고, 알광 판 데가지 들고 가고. 상주는 그 뒤 따라오고. 그러니까 거기 그 이제, 상구꾼들이 거기까지 가져다 놓으면 알광 판 데까지 가져다 놓으면, 알광에 넣는 것은 넣는 것은 이제 그 상두꾼 가까운 집안이라든가 이렇게 이런 사람들이 이제 그런 사람들이 넣어요, 거기다가.

그때 그때 넣을 때요. 넣을 때, 지금 이것이 산이라면, 산쪽이라면, 이렇게 알광을 팠어요.

˝ 예.

그며는 머리가 저 저 그 묘 무더메 뒫쪼그로 가요? 압쪼그로 가요?

¯ 항상 인자 그 산수라능게[120] 아:래우가 읻짜나요?

얘.

¯ 아래 우라능게.

긍개 우리가 나중에 무덤 쓰고 아페 상 채레노코 절허는데 읻찌요?

¯ 어:.

거기가 인자……

¯ 하반시니여 거가, 발쪽.

거가 하반시니요?

¯ 이, 발쪼기.

쩌쪼게가 놉…… (¯ 글치요.) 노푼데가 머리가 가구요?

¯ 머리고요, 이.

자 그러케 알광에다 이러케 그 시체 너코 나면, 흐글 더풀 때……

¯ 얘.

거기다가 아까 마랟떤 그 그 처늘 깔지요 잉?

¯ 얘.

명전 깔고 또……

¯ 애 애. 공포.

공포 깔고, 공포 깔고, 그 우에다 영전 깔 깔 까라요?

¯ 공포부터 머니[121] 깔고, 그 위에다 영전 깔……

영전 깔고 인자 그다메, 흐글 너치요? 거그다가?

¯ 얘.

흐글 널 때 어떠케 너요?

¯ 흐걸 인재 젤 처머니는[122] 젤 처머니는 인재 보드란 흑 보드란 흐글
이 내: 거: 신체 모미 천뻐니[123] 다들 흐글 이재 머: 산태미[124] 쌀 산태미 거
등거 이렁걸로 이르캐 천쓰요. 처서 함덕끄리께[125] 모두케[126] 낟써요 인재.

그러면 머리가 저 저 그 묘 무덤의 뒷쪽으로 가요? 앞쪽으로 가요?

⁻ 항상 이제 그 산소라는 것이 아래 위가 있잖아요?

예.

⁻ 아래 위라는 것이.

그러니까 우리가 나중에 무덤 쓰고 앞에 상 차려놓고 절하는 데 있지요?

⁻ 응.

거기가 이제……

⁻ 하반신이야 거기가, 발쪽.

거기가 하반신이요?

⁻ 응, 발쪽에.

저 쪽에가 높…… (⁻ 그렇지요.) 높은 데가 머리가 가고요?

⁻ 머리고요, 응.

자 그렇게 알광에다 이렇게 그 시체 넣고 나면, 흙을 덮을 때……

⁻ 예.

거기에다가 아까 말했던 그 천을 깔지요 잉?

⁻ 예.

명전 깔고 또……

⁻ 예 예. 공포.

공포 깔고, 공포 깔고, 그 위에다 명전 깐 깐 깐아요?

⁻ 공포부터 먼저 깔고, 그 위에다 명전 깔……

명전 깔고 인제 그 다음에, 흙을 넣지요? 거기에다가?

⁻ 예.

흙을 넣을 때 어떻게 넣어요?

⁻ 흙을 이제 제일 처음에는 이제 부드러운 흙 부드러운 흙을 이 내 그 시체 몸의 첫번째 닿을 흙을 이제 뭐 삼태기 쌀 삼태기 같은 것 이런 것으로 이렇게 쳤어요. 쳐서 한 무더기로 모아 놓았어요 이제. 모다 놓아서 이

모두케 놔서 인재, 질 처머니는 인재 젤 큰상주[427] 큰상주가 인재 그 상복 상복 거기다 인재 한 사별 떠서 상보게다 너가꾸서 맨 웨 맨 웨 인재 신체에다 이러케 부서요[428]. 부수먼 고 담 고 다메 인재, 고 다메는 아무나 누구든지 인재 보드란 흑, 보드란 흐그로 인재, 그 신체를 아페 인자 무더, 묻꾸나서나 그 뒤로는 인재. 흑 이 아무 흐기나 막 갇따 묻꼬, 이재. 상두군드리 와서 인재, 흐글 좀 무더노먼 상두군한테서 발로 막 밥짜나요. 발버, 금서[429] 헤다지라고[430], 헤다지라고 막 거그서 인자 머……

헤다지라구려?

￢ 애, 그거보고 헤다지라구랴 헤다지라 그럼서 인재.

그 상주드른: 상주드른 오스로 오세다 인자 바다가꼬 인제 이러케 인자 그 흉내만, 숭내만[431] 내는 거지요, 그때는 잉?

￢ 아 인재 상주드리 질 첨머니, 상주드리 질 처머니 인자 보드란 흐글 갇따가 그다 인자 아페다 싸서 맨 가스미다가 인재 신체 가스미다 너줘요. 그라고 인자 보드란 흐그로 인재 신체를 어지가니 좀 더퍼요.

애.

￢ 더꾸서는[432] 인재 나중에는 이제 마극[433] 마크그로 막 덥짜나요?

애.

￢ 마그로[434] 다시 인재 한 이재 이만:치 다지자나요, 이만치 다지면. 상두군드리 와서 인재 헤다지라고, 그 꼭꼭 발버야[435] 야물다고,

애.

〈운구 절차〉

￢ 야물다고 인재 와서 발바요. 발붐서나 인재 머 거그서 머 지리산 영기가 여와서[436] 뚝떠러지고 머 그걸 셍기데, 인제 거시기가 머 저 상두군드리 막 이재. 하나가 셍기면 하나가 에루다지하고[437], 하나가 셍기머는[438] "예루다지호!" 인재 상두군드른 그라고.

제, 제일 처음에는 이제 제일 큰 상주 큰 상주가 이제 그 상복 상복 거기에다 이제 한 삽을 떠서 상복에다 넣어가지고서 맨 위에 맨 위에 이제 시체에다 이렇게 부어요. 부으면 그 다음 그 다음 이제, 그 다음에 아무나 누구든지 이제 부드러운 흙, 부드러운 흙으로 이제, 그 시체를 앞에 이제 묻어, 묻고나서나 그 뒤로는 이제. 흙 이 아무 흙이나 막 가져다 묻고, 이제. 상두꾼들이 와서 이제, 흙을 조금 묻어놓으면 상두꾼한테서 발로 막 밟잖아요. 밟아, 그러면서 헤다지라고, 헤다지라고 마 거기서 이제 뭐……

헤다지라고 그레요?

⌐ 예, 그것 보고 헤다지라고 그래 헤다지라 그러면서 이제.

그 상주들은 상주들은 옷으로 옷에다 이제 받아가지고 이제 이렇게 이제 그 흉내만, 흉내만 내는 것이지요, 그때는 잉?

⌐ 아 이제 상주들이 제일 처음에, 상주들이 제일 처음에 이제 부드러운 흙을 가져다가 거기다 이제 앞에다 싸서 맨 가슴에다가 이제 시체 가슴에다 넣어줘요. 그리고 이제 부드러운 흙으로 이제 시체를 어지간이 조금 덮어요. 예.

⌐ 덮고서는 이제 나중에는 막흙 막흙으로 막 덮잖아요?

예.

⌐ 막으로 다시 이제 한 이제 이만큼 다지잖아요, 이만큼 다지면. 상두꾼든이 와서 이게 헤다기리고, 그 꾹꾹 밟어야 야물디고,

예.

〈운구 절차〉

⌐ 야물다고 이제 와서 밟아요. 밟으면서나 이제 뭐 거기서 뭐 지리산 영기가 여기 와서 뚝 떨어지고 뭐 그것을 셍기데, 이제 거시기가 뭐 저 상구꾼들이 막 이제. 하나가 셍기면 하나가 에루다지하고, 하나가 셍기면 "예루다지호!" 이제 상두꾼들은 그렇게하고.

그거슨 그거슨 마치 거시기 머야 금방 드러 보니까, 집찔때에……

⎺ 응.

집찔때 그 집터 다지는 소리허고 비스덩같네요.

⎺ 아, 집질 집찔때도 엔날 그러카는데.

예.

⎺ 에, 여기 인제 멛쓰먼[439] 멛쓰먼, 거 인제 셍긴[440] 사람 하나 읻써요. "지리산: 령기가 우루룬춤 여기와 떠러지겔구나." 머 이러케 그라니가 그런 그러먼 그 사람 그 상구데[441] "에:루:다지요[442]." 그러케 인재 게:속 그러캐서나 머 한 한 이십뿐 다지요. 그때 인재 뺑:뺑 도름서나[443]. 그람믄[444] 인재 그기서 다지믄 인재 술도 가따주고, 인재 고기도 안주도 가따주고 해, 그놈 인재 술 머금서 고기 머긍개, 허허허. 그러캐 해요.

헤다진다고 그러능구만?

⎺ 애, 헤다지. 그건 시방도 해요 여그도.

그먼 뱃노래 하며는……

⎺ 애.

그 노래는……

⎺ 애.

지금 어르신도 좀 멛까지는 아세요?

⎺ 나 잘 몰라요.

으:.

⎺ 잘 몰라. 그거 내 잘 아는 사라미 읻써요.

으:.

⎺ 그거 내 저 셍이가틍게 메기능거.

애.

⎺ 메기능거또 그 잘하는 사라미 읻고, 난 잘모대 여그서.

그것은 그것은 마치 거시기 뭐야 금방 들어 보니까, 집 지을 때에……

- 응.

집 지을 때 그 집터 다지는 소리하고 비슷한 것 같네요.

- 아, 집 질 집 질 때도 옛날 그렇게 하는데.

예.

- 예, 여기 이제 멨으면 멨으면, 그 이제 셍기는 사람이 하나 있어요. "지리산 영기가 우루주춤 여기 와 떨어지겠구나." 뭐 이렇게 그러니까 그런 그러면 그 사람 그 상두꾼들이 "에루다지요." 그렇게 이제 계속 그렇게 해서 뭐 한 한 이십분 다져요. 그때 이제 뱅뱅 돌면서나. 그러면 이제 거기서 다지면 이제 술도 갖다주고, 이제 고기도 안주도 갖다 주고 그래, 그 놈 이제 술 먹으면서 고기도 먹으면서, 허허허. 그렇게 해요.

헤다진다고 그러는구만요?

- 예, 헤다지. 그것은 지금도 해요 여기도.

그러면 뱃노래 하며는……

- 예.

그 노래는……

- 예.

지금 어르신도 조금 몇 기지는 이세요?

- 나 잘 몰라요.

응.

- 잘 몰라. 그것 내 잘 아는 사람이 있어요.

응.

- 그것 내 저 상여같은 것 메기는 것.

예.

- 메기는 것도 그 잘하는 사람이 있고, 나는 잘 못해 여기서.

자 인자 그러케 해서 다지면, 그다메 요로케 똥그라머게 요로케 헌걸 머라구
레요, 그거슬?

⎺ 묘 묘 묘묘.

거 그거슬?

⎺ 묘.

묘 묘 묘 만든다구려?

⎺ 이, 묘. 묘 만든다고, 분상.

음.

⎺ 분상이라구도 하고.

예.

⎺ 묘라구도. 분상어 보통 분상이라고 마~이하지.

그 분상은? 세우능거요, 만드능거요?

⎺ 이제 (분상진는 거요?) 묘를 이르캐, 이제 묘를 흐기로……

애.

⎺ 흐그로 똥고로미[445] 만 맨들자냐[446]? 그거보고 분상이라개요[447].

그러니까 분상은 맨든다고 그래요, 분상 진는다구레요?

⎺ 분상을 진는다구라지.

분상을 진는다구러지요?

⎺ 지는다구제 맨든다고 하능기 아니라. 분상을 진는다고.

이:. 분상을 지면,

⎺ 애.

분상을 저 지고 분상을 딱 젙써요, 똥고라머게 딱 헤서. 그때 인자 보면 지과
니 아페 요로케 나무를 딱 꼬바노치요 잉?

⎺ 인재 고곤[448] 인재 분상 짇키[449] 저네,

지키저네 미리.

⎺ 지키저니 이캐 나무를 꼬바놀치.

자 이제 그렇게 해서 다지면, 그 다음에 이렇게 동그라맣게 이렇게 한 것을
뭐라고 그래요, 그것을?

ㅡ 묘 묘 묘묘.

그 그것을?

ㅡ 묘.

묘 묘 묘 만든다고 그래?

ㅡ 응, 묘. 묘 만든다고, 분상.

음.

ㅡ 분상이라고도 하고.

예.

ㅡ 묘라고도. 분상 보통 분상이라고 많이 하지.

그 분상은? 세우는 것이요, 만드는 것이요?

ㅡ 이제 (분상 짓는 것이요?) 묘를 이렇게, 이제 묘를 흙으로……

예.

ㅡ 흙으로 동그랗게 만 만들잖아? 그것 보고 분상이라고 해요.

그러니까 분상은 만든다고 그래요, 분상 짓는다고 그래요?

ㅡ 분상을 짓는다고 그렇지.

분상을 짓는다고 그러지요?

ㅡ 짓는다고 하지 만든다고 하는 것이 아니고. 분상을 짓는다고.

응. 분상을 지으면,

ㅡ 예.

분상을 지 짓고 분상을 딱 지었어요, 동그랗게 딱 해서. 그때 이제 보면 지관
이 앞에 이렇게 나무를 딱 꼽아 놓지요 잉?

ㅡ 이제 그것은 이제 분상 짓기 전이야.

짓기 전에 미리.

ㅡ 짓키 전에 이렇게 나무를 꼽아놓지.

애.

⁻ 이재 그걸⋯⋯

압뒤를 자불라고?

⁻ 압뛰하고 이자 가운데하고 고거. 인재 고[150] 잠니라고[151] 그러케 하능
기여 인재.

인자 그 거그다 인재 요로케 요러케 분상을 진는 거자나요?

⁻ 애애애.

이고 아네다가? 인자 빤드시 분상을 지면, 요 아페 요로케 만드는 거슨 머라
구려?

⁻ 틀팡[152].

뜰팡도 만들지요 잉?

⁻ 에, 뜰팡, 에.

그건 뜰팡이라고 헤요?

⁻ 에, 뜰팡.

뜰팡까지 만드능거지요?

⁻ 애애, 그럼 뜰팡끄지[153] 맨들어야지.

음:. 그다메요, 그다메 인제. 음: 그: 아까, 인자 삼년상을 치루고⋯⋯

⁻ 애:.

그러케 인잗, 다 운구해서 갇따 묻고 왇써요.

⁻ 애.

글며는, 그 한 사밀 뒤에 지내는 거슬, 제사 함번 지내지요?

⁻ 애.

그걸 무슨 제사라구려?

⁻ 사:모제[154]. 사:모제.

사모제는 그때는 지베서 지내요? 거기 가서 지내요?

⁻ 아이 구리[155] 가지요.

예.

― 이제 그것을……

앞뒤를 잡으려고?

― 앞뒤하고 이제 가운데하고 그것. 이제 고 잡느라고 그렇게 하는 것이여 이제.

이제 그 거기에다 이제 이렇게 이렇게 분상을 짓는 것이잖아요?

― 예예예.

그 안에다가? 이제 반드시 분상을 지으면, 이 앞에 이렇게 만드는 것은 뭐라고 그래?

― 토방.

토방도 만들지요 잉?

― 예, 토방, 예.

그것은 토방이라고 해요?

― 예, 토방.

토방까지 만드는 것이지요?

― 예예, 그럼 토방까지 만들어야지.

음. 그 다음에요, 그 다음에 이제. 음, 그. 아까, 이제 삼년상을 치루고……

― 예.

그렇게 이제, 다 우구해서 갖다 묻고 왔어요

― 예.

그러면, 한 삼일 위에 지내는 것을, 제사 한번 지내지요?

― 예.

그것을 무슨 제사라고 그래요?

― 삼우제. 삼우제.

삼우제는 그때는 집에서 지내요? 거기 가서 지내요?

― 아니 그리 가지요.

가지요 잉?

- 움식[156] 간따나니 음식 장마내가지고……

얘.

- 사모젤 지내로 가요. 재 오늘 출쌍핻쓰면 내일 띠워서 모리[157] 사밀마니[158]. 사밀마~이 간다고 사모젱개비여 그기 암매[159].

아, 오늘도 포함헤가꼬? 오늘, 내일, 모레 가능거 아니여?

- 얘, 그러쵸. 그 저 하루 띠워가꼬, 사밀마니. 사밀마네 간다고 헤서 사모 사무중이라고[160] 한상발란데[161] 그기.

그렁가보지.

- 얘.

그러먼요? 거기를 갈때, 자 인자 그 행 행 행녀리 지금 가요, 잉? 그 쭉: 가면, 중가네 가다가 동네 가다가도 머 **** 생이가 앙가고 멈춰가꼬 또 술도 머꼬 가고, 또 가다 그러고 그러죠?

- 얘.

제사를 멭뻔 지내지요 이?

- 예, 제사는.

예.

- 인재:, 여그서 인재 에를 드러서 우리 집 인는디 여그서 상을 당핻쓰면 여기서 인재, 행상이 여그다 차레노코 인자 나가자나요?

얘.

- 나가점[162] 마을 끝터머리.

에.

- 마을 끄트머리 가서 거럳찌라고[163] 거러지라고 거럳찌라고 지내요.

이:, 거럳찌요?

- 이, 여그서 부른 거럳찌라고 그래, 거럳찌 지낸다고. 거그거 제사를 함번 지내요.

가지요 잉?

  ̄ 음식 간단하게 음식 장만해가지고……

예.

  ̄ 삼우제 지내러 가요. 이제 오늘 출상 했으면 내일 띠워서 모레 삼일 만에. 삼일만에 간다고 삼우제인가봐 그것이 아마.

아, 오늘도 포함해가지고? 오늘, 내일, 모레 가는 것 아니요?

  ̄ 예, 그렇지요. 그 저 하루 띠워가지고, 삼일만에. 삼일만에 간다고 해서 삼오 삼오중이라고 하는 것 같은데 그것이.

그런가 보지.

  ̄ 예.

그러면요? 거기를 갈 때, 자 이제 그 행 행 행렬이 지금 가요, 잉? 그 쪽 가면, 중간에 가다가 동네 가다가도 뭐 **** 상여가 안 가고 멈춰가지고 또 술도 먹고 가고, 또 가다 그러고 그렇지요?

  ̄ 애.

제사를 몇 번 지내지요 이?

  ̄ 예, 제사는.

예.

  ̄ 이제, 여기서 이제 예를 들어서 우리 집 있는 데 여기서 상을 당했으면 여기서 이제, 행상이 여기에다 차려놓고 이제 나가잖아요?

예.

  ̄ 나가자면 마을 끄트머리.

예.

  ̄ 마을 끄트머리에 가서 거리제라고 거리제라고 거리제라고 지내요.

응, 거리제요?

  ̄ 응, 여기서 부른 것은 거리제라고 그래, 거리제 지낸다고. 거기서 제사를 한번 지내요.

그먼 제대로 된 에막을 채레노코 지내능거여?

￣ 어, 거그도 인재 거그도 수라고 머 인재 다 머.

절도 허고?

￣ 아 그람 저럴 다:하지요, 절 다햐[164]. 절 다 하고, 음씩또 간따나니 좀 다 다: 차레노코. 떡꺼틍거또 다하고, 머 실거틍거또 가따노코, 괴기가틍 거또[165] 다 차레노코 그라고 이냐, 마을 그 끄트머리서 지내 인재. 지내고, 사느로 인재 사느로 가지요.

사네 가서는 안지내요?

￣ 사네 가서 또 분상 다: 안체노코 다 일 다: 헤노코 다 헤노코 그 뜰팡 에다가.

에.

￣ 뜰팡에다 인 또 제사 지내지.

어:.

￣ 제사 지내고 와요.

그때 뜰팡에다 지낼때도 상주드리 지내능거여?

￣ 그러치 그건 상주드리 지내지. 거랟찌도 상주더리[166] 지내고. 거그도 그걷또 상주 다 상주더리 지내.

그러고 나서 사모제때 가고?

￣ 얘, 그라고 인제 사모제때가고.

그리고 나서 그 인잗 첟해 도라오면…… 아:! 사십꾸일마네 지내는 거슨?

￣ 사입구이리라능거선,

예.

￣ 이, 땅게 아닐께여. 엔나른: 제사를 이게 그 보걸[167].

에.

￣ 내내 건쓰고, 에 보기라는 거시 인제, 에 삼년상이라는 건 삼 삼년상 지내기 저니는 항상 거늘 부무[168] 보기라구려, 부무 보걸 입는다 구라거

그러면 제대로 된 예막을 차려놓고 지내는 것이예요?

˘ 어, 거기도 이제 거기도 술하고 뭐 이제 다 뭐.

절도 하고?

˘ 아 그럼 절을 다하지요, 절 다해. 절 다하고, 음식도 간단하게 좀 다 다 차려놓고. 떡같은 것도 다 하고, 뭐 실과같은 것도 갖다 놓고, 고기같은 것도 다 차려 놓고 그리고 이제, 마을 그 끄트머리에서 지내 이제. 지내고, 산으로 이제 산으로 가지요.

산에 가서는 안 지내요?

˘ 산에 가서 또 분상 다 앉혀놓고 다 일 다 해놓고 다 해놓고 그 토방에다가.

예.

˘ 토방에다 또 제사 지내지.

응.

˘ 제사 지내고 와요.

그때 토방에다 지낼 때도 상주들이 지내는 것이요?

˘ 그렇지 그건 상주들이 지내지. 거리제도 상주들이 지내고. 거기도 그것도 상주 다 상주들이 지내.

그리고 나서 삼우제때 가고?

˘ 예, 그리고 이제 삼우제때 가고,

그리고 나서 그 이제 첫해 돌아오면…… 아! 사십구일만에 지내는 것은?

˘ 사십구일이라는 것은,

예.

˘ 응, 딴 것이 아닐 것이요. 옛날은 제사를 이렇게 그 복을.

예.

˘ 내내 권 쓰고, 예 복이라는 것이 이제, 예 삼년상이라는 것은 삼 삼년상 지내기 전에는 항상 권을 부모 복이라고 그래, 부모 복을 입는다 그러

든. 그기 왜그냐면, 부무가 어릴쩌게 거 아드를 한 삼년가는 참: 그 똥이고 머고 인자 그 참 다: 바다내고 키우니라고, 부무가 인자 그 마니 거치를[69] 핻짜냐요. 그래서 부무가 도라갇찌마는 그 으네를 주거써도 그 으네를 자시기 감는다는 으미해서나, 보걸 삼년간 이버준다능기요, 이버. 삼년 지내며는 고 다 건거틍걷또 안쓰도 돼고, 저 인자 그 빈사에다[70] 거시기도 안 지내고 앙거시가고, 인재 다: 저 싹 빠사뻐리지[71].

그라고 인재 일려니 지사[72] 함번썽만 지내요. 그러캔는디, 사십구일제라는 거선……

애.

⁻ 삼년간 지사를 지내는 거설……

예.

⁻ 그런거설 미리……

응.

⁻ 그때 삼년가늘 안지내고, 사십구일마니 보걸 다 번는다 그거여, 보글. 애, 보글. 엔나르는 삼년마~이 보걸 번넌데, 사십구일마네 인재 보글 일찌감치…… 그 인자 자꾸 인자 그 새른[73] 시대가 바까[74] 징깨나.

아:!

⁻ 그래 삼 사십구일제요, 그기.

아:!

⁻ 시방은 또 인재.

애.

⁻ 엔나른 사십구일제 지낸는데, 시방은 사십구일제도 안지내고, 사밀 사무제 사무제 나가면 홀딱 다 버섣뻐려 시방은 또 인재. 자꾸 인재 그리케 시대가 발딸되고 이캐……

아:.

⁻ 삼녀네 버슨 거슬. 미리.

거든. 그것이 왜 그러냐면, 부모가 어릴 적에 그 아들을 한 삼년간은 참 그 똥이고 뭐고 이제 그 참 다 받아내고 키우느라고, 부모가 이제 그 많이 거처를 했잖아요. 그래서 부모가 돌아갔지마는 그 은혜를 죽었어도 그 은혜를 자식이 갚는다는 의미에서나, 복을 삼년간 입어준다는 것이요, 입어. 삼년 지내면 그 다 권같은 것도 안 써도 되고, 저 이제 그 빈소에다 거시기도 안 지내고 안 거시기하고, 이제 다 저 싹 부셔버리지.

그리고 이제 일년에 제사 한번씩만 지내요. 그렇게 했는데, 사십구일제라는 것은……

예.

‾ 삼년간 제사를 지내는 것을……

예.

‾ 그런 것을 미리……

응.

‾ 그때 삼년간을 안 지내고, 사십구일만에 복을 다 벗는다 그것이야, 복을. 예, 복을. 옛날에는 삼년만에 복을 벗는데, 사십구일만에 이제 복을 일찌감치…… 그 인제 자꾸 이제 그 새로운 시대가 바뀌어 지니까.

아!

‾ 그래 삼 사십구일제요, 그것이.

아!

‾ 지금은 또 이제.

예.

‾ 옛날은 사십구일제 지냈는데, 지금은 사십구일제도 안 지내고, 삼일 삼우제 삼우제 나가면 홀딱 다 벗어버려 지금은 또 이제. 자꾸 이제 그렇게 시대가 발달되고 이렇게...

아.

‾ 삼년에 벗은 것을. 미리.

사십구제마네……

- 애 애 애 애.

그먼 사십구제를 지낼때는…… 사십구제라구레요? 사십구일제라구레?

- 사십구일잉깨[75].

예.

- 사십구일마네 지냉깨, 사십구제라고하제, 사십구제. 사십구제마네 보걸 번는다 그마리여.

그먼 여기서 지내요 그……

- 사니로[76] 가 사니로……

사니로 가서 아:.

- 사니로 가서 인자 거 가서 간따니 거기도 인자 머 제사 제사 음식꺼 등건 해가지구 그래구 술 부서노코[77], 가 절하고, 머 거시가고 그라구서 인재. 참 인자 거 건거텅거[78] 머 그 그랑깨[79] 이 이렁 멀, 상지[80] 복일짜나요? 상지복 그렁거 아까도 내가 애갣찌마는. 자기 아버지 어머니가 아페 돌아가고, 아버지가 잍쓰머는 그럼 거그다 부리다[81] 휘휘 인자 둘러가꼬 지비로[82] 되로 가지오고, 업쓰먼 거그다 다 쳐대고, 그렁개. 삼년상이 지낼꺼설 미리 사십구일마네 보걸 번능기여.

사십구일마네 허고 또 삼녀네 하능게 아니고?

- 아니여 아니여 아니여. 사십구일마니 지내먼 삼년상은 안지내.

그때요 참, 이거슨 거니라고 그러지요 이?

- 예.

그먼 이건 상보기고 잉?

- 애.

여기다가 그 저 저 그 머야? 동애줄처럼……

- 예.

이러케 끈 매죠? 그건 머라고 불러요?

사십구제만에……

ᅳ 예 예 예 예.

그러면 사십구제를 지낼 때는…… 사십구제라고 그래요? 사십구일제라고 그래요?

ᅳ 사십구일이니까.

예.

ᅳ 사십구일만에 지내니까, 사십구제라고 하지, 사십구제. 사십구제만에 복을 벗는다 그 말이여.

그러면 여기서 지내요 그……

ᅳ 산으로 가 산으로……

산으로 가서 아.

ᅳ 산으로 가서 이제 그 가서 간단하게 거기도 이제 뭐 제사 제사 음식 같은 것 해가지고 그리고 술 부어놓고, 가 절하고, 뭐 거시기하고 그리고서 이제. 참 이제 그 권같은 것 뭐 그 그러니까 이 이런 뭣, 상주 복 있잖아요? 상주복 그런것 아까도 내가 이야기 했지마는. 자기 아버지 어머니가 앞에 돌아가고, 아버지가 있으며는 그럼 거기다 불에다 휘휘 이제 둘러가지고 집으로 도로 가져오고, 없으면 거기다 다 쳐대고, 그러니까. 삼년상에 지낼 것을 미리 사십구일만에 복을 벗는 것이야.

사십구일만에 하고 또 삼년에 하는 것이 아니고?

ᅳ 아니여 아니여 아니여 사십구일만에 지내면 삼년상을 안 지내.

그때요 참, 이것은 권이라고 그러지요 이?

ᅳ 예.

그러면 이것은 상복이고 잉?

ᅳ 예.

여기다가 그 저 저 그 뭐야? 동아줄처럼……

ᅳ 예.

이렇게 끈 매지요? 그것은 뭐라고 불러요?

¯ 그기도 다 이르미 잍지.

대나무로 또 요로케. 대나무로 요로케 근, 머야 지꾸가능거 만들지요?

¯ 그 대나무는 지팽이고[483].

지팽이라고 그냥 그래요?

¯ 이. 대나무.

요 요 허리끈처럼 맨 띠는 그 그 그건 이름 업써요?

¯ 잍써요. 그 그 잍써요 다. ***** 다 잍써. 그러고 왜 건도요?

예.

¯ 건도 엔나레는 이 보통 컨상주: 보통 보통 상주는 이르캐 이르캐 건 만 쓰지마는, 컨상주라고[484] 질:[485] 크나들 인재.

얘.

¯ 큰상주라고능 그 큰상주랑건 거네다가 이개 또 건 위에다가 이캐 삼 임때로 쪼붇쪼부다니 대고 여기다 요리 이르캐.

예.

¯ 서너군데 이러케 타고, 또 인자 걸거치[486] 주절주절 이케 멜라앙꼬[487] 그 그거보고 굴근보기라해 굴근복[488].

아:!

¯ 굴근보기라고 큰상주는 또 인재 그 삼베로 헤가꾸서나 그 주절 주절 하니 매달구서 쬐끼가치[489] 임능게 잍써요. 굴근보기라고 이르캐 주절주 저리해고. 그너물[490] 이분 그기 굴근뵈기요[491]. 그래 기기 큰상주가 큰상주 만 구굴복 하능기요.

큰상주가 굴근보글 입꼬?

¯ 얘.

그며는 그 여기다가 엽 여기 궈네다 쓰는 거슨 뭐라구레?

¯ 그거또 내 인재. 굴근복: 그 한 상수가[492] 써야지 그건또.

건 건 (그거또 굴거니라고 그렁가요?) 굴거니라고 글티지[493], 굴건.

- 그것도 다 이름이 있지.

대나무로 또 이렇게. 대나무로 이렇게 그, 뭐야 짚고가는 것 만들지요?

- 그 대나무는 지팡이고.

지팡이라고 그냥 그래요?

- 응. 대나무.

이 이 허리끈처럼 맨 띠는 그 그 그것은 이름이 없어요?

- 있어요. 그 그 있어요 다. ***** 다 있어. 그리고 왜 권도요?

예.

- 권도 옛날에는 이 보통 큰상주 보통 보통 상주는 이렇게 이렇게 권만 쓰지만은, 큰상주라고 제일 큰아들 이제.

예.

- 큰상주라고 하는 그 큰상주라는 것은 권에다가 이렇게 또 권 위에다가 이렇게 삼잎대로 쪼붓쪼붓하니 대고 여기다 이리 이렇게.

예.

- 서너군데 이렇게 타고, 또 이제 걸같이 주절주절 이렇게 매달고 그 그것 보고 굴건복이라고 그래 굴건복.

아!

- 굴건복이라고 큰상주는 또 이제 그 삼베로 해가지고서나 그 주절 주절하니 매달고서 주끼같이 입는 것이 있어요. 굴건복이라고 이렇게 주절주절이 하고. 그 놈을 입은 그것이 굴건복이요. 그래 그것이 큰상주가 큰상주만 굴건복 하는 것이요.

큰상주가 굴건복을 입고?

- 예.

그러면 그 여기에다가 옆 여기 권에다 쓰는 것은 뭐라고 그래?

- 그것도 내나 이제. 굴건복 그 한 상주가 써야지 그것도.

건 건 (그것도 굴건이라고 그런가요?) 굴건이라고 그럴테지, 굴건.

― 애, 큰상주만 그러케 해요, 큰상주만. 시방 그렁거 업써요. 인재 그렁
거 업꼬, 엔날 이르캔써요. 엔나레는 굴근보기라고 컨상주는 다 그르캐
핻써요. 여기다 허리다 두르능거또 글 생가기 안나요. 다 그 이름 읻씨요.
내가 지금 내가 생각, 머 알다가도 이르케 그파게[91] 생가갈라먼 영: 생개
기[95] 잘 안나요.

아프로 멛뻔 만나닝까 나중에 가르쳐주세야 헤요. 허허허.

― 아 영 여 어그가 다 인자 아라서 혀.

 예, 큰상주만 그렇게 해요, 큰상주만. 지금은 그런 것 없어요. 이제 그런 것 없고, 옛날 이렇게 했어요. 옛날에는 굴건복이라고 큰상주는 다 그렇게 했어요. 여기다 허리에다 두르는 것도 그 생각이 안나요. 다 그 이름이 있어요. 내가 지금 내가 생각, 뭐 알다가고 이렇게 급하게 생각하려면 영 생각이 잘 안나요.

앞으로 몇 번 만나니까 나중에 가르쳐주셔야 해요. 허허허.

 아 영 영 여기가 다 이제 알아서 혀.

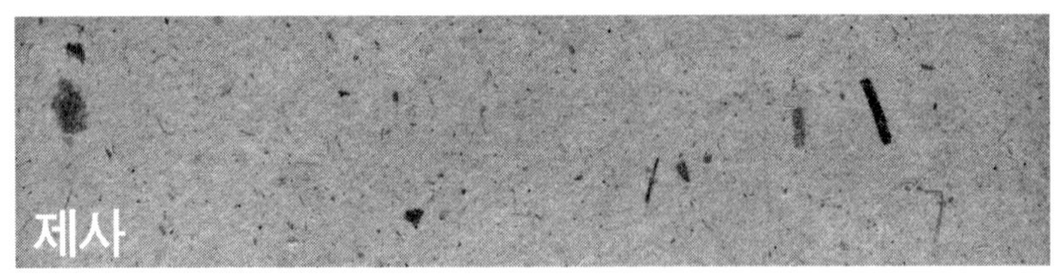

〈제사의 종류〉

그먼 제사 지낼때는 요? 제사를 지낼 때. 그: 아까 아까 처음 인자 그먼, 일련마다 매번 지내는. 그 도라가신 나를 지내는 제사를 무슨 제라구려?

‐ 그 제사라구제 머, 부몬님 제사라고.

에를 든다면 어디 추석때, 설랄, 그럴때 지내능건 머여? 추석때는 먼 지낸다구려?

‐ 내 추석때도 제사라고 해요.

제사요?

‐ 멩질때도[196].

그럼요. 차례지낸다는 마른 머 어떨때 써요?

‐ 내나 이기 명질때가 차리 지내는 차리진 차리지내능긴데. 차리라구도 하고, 제사질이라고도 그래요.

어떤 마를 마니써요?

‐ 여그서요? 여그서는 인재 명질때는 차리 지낸다고 그 소리를 마니 쓸끼요[197]. 그라구 또 제사 지내구.

자 그머는 지베서 지내는 제사요 잉?

‐ 애.

자 아버지, 하라버지, 징조하라버지, 고조하라버지까지 지베서 지낼쑤 인능가요?

‐ 그리치요.

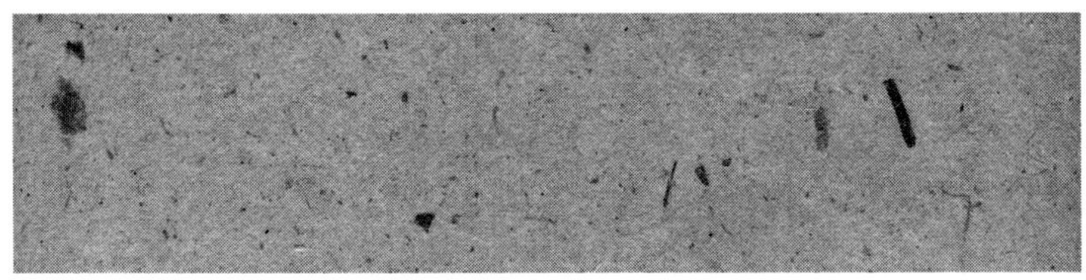

〈제사의 종류〉

그러면 제사 지낼 때는 요? 제사를 지낼 때. 그 아까 아까 처음 이제 그러면, 일년마다 매번 지내는. 그 돌아가신 날을 지내는 제사를 무슨 제사라고 그래요?

⁻ 그 제사라고 그러지 뭐, 무모님 제사라고.

예를 든다면 어디 추석때, 설날, 그럴 때 지내는 것은 뭐여? 추석때는 뭣 지 낸다고 그래요?

⁻ 내나 추석때도 제사라고 해요.

제사요?

⁻ 명절때도.

그러면요. 차례지낸다는 말은 뭐 어쩔 때 써요?

⁻ 내나 여기 명절때가 차례 지내는 차례지 차례지내는 것인데. 차례라 고도 하고, 제사질이라고도 그래요.

어떤 말을 많이 써요?

⁻ 여기서요? 여기서는 이제 명절때는 차례 지낸다고 그 소리를 많이 쓸 거예요. 그리고 또 제사 지내고.

자 그러면 집에서 지내는 제사요 잉?

⁻ 예.

자 아버지, 할아버지, 증조할아버지, 고조할아버지까지 집에서 지낼 수 있는 가요?

⁻ 그렇지요.

고조하라버지까지 지내죠? 오대조 가트며는?

￣ 이제 세사로[498] 인제, 배까티[499] 나가. 이제 방이서[500] 하는 방에서 제사를 안 안지내고.

예.

￣ 이 저 음시글 이제, 차레가꼬 메[501] 아푸로 와요 메 아푸로, 메 아페와 지내요.

그러치요 잉? 그러 그런 제사는 제사는 무슨 제사라구레?

￣ 세사[502].

세사, 그럼 세사 지낸다고? 얘. 지비시 지내는 거선?

￣ 제사.

제사 지낸다구러고요 잉? 그며는 지베서 지내는 거슨 기제 기제사란 마른 혹씨 안써요?

￣ 기게 기게사?

기제사.

￣ 기제사?

얘. 기제사는 안쓰시고요?

￣ 여그서는 잘 안쓰는디요.

어떤 데는 그 마를 쓰거든요.

￣ 예.

그먼 그쪼게는 세사를 지내는데.

￣ 예.

세사 지낸단 마를: 또 다른 말로 허며는 무슨 말도 써요?

￣ 세사 지낸단 마를?

예.

￣ 여그서는 벨[503] 다른 말 쓴……

시제 지낸다는 거슨.

고조할아버지까지 지내지요? 오대조 같으면?

‑ 이제 시제로 이제, 바깥에 나가. 이제 방에서 하는 방에서 제사를 안 안지내고.

예.

‑ 이 저 음식을 이제, 차려가지고 묘 앞으로 와요 묘 앞으로, 묘 앞에 와 지내요.

그렇지요 잉? 그런 그런 제사는 제사는 무슨 제사라고 그래요?

‑ 시제.

시제, 그러면 시제 지낸다고? 예. 집에서 지내는 것은?

‑ 제사.

제사 지낸다고 그러고요 잉? 그러면 집에서 지내는 것은 기제 기제사라는 말은 혹시 안써요?

‑ 기제 기제사?

기제사.

‑ 기제사?

예. 기제사는 안 쓰시고요?

‑ 여기서는 잘 안 쓰는데요.

어떤 데는 그 말을 쓰거든요.

‑ 예.

그러면 그 쪽에는 시제를 지내는데.

‑ 예.

시제 지낸다는 말을 또 다른 말로 하면 무슨 말도 써요?

‑ 시제 지낸다는 말을?

예.

‑ 여기서는 별 다른 말 쓴……

시제 지낸다는 것은.

- 예예예.

시제 지내는 거슨 뭐요?

- 내내 시제나 세사, 시제라구도 하고, ‘세사’라고도 하구 그래요.

어. 여기는 세사라고 주로 쓰고?

- 얘. 아이 여그서도 세잴, 시제:라 쏘리도 해요. 시제 지내로 간달 쏘리도 하고, ‘세사’ 지낸다고 그레요.

그면:. 세사는 지내는 거요? 세사는 모시는 거요? 세사 모시로 간다 그래요?

- 세사를 모시는 몰 인재 모시능게지요.

자! 한식때.

- 얘.

엔나레는 한식때 사네 가지요 이? 그때는 머하로 간다고 그레요? 지금 추서게 추서게 추성날 사네 갈때는, 뭐하러 간다 그레요?

- 성묘 간다구제.

그면 성묘하고:,

- 으:.

아까 그러케 세사 모실 때 강거 하고는 달라요?

- 성묘:. 인재, 다르지이:. 왜냐면 이게, 세사라는 거슨 오대조 너머가머는.

에.

- 방에서는 거 지낼쑤가 인재 산소 아페가서 인재 인재 머 거그는 멛때 조꺼지[504] 인재 다 제[505] 지내고, 성묘라는 성묘라는 거선 명질때[506].

응.

- 부무님한티:.

응.

- 인사하로 가는 기지 (인사하로 가는) 인사. 명지리 명지리 도라왇

⎺ 예예예.

시제 지내는 것은 뭐요.?

⎺ 내나 시제나 '세사', 시제라고도 하고, '세사'라고도 하고 그래요.

어. 여기는 시제라고 주로 쓰고?

⎺ 예. 아니 여기서도 시젯, 시제라는 소리도 해요. 시제 지내로 간다는 소리도 하고, '세사' 지낸다고 그래요.

그러면. 시제는 지내는 거요? 시제는 모시는 거요? 시제 모시로 간다 그래요?

⎺ 시제를 모시는 못 이제 모시는 것이지요.

자! 한식때.

⎺ 예.

옛날에는 한식때 산에 가지요 이? 그때는 뭐하로 간다고 그래요? 지금 추석에 추석에 추석날 산에 갈 때는, 뭐하러 간다 그래요?

⎺ 성묘 간다고 하지.

그러면 성묘하고,

⎺ 응.

아까 그렇게 시제 모실 때 가는 것 하고는 달라요?

⎺ 성묘. 이제, 다르지. 왜냐면 이것이, 시제라는 것은 오대조 넘어가며는.

예.

⎺ 방에서는 그 지낼 수가 이제 산소 앞에 가서 이제 이제 뭐 거기는 몇 대 조까지 이제 다 제사 지내고, 성묘라는 성묘라는 것은 명절때.

응.

⎺ 무모님한테.

응.

⎺ 인사하러 가는 것이지 (인사하러 가는) 인사. 명절이 명절이 돌아

씽깨[507].

애.

⎯ 가서 인재 술도 부서노코[508], 어머니 아버지 인재, 그동아니 안녕하신:
냐고, 이르캐 절도 하고 인재 인사하로 가는 태기지[509], 명질때는.

그먼 그……

⎯ 제사가 아니고, 그건 제사가 아이지.

그먼 그때도 음시글 가져가죠?

⎯ 가져가지요. 궁깨 어른들 보로[510] 가면 제사는 아니래도, 으른들 아피
머 음식들도 가서 인재 수리라도 한 잔 부서노코 그라구 절하자나요. 제
사는 아니지 이기[511] 성묘지.

〈기제사〉

그러면 인자, 지베서 제사 지낼때요.

⎯ 애.

지베서 지내는 제사 방버비 지베 맏따라 달르기도 하고, 또 문중에 따라 달
르기도 하고.

⎯ 예, 그거 좀 달러.

달리 하지요 이?

⎯ 예, 달라요 달라요.

어르신네는 그 지금 그: 제사지낼때 어디서 지내세요? 도라가신 선친 제사
모실때 어디?

⎯ 걷도 방에서 지내지요 머.

아니 그.

⎯ 거실 잍쓰먼 거실서 지내고,

여기 여기 어르시니 모시세요? 아니면 그 형님때게서 모셔?

⎯ 형님때게서 모셔.

왔으니까.

예.

¯ 가서 이제 술도 부어 놓고, 어머니 아버지 이제, 그동안에 안녕하셨냐고, 이렇게 절도 하고 이제 인사하러 가는 턱이지, 명절때는.

그러면 그……

¯ 제사가 아니고, 그것은 제사가 아니지.

그러면 그때도 음식을 가져가지요?

¯ 가져가지요. 그러니까 어른들 보러 가면 제사는 아니래도, 어른들 앞에 뭐 음식들도 가서 이제 술이라도 한 잔 부어놓고 그리고 절하잖아요. 제사는 아니지 이것이 성묘지.

〈기제사〉

그러면 이제, 집에서 제사 지낼 때요.

¯ 예.

집에서 지내는 제사 방법이 집에 따라 다르기도 하고, 또 문중에 따라 다르기도 하고.

¯ 예, 그것은 조금 달라.

달리 하지요 이?

¯ 예, 달라요 달라요.

어르신네는 그 지금 제사지낼 때 어디서 지내세요? 돌아가신 선친 제사 모실 때 어디?

¯ 그것도 방에서 지내지요 뭐.

아니 그.

¯ 거실 있으면 거실에서 지내고.

여기 여기 어르신이 모시세요? 아니면 그 형님댁에서 모셔?

¯ 형님댁에서 모셔.

형니믄 도라가셨꼬 큰조카가?

⁻ 얘얘.

모시능가요?

⁻ 얘.

그러면 인자 가시면,

⁻ 얘.

거기, 그 제사 제사지낼 때는 가시지요 잉?

⁻ 가죠, 꼭 가죠.

가시면, 그 대개 어떤 절차로 제사를 지내세요?

⁻ 하하하 그건 지사, 저내는[512] 방버비요. 다 안 또까티요[513].

그렁개 어르신네는 대개 대:략.

⁻ 얘:, 대략?

엔나레는 요즘 머 요즈메 막 약시그로 인자, 가면 갈쑤록 약씩 약씨그로 지내능 거또 잊찌만……

⁻ 예, 아 인재 우린 머 제사는 저 엔날 으른들[514] 자 배와서[515] 하신대로 그르캐 해요. 이제 우리는 가면 인재 철뻐니 인재 자손더리요, 인제. 음시글 첨:부 차레놀짜네요? 음시글 아페다가.

얘.

⁻ 아피 아니다[516] 음시글 축: 차리 놀짜냐? 그럼 인자 술 일딴 부서노키 저네.

예.

⁻ 첨부 인재 자손드리 이제 점부 저를 함번 해요. 절하고, 고라구서는[517] 인재, 자손덜하고 그 잔 디린 사람. 강시니라고 허그덩, 강신. 혼채[518] 집 싸가 그짜게서[519] 인제 저 술 쏘다준 사라미 일짜나요?

예.

⁻ 고라면[520] 인재 술짜늘 쪼꼼 수레다 반만 쏘다가꼬 반만 소따가꼬, 이

형님은 돌아가셨고 큰 조카가?

¯ 예예.

모시는가요?

¯ 예.

그러면 이제 가시면,

¯ 예.

거기, 그 제사 제사지낼 때는 가시지요 잉?

¯ 가지요, 꼭 가지요.

가시면, 그 대개 어떤 절차로 제사를 지내세요?

¯ 하하하 그것 제사, 지내는 방법이요. 다 안 똑같아요.

그러니까 어르신네는 대개 대략.

¯ 예, 대략?

옛날에는 요즘 뭐 요즘에 막 약식으로 이제, 가면 갈수록 약식 약식으로 지내는 것도 있지만……

¯ 예, 아 이제 우리는 뭐 제사는 저 옛날 어른들 자 배워서 하신대로 그렇게 해요. 이제 우리는 가면 이제 첫번에 이제 자손들이요, 이제. 음식을 전부 차려놓았잖아요? 음식을 앞에다가.

예.

¯ 앞에 아에다 음식을 쭉 차려놓았잖아? 그러면 이제 술 일단 부어놓기 전에.

예.

¯ 전부 이제 자손들이 이제 전부 절을 한 번 해요. 절하고, 그리고 나서는 이제, 자손들하고 그 잔 드린 사람. 강신이라고 하거든, 강신. 혼자 집사가 그쪽에서 이제 저 술 쏟아주는 사람이 있잖아요?

예.

¯ 그러면 이제 술잔을 조금 술에다 반만 쏟아 가지고 반만 쏟아 가지고,

제 잔 잔 가시 자느 인재 이러케 드릉깨 잔 가시능기요[521], 인재. 자는 비
우기까지 인재 물 비우는 거, 가시능개 이캐 술짜느 이캐 싹 비워가꾸서,
인재 그 아페 모래를 모래 인재 가따노코, 띠 이르캐 꼬바농게 읻끄덩[522]
거다가 이르캐 비워요.

　예.

　˙ 비워노코. 그 강시니라고 허능기 혼차만[523] 인재 잔 디린 사람 혼차
먼저 지내요. 혼차만 지내고, 또 고다메[524] 술짠 하나 들자나요. 술짜는 디
리머는 인재 그때는 술짠 디리고, 이제 수제 고저니는 이제 수제를 여 밥
밥 그 밥 차레 노코, 뚜껑 다 덥짜나요, 게 밥뚜껑. 복소리[525] 덥짜녀요?
근디 밥 두도[526] 아나고 수제도 앙코 그 인재 그 술짠 한잔 디리고서는 이
보끼똥[527] 인재 점부[528] 열:고, 수제 거기다 꼬꼬 저까락 인자 그 머글만한
음시기다가 저까락 다 인재 올리놔요, 올리노코. 그때는 인재 자손더리
점:부 다 절 하, 이제 고축[529] 방찌사는[530] 방 저 방찌사나 쩌: 우리 세사나
다 마창가지여. 엔날 고축하자냐요. 원 머 여기.

　예.

　˙ 고축하고, 그라고 인자 저라고, 절하고. 그라구서는 인재 또 잔 디리
자나요. 잔 디릴때 고때는 인재 또 집 잔 디린 사람 고 사람만 또 저래요.
그 사람만 저라고 또 인재 비우자나요? 그럼 두자니자나요?

　얘.

　˙ 또 인재 또 인재 석 짠채 석 짠채도 잔 디린 사람 혼차만[531] 저래요.
혼차만 저라고 고때는 인재 술 그저니 인재 두자넌 가뜩 가뜩 수를 쏟
꼬[532].

　얘.

　˙ 석짠채 디릴 때는, 그 우에가 쪼:꼼 남 자니 자니 쪼:꼼[533] 낭키로[534] 이
르캐 쏟다서 디리 놔요. 고라고서는 인재 나중이 인재 첨자기라고.

　얘.

이제 잔 잔 가시 잔에 이제 이렇게 들으니까 잔 가시는 것이에요, 이제.
잔은 비우기까지 이제 물 비우는 것, 가시는 것이 이렇게 술잔을 이렇게
싹 비워가지고서, 이제 그 앞에 모래를 모래 이제 가져다가 놓고, 띠 이렇
게 꼽아놓은 것이 있거든 거기에다가 이렇게 비워요.

예.

￣ 비워놓고. 그 강신이라고 하는 것이 혼자만 이제 잔 드린 사람 혼자
먼저 지내요. 혼자만 지내고, 또 그 다음에 술잔 하나 들잖아요. 술잔을
드리며는 이제 그때는 술잔 드리고, 이제 수저 그 전에는 이제 수저를 이
밥 밥 그 밥 차려 놓고, 뚜껑 다 덮잖아요, 그 밥뚜껑. 주발 뚜껑으로 덮
잖아요? 그런데 밥 두지도 않고 수저도 않고 그 이제 그 술잔 한 잔 드리
고서는 이 주발 뚜껑 이제 전부 열고, 수저 거기에다 꼽고 젓가락 이제
그 먹을만한 음식에다가 젓가락 다 이제 올려놓아요, 올려놓고. 그때는
이제 자손들이 전부 다 절 하, 이제 고축 방제사는 방 저 방제사나 저 우
리 시제나 다 마찬가지여. 옛날 고축하잖아요. 원 뭐 여기.

예.

￣ 고축하고, 그리고 이제 절하고, 절하고. 그리고서는 이제 또 잔 드리
잖아요. 잔 드릴 때 그때는 이제 또 집 잔 드린 사람 그 사람만 또 절해
요. 그 사람만 절하고 또 이제 비우잖아요? 그러면 두 잔이잖아요?

예.

￣ 또 이제 또 이제 석 잔째 석 잔째도 잔 드린 사람 혼자만 절해요.
혼자만 절하고 그때는 이제 술 그전에 이제 두 잔은 가득 가득 술을
쏟고.

예.

￣ 석 잔째 드릴 때는, 그 위에가 조금 남 잔이 잔이 조금 남게 이렇게
쏟아서 드려 놓아요. 그리고서는 이제 나중에 이제 첨작이라고.

예.

‾ 첨자기라고 인재, 예: 이제 술 저: 주준자에다가[535] 인재 상뿌레다[536]
이르케 인재 깨끄다게 인자 냄새 거시가라고 가시가꼬 가시가꼬 첨자그
라고 인자 그 집사가 그 자니다 쪼꼼썩 쪼꼼썩 세버늘 쏘다요. 세번 쏘고
그때는 인재 점부 그 자손더리 점부 다 저를 해요. 점부다요. 그럼 제 삼
잔 첨작까지는 다 올라간짜나요.

　예.

‾ 고로카고서는 인재 또 갱:이라고[537] 갱만다고[538] 인재. 구걸.

　예.

‾ 구걸 인재 점부다 절 인재 수제인는데, 절까라근 잔 디릴때마도[539] 차
꾸[540] 욍기요[541]. 인재. 한잔 디리면 수럴 ** 저까랑 욍기고, 한 잔 디리면
그 딴디로 인재. 안 저까랑 안 옴길 땐 각각 욍기요. 그라구서 인재 술 삼
잔 강 저: 첨잔까지 다 하는 디는 인재. 갱만다고 갱만다고 인제 국꺼러
글[542] 비우고, 거그다 무럴 가따 노코 바벌 쪼꼼썩 쪼꼼썩 세번 인재 세번
떠노코 그라고 인재 저라고요. 그라면 이제 제사는 다: 지냉게요, 인재.
다 지내고 인재. 인재 제물 고대로 차레노코 이재. 인재: 우리 제: 모시는
사람들 인제 그기 안자가꾸서나 인재 머 저 밥까틍거또 인재 비비서[543]
먹꼬, 그 인재 술 퇴잔[544] 퇴준 술 잊짜네요? 술도 한잔썩[545] 먹꼬, 그라
고 인재 놀다가. 그저니 엔날: 으르신네는[546] 요. 으르신네는 시방 앙그
레 그렁거시 업는디. 마리 시니.

　예.

‾ 열뚜시가 돼야 시니 인재 가신다 그거여.

　예예.

‾ 닥 울기 저니는 안간다고 그라거덩[547], 게 신 가 시니 가신 뒤 이제
그 음시글 치우야 원치기라고, 워치기라고 닥 울드락[548] 그 음시글 안치
고 잊썬써요. 안치우고 그냥 놀:고 그라 그라구 잊썬써요. 그라다가 인재
다굴고 나머는 그때는 인재 음시글 상얼 치웥써요. 음식상얼 치웥써 인

￣ 첨작이라고 이제, 예 이제 술 저 주전자에다가 이제 향불에다 이렇게
이제 깨끗하게 이제 냄새 거시기하라고 가서 가지고 가서 가지고 첨작이
라고 이제 그 집사가 그 잔에다 조금씩 조금씩 세번을 쏟아요. 세번 쏟고
그때는 이제 전부 그 자손들이 전부 다 절을 해요. 전부다요. 그러면 이
제 삼잔 첨작까지는 다 올라갔잖아요.

　예.

￣ 그렇게 하고서는 이제 또 갱이라고 갱 만다고 이제. 국을.

　예.

￣ 국을 이제 전부 다 젓 이제 수저 있는 데, 젓가락은 잔 드릴 대마다
자꾸 옮겨요. 한 잔 드리면 술을 ** 젓가락 옮기고, 한 잔 드리면 그 딴
데로 이제. 안 젓가락 안 옮길 땐 각각 옮겨요. 그리고 나서 이제 술 삼잔
강 저 첨잔까지 다 하는 데는 이제. 갱 만다고 갱 만다고 이제 국그릇을
비우고, 거기에다 물을 갖다 놓고 밥을 조금씩 조금씩 세번 이제 세번 떠
놓고 그리고 이제 절하고요. 그러면 이제 제사는 다 지낸 것이요, 이제.
다 지내고 이제. 이제 제물 그대로 차려놓고 이제. 이제 우리 제 모신 사
람들 이제 거기 앉아 가지고서 이제 뭐 저 밥같은 것도 이제 비벼서 먹고,
그 이제 술 퇴주잔 퇴주잔 술 있잖아요? 술도 한 잔씩 먹고, 그리고 이제
놀다가. 그전에 옛날 어르신네는요. 어르신네는 지금 안 그래 그런 것이
없는데 막이 심이.

　예.

￣ 열두시가 되어야 신이 이제 가신다 그것이야.

　예예.

￣ 닭 울기 전에는 안 간다고 그러거든, 그 신 가 신이 가신 뒤 이제 그
음식을 치워야 원칙이라고, 원칙이라고 닭 울도록 그 음식을 안 치우고
있었어요. 안 치우고 그냥 놀고 그래 그러고 있었어요. 그러다가 이제 닭
울고 나면 그때는 이제 음식을 상을 치웠어요. 음식상을 치웠어 이제. 이

재. 이재 그 시방언 인재 제 다 지내고 다 지내고 나문[549] 다 시방은 철거
해 시방은. 그라고 제 엔나른 그러캐 인제: 보통…… 제사를 인재 한 어
지가니: 열씨 반, 열씨돼야 인자 지내기 시자개끄등요, 엔나레. 그러다가
인제 열뚜시:. 우리도 한 머 열씨에 시자가먼 한 열두시꺼지 이르케 그냥
그러케 핻썬는디. 시방은 그러케 안지내 시방은 제 먹고[550] 얼마 잍따 그
냥. 일찌개[551] 지내고 일찌개 치우구 그래요. 그저나고 틀리요[552].

그면 인제 제 지내고 나면 아까 마지마게 음시글 나눠 멍는 거슬 뭐라고 불
러요?

⌐ 우리 저, 인재 우리 저 가적 가정꺼지[553]?

아니 젠쌍에 잍떤 음시글 나눠서 어르시니 아버니미 하라버지가 드셛떤 음
시기라고 나눠 멍는 거슬, 서로 보글 비러주는 거슬, 멍는 음시기라 그러쟈나
요?

⌐ 몰라 우리는 그런 소리는 안하제. 음복한다는 마른? 움보건[554] 이제,
음보건 어떨때 음보기라구레?

⌐ 수를 인재: 그 제사때 술 잔 디릳짜나요? 잔 디리먼 인재 움보기라능
건 인재, 거그서 잔 디린 젤 으런.

예.

⌐ 젤: 으러니 먼저 함 이제 그 움복수라고[555] 인자 그 거그 저 쏘다놔뜬
노물 한 잔 먹거요. 한 잔 먹꼬나 막꼬나먼 인재 고 미테 자손더리 자선
더리[556] 먹꼬. 그기 움복수리라고 그래 움복수리 그걸보고.

그걸 움보기라고 그러능구만요?

⌐ 예.

그리고 나면 그 그 아네 썯떤 맨 위에 썯떤 그 글씨 읻찌요? 세워놓거?

⌐ 거시기 지방?

애, 그거슨 그거슨 누가 써요? 여그 그……

⌐ 제사지낸 저, 이제 젤 아 머, 지손도 쓰고, 장손도 쓰고 누구든지 쓸

제 그 지금은 이제 제 다 지내고 다 지내고 나면 다 지금은 철거해 지금은. 그리고 제 옛날은 그렇게 이제 보통…… 제사를 이제 한 어지간히 열시 반, 열시되어야 이제 지내기 시작했거든요, 옛날에. 그러다가 이제 열두시. 우리도 한 뭐 열시에 시작하면 한 열두시까지 이렇게 그냥 그렇게 했었는데. 지금은 그렇게 안 지내 지금은 제사지내고 얼마 있다 그냥. 일찍이 지내고 일찍이 치우고 그래요. 그전하고 달라요.

그러면 이제 제 지내고 나면 아까 마지막에 음식을 나눠 먹는 것을 뭐라고 불러요?

‾ 우리 저, 이제 우리 저 가정 가정까지?

아니 젯상에 있던 음식을 나눠서 어르신이 아버님이 할아버지가 드셨던 음식이라고 나눠 먹는 것을, 서로 복을 빌어주는 것을, 먹는 음식이라 그러잖아요?

‾ 몰라 우리는 그런 소리는 안 하지. 음복한다는 말은? 음복은 이제, 음복은 어떻게 할 때 음복이라고 그래요?

‾ 술을 이제 그 제사때 술 잔 드렸잖아요? 잔 드리면 이제 음복이라는 것은 이제, 거기서 잔 드린 제일 어른.

예.

‾ 제일 어른이 먼저 한 이제 그 음복수라고 이제 그 거기 저 쏟아놓았던 놈을 한 잔 먹어요, 한 잔 먹고 나 먹고 나면 이게 그 밑에 기손들이 자손들이 먹고. 그것이 음복술이라고 그래 음복술 그것을 보고.

그것을 음복이라고 그러는구만요?

‾ 예.

그리고 나면 그 그 안에 썼던 맨 위에 썼던 그 글씨 있지요? 세워놓은 것?

‾ 거시기 지방?

예, 그것은 그것은 누가 써요? 여기 그……

‾ 제사지낸 저, 이제 제일 아 뭐, 지손도 쓰고, 장손도 쓰고 누구든지

마는 사람드리 써요.

아까 맨: 처메 강신할 때는 장소니 하는 거지요 이?

⁻ 애.

그먼 지금 선친 지양모시로 가드라도, 가며는 장조카가 먼저 먼저하지요 잉?
그 그 강신할 때는?

⁻ 애.

그리고 나서 어르시니 그다메 두번째로 하시고?

⁻ 애.

그다메 맨 마지마게 다 끈낟써요. 그먼 그 지방은 어떠케헤?

⁻ 지방은 인자 불살라뻐려요.

어떤시그로 어떤 절차에 따라 불살라요?

⁻ 제사 다지내면, 고거뜰 인자 거시다가 인재 배까테: 마당에 나와서
그냥 불 불살라뻐려 그냥. 불 불 태뻐려⁵⁵⁷⁾ 그냥.

그러믄 그러먼 끈나능거에요?

⁻ 그러쵸. 그라믄 끈나제, 제사가 다 끈나제.

그먼 엔나레 제사 지내고 나면, 그 음시글 쪼끔 지반 그 문 아페 가따
쫌……

⁻ 애.

헫찌요 잉?

⁻ 무샘무리라고.

예?

⁻ 무샘물⁵⁵⁸⁾, 그거보고 무샘 여기 여기는 무샘무리라구래요.

무샘 무샘무리라고요?

⁻ 지사 다 지내고 인재 다 끈나고 인재 술 남꼬 그라면요. 바바고 머머
무신 머 땅거 머 거게 쪼끔썩 뜨더가꾸서⁵⁵⁹⁾ 저 삽짝⁵⁶⁰⁾ 배까티 삽짝 배까
티다가 제 집 지비를 이르캐 피⁵⁶¹⁾ 노코 거그다가 인제 바가지로 부서놔

쓸만한 사람들이 써요.

아까 맨 처음에 강신할 때는 장손이 하는 것이지요 이?

˗ 예.

그러면 지금 선친 제사 모시로 가더라도, 가면 장조카가 먼저 먼저 하지요 잉? 그 그 강신할 때는?

˗ 예.

그리고 나서 어르신이 그 다음에 두번째로 하시고?

˗ 예.

그 다음에 맨 마지막에 다 끝났어요. 그러면 그 지방은 어떻게 해요?

˗ 지방은 이제 불살라버려요.

어떤 식으로 어떤 절차에 따라 불을 살라요?

˗ 제사 다 지내면, 그것들을 이제 거시기에다가 이제 바깥에 마당에 나와서 그냥 불 불살라버려 그냥. 불 불 태워버려 그냥.

그러면 그러면 끝나는 거예요?

˗ 그렇지요. 그러면 끝나지, 제사가 다 끝나지.

그러면 옛날에 제사 지내고 나면, 그 음식을 조금 집안 그 문 앞에 갖다 조금……

˗ 예.

했지유 잉?

˗ 무샘물이라라고.

예?

˗ 무샘물, 그것 보고 무샘 여기 여기는 무샘물이라고 그래요.

무샘 무샘물이라고요?

˗ 제사 다 지내고 이제 다 끝나고 이제 술 남고 그러면요. 밥하고 뭐뭐 무슨 뭐 딴 것 뭐 거기 조금씩 뜯어가지고서 저 대문 바깥에 대문 바깥에다가 제 짚 짚을 이렇게 펴놓고 거기다가 이제 바가지로 부어놔요. 그래

요[562]. 그래 그걸 왜 그러냐머는, 하하하 그 마증까 안마증가는 몰라도. 시니 귀시니 자식뚜 우꼬[563] 그냥 이러캐 지사를 이캐 몬 자소니 업써 지사를 모더더 먹꼬 저 떠도라 다니는 귀시니 일띠야.

으.

ᄀ 그 그거보고 인재 거릳 귀시니라고 그라거든 으른들 그랴 거릳꿔시니라고. 그 불쌍헌 귀신들 와서 거 와서 먹꼬 가라고, 그래 그걸 한다는기요, 그기. 그 엔나레는 인재 우리 어릴 쩌:게는 인재 바블 몸무거서[564] 거라지[565] 그보고 거 거린덜 거라지라고 허그덩, 거린더리 마낟썯써요, 우리 마널쩌그는. 근데 때 되머는 저 밥 밥빠가지 가저와가꾸서 인재 바블 어드가꼬 자기 지브로 가서 멍는 사람 일꼬. 그냥 이르캐 도라댕김 떠도라 댕김서[566] 그냥 집뚜 우꾸 떠 이런 사라믄 그냥. 그 짜그서 그냐 머 경거니하고 바바고 이제 바가지를 이르캐 숟까라그로 주문 그냥, 거그서 먹꼬가고 또 딴 디로 가서 어더먹꼬 그랟꺼든요. 우리 마을도요, 한 서너찌비가 엔나레는 이르캐 바벌 어더다가 지비 와서 자기 시꾸하고 멍는 지빌썯써요. 우리가 알기로는요.

그 사람드른 게을러서 그래요?

ᄀ 아:니, 게을러서 긍게[567] 아니지. 엔나레는 제 일 토지, 첟째 바시나[568] 노니나 토지 게 토지가 업쓰먼 어디 토지서나 이게 그게 곡씨글 해서 먹꾸사는데:, 바시고 토지가 업씅깨 그래요. 토지가 업씅깨. 바시 땅이 읍씅깨[569].

그 나메 가서 그 그 아까웅거 그 도 도지나 이런 이렁거또 몯 부치고.

ᄀ 그러치 그거또 인재 그거또 자기 아페 도라온 도라오들 아능깨, 너무[570] 땅도. 자기 넘 넘 땅도 인재 그 치니미 일꼬 거시기가 일꼬 그래야 주지 아무나 거 몯 어더부쳐 그거도. 그저니는 그래 인재. 넘 땅 어들래야 으더[571] 부칠 쑤도 읍꼬. 자그 땅도 업찌 그렁깨 그렁개 머글끼 읍짜내요. 그래서 그러케 됭거시요.

그것을 왜 그러냐 하면, 하하하 그 맞는가 안 맞는가는 몰라도. 신이 귀신이 자식도 없고 그냥 이렇게 제사를 이렇게 못 자손이 없어 제사를 못 얻어먹고 저 떠돌아다니는 귀신이 있대야.

응.

￣ 그 그것보고 이제 거릿귀신이라고 그러거든 어른들 그래 거릿귀신이라고. 그 불쌍한 귀신들 와서 그 와서 먹고 가라고, 그래서 그것을 한다는 것이요, 그것이. 그 옛날에는 이제 우리 어릴 적에는 이제 밥을 못 먹어서 거지 그것 보고 그 걸인들 거지라고 하거든, 걸인들이 많았어요, 우리 많을 적에는. 그런데 때 되면 저 밥 밥바가지 가지고 와가지고서 이제 밥을 얻어가지고 자기 집으로 가서 먹는 사람이 있고. 그냥 이렇게 돌아다니면서 떠돌아 다니면서 그냥 집도 없고 떠 이런 사람은 그냥. 그 쪽에서 그냥 뭐 건건이하고 밥하고 이제 바가지를 이렇게 숟가락으로 주면 그냥, 거기서 먹고 가고 또 딴 데로 가서 얻어먹고 그랬거든요. 우리 마을도요, 한 서너집이 옛날에는 이렇게 밥을 얻어다가 집에 와서 자기 식구하고 먹는 집이 있었어요. 우리가 알기로는요.

그 사람들은 게을러서 그래요?

￣ 아니, 게을러서 그런것이 아니지. 옛날에는 제 일 토지, 첫째 밭이나 논이나 토지 그 토지가 없으면 어디 토지에서나 이것 그것 곡식을 해서 먹고 사는데, 밭이고 토지가 없으니끼 그꼐요. 토지기 없으니까. 밭이 땅이 없으니까.

그 남에 가서 그 그 아까운 것 그 도 도지나 이런 것도 못 붙이고.

￣ 그렇지 그것도 이제 그것도 자기 앞에 돌아온 돌아오들 않으니까, 남의 땅도. 자기 남 남 땅도 이제 그 친임이 있고 거시기가 있고 그래야 주지 아무나 그 못 얻어 붙여 그것도. 그전에는 그래 이제. 남 땅 얻을래야 얻어 붙일 수도 없고. 자기 땅도 없지 그러니까 그러니까 먹을 것이 없잖아요. 그래서 그렇게 된 것이요.

그레 너무 땅을 기왕에 도지를 주드라도 주는 사람 입짱에서 지주 입짱에서
도.

- 애.

농사를 잘 짇코 부지런해서 수화기 마니 나게 허는 사람한테 주야지만 자기
도 이무니 이무니 남껃끄만요. 그죠 이?

- 그러치 물론 인재.

그래도 어떤 사라문 함마지기에 세 말 세 가마니 멍는데, 어떤 사라믄 두 가
마니 바께 몸멍는다. 그머는 다메 두 가마니짜리 빼다가 세 사람한테 머근사람
줄쑤도 이쓸꺼 아니에요?

- 그러쑤도 잍쩨. 그건 그럴쑤 잍써요, 인제. 거: 인제 거, 땅님재보고[572)]
엔나레 지주라구덩[573)], 지주라고 허고. 우리가 부친 노면 소자기라고 하
고. 지주 소작 그러케 허먼 게 제, 지주가 맘대로 인재 이 사람 줘따 저
사람 줘따 인자 그건 지주 맘대로 컬리가 잍찌, 그 사람드른.

지주한테 꼼짝 모데껀네?

- 하, 꼼짝 모다제 그라머, 허허허 꼼짝 모다지요 머.

그러먼 그냥.

- 그래서 재, 내가 아치미 저: 우리 마으레 이장호 땅이라고, 그 땡이[574)]
마:나썯따고 그쨔냐. 게서 가으레 도지 바드먼 막 날뻬르[575)] 수부:거게 쟁
이붙따고[576)] 근짜나요? 이장호 땅이라는 거선 이제 우리 마을 사람 한사라
미 한사라미 가시레[577)] 도지 받꼬 자기 지비다 수부:가니 쟁이노코, 그 인
자 땅: 주는 걷또. 자기가 맘든 사람, 장는[578)] 사람 자기 맘 든 사람, 자기
가 주구 띠구 그르케 컬리가 인재 그 사라미 컬리가 잍썯써요.

그저네. 이장호씨는 신경도 안쓰고?

- 그사람 부쨍깨[579)], 인재 땅마능깨 그사라믄 멀. 여 가시레 인재 다품하
라도[580)] 안나오고, 인재 그냥.

중간 중간 (˜ 중간 중간 싸라믄 앧.) 싸라믄.

그래 남의 땅을 기왕에 도지를 주더라도 주는 사람 입장에서 지주 입장에서도.

￣ 예.

농사를 잘 짓고 부지런해서 수확이 많이 나게 하는 사람한테 주어야지만 자기도 이문이 이문이 남겠그만요. 그렇지요 이?

￣ 그렇지 물론 이제.

그래도 어떤 사람은 한 마지기에 세 말 세 가마니 먹는데, 어떤 사람은 두 가마니 밖에 못 먹는다. 그러면 다음에 두 가마니짜리 빼다가 세 사람한테 먹은 사람 줄 수도 있을 것 아니에요?

￣ 그럴 수도 있지. 그건 그럴 수 있어요, 이제. 그 이제 그, 땅 임자보고 옛날에 지주라고 하거든, 지주라고 하고. 우리가 붙인 놈은 소작이라고 하고. 지주 소작 그렇게 하면 그 저, 지주가 마음대로 이제 이 사람 주었다 저 사람 주었다 이제 그건 지주 마음대로 권리가 있지, 그 사람들은.

지주한테 꼼짝 못했겠네?

￣ 하, 꼼짝 못하지 그러면, 허허허 꼼짝 못하지요 뭐.

그러면 그냥.

￣ 그래서 저, 내가 아침에 저 우리 마을에 이장호 땅이라고, 그 땅이 많았었다고 그랬잖아. 그래서 가을에 도지 받으면 막 날볏가리를 수북하게 쟁여놓았다고 그랬잖아요? 이장호 땅이리는 것은 이제 우리 마을 사람 한 사람이 한 사람이 가을에 도지 받고 자기 집에다 수북하게 쟁여놓고, 그 이제 땅 주는 것도. 자기가 맘 든 사람, 자기 사람 자기 맘 든 사람, 자기가 주고 떼고 그렇게 권리가 이제 그 사람이 권리가 있었어요.

그전에. 이장호씨는 신경도 안쓰고?

￣ 그 사람 부자니까, 이제 땅 많으니까 그 사람은 뭣. 이 가을에 이제 답품하러도 안 나오고, 이제 그냥.

중간 중간 (￣ 중간 중간 사람은 옛.) 사람은.

⎯ 중간 싸라미 인재 에를 드러 인재 사무 보고 사무 보는 사람이라 이
기지. 시방 그 사무 보는 사라미 인제 점부 가시리면 인자 그 농사가 잘
된능가 몯됀능가, 잘됀쓰먼 인제 도지럴 얼마 나고 얼매고, 그 사래미 그
거 다하고 도지도 다 바다드리고, 땅도 인재 자기 맘대로 이리저리 누구
주구시푸믄 주구 그럭카고. 게 인재 도지 바다 수부:가면 인재 지주는 땅
님재는 그건만 자기가 가주가문. 인자 이장호 싸라믄 그랟써요. 그라고
인재 땅이 얼마 안되는 사람. 땅이 얼마 안되는 사라믄 직쩝 보닌 지주가
지주가 와서 그걸 다푸미라고 그래요, 가시리. 나래기[581] 잘됄능가 몯됀능
가 인자 그 조사하러 가능걸 다푸미라 그랴. 답품하로 댕긴다 구라거든
요[582]. 그 인자 땅 짜근 사라믄 직쩝 보닌드리 와서 인자 그 도지를 매고.
그러캔써요.

〈제사 음식상〉
그: 제사를 지낼때요 잉? 제사 지낼때, 거기 올라가는 그 그 저 상은 상에 올
라가는 음식드런 주로 어떤 음식뜨를 줌비를 해요?
⎯ 그건.
제사상에 올라가능거?
⎯ 제삳 땅는[583] 거요?
고기드런 주로 어떤 고기드리 올라가요?
⎯ 고기요? 고기는 인자 강 머: 해물. 해물꼬기도 인제 읻꼬, 해물꼬기도
읻꼬. 그라구 인재 동: 무시기는 소, 돼지, 닥 그래요. 닥 글치요 머. 해무
를 주로 여기는 먼멀 썯써요? 첟채는 이재 조구[584] 조구도 조……
조구는 꼭 올라가야 되고요?
⎯ 애, 조구는. 다릉거 인재 저: 탕이라고 탕이라고 한디. 그기 여기서는
합짜라구라는디[585], 합짜라구란디. 조그서는 합짜라고 바다까에서는 '합짜'
랃쏘리를 아나고 뭐라구더라. 여기는 합짜하고, 피등애라고 피등애[586], 피

˝ 중간 사람이 이제 예를 들어 이제 사무 보고 사무 보는 사람이라 이 것이지. 지금 그 사무 보는 사람이 이제 전부 가을이면 이제 그 농사가 잘 됐는가 못 됐는가, 잘 됐으면 이제 도지를 얼마 나고 얼마고, 그 사람이 그것 다하고 도지도 다 받아들이고, 땅도 이제 자기 마음대로 이리저리 누구 주고 싶으면 주고 그렇게 하고. 그 이제 도지 받아 수북하면 이제 지주는 땅 임자는 그것만 자기가 가져가면. 이제 이장호 사람은 그랬어요. 그리고 이제 땅이 얼마 안되는 사람. 땅이 얼마 안되는 사람은 직접 본인 지주가 지주가 와서 그것을 답품이라고 그래요, 가을에. 나락이 잘 됐는가 못 됐는가 이제 그 조사하러 가는 것을 답품이라고 그래. 답품 하러 다닌다 그러거든요. 그 이제 땅 작은 사람은 직접 본인들이 와서 이제 그 도지를 매고. 그렇게했어요.

〈제사 음식상〉

그 제사를 지낼 때요 잉? 제사 지낼 때, 거기 올라가는 그 그 저 상은 상에 올라가는 음식들은 주로 어떤 음식들을 준비를 해요?

˝ 그것.

제사 상에 올라가는 것?

˝ 제사 딱는 거요?

고기들은 주루 어떠 고기들이 올라가요?

˝ 고기요? 고기는 이제 강 뭐 해물. 해물고기도 이제 있고, 해물고기도 있고. 그리고 이제 동 무엇은 소, 돼지, 닭 그래요. 닭 그렇지요 뭐. 해물은 주로 여기는 뭣뭣 썼어요? 첫째는 이제 조기 조기도 조……

조기는 꼭 올라가야 되고요?

˝ 예, 조기는. 다른 것 이제 저 탕이라고 탕이라고 하는데. 그것이 여기서는 홍합이라고 그러는데, 홍합이라고 그러는데. 저기서는 홍합이라고 바다가에서는 '합자'란 소리를 안하고 뭐라고 하더라. 여기는 홍합하고, 문

등애 고고 인재 쌀마가꼬 두부하고 무수하고[587] 합짜가 드러가고.

조개처럼 요로케 생긴거? 조 조개처럼 생긴거?

－ 이이이, 조개처 껍떼기가 찌대너지[588] 왜.

홍합 홍합. 그거보고 홍하비라고 근쪼?

－ 예, 마자마자. 홍하비라구랜써요.

홍하비 여기서 합짜라구레요?

－ 예 에, 그기 인제 합짜랑게 홍합 그노멀 껍띠기를 까가꼬 말린써요. 말리가꼬 이르케 꼬쟁이다[589] 이러케 뀌여, 꼬쟁이다 꿰서 말링기 일써요.

예.

－ 그래 인제 그 그걸 파랃써요. 인재 그걸 거거 꿰서 말링거 작 자근자근 씨부먼 머글만햐.

그러지요.

－ 예, 합짜가.

합자허고 피등애허고……

－ 예.

탕 끄릴때 합짜허고 피등애하고 그다메 마른 마른껃또 드러가지요?

－ 마른거는 포, 멩태,

멩태?

－ 멩태포, 조기.

제 제가 조:아하능기 그 탕인디.

－ 얘.

탕을 끄릴때 보면요 이, 피등애 드러가고, 합짜 드러가고요. 그다메 거기에 새우 안너요?

－ 예:. 탕이라능게 원 원치기 다:할라면요 오탕얼 하라능기요. 탕을 다섣 궁 다섣 그럭[590], 다섣 끄러걸. 그라구 인재 다:할라면 오탕얼 해야되

어라고 문어, 문어 그것 이제 삶아가지고 두부하고 무하고 홍합이 들어가고.

조개처럼 이렇게 생긴 것? 조 조개처럼 생긴 것?

‾ 응응응, 조개처럼 껍데기가 기다랗지 왜.

홍합 홍합. 그것보고 홍합이라고 그랬지요?

‾ 예, 맞아 맞아. 홍합이라고 그랬어요.

홍합이 여기서 ‘합자’라고 그레요?

‾ 예 예, 그것이 이제 홍합이라는게 홍합 그 놈을 껍데기를 까가지고 말렸어요. 말려가지고 이렇게 꼬챙이에다 이렇게 꿰어, 꼬챙이에다 꿰서 말린 것이 있어요.

예.

‾ 그래 이제 그 그것을 팔았어요. 이제 그것을 그그 꿰서 말린 것 작 자근자근 씹으면 먹을 만해.

그렇지요.

‾ 예, 홍합이.

홍합하고 문어하고…

‾ 예.

탕 끓일 때 홍합하고 문어하고 그 다음에 마른 마른 것도 들어가지요?

‾ 마른 것은 포, 명태,

명태?

‾ 명태포, 조기.

제 제가 좋아하는 것이 그 탕인데.

‾ 예.

탕을 끓일 때 보면요 이, 문어 들어가고, 홍합 들어가고요. 그 다음에 거기에 새우 안 넣어요?

‾ 예. 탕이라는 것이 원 원칙이 다 할려면 오탕을 하라는 것이요. 탕을 다섯 다섯 그릇, 다섯 그릇을. 그리고 이제 다 하려면 오탕을 해야 되고.

구. 오탕, 돼지괴기 탕, 쇠괴기 탕, 두부 탕, 그러면 해물 피등앤가 인자
머 그걸 탕, 합짜 탕. 그래서 다섯탕 오탕을 혜야되요, 오탕을 하는데. 오
탕을 다 아내요. 한 삼탕만 보통 한 삼탕만 마~이…… 오탕 한 사람도 일
찌마는 삼탕만.

그걸 따로따로 이러케……

ㅡ 그러쵸 그러치 그럼 다 따로따로 노체. 따로따로 그래서, 원치기 제
대로 다: 헐라면 오탕얼 해야돼요, 오탕얼.

저히 지븐 저히 지븐 그면 그거슬 너서 하나로 끄롙떵거 가테, 하나로 끄링
거 가테.

ㅡ 아:!

피등애도 너코, 이러케 넌는데. 끄려서 하나로. 나먼쪼근 그러케 지내.

ㅡ 그러케 해도 상관 업찌머.

그래서 오탕이그만.

ㅡ 여기는 여기는 오탕이라고 그러캐 그르캐, 그게 전부 이캐, 이르캐 따
루따루따루 이르캐서 다: 해요.

바:믄 요, 바:믄 어떠케 해요?

ㅡ 밤?

얘.

ㅡ 바먼 인재 껍떼기를 까가고, 껍띠기를[591] 가꼬 인재, 그 빈들[592] 잘 안
버께지자냐: 왜. 그 무레다 당과[593] 그다보면 좀 부러지자냐. 그 칼로 첨:
부 밤 친다고 하자냐 그기 밤친다고. 칼로 일캐 다: 이르캐 보기 조케 보
기 조케 그르케 인제 치가꼬서나 인재 괘노치요[594], 머.

그며는 그……

ㅡ 접 접씨다가 인재 이캐 괘나.

그면 그거슨 그거슨 대개 누가 누가 쳐요, 바믄?

ㅡ 바믄 인자 보통 인자 자손더리 치지 머, 장소니고 지소니고 그 상관

오탕, 돼지고기 탕, 소고기 탕, 두부 탕, 그러면 해물 문어인가 이제 뭐 그것 탕, 홍어 탕. 그래서 다섯탕 오탕을 해야돼요, 오탕을 하는데. 오탕을 다 안해요. 한 삼탕만 보통 한 삼탕만 많이…… 오탕 한 사람도 있지만은 삼탕만.

그것 따로따로 이렇게……

⁻ 그렇지요 그렇지 그럼 다 따로따로 놓지. 따로따로 그래서, 원칙이 제대로 다 하려면 오탕을 해야 돼요, 오탕을.

저희 집은 저희 집은 그러면 그것을 넣어서 하나로 끓였던 것 같애, 하나로 끓인 것 같애.

아!

문어도 넣고, 이렇게 넣는데. 끓여서 하나로. 남원쪽은 그렇게 지내.

⁻ 그렇게 해도 상관 없지머.

그래서 오탕이그만.

⁻ 여기는 여기는 오탕이라고 그렇게 그렇게, 그것이 전부 이렇게, 이렇게 따로따로따로 이렇게해서 다 해요.

밤은 요, 밤은 어떻게 해요?

⁻ 밤?

예.

⁻ 밤은 이제 껍데기를 까가지고, 껍데기를 가지고 이제, ㄱ 비는 잔 안 벗겨지잖아 왜. 그 물에 담가 그러다 모면 조금 불어지잖아. 그 칼로 전부 밤 친다고 하잖아 그것이 밤 친다고. 칼로 이렇게 다 이렇게 보기 좋게 보기 좋게 그렇게 이제 쳐가지고서나 이제 고여 놓지요, 뭐.

그러면 그……

⁻ 접 접시에다가 이제 이렇게 고여 놓아.

그러면 그것은 그것은 대개 누가 누가 쳐요, 밤은?

⁻ 밤은 이제 보통 이제 자손들이 치지 뭐, 장손이고 지손이고 그 상관

업꼬. 인재 아즈마니가 치도 돼고, 밤거틍건 보통 인재 남자드리 다:.

남자드리 밤 바믄 남자드리 치고요?

⎯ 애, 남자드리.

혹씨 이:. 제사지내는 장을 보로 가는 거슬 남자드리 가, 여자드리 앙가고 남자드리 갇썯써요?

⎯ 어지개니 보통 남 남자드리 가지요.

제사 제삳.

⎯ 예, 남자드리 에니[595] 다 가요. 근데 인재 시방 시방 그게 머. 엔나레는 다: 이거라고 인재 그저니 엔나레는 돈 괄리럴 아즈먼네는[596] 몰랃써요, 돈괄리. 지비서 인재 밤먹꼬, 살림이나 살리미나 허고 바비나 헤주고 머 이제, 잉:, 옫꺼틍거 빠라주고, 머 그렁검만 해찌, 돈 도널 몰랃써요, 엔날 아즈머니네는. 도니 일쩔 도늘 몰랃써요. 도늘 몰르고, 첨:부 도는 남자드리 가꾸 만칟써요, 남자드리. 여자드른 도니라구 도니라능건 몰랃써요. 혹씨 머 거이간다고 머 인자 사로 간다고 머 거시가면 돌라면 인재 그 머하러 가능거 돈 주고 그러캗찌. 머 무신 저 머:. 엔나렌 다 농사 저가꼬, 농물서 그레도 농사 그 저 농삼물 파라가꾸 게 도니 나오자냐. 그 그 딴데는 도니 업쨔녀, 그저니. 그거 나오능거 첨:부 남자드리 다 거먼써요[597]. 남자가 다 담찌. 여자드른 도니라고는 일쩔 도니란 몰랃써요.

어:!

⎯ 그렁깨 이재서 엔나레 불상허게 사랃찌. 돈도 맘 홀뜬 맘대로 써보도 모다고.

자: 그먼 거기 올라간 과이른 멈머 올라가요?

⎯ 과일? 과이리문 인재 대추, 밤:, 꼳깜, 감:, 배, 사과 주로 인재 그 그 그러케 올라가지. 시방 시방언 인재 믿, 무신 저 뭐 저 곧 거시기 머여? 저 게수하능기 *** 거시기 머지?

없고. 이제 아주머니가 쳐도 되고, 밤같은 것은 보통 이제 남자들이 다.

남자들이 밤 밤은 남자들이 치고요?

⎺ 예, 남자들이.

혹시 이. 제사 지내는 장을 보러 가는 것을 남자들이 가, 여자들이 안 가고 남자들이 갔었어요?

⎺ 어지간히 보통 남 남자들이 가지요.

제사 제사.

⎺ 예, 남자들이 어지간히 다 가요. 그런데 이제 지금 지금 그것이 뭐. 옛날에는 다 이것이라고 이제 그전에 옛날에는 돈 관리를 아주머니네는 몰랐어요, 돈 관리. 집에서 이제 밥 먹고, 살림이나 살림이나 하고 밥이나 해주고 뭐 이제, 응, 옷같은 것 빨아주고, 뭐 그런 것만 했지, 돈 돈을 몰랐어요, 옛날 아주머니네는. 돈이 일절 돈을 몰랐어요. 돈을 모르고, 전부 돈은 남자들이 가지고 만졌어요, 남자들이. 여자들은 돈이라고 돈이라는 것은 몰랐어요. 혹시 뭐 거시기한다고 뭐 이제 사러 간다고 뭐 거시기하면 달라고 하면 이제 그 뭐하러 가는 것 돈 주고 그렇게 했지. 뭐 무슨 저 뭐. 옛날에는 다 농사 지어가지고, 농산물로서 그래도 농사 그 저 농산물 팔아가지고 그 돈이 나오잖아. 그 그 딴 데는 돈이 없잖아, 그전에. 그것 나오는 것 전부 남자들이 다 거머 썼어요. 남자가 다 담지. 여자들은 돈이라고는 일적 돈이란 몰랐어요.

어!

⎺ 그러니까 이제 옛날에 불상하게 살았지. 돈도 맘 홀듯 마음대로 써보지도 못하고.

자 그러면 거기 올라간 과일은 뭣뭣 올라가요?

⎺ 과일? 과일이면 이제 대추, 밤, 곶감, 감, 배, 사과 주로 이제 그 그 그렇게 올라가지. 지금 지금은 이제 뭣, 무슨 저 뭐 저 곳 거시기 뭐여? 저 제주서 하는 것 *** 거시기 뭐지?

제주서 농사 진능거 왜? 밀가미요?

⎺ 밀감, 밀감도 올라가고 시방은 파나나도[598] 머 파나나도 노구 그래드만. 엔나레 어디 밀가미잍꼬 파나나가 잍썰써요, 엔나레. 주로 그 그건만 낱찌요.

'떠근 어떤 종류로……

⎺ 떠근 시루떠기라고. 시루떠기라고 인재.

시루떵만 올려놔요?

⎺ 얘.

콩떡가틍거또 인재 인절미가틍거또 제사때 안:

⎺ 아:, 아니 일쩔도 일체 안써. 그 신:떠기니[599] 그렁거 머 거 제사지낸 일쩔 시리떵만[600] 쓰지.

세사 세사 모실 때는?

⎺ 세사 모실때도 그러코. 우리 몰라 딴디는 몰라도 여기넌 제사 모실 때는 시리떵만 써요. 딴 떠근 안써요.

저히는 보면 엔나레 그 인절미, 그 콩떡 이러케 긴: 긴: 콩떡 콩떠글 어 어른드리 갇, 세사 지 모시고 갇 가따 주션떵거 갇튼데?

⎺ 근디 지역벨로 그기 틀려.

아:!

⎺ 지역벨로 틀려. 여기는 그거 안써요. 여기는 안쓰고. 제사쌍에는 일 딴 세사고, 방찌사고, 방이서 지낸 제사고 그냥 시리떵만 써요.

시루떵만?

⎺ 예.

떡꾸근 안 끄리고요?

⎺ 제사요?

얘.

⎺ 앙끄려.

제주에서 농사짓는 것 왜? 밀감이요?

⌐ 밀감, 밀감도 올라가고 지금은 바나나도 뭐 바나나도 놓고 그러드만. 옛날에 어디 밀감이 있고 바나나가 있었어요, 옛날에. 주로 그 그것만 놓았지요.

떡은 어떤 종류로……

⌐ 떡은 시루떡이라고. 시루떡이라고 이제.

시루떡만 올려놓아요?

⌐ 예.

콩떡같은 것도 이제 인절미같은 것도 제사때 안.

⌐ 아, 아니 일절도 일체 안써. 그 흰떡이니 그런 것 뭐 그 제사지낸 일절 시루떡만 쓰지.

시제 시제 모실 때는?

⌐ 시제 모실 때도 그렇고. 우리 몰라 딴 데는 몰라도 여기는 제사 모실 때는 시루떡만 써요. 딴 떡은 안써요.

저희는 보면 옛날에 그 인절미, 그 콩떡 이렇게 긴 긴 콩떡 콩떡을 어 어른들이 갖, 시제 모시고 갖다 주셨던 것 같은데?

⌐ 그런데 지역별로 그것이 틀려.

아!

⌐ 지역벽로 틀려, 여기는 그것 안써요. 여기는 안쓰고. 제시 상에는 일단 시제고, 방제사고, 방에서 지낸 제사고 그냥 시루떡만 써요.

시루떡만?

⌐ 예.

떡국은 안 끓이고요?

⌐ 제사요?

예.

⌐ 안 끓여.

그며는 시루떠글 할 때, 시루떠글 할 때:, 할 때 보면요 잉? 시 시루가 잍쬬?

‾ 애.

그 시루 미테가 구멍이 뚤려 잍짜나요.

‾ 에, 뚜러잍찌.

그거 그거슨 멀 멀로 마가요?

‾ 에, 집.

지부로?

‾ 지비로[601] 이르캐 인재 소느로 이캐 인재 가르가 안빠지기로, 지비로 얼거가꼬 그냥 구너기다[602] 이르캐 놔요. 그러캐 하는 사람도 잍꼬, *** 사 라먼 또 쏠립, 솔리벌 솔 그 거시기럴 가따가 솔리비로 망는 사람도 잍고 그렌쓰요. 근디 보펜쩌그로 지비로 다 마가요, 어지가~이.

그러먼 그거슬 시루꾸녕 망는다구레?

‾ 예. 시루꾸녕 망는다구라제.

시루꾸녕 막꼬, 그 위에다 인자 바로 뭘 놔요?

‾ 시루꾸녕 막꼬?

애.

‾ 거다 인재: 이 그 질 처무니[603] 질[604] 처무니는 인재 가르를[605] 살짱 놔 요. 가루 살짱 노코 이재 거그다 이재 콩꼬물 팥꼬무리라등가 팥꼬물 보 통 팥꼬물만 쓰지, 팥꼬물 한채[606] 노코, 그러고 쌀가루 인재 노코, 쌀가루 노코 또 이르캐 골루고 또 고 우에다 인제 또 인제 팥꼬물, 팥꼬물 또 지 부자[607] 체 체 체 체 그노미 첨:부 싸올리가꾸 인재. 그레가꼬 인재 엔날 그 솓 거다가 인자 가따 올리거나 미티 미티 솓 물부꼬, 그래가꾸서 불 때가꾸 인재 지미로[608] 지미로 찌지.

그거선 지므로 찓쵸? 그며는 짐. 빠지니까.

‾ 애.

시루허고 그 그 가매소다고 사이를 때우지요? 그 그걸 때우능걸 뭐라구레?

그러면 시루떡을 할 때, 시루떡을 할 때, 할 때 보면요 잉? 시 시루가 있지요?

⌐ 예.

그 시루 밑에가 구멍이 뚫려 있잖아요.

⌐ 예, 뚫려있지.

그것 그것은 뭣 뭘로 막아요?

⌐ 예, 짚.

짚으로?

⌐ 짚으로 이렇게 이제 손으로 이렇게 이제 가루가 안 빠지도록, 짚으로 얽어가지고 그냥 구멍에다 이렇게 놔요. 그렇게 하는 사람도 있고, *** 사람은 또 솔잎, 솔잎을 솔 그 거시기를 갖다가 막는 사람도 있고 그랬어요. 그런데 보편적으로 짚으로 다 막아요, 어지간히.

그러면 그것을 시루구멍 막는다 그래?

⌐ 예. 시루구멍 막는다 그러지.

시루구멍 막고, 그 위에다 이제 바로 뭘 놔요?

⌐ 시루구멍 막고?

예.

⌐ 거기에다 이제 이 그 제일 처음에 제일 처음에는 이제 가루를 살짝 놔요. 가루 살짝 놓고 이제 거기에다 이제 콩고물 팥고물이라든가 팥고물 보통 팥고물만 쓰지, 팥고물 한 채 놓고, 그리고 쌀가루 이제 놓고, 쌀가루 놓고 또 이렇게 고르고 또 그 위에다 이제 또 이제 팥고물, 팥고물 또 집어서 켜 켜 켜 켜 그놈에 전부 쌓아올려가지고 이제. 그래가지고 이제 옛날 그 솥 거기에다가 이제 갖다 올리거나 밑에 밑에 솥 물 붓고, 그래 가지고서 불 때가지고 이제 김으로 김으로 찌지.

그것은 김으로 찔지요? 그러면 김. 빠지니까.

⌐ 예.

시루하고 그 가마솥하고 사이를 때우지요? 그 그것을 때우는 것을 뭐라고 그래?

﹁ 시루뻔. 시루뻔 부친다구레.

시루뻐는 멀로 멀로 주로 헤요?

﹁ 시루뻐넌?

에.

﹁ 인재 저: 엔나레는 인재 그 시방 움네[609] 기게가서 인재 그 저 시루떡 쌀 그걸 인재 찌왇쓴찌마는 그저니 엔나레는 지비서 '방애, 그 디딜방애 이캐 사래미 두사래미 박꼬[610] 인재 그 방애루요, 점부 방애로 찌가꼬 체로 이르캐 첟짜나요? 인재 체로? 체로 치고 나중에 다: 처:. 다 치고나면 인재, 다 빠지요 인재. 다 빠지고. 다먼 거또 무거리가 읻짜녀? 그럴때 그 거설 이재, 그거설 딱 이르캐 체로 이르캐 칭깨, 그 독또 일꾸 그래요, 인제 그기 독[611]. 고노멀 이기가꼬…… 그 인재 도기 버석버시기가꼬 몸머거요. 그렁깨 인재 그노멀 이기가꼬서 시리뻐니라고 그노멀 부처. 고 시루뻐는 인제 띠가꼬 인자, 머 내삐리등가[612] 인재 저 짐승 저 돼지가틍거 머 주등가 영 그래요, 거.

〈제사 절차의 차이〉

그먼 엔나라고 지금하고, 엔나라고 지금하고 제사가 얼마나 마니 달라졛써요?

﹁ 지사요?

가장 마니 달라징게 어떵거시 젤? 제사에서 가장 크게 달라젿따 그러면 어르시니 보기에?

﹁ 게 마니 달라징거선요. 에:, 아까도 애기핻찌만 엔나레는…… 한 열 씨에 시자게가꾸 열두시꺼지[613] 이케 다기[614] 우려야 인자 오래 돼야 인자, 제사 음시글 다 인자 치우고 그랟는데:, 시방언 인자 그기 웁꼬. 어떤 양 반더런 이캐 저녕머글때 저녕머글때 그냥 제사지내고, 그 바비로 저녁 저 녁빱 먹꼬 그러캐요. 고고시 한 저미 달라징게여, 방법 인재 제사 지냉게,

　 시룻번. 시룻번 붙인다고 그래.

시룻번은 뭘로 뭘로 주로 해요?

　 시룻번은?

예.

　 이제 저 옛날에는 이제 그 지금 읍네 기계에 가서 이제 그 저 시루떡 쌀 그것을 이제 찌어왔었지만 그전에 옛날에는 집에서 방아, 그 디딜방아 이렇게 사람이 두 사람이 밟고 이제 그 방아로요, 전부 방아로 찌어가지고 체로 이렇게 쳤잖아요? 이제 체로? 체로 치고 나중에 다 쳐. 다 치고 나면 이제, 다 빠져요 이제. 다 빠지고. 다만 그것도 무거리가 있잖아? 그럴 때 그것을 이제, 그것을 딱 이렇게 체로 이렇게 치니까, 그 돌도 있고 그래요, 이제 거기 돌. 그 놈을 이겨가지고…… 그 이제 돌이 버석버석해가지고 못 먹어요. 그러니까 이제 그 놈을 이겨가지고서 시룻번이라고 그 놈을 붙여. 그 시룻번은 이제 떼가지고 이제, 머 내버리든가 이제 저 짐승 저 돼지같은 것 뭐 주든가 영 그래요, 그.

〈제사 절차의 차이〉

그러면 옛날하고 지금하고, 옛날하고 지금하고 제사가 얼마나 많이 달라졌어요?

　 제사요?

가장 많이 달라진 것이 어떤 것이 제일? 제사에서 가장 크게 달라졌다 그러면 어르신이 보기에?

　 그 많이 달라진 것은요. 예, 아까도 이야기했지만 옛날에는…… 한 열시에 시작해가지고 열두시까지 이렇게 닭이 울어야 이제 오래 되어야 이제, 제사 음식을 다 이제 치우고 그랬는데, 지금은 이제 그것이 없고. 어떤 양반들은 이렇게 저녁 먹을 때 저녁 먹을 때 그냥 제사 지내고, 그 밥으로 저녁 저녁밥 먹고 그렇게 해요. 그것이 한 점이 달라진 거여, 방

고기 달라전찌요. 그라고 인자 제물 차리능거선 그때나 지금도, 그때도 인제 잘차린 사람하고, 몯차린 사라문 몯차리고. 머 제사라구해서 인재 돈 우꼬 거시갠 사라문 어떠캐 또 인자 첨:부 다 자랄쑤가 인능가요. 인 자 또 대강대강 인재 엔날부텀[615] 마릳짜나요. 음식 잘차리지 말고, 어 맘 정성껃 디리먼 된다고, 참물 한 그르기라도 인재. 움는 사람문 인자 그냥 바비나 항그륵 떠노쿠, 물 항그럭 떠노쿠서 대강대강 이르캐서 인재, 참 정성껃 지내먼 되고……

엔나레도 그랟……

⌐ 애, 그러치요 머. 우: 우트강가[616] 움는 사라먼 어터가능가, 머. 아이구 우선 머 내 모꾸니기[617] 밥 드러갈 꺼이 업는디, 어떠케 제사라고 부문님 제사라고 헤서 어떠케 도니, 도니 읻써야 거 머 어디 가서 장에 가서나, 시장에 가서 멀 사오넌데…… 돈 웁쓰니까 사오덜 모당깨 어떠카나요. 그래 바비라도 인재 항그를 떠노코 인자.

그 돈절랴가기는 제샏쌍 제사 음식빠게 업따고, 그런말도 인는거 갇떠 만……

⌐ 허허허.

엔나레도 그랟능갑뜨만요 이?

⌐ 하이고 그거머. 제사 인자 그거또 인자 원치 인재 그저니는 살기가 인재 가까부랑깨 도니 업씅개 그 마리 나옹게지. 그 마리 나완는데, 하기 는 머 그거또 제사도 간따니 지내먼 인자 경지저그로[618] 인재 쪼끔…… 딱 인제 도니 드르가제: 헤허헤. 그 말도 과언 아니지요. 머 그말도.

사라게셔서 머 음식 자레주먼 모데준다고, 자레준다 모데준다 알지만, 도라 가신 부니 거 알쑤도 인는 걷또 아니고.

⌐ 그르치요 그럼 머.

근데: 엔나레 지내는거 하고, 지금 이르케 바낑 거슬[619] 보시면,

⌐ 응.

법 이제 제사 지내는 것이, 그것이 달라졌지요. 그리고 이제 제물 차리는 것은 그때나 지금도, 그때도 이제 잘 차린 사람하고, 못 차린 사람은 못 차리고. 뭐 제사라고해서 이제 돈 없고 거시기한 사람은 어떻게 또 이제 전부 다 잘할 수가 있는가요. 이제 또 대강대강 이제 옛날부터 말이 있잖아요. 음식 잘 차리지 말고, 어 맘 정성껏 드리면 된다고, 찬 물 한 그릇이라고 이제. 없는 사람은 이제 그냥 밥이나 한 그릇 떠놓고, 물 한 그릇 떠놓고서 대강대강 이렇게 해서 이제, 참 정성껏 지내면 되고……

옛날에도 그랬……

⁻ 예, 그렇지요 뭐. 우 어떻게 하는가 없는 사람은 어떻게 하는가, 뭐. 아이고 우선 뭐 내 목구멍에 밥 들어갈 것이 없는데, 어떻게 제사라고 부모님 제사라고 해서 어떻게 돈이, 돈이 있어야 그 뭐 어디 가서 장에 가서나, 시장에 가서 뭘 사오는데…… 돈 없으니까 사오들 못 하니까 어떻게 하나요. 그래 밥이라도 이제 한 그릇 떠놓고 이제.

그 돈 절약하기는 제사상 제사 음식밖에 없다고, 그런 말도 있는 것 같드만……

⁻ 허허허.

옛날에도 그랬는갑드만요 이?

⁻ 아이고 그것 뭐. 제사 이제 그것도 이제 원체 이제 그전에는 살기가 이제 갑갑을 하니까 돈이 없으니까 그 말이 나온 것이지. 그 말이 나있는데, 하기는 뭐 그것도 제사도 간단하게 지내면 이제 경제적으로 이제 조금…… * 이제 돈이 들어가지 헤헤헤. 그 말도 과언이 아니지요. 뭐 그 말도.

살아계셔서 뭐 음식 잘해주면 못해준다고, 잘해준다 못해준다 알지만, 돌아가신 분이 그 알 수도 있는 것도 아니고.

⁻ 그렇지요 그럼 뭐.

그런데 옛날에 지내는 것 하고, 지금 이렇게 바뀐 것을 보시면,

⁻ 응.

에, 쩜 어떤 느끼미 드세요, 에를 든다면? 어르신도 인제 연세가, 저들도 인제 마찬가지지만, 점점 년세가 드러가시면 가실쑤록 마으미 엔나레 우리 어 우리 아 아버지한테 하라버지한테 이러케 헨는데:.

― 아이! 내가 죽꼬나면 저놈들 이제 내가 대충 대충 지낼껄간따 이런 느끼므로 이자 어르신드른 마니 드시는껄 가튼데:. 그건 틀림 업씨요. 가면 갈쑤록 더 그럴껄 아니에요.

― 아:! 그 틀림업써요.

그런:거슬 보시면 어떤 느끼미 드세요?

― 이기 사래미요. 머 부몬님 지사 잘 모신, 나 인자 우리 제사 지내고 나면 늘 그런 소리를 해요. 서녕이 잘모신다고 해서나 선영 잘모세, 내가 잘된다는 그런 마:멀⁶²⁰⁾ 간꼬 부무럴 제사를 지내고 부무를 모시면 안된다, 그래요. 왜? 서녕이 잍씅깨, 어머니 아부지가 잍씅깨 내가 태에나고 응? 아무리 어머니 아부지가 이르캐 참 은, 시방 인자 도라가시고 참 인재 업찌마넌…… 우리 어머이가 느그도 다 자시글 키워받씅개 알지마는 우리럴 키울쩌게, 참 어떠케 그 기가매키게⁶²¹⁾ 안키원능가요, 응?

그러치요.

― 그래 그: 잘 모시구 우리가 잘 모신다고 해서나 머 내가 잘되고, 서녕이 우리 어머니가 더 페나게, 그 그거보담도⁶²²⁾.

인재:.

― 우리: 그렁거시 업쓰면 우리 사라미라고 할쑤가 업짜나요. 금수나 마찬가지 자나요, 응? 금수나 마찬가지…… 사람 도리로써 사람 도리로써 인재 아무리 인재 부무가 도라가셀찌마는 인재 주근 날짜 주근 날짜는 아무리, 안 이저먹끼 위해서 참 이르캐 인재. 그래도…… 금방도 내 이애기 핻찌마넌. 예:, 그렁걸 저렁걸 시방 인자 차꼬: 예: 무나가 발딸되고 새 시대가 거시경깨나, 엔날 구식꺼틍거 차꾸⁶²³⁾ 인재 차꾸 인재 업쌔구 자꾸 이러카자나요? 업쌔고 머멀. 시방 저 머 거시기도 머 게론 게론도 시방

에, 조금 어떤 느낌이 드세요. 예를 든다면? 어르신도 이제 연세가, 저희들도 이제 마찬가지지만, 점점 연세가 들어가시면 가실수록 마음이 옛날에 우리어 우리 아 아버지한테 할아버지한테 이렇게 했는데.

ˉ 아이! 내가 죽고 나면 저놈들 이제 내가 대충 대충 지낼 것같다 이런 느낌으로 이제 어르신들은 많이 드시는 것 같은데. 그것은 틀림없어요.

가면 갈수록 더 그럴 것 아니예요.

ˉ 아! 그 틀림없어요.

그런 것을 보시면 어떤 느낌이 드세요?

ˉ 이것이 사람이요. 뭐 부모님 제사 잘 모신, 나 이제 우리 제사 지내고 나면 늘 그런 소리를 해요. 선영이 잘 모신다고 해서 선영 잘 모셔서, 내가 잘된다는 그런 마음을 갖고 부모를 제사를 지내고 부모를 모시면 안 된다, 그래요. 왜? 선영이 있으니까, 어머니 아버지가 있으니까 내가 태어나고 응? 아무리 어머니 아버지가 이렇게 참 은, 지금은 이제 돌아가시고 참 이제 없지마는…… 우리 어머니가 너희도 다 자식을 키워보았으니까 알지만 우리를 키울 적에, 참 어떻게 그 기가 막히게 안 키웠는가요, 응?

그렇지요.

ˉ 그래 그 잘 모시고 우리가 잘 모신다고 해서나 뭐 내가 잘 되고, 선영이 우리 어머니가 더 편하게, 그 것 보다도.

이제.

ˉ 우리 그런 것이 없으면 우리 사람이라고 할 수가 없잖아요. 금수나 마찬가지잖아요, 응? 금수나 마찬가지…… 사람 도리로써 사람 도리로써 이제 아무리 이제 부모가 돌아가셨지만 이제 죽은 날짜는 아무리, 안 잊어먹기 위해서 참 이렇게 이제. 그래도…… 금방도 내 이야기 했지마는. 예, 그런 것을 저런 것을 지금 이제 자주 예 문화가 발달되고 새시대가 거시기하니까나, 옛날 구식같은 것 자꾸 이제 자꾸 이제 없애고 자꾸 이렇게 하잖아요? 없애고 뭐 뭣. 지금 저 뭐 거시기도 뭐 결혼 결혼도 지금

간 한 번 머 한 성 머머머 팔추 팔춘간 그 저 이거 우리 나는 아주 참: 이
거 항구그로써 이기 이? 그렁거 저렁거를 다 앙가리먼 난 **** 아주 거.
사래미 머냐고 이게? 그렁거 저렁거 다: 앙가리머는 금수나 똑까찌 안냐,
어? 금수가 소가 돼지가 자서기[624] 나먼 날쩌기만 나서 귀할 쩌기만 참 잘
그 그야 귀하지, 떠나먼 이 새끼가 부무를 모루자냐? 새끼가 부무 모르자
녀? 우리 사람 다 똑깥짜녀. 그렁거 저렁거 그렁거 다 이애기 제하머는,
게서[625] 아직꺼지는 그렁걸 거시가먼 사래미 더 인시미 박카지고 사람 도
리:라는 거시 업써지자네요? 도리 업써지자냐요, 앙그려요? 도리라는거
업써지고, 게서나 금방도 핻찌마는 꼭: 서녕을 잘모시고 지사를 잘모시서
내가 잘되거따. 이런 마으믈 가꾸서 지사 지내먼 안되고, 서녕이 일쓩깨
내가 태에낟따. 게 어머니 아버지 아 언제 어느 때 도라가셛따는 날짜는
안 잊끼 위해서 이캐 그냥.

　ᆨ 그 기여이 머 참물[626] 떠노코, 지사를 잘 지내서 그렁게 아니라. 참 참
지사 음시글 잘 이캐 노쿠 차링거시나, 그 날짜라도 암머키우개[627] 그개
자식 도리는 도리로서 성이로써 나는 그캐 지내는 거시 내 거시긴디. 이
거시 자꾸 인재 업써징깨나[628] 업쓰닝깨[629], 하기야 나중에 가먼 이거시 이
머 가마니 생가갈 쩌기 이기 게 이대로 시방 자꾸 절문 사람덜 하능 걸로
바서는…… 제사도 이거시 당대 당대 어머니 아버지 할머니까지는 몰라,
할머니까지는 지내고 그외는 이제 업써찔 껄로 내.

　내 생가근……
　ᆨ 틀림씨[630] 틀림업씨 시방대로 나가먼 업써저요, 이기.
　그럴꺼 가테요.
　ᆨ 애, 업써지요 업써지고. 시방: 인재 묘:거틍거 이런 거또 시방 인재,
우리나라가 인재 땅떵어리는 자근디, 차꾸 묘만 느러나가머는 이게 인재.
　예.
　ᆨ 사니 땅 땅떵어리가 인재 묘만 생기고, 땅떵어리가 조바진다고 그르

갓 한 번 뭐 한 성 뭐뭐뭐 팔촌 팔촌간 그 저 이것 우리 나는 아주 참 이 것 한국으로써 이것 이? 그런 것 저런 것을 다 안 가리면 나 ***** 아주 그 것. 사람이 뭐냐고 이것이? 그런 것 저런 것 다 안 가리면 금수나 똑같지 안아, 어? 금수가 소가 돼지가 자식이 날 적에만 나서 귀할 적에만 참 잘 그 그야 귀하지, 떠나면 새끼가 부모를 모르잖아? 새끼가 부모 모르잖아? 우리 사람 다 똑같잖아. 그런 것 저런 것 그런 것 다 이야기 제하면, 그래 서 아직까지는 그런 것을 거시기하면 사람이 더 인심이 박해지고 사람 도리라는 것이 없어지잖아요? 도리 없어지잖아요, 안 그래요? 도리라는 것이 없어지고, 그래서나 금방도 했지마는 꼭 선영을 잘 모시고 제사를 잘 모셔서 내가 잘 되겠다. 이런 마음을 가지고서 제사 지내면 안되고, 선영이 있으니까 내가 태어났다. 그래서 어머니 아버지 아 언제 어느 때 돌아가셨다는 날짜는 안 잊기 위해서 이렇게 그냥.

― 그 기어이 뭐 찬 물 떠놓고, 제사를 잘 지내서 그런 것이 아니라. 참 참 제사 음식을 잘 이렇게 놓고 차린 것이나, 그 날짜라도 안 잊어버리고 그것이 자식 도리는 도리로서 성의로써 나는 그렇게 지내는 것이 내 거 시기인데. 이것이 자꾸 이제 없어지니까나 없으니까, 하기야 나중에 가면 이것이 이 뭐 가만히 생각할 적에 이것이 그 이대로 지금 자꾸 젊은 사람 들 하는 것으로 봐서는…… 제사도 이것이 당대 당대 어머니 아버지 할 머니까지는 몰라, 함머니까지는 지내고 그 외는 이제 없어질 것으로 내.

내 생각은……

― 틀림없이 틀림없이 지금대로 나가면 없어져요. 이것이.

그럴 것 같아요.

― 예, 없어져요 없어지고. 지금 이제 묘같은 것도 이런 것도 지금 이제, 우리나라가 이제 땅덩어리는 작은데, 자꾸 묘만 늘어나가면 이게 이제.

예.

― 산에 땅 땅덩어리가 이제 묘만 생기고, 땅덩어리가 좁아진다고 그렇

케구서⁶³¹⁾ 납꼴당얼 정부서 인재, 권장얼 하자나요:, 권장을 하는디. 그런 양반드른 다 우리보다 대이니고 다 훌륭하신 (허허허) 양반더리 다 이캐 말씸하시는디⁶³²⁾, 나는 이러캐 소이니 내가 이런 소리하는 거슨 내가 아 조 인재 엔날 구식또 가진따면 가진꼬, 내가 또 인재 아푸로 인재 우리나 라가 어트게 된다능거 알기는 아증 내가 그걸 배우덜 모데서 내가 몰:라 서 그링가 그건 모르는데. 나는 내 생가근 난 아직끄지 납꼴땅거틍건 안 아조 권장 아네요. 왜? 이 분묘도 묘도 이기요. 멛때 멛때까지만 가지, 묘 를 쓰면 오:래가면 이기 자여느로 다 도라가요, 이기. 머 백때고 그 천대 고 멛때고 그 뫼를⁶³³⁾ 머 자소니 팜:나⁶³⁴⁾ 다 모시고 다: 벌초하고 일뜬 모 더자쟈너요.

  ￣ 자에느로⁶³⁵⁾ 도라가면 나중에는 이게 자연 인제 난난 땅떵어리가 됃뻐 레. 이게 땅 거기따 또 머 곡씩또 해먹고 어떠케 어떠케 돼요. 여그 오:래 오래 오래 가면, 앙그러컨능가요? 응? 그러는디 납꼴땅이라구 이거 이거 해노머는 이걷뚜 사래미 자소니 댕김서나 괄리하야 되요. 괄리 아나고 내 비두면⁶³⁶⁾ 막, 소나무 푸리 마:~이 이케 우거저 그 사람 드러가도 모데요, 앙그렁가요? 납꼴땅에다 하머는 일녀니 성묘도 인재 성묘도 가고, 멩질' 때르 성미도⁶³⁷⁾ 가고, 또 저 납꼴당 주벼네는 풀도 까끄로 다 가야 되야. 머 납꼴땅 헌다고 헤서 머, 자손드리 머 여, 안 가고 머 이: 이 더 아내요, 앙그래요? 가는 거는 나는 그래요. 분모를 서도 가능건 마찬가지다 그거 여, 마찬가지여. 납꼴땅 해도 가고, 분묘도 아너고, 단지 납꼴땅이라고 아 나면 인재. 이제 여러 묘를 이재 여러군데 머 할머니 하라버지 거기 할머 니한태다 그냥 이르캐 이제 한티다 모인다 단지 그거지: 단지 그거지. 머: 납꼴땅했다고해서 안 가고 나는 그러타고 안 생각허요⁶³⁸⁾. 나는 시방 이재 아푸로 나 죽구 나머는 이재 우리 아덜레미⁶³⁹⁾ 어떠케 할랑가 몰라도. 게 나도 시방 인재 내가 이재 다 가종 이애기만 해서 이거 되능가요, 애?

  아니 무슨 말쓰물요. (￣ 예.) 아니요 이런얘기 드를라고 왇써요.

게 하고서 납골당을 정부에서 이제, 권장을 하잖아요, 권장을 하는데. 그런 양반들은 다 우리보다 대인이고 다 훌륭하신 (허허허) 양반들이 다 이렇게 말씀하시는데, 나는 이렇게 소인이 내가 이런 소리하는 것은 내가 아주 이제 옛날 구식도 가졌다면 가졌고, 내가 또 이제 앞으로 이제 우리나라가 어떻게 된다는 것 알기는 아직 내가 그것을 배우지를 못해서 내가 몰라서 그런가 그것은 모르는데. 나는 내 생각은 나는 아직까지 납골당같은 것은 안 아주 권장 안해요. 왜? 이 분묘도 묘도 이것이요. 몇 대 몇 대까지만 가지, 묘를 쓰면 오래가면 이것이 자연으로 다 돌아가요, 이것이. 뭐 백 대고 그 천 대고 몇 대고 그 묘를 뭐 자손이 항상 다 모시고 다 벌초하고 있든 못하잖아요.

￢ 자연으로 돌아가면 나중에는 이것이 자연 이제 난난 땅덩어리가 돼버려. 이것이 땅 거기에다 또 뭐 곡식도 해먹고 어떻게 어떻게 돼요. 여기 오래 오래 오래 가면, 안 그렇겠는가요? 응? 그런데 납골당이라고 이것 이것 해노면 이것도 사람이 자손이 다니면서 관리해야 돼요. 관리 안하고 내버려 두면 막, 소나무 풀이 많이 이렇게 우거져 그 사람 들어가도 못 해요, 안 그런가요? 납골당에다 하면 일년에 성묘도 이제 성묘도 가고, 명절 때로 성묘도 가고, 또 저 납골당 주변에는 풀도 깎으러 다 가야 돼. 뭐 납골당 한다고 해서 뭐, 자손들이 뭐 여, 안 가고 뭐 이 이 더 안 해요, 안 그래요? 가는 것은 나는 그래요 분묘를 써도 가는 것은 마찬가지다 그거여, 마찬가지여. 납골당 해도 가고, 분묘도 안하고, 단지 납골당이라고 안 하면 이제. 이제 여러 묘를 이제 여러군데 뭐 할머니 할아버지 거기 할머니한테다 그냥 이렇게 이제 한테다 모인다 단지 그것이지 단지 그것이지. 뭐 납골당한다고 해서 안 가고 나는 그렇다고 안 생각해요. 나는 지금 이제 앞으로 나 죽고 나며는 이제 우리 아들놈이 어떻게 할라는가 몰라도. 그 나도 지금 이제 내가 이제 다 가족 이야기만 해서 이것 되는가요, 예?

아니 무슨 말씀을요, (￢ 예.) 아니요 이런 이야기 들으려고 왔어요.

⎺ 에.

〈묘자리 잡기〉

⎺ 그래서 여그 나도 인재 시방 치표, 나 주구먼 드러갈띠럴……
헤노셴써요?

⎺ 얘.

가까운데 허시지 그러셴써요.

⎺ 가깐 디여 머 까까이여 질도[640] 조코, 가깐 디여 머. (허허허) 내가 인
재 양지발른[641] 디. 내가 왜 그거설 인재 치표럴 미리 해논냐머는, 시방
우리 다 아들네 객찌가 살고 그파게 사라미랑건 모르거등요.

그러치요.

⎺ 응. 인자 그파게 이캐 주구머언:, 우리더리 인재 나이가 먹꼬 인재 그
렁거 거트먼 인재 배우고 이래씅깨 그도 대략 그저 머 시방 머 으 묘는
머 그냥 엔날 마리지만 명당은 다 찰떨 모대요, 찰떨 모대야. 어. 어디가
조은 명댕이[642] 써보라고 엔날 마냥[643] 엔날 어르신네 마냥 마리여, 머 주
령 찰꼬 어티개[644] 어티개 머이 묘가 어디 잘 잘 째이고 어 어티개 그케
핸는지…… 그런데다 쓰먼 자시기 잘되고 머 부재가 되고 이렁건, 엔날
풍수되게 되머는 다: 그러케 헤가꾸서 뎀벧썯짜나요? 그란디 그러케 갈띠
는 시방 하나 업, 그러캐 갈마넌 데는 다: 메가[645] 묘가 다: 드러갇써요.
아:무리 시방 엔날 어른드른 산날방에[646] 세:상 노푸거나 그렁걸 안 가릳
써요. 노풍거 그렁걸 안 가리고. 엔날 그 풍수라고 인재, 그 양반들 데리
구 댕김서 하튼[647] 자리만 조타먼 그냥, 다: 노푼다다 다: 썯꺼등요. 그랜
는디 그게: 인재:

⎺ 나는 다 거 저 머 묘짜리 잘쓰고 머 거시가고 게서 자시기 잘되고 먼
자시기 부자되고 나 잍…… 나는 이게 이런 애기럴 하면 내가 이런 애기
하면 아까 선생님한티도 애기핻찌만, 내가 배우 저 사람 저 배우도 모대

‒ 예.

〈묘자리 잡기〉

‒ 그래서 여기 나도 이제 지금 치표, 나 죽으면 들어갈 데를……
해놓으셨어요?

‒ 예.

가까운데 하시지 그러셨어요.

‒ 가까운 데야, 뭐 가까이야 길도 좋고, 가까운 데야 뭐. (허허허) 내가 이
제 양지바른 데. 내가 왜 그것을 이제 치표를 미리 해놓았느냐 하면, 지금
우리 다 아들네 객지가 살고 급하게 사람이라는 것은 모르거든요.

그렇지요.

‒ 응. 이제 급하게 이렇게 죽으면, 우리들이 이제 나이가 먹고 이제 그
런 것 같으면 이제 배우고 이랬으니까 그것도 대략 그저 뭐 지금 뭐 으
묘는 뭐 그냥 옛날 말이지만 명당은 다 찾들 못해요, 찾지를 못해요. 어.
어디가 좋은 명당에 써보라고 옛날 매일 옛날 어르신네 매일 말이야, 뭐
주령 찾고 어떻게 어떻게 뭣이 묘가 어디 잘 잘 짜이고 어 어떻게 그렇게
했는지…… 그런 데다 쓰면 자식이 잘 되고, 뭐 부자가 되고 이런것, 옛
날 풍수되게 되면 다 그렇게 해가지고서 덤볐었잖아요? 그런데 그렇게
갈 데는 지금 하나 없, 그렇게 갈만한 데는 다 뭐가 뭐가 다 들어갔어요.
아무리 지금 옛날 어른들은 산마루에 세상 높으거나 그런 것을 안 가렸
어요. 높은 것 그런 것을 안 가리고. 옛날 그 풍수라고 이제, 그 양반들
데리고 다니면서 하여튼 자리만 좋다고 하면 그냥, 다 높은 데다 다 썼거
든요. 그랬는데 그것이 이제.

‒ 나는 다 그 저 뭐 묘자리 잘 쓰고 뭐 거시기해가지고 그래서 자식이
잘 되고 뭣 자식이 부자되고 나 이…… 나는 이것이 이런 이야기를 하면
내가 이런 이야기하면 아까 선생님한테도 이야기했지만, 내가 배우 저 사

가꾸 머 (어이 무슨 말쓰물) 무시개서 저런 소리한다고 이런 소리하까저퍼서[648], 내 선생님 인느데는 참 자 (아이) 여기, 참 인재 허물업씨 내가 이르캐 이애기를 하는디. 또 그러자느먼 내가 잘 그런 소리를 아내요. 그런 소리허먼 내가 마니 배우고 이래서 시방 내가 그런 소리를 허먼…… 아: 사라미 그만치 그 지시기 일쌍깨로 저런 애기하능갑따, 참 구시카니[649] 아랃찌마넌. 아무껄또 모른 사라미 그런 애기허먼, 저 사람 무시캐서 아무껄또 모르고 배우 몯빼왇쌍깨 저러케 무시카게 저러한 소리르 한다. 게 틀림업씨 이런 애기를 한단 마리요. 그래서나 아 인재 아들네 인는디는[650] 늘 이애기는, 넘 딴디 가서는 내 그런 애기를 안하는디. 나는 다: 그런거 다 난 허사라고 생가개요. 허사라고 생각해기는 해도. 그래도 우선 인재 자바놀쩌게는 사래미, 그 물 주먼 안나고 물 안나고, 인재. 방향 (그거 피료허싱거 가태요.) 인재 이? 양지발르고, 다냥하니[651] 인재 고론디 고른디는 그냥 누구든지 쓰구시푸먼 살 수 일짜나요? 그래서 인재. 참 아까도 이애기 핻찌만 참, 나라도 인자 그파게[652] 주구머는 이거뜰 우찌[653] 뭐가 뭐가 워트 워트가튼[654] 메[655] 쓸찌도 몰라.

그러드라니까요.

⌐ 으, 그러타고 머 머 웡그동 웅구동[656]. 머 무리 찌능가 어떠 그렁거또 모르고 몰라. 그래서나 엔날: 으른들버틈요[657] 엔날부터 가마이 보머는, 게 때가 되머는 갈 가실 때가 되머는, 자기 자리 자기가 자바서 드러간다고, 엔날 으른도 그러캗써요. 게 내가 전버틈 인재 사래미 참 어티개 그파게 어터갈랑가도 모른디, 그파그 주그먼 저걷뜰 멛짜리 어따 쓸쭐도 몰루고[658], 그래 내가 자리 자바놔타 시퍼서 내가……

저히 아번님도 어르신보다 다섣쌀 위시그든요.

⌐ 얘.

근데 이르네 도라가셀써요.

⌐ 얘.

람 저 배우지도 못해가지고 뭐 (아이 무슨 말씀을) 무식해서 저런 소리한 다고 이런 소리할까 싶어서, 내 선생님 있는 데는 참 자 (아이) 여기, 참 이제 허물없이 내가 이렇게 이야기를 하는데. 또 그렇지 않으면 내가 잘 그런 소리를 안해요. 그런 소리하면 내가 많이 배우고 이래서 시방 내가 그런 소리를 하면…… 아 사람이 그만큼 그 지식이 있으니까 저런 이야 기하는가보다, 참 유식하게 알았지마는. 아무것도 모른 사람이 그런 이야 기하면, 저 사람 무식해서 아무것도 모르고 배우 못 배왔으니까 저렇게 무식하게 저러한 소리를 한다. 그 틀림없이 이런 이야기를 한단 말이요. 그래서나 아 이제 아들네 있는 데는 늘 이야기는, 남 딴 데 가서는 내 그 런 이야기를 안 하는데. 나는 다 그런것 다 난 허사라고 생각해요. 허사라 고 생각하기는 해도. 그래도 우선 이제 잡아놓을 적에는 사람이, 그 물 주 면 안 나고 물 안 나고, 이제. 방향 (그것 필요하신 것 같아요.) 이제 이? 양 지바르고, 당양하니 이제 그런 데 그런 데는 그냥 누구든지 쓰고 싶으면 살 수 있잖아요? 그래서 이제. 참 아까도 이야기 했지만 참, 나라도 이제 급하게 죽으면 이것들 어찌 뭐가 뭐가 어떻게 어떻게 하든 묘 쓸지도 몰라.

　그러더라니까요.

　⎺ 으, 그렇다고 뭐 뭐 윙구동 응구동. 뭐 물이 끼는가 어떤가 그런 것도 모르고 몰라. 그래서나 옛날 어른들브터요 옛날부터 가만히 보며는, 그 때가 되며는 갈 가실 때기 되며는, 지기 지괴 지기기 갑이서 들이긴디고, 옛날 어른도 그렇게 했어요. 그 내가 전부터 이제 사람이 참 어떻게 급하 게 어쩌하려는지도 모른데, 급하게 죽으면 저것들 묘자리 어디다 쓸 줄도 모르고, 그래 내가 자리 잡아놓았다 싶어서 내가……

　저희 아버님도 어르신보다 다섯살 위시거든요.

　⎺ 예.

　그런데 이른에 돌아가셨어요.

　⎺ 예.

그런데 그 냥반도 다먕 다먕에 산 꼭때기다 자바놛써요.

⁻ 애:.

당시니 그……

⁻ 자리 조타고 헌 자리요?

아까 말씀허셛떵걷처럼 그 뭐야 어떤 풍수…… 그래가지고 잘 써놛는데. 그 때는: 벌써 한 시보년 십사 시보년 전만 헤도 거기다가 모실쑤 잎썯써요. 그 아 페 동네가 인는데 동네 사람들하고 이르케 이르케 어떠케 헤가지고 월래 동네 아푸로는 진송장 몯깐다고 그러자나요?

⁻ 애애.

어티게 헤가지고 인자 가가지고. 이르 이르 이르케 생긴 까그막.

⁻ 애.

올라가가지고 모션는데. 어머니도 그 미테다 자바노셷써요. 아버님 자바노신 그 미테다. 산 산 말랭이에요.

⁻ 애.

그러니까 이마난 돌드리 잎써가지고, 이게 잔디가 안 자라요. 꼭때기는 그러 드만요. 이러케 생긴 꼭때기는. 하여간 괄리허기가 참: 힘드러요. 근데 사네 올 라가기도 힘들고…… 그래서 인자 어머니는 그리 몸모실껃가테.

⁻ 야:이 먼.

근데 참 고마운 거슨……

⁻ 가 가찬데, 가찬디.

그 꼭때기라도.

⁻ 애:.

딱 자바노시니까. 자바서 아에 석꽌까지 다 너노셷꺼는요.

⁻ 으.

그러니가 편하기는 하드라구요.

⁻ 애.

그런데 그 양반도 담양 담양에 산 꼭대기에다 잡아놓았어요.

 ⁻ 예.

당신이 그……

 ⁻ 자리 좋다고 하는 자리요?

아까 말씀하셨던 것처럼 그 뭐야 어떤 풍수…… 그래가지고 잘 써놓았는데. 그때는 벌써 한 십오년 십사 십오년 전만 해도 거기다가 모실 수 있었어요. 그 앞에 동네가 있는데 동네 사람들하고 이렇게 이렇게 어떻게 해가지고 원래 동네 앞으로는 진송장 못 간다고 그러잖아요?

 ⁻ 예예.

어떻게 해가지고 이제 가가지고. 이르 이르 이렇게 생긴 가풀막.

 ⁻ 예.

올라가가지고 모셨는데. 어머니도 그 밑에다 잡아놓으셨어요. 아버님 잡아놓으신 그 밑에다. 산 산마루에요.

 ⁻ 예.

그러니까 이만한 돌들이 있어가지고, 이것이 잔디가 안 자라요. 꼭대기는 그렇드만요. 이렇게 생긴 꼭대기는. 하여간 관리하기가 참 힘들어요. 그런데 산에 올라가기도 힘들고…… 그래서 이제 어머니는 그리 못 모실 것같아.

 ⁻ 아이 뭣.

그런데 참 고미운 것은…

 ⁻ 가 가까운데, 가까운데.

그 꼭대기라도.

 ⁻ 예.

딱 잡아놓으시니까. 잡아서 아예 석관까지 다 넣어놓으셨거든요.

 ⁻ 응.

그러니까 편하기는 하드라구요.

 ⁻ 예.

가서 봉문만 열고, 그대로 너먼 되니, 모시면 되니까. 그랜는데 하:이구!

‾ 아번님 산소가 지금 거기에 읻따곤?

다망에.

‾ 아니 그 자리 자바논데?

예. 자버논 그……

‾ 아번님 산지가[659] 읻쨔녀? 그라먼 도시에[660] 거기 가시기는 가세야건네.

가야죠 머.

‾ 그카먼 머 도시 갈꺼거트먼 어먼님 산소도 어머니도 거기다 모시도[661] 무방하건네.(헌데 어머니를)

글쎄 거그를 거기를 그냥 지금 그 그리 모시고 갈쑤가 업쓸걷가테.

‾ 암모시고 가도 되제.

차라리 나중에 인제 이런데다 모셀따가.

‾ 얘.

나중에 이장을 하든지 어떠케 해야 될랑가. 어머니는 지금 어르신보다 한 살 위시그든요.

‾ 예. 오래 사셀끄만. 게 나도 인제 저다 시방, 자리럴 자반는디. 시방 저: 인재 유기오 참전, 유기오 참전자는 임실 임실따[662] 시방 인재 거시기를 자리를 (잘헤낟제) 잘해낟써요. 시방. 거기따 인자 거기 가먼 다 정부서 인자 괄리해주고 그라자냐요? 게 내가 그때 언제 함번 크나들보고, 야 어떠카꺼나? 저 임실 시방 유기오 참전자들 그 시방 정보에서 인자 거기도 궁림뫼: 그 거시개때 인재 궁림묘지로[663] 됀때야.

궁림묘지.

‾ 어, 거기로 거리[664] 가머는 느그들 다: 안귀찬코 느그들 혹씨 부무 생미나[665] 오게되면 거기나 오고 그라먼 되는디. 나도 시방 확시라니 그거 시방 영, 저기다 자리럴 잡 잡끼는 자바논디 결쩡을 시방 안지뭍써요. 그래 워떠카능가[666] 볼라고. 워터카먼 조컨냐? 저:리 저: 임실 그리 그리

가서 봉분만 열고, 그대로 넣으면 되니, 모시면 되니까. 그랬는데 아이구!

ˉ 아버님 산소가 지금 거기에 있다고?

담양에.

ˉ 아니 그 자리 잡아놓은데?

예. 잡아놓은 그……

ˉ 아버님 산지가 있잖아요? 그러면 반드시 거기 가시기는 가셔야겠네.

가야죠 뭐.

ˉ 그렇다면 뭐 반드시 갈 것같으면 어머님 산소도 어머니도 거기다 모셔도 무방하겠네.(한데 어머니를)

글쎄 거기를 거기를 그냥 지금 그 그리 모시고 갈 수가 없을 것 같아요.

ˉ 안 모시고 가도 되지.

차라리 나중에 이제 이런데다 모셨다가.

ˉ 예.

나중에 이장을 하든지 어떻게 해야 될랑가. 어머니는 지금 어르신보다 한 살 위시거든요.

ˉ 예. 오래 사셨그만. 그 나도 이제 저기에다 지금, 자리를 잡았는데. 지금 저 이제 육이오 참전, 육이오 참전자는 임실 임실에다 지금 이제 거시기를 자리를 (잘 해놓았지) 잘 해놓았어요. 지금. 거기에다 이게 거기 가면 디 정부에서 이제 끈리해주고 그렇잖이요.? 그 내기 그때 언제 한번 큰아들 보고, 야 어떻게 할 거냐? 저 임실 지금 육이오 참전자들 그 지금 정부에서 이제 거기도 국립묘 그 거시기했대 이제 국립묘지로 됐대.

국립묘지.

ˉ 응, 거기로 그리 가면 너희들 다 안 귀찮고 너희들 혹시 부모 성묘나 오게 되면 거기나 오고 그러면 되는데. 나도 지금 확실하게 그것 지금 영, 저기다 자리를 잡 잡기는 잡아놓았는데 결정을 지금 안지웠어요. 그래 어떻게 하는가 볼라고. 어떻게하면 좋겠냐? 저리 저. 임실 그리 그리 갈 그

각 그리 가끄냐: 여그다 농개 나. 하는 마리 그랴, 아 고향 일쑹개 고향 땅이서……

고향이……

￣ 고향에서 무치능기 안조아요? 그랴. 그래 내가, 아 나는 느그들 펴나게 할라구랴 느그들.

허허허.

￣ 시방인깨 그럳치 느그덜 아 느이 실쩡이 그러코, 시방 인재 머 머 질 조코[667] 아조 가차워요[668], 여 아조. 차만 차 차 차 대노면 한 머 이심미터나 되능가 이리요.

으.

￣ 그러케 자바놀써요.

그러먼 뭐:

￣ 차 그냥. 포장 다 되고, 좋아요 요보다. 그래 내가. 야! 너하고 너대는 거시가지마는 네대 미티라도 내 손자 아니여. 손자덜 나중에 느 느 거시 가먼 벌초하러 올껃…… 하라버니 묘라고 머 벌초 머리끝 풀까끄로 올랑가 몰라?

그건 몰로지. 허허허허허.

￣ 내가.

하하하.

￣ 몰라, 그러까 몰라. 그랜, 나중에 뭉는건보단[669] 저리 가능게 안낟껀냐? 근디, 이재 이게 하기는 머 주그면 상과니 엄는데:, 주그면 상과니 업는디: 아무리 부무가 주거서 그 즉시 인재 그냥 갇따가 저 화장을 즉시 갇따 그러캐 하믄 좀…… 몰라 인재 시방 사람들 모도[670] 우리 우리도 아주 그개 보기가 지랄마자요[671]. 보기가 상관엄는디 그기. 가기는 저리 가먼 페난 페난디, 게 시방. 바서 아조 게 크나드란테 함번 인자 물러는[672] 바, 떠보지만 겔쩡은 안지윋써요.

리 갈거나 여기다 놓은게 나. 하는 말이 그래, 아 고향 있으니까 고향 땅
에서……

고향이……

ˉ 고향에서 묻히는 것이 안 좋아요? 그래. 그래 내가, 아 나는 너희들
편하게 하려고 그래 너희들.

허허허.

ˉ 지금이니까 그렇지 너희들 아 너희 실정이 그렇고, 지금 이제 뭐 뭐
길 좋고 아주 가까워요, 이 아주. 차만 차 차 차 대놓면 한 뭐 이십미터나
되는가 이래요.

응.

ˉ 그렇게 잡아놓았어요.

그러면 뭐.

ˉ 차 그냥. 포장 다 되고, 좋아요 이보다. 그래 내가. 야! 너하고 네 대
는 거시기하지만은 네 대 밑에라도 내 손자 아니여. 손자들 나중에 느 느
거시기하면 벌초하러 올 것…… 할아버지 묘라고 뭐 벌초 머리끝 풀 깎
으러 오려는지 몰라?

그것은 모르지요. 하하하하하.

ˉ 내가.

하하하.

ˉ 몰라, 그럴까 몰라. 그래, 나중에 묵는 것 보다는 저리 가는 것이 안
낳겠느냐? 그런데, 이제 이것이 하기는 뭐 죽으면 상관이 없는데, 죽으면
상관이 없는데. 아무리 부모가 죽어서 그 즉시 이제 그냥 갖다가 저 화장
을 즉시 갖다 그렇게 하면 좀…… 몰라 이제 지금 사람들 모두 우리 우
리도 아주 그것이 보기가 지랄맞아요. 보기가 상관없는데 그것이. 가기는
저리 가면 편안 편안한데, 그 지금. 봐서 아주 그 큰아들한테 한번 이제
물어는 봐, 떠보았지만 결정을 안 졌어요.

1) '시방, 지금' 등과 함께 이 지역어 구술발화에서 말을 이어가기 위한 간투사로 활발하게 쓰인다. 중앙어 '이제'에 대응한다.

2) '아들~아덜'로 교체된다. 즉 이 지역어에서 '으~어'의 교체가 생산적임을 보인다.

3) 맨 위 자녀를 지칭하는 말은 '장남, 장녀'가 있다. 여기서는 '장녀'에 대한 발화 요류이다.

4) 양순 자음 아래 '으'는 이 지역어에서 주로 원순모음 '우'로 실현되지만, '으'로 실현되는 경우도 있다.

5) '-하고'의 'ㅎ'은 실제 거의 발화되지 않아 선행음절말음이 후행 접사두음으로 실현된다.

6) '집+에서'로 분석된다. 처격조사 '에'는 대부분 '이'로 실현된다. 따라서 처격조사 자체를 '-이'로 설정할 수 있을 정도로 생산성을 보인다. 그러나 전북방언 전체의 실현을 고려할 때, '-에 → -이' 모음상승이 일어난 것으로 처리한다.

7) '무엇을 할 것이야의 줄어든 말. '무얼 → 멀'로 줄어드는 것이 일반적이고, '할 것 → 항 것'은 비음화가 일어난 것이다. '것이야는 '거야~거여'로 줄어든다. '-에'의 실현은 발화 실수로 보인다.

8) '그러하는+가보+드+만요'로 분석된다. '그러하는 → 그러는 → 그는'으로 줄어들고, '-는'의 '으'는 '이'로 교체된다. '가보'는 '갑'으로 혼효가 일어난다. '갑드만요 → 갑뜨만요'로 경음화되었다.

9) '맨+날'로 '매일같이 계속하여서'라는 의미의 '만+날'로 분석된다. 표준어 '매일'을 상정할 수 있으나 '매일'은 '계속하다'라는 의미가 약하다.

10) '-하는'도 '-허는'으로 실현되는 것이 일반적이다. '갑'은 형식명사로 중앙어 '가보'에 대응한다.

11) '별로'를 의미한다.

12) '그것이'가 줄어든 말로, '그~기'로 교체한다.

13) '지금'에 해당한다. 전북방언의 일부 지역어(주로 임실지역어)에서는 '히방'

으로도 발음되기도 한다.

14) '학교 → 핵교 → 핵꾜'로 움라우트와 경음화가 일어났다. 이 지역어에서 '핵꾜'는 '핵꼬'로 단모음화가 일어나는 경우도 있다.

15) '그+ㄴ'으로 분석된다. '그'는 '그것'에 해당하고, '-ㄴ'은 관형형어미다.

16) '바쁘+어/아야'의 결합이다. 중앙어에서는 어간말음 '으'가 탈락하지만, 이 지역어에서는 '-어/아'가 탈락한다. '바뿌-'는 원순모음화가 실현된 결과이다.

17) '삶을 폭 넓게 살아야 한다'는 말이다. 구술발화에서 '넓게'의 발화실수로 인정된다.

18) '그러니까'에 해당한다. 전북지역어에서 주로 '그렁개'로 실현되고, 전남지역어에서 주로 '그랑깨'로 실현되고 있다.

19) '거시기'는 발화자와 수신자가 묵시적으로 동일하게 인식하고 있는 사항에 대한 대명사로 사용되고 있다. 전라도 지역어의 특징적인 어휘이다. 여기서는 '힘들다' 정도로 해석이 가능하다.

20) '이렇게'에 해당한다.

21) '해야지'에 해당한다. '하야지'는 충청도 지역어의 특징이 반영된 것이다.

22) '대견하다'는 '흐뭇하고 자랑스럽다.'는 의미로 사용된다. 그러나 여기서는 '견디기가 어지간히 힘들고 만만하지 아니하다.'와 '고단하다'는 뜻을 갖고 있는 '대근하다'의 교체형으로 '고단하다, 힘들다'로 해석해야 한다.

23) '사람+이라+는+것이'로 분석된다. '사래미'는 움라우트가 일어난 결과이고, '-게'는 '것이'의 구술발화형이다.

24) '수월+하게'로 분석된다. '수월하다'는 '까다롭거나 힘들지 않아 하기가 쉽다.'는 뜻이다. 그러나 이 지역어에서는 '수월하다'는 '소하라다, 쉬러다'와 같이 '-하다'형으로 실현되기도 하지만 '-랍다, -롭다'가 연결된 '쉬럽다'로 실현되기도 한다.

25) '대근+해'로 분석된다. '-냐'는 '-해'에 해당하는 것으로 전북방언보다는 충남방언의 영향을 받은 것이다.

26) '무엇+이+다+는+것+이야'로 분석된다. 이 지역어에서 주로 '무엇'은 '머, 뭐'로, '것'은 '거, 게'로 실현되기 때문에 '머+다+는+거+여'로 분석이 가능하다.

27) '수월하다'는 '소하라다, 쉬러다'로 실현되지만, 여기서는 '-럽다'가 연결된 '쉬럽다'로 실현된 것이다.

28) '넓다랗게' 정도에 해당한다.

29) '덜+하고'로 분석된다. 이 지역어에서 '어'와 '으'의 교체는 생산적이다.

30) 대격조사 '-를'은 이 지역어에서 '-럴'로 실현된다.

31) '시키+어서는'으로 분석된다. 중앙어 '시키다'는 이 지역어에서 주로 '시기다'로 실현된다. '시기스는'은 '시기서는'으로도 교체된다. '시기스는'은 또한 '시게스는~시게서는'으로도 교체된다.

32) 어두의 'ㅈ'이 격음 'ㅊ'으로 실현되는 것이 생산적이다.

33) '부터'의 방언형. 전북방언에서는 '-보통, -보톰, -부텀' 등으로 시현된다.

34) '그 아이'가 줄어든 말로 '갸'로도 실현된다.

35) '책+만'에서 'ㄱ'이 'ㅇ'으로 비음화가 일어났다.

36) '그러지'의 방언형.

37) 기본형을 '어우러지고'로 상절할 수 있다. 뜻은 '어울리다' 정도이다.

38) '부터'의 방언형.

39) '다니다'의 방언형으로 기본형으로 '댕기다'를 설정한다.

40) 지금의 익산시. 1995년 '시설치 등에 관한 법률'로 이리시와 익산군이 통합되면서 익산시로 명칭이 변경되었다.

41) '봄+으로'에서 'ㅡ'가 'ㅜ'로 순음화된 음성형으로 실현된다.

42) '아들'의 방언형. '들~덜, 을~얼, 를~럴'과 같이 '으'와 '어'가 자주 교체된다.

43) '그저네는 → 그저니는'는 처격조사 '-에~-이'의 교체와 마찬가지로 고모음화가 일어난 것으로 처리한다.

44) '내버려두어요'의 방언형. 주로 '냅둬, 내비둬'와 같이 줄어든 말로 실현된다.

45) '너무나'의 방언형. 전북방언에서 활발하게 사용된다.

46) '마다고 하면'으로 분석된다. '마다고 하다'는 '싫다, 아니다'의 뜻으로 사용된다.

47) '어떻게해'의 방언형.

48) '이레'는 지금의 익산시로 변경되기 이전의 '이리시'의 지명이다.

49) '내려와서'의 줄어든 말.

50) 대화 내용을 분명하게 지시할 수 없으나 대화 과정에 뜻을 짐작할 수 있는 경우에 이 방언에서 '거시기'를 많이 사용한다.

51) '대학+을'로 분석된다. '대학'이 '대핵'으로 실현되는 것은 '대학교 → 대핵교 → 대해꾜'로 움라우트와 경음화가 일어난 뒤, 이를 기본형으로 해서 줄어든 말이다.

52) '제가'의 '에'가 '이'로 고모음화된 예이다. 이런 고모음화 현상이 자연스럽게 나타난다.

53) '없다'의 방언형. 주로 전북 북부지역인 옥구, 익산, 진안, 무주 등에서 '읍따, 웂따'로 실현된다.

54) '합격 → 합껵 → 학껵'으로 경음화와 연구개음화가 일어났다.

55) '어떻게라도'의 방언형. '어떻게'는 '워떠케'로 실현된다. 이는 '어찌'가 '워째'와 같이 실현되기도 한다. '-라도'는 '-라두'로 실현된다. 이처럼 '오~우'의 교체는 이 지역어에서 생산적이다.

56) '아량+으로'에 대응한다. 매개모음 '으'가 '이'로 실현되는 예이다.

57) '하고서나'의 방언형. '하다'는 '해다'로 실현되고, '-고~-구'는 '오~우'의 교체 결과이다.

58) '처음+에'는 이 지역어에서 '첨머냐, 첨머니' 등으로 실현되고, '처음+으로'는 '처무로'로 실현된다.

59) '-에서'의 이 지역어로 '-여서'가 실현된다. 이 '-여서'는 충청지역과 인접한 지역에서 주로 사용되고 있다.

60) '졸업'의 방언형. 이 지역어에서 '에 → 이'의 고모음화의 생산성과 함께 '조립 → 조립'의 모음상승도 일어나고 있다.

61) '솔차니'는 '상당히, 꽤 많이'의 뜻을 가진 방언형으로 '솔차니, 솔차너다' 등으로 실현된다. '노니 솔차니 되제. {논이 상당히 되지.}', '보기허고 달리 그 헐 이리 솔차너네. {보기하고 달리 그 할 일이 상당히 되네.}'처럼 사용된다. 기본형은 '솔찮이'다.

62) '아마'의 방언형으로 이 지역어에서 주로 '아매'로 실현된다.

63) '처음'의 방언형. 주로 '첨, 처메'로 실현된다.

64) '-는'은 조사나 어미로 사용될 때 주로 '-넌'으로 실현되는 것이 생산적이다.

65) '-들'도 주로 '-덜'로 실현된다.

66) '饍賜하다' 존경, 친근, 애정의 뜻을 나타내기 위하여 남에게 선물을 주다. 이 지역어에서는 '선물하다'보다 '선사하다'를 많이 사용한다.

67) '노력+으로'에서 '으'가 '이'로 실현되고 있다.

68) '했+어요'의 이 방언형. 충청남도와 인접해 있어 '-어유'형이 많이 사용되고 있다.

69) '안+거시기+했어'로 분석된다. 따라서 대동사 '거시기'가 '일하라 채근하다'를 받고 있기에, '일하라 채근하지 않았어'의 의미를 갖는다.

70) '셋째 → 싯째'로 고모음화가 일어났다. '-째'는 전북방언에서 주로 '-채'로 실현된다.

71) '사내아이'의 방언형. 전북방언에서는 주로 '머시마, 머시매'로 사용되는데, 이 지역어에서는 '머스마'가 사용되고 있다.

72) '그것도'의 방언형으로 '고곳+도'로 분석된다. '그'는 이 지역어에서 주로 '고'로 실현된다. 이 문장에서 '고곳'은 셋째아들을 받고 있다.

73) '재봉틀'의 방언형. 전북방언에서는 '재봉틀, 재봉침, 자방틀, 자방침, 마선' 등으로 실현된다.

74) '윗목+에다'로 분석된다. '윗목'은 이 방언에서는 '움목'으로 실현된다. 따라서 '웃목+에다 → 운목이다 → 움모기다'로 실현되어야 한다. 그런데 처격조사 '-에'가 드물지만 이렇게 '-에'로 실현되는 경우도 있다.

75) '놓+고서'의 방언형. '-고'는 이 지역어에서 주로 '-구'로 실현된다.

76) '이만한+것을'로 분석된다. '이'는 이 지역어에서 주로 '요'로 실현된다.

77) '그까짓것'에 해당하는 발화형으로 정확한 발음이 되지 않았다.

78) '혼자'의 방언형. 이 지역어에서 주로 '혼차, 혼채'로 사용된다.

79) '조그마한+것+이'로 분석된다. '쪼끄마타'는 '조그마하다'의 강세형으로 사용된다. '조그마타 〈 쪼끄마타 〈 쬐끄마타' 순으로 강세가 주어진다.

80) '그러면'의 방언형. '그러문, 그라문'으로 실현된다. 어미 '-면'은 '-문'니나 '-먼'으로 실현된다.

81) '그것이'의 방언형. 여기서는 '그 아들이'를 지시한다.

82) '처음에'의 방언형. '첨문지, 첨문자, 첨문제'등으로 실현된다.

83) '그렇게 하자'의 줄어든 말. 이런 발화가 많이 나타나고 있다.

84) '셋째 아들'에 해당하는 방언형. '셋채 머스마'로 분석이 된다. '셋째'는 이 지역어에서 주로 '셋채'로 실현된다. '셋 → 싯'은 고모음화를 겪은 것이다. '시챔머스마'의 'ㅁ'삽입은 사이시옷이 개재하고 있음을 암시한다. 따라서 '셋챗 머스마'로 분석하고, '셋챗 머스마 → 싣챊 머스마 → 싣챔 머스마 → 시챔 머스마'의 음운변화과정을 상정할 수 있다. 첫 단계는 음절말 중화현상과 고모음화를 겪은 것이고, 두번째 단계는 순음화를 겪은 것이다. 마지막으로 'ㄷ'이 빠른 발화에서 탈락된 것이다.

85) '수업료 → 수업뇨 → 수엄뇨'로 'ㄹ → ㄴ'에 이어 순음화가 일어났다.

86) '집어 내버리다' 정도에 해당한다. '내쏘다'는 '관심을 가지지 아니하고 돌보지 아니하다.'의 의미를 가진 '내버리다'와 비슷하게 사용된다. 그러나 이 지역어에서는 '집어내쏘다'와 같이 사용되는 경우가 더 일반적이다. '집어내쏘다'의 '집어'는 '집어 처넣다, 집어 처먹다'와 같이 잡고 하는 동작이 조금 거

칠거나 막 이루어지는 것을 뜻하기도 한다.

87) '곧바로'의 방언형.

88) '그만이야'의 방언형. '구만이야'처럼 이 지역어에서 '으'와 '우' 교체가 생산적이다.

89) '셋챗 놈'으로 분석된다. '셋챗 놈 → 셋챈 놈 → 셋챈놈 → 세챈놈'으로 변화되는데 중화현상, 비음화가 일어났다.

90) '저퍼도'는 '싶어도'의 방언형이다. '저퍼도'는 '자파도'로도 실현된다. 전북 방언에서 '-하고 잡다' 형태로 실현되는 것이 일반적인데, 이 지역어에서는 '-접다'로 실현되고 있다.

91) 목적격조사 '-을'의 방언형. '으~어'교체가 생산적이다.

92) '-면'의 방언형으로 '-머, -무'로 실현되고 있다.

93) '살다'는 '군대 생활을 하다.'의 뜻으로 사용된다. 보통 '군대에 가다.'로 사용되는 것이 일반적이지만, 이 지역어에서는 '어떤 직분이나 신분의 생활을 하다.' 뜻의 '살다' 의미가 조금 부정적인 경우에 사용되면서 '지녁 살다.[징역 살다.]'와 같이 사용되는 경우가 있다.

94) '주+들+안+해'로 분석된다. '-들'은 용언 어간 뒤에 붙어 '-지를'를 의미하고, '-딜'로 교체되기도 한다. '안+해'로 분석되는 '안햐'의 '-햐'는 전북방언에서 '-하여'가 축약되어 '-해'로 실현되는 것이 일반적이다. 그런데 이 지역어에서는 '-하야'로 실현된다. 이는 충청도와 인접한 지역어의 특징이다.

95) '거시기할까'가 줄어든 말이다.

96) '임관이 → 잉과니'로 연구개음화가 실현되는 것이 일반적이다. 그러나 드물게 '인과니'로 실현되는 경우도 있다.

97) '에'와 '애'가 잘 구분되지 않음을 반영하고 있다.

98) '하야'는 전북방언의 일반적인 '해야'와는 달리 충청방언의 영향을 받은 것이다.

99) '-ㄹ 때도'에서 '때 → 띠'로의 고모음화가 일어났다.

100) '마다고 하데'로 '싫다고 하다'의 뜻으로 사용되었다.

101) '-부터'의 방언형. 이 방언권에서는 주로 '-부텀, -보톰'으로 실현된다.

102) '그러는가보데'에서 '그러는갑데'로 줄어들었다. 이 '갑'은 형식명사로 기능하는 경우도 있다. '그러는갑데 → 그러능갑데 → 그러능갑떼'로 비음화와 경음화를 수행한 결과이다.

103) '대전'의 방언형. '어'와 '으'의 구분이 모호한 경우가 많이 있다.

104) '다니다'의 방언형. 기본형을 '댕기다'로 설정케 한다.

105) '-면'의 방언형. 주로 '-먼'으로 실현되지만 '-믄'으로 교체를 보이기도 한다.

106) '시험 → 셤'으로 줄어든 말이다.

107) '모자라다'의 방언형.

108) '거시기'와 '고시기'도 교체를 보인다. '그것'과 '고것'의 교체에서처럼 '그'와 '고'의 교체가 자연스럽게 실현된다.

109) '질게 몯 다닝깨 (오래 못 다니니까.)'의 잘못된 발화이다.

110) '같이'의 방언형. '거치, 그치'로 실현됨이 일반적이다.

111) '야물+지를'로 분석된다. '-들'은 접사로 '-지를'에 해당한다.

112) '그러니까나'의 줄어든 말. '궁깨나, 그렁깨나'로 실현된다.

113) '다니다'의 방언형으로 '댕기다'를 기본형으로 설정해야 한다.

114) '공무원'의 방언형. 이중모음 '워'가 '어'로 실현된다.

115) '보아가지고 → 봐가지고 → 봐가꼬 → 바가꼬'로 이중모음화와 축약 및 경음화가 일어난 후 이중모음의 단모음화가 일어났다. 이중모음 '와'가 '아'로 실현된다.

116) '학과'의 '과'가 어두에서 경음화가 된 예이다.

117) '식구'는 일반적으로 '한집에서 함께 살면서 끼니를 같이하는 사람'을 지칭한다. 그러나 여기에서 '식구'는 부인을 지칭한다.

118) '걱정'이 경음화를 이르켜 '걱쩡'으로 실현되는 것이 일반적이다. 그러나 '걱정'으로 실현되는 경우도 있다.

119) 여기서의 '식구'는 '한집에서 함께 살면서 끼니를 같이하는 사람'을 의미한다.

120) '제일 → 젤 → 질'로 축약과 고모음화를 수행한 형태로 사용된다.

121) '사람+이라+는+것+이 → 사람이란 것이 → 사람이란 기 → 사라미랑기'로 '것이 → 기'로 줄어들고, 'ㄴ → ㅇ'의 연구개음화가 일어났다.

122) 전북방언의 의문문에서 재차 확인하기 위한 어사이다. 주로 '이, 잉' 등으로 실현된다.

123) 이 지역어에서 '-는'은 '-년'으로 실현이 생산적이다. 그러나 조사자가 의도적으로 '여기년'처럼 질문에서 '-년'을 사용했음에도 '-는'으로 사용되는 경우도 있다.

124) '그전에 → 그저네 → 그저니'처럼 'ㅔ → ㅣ' 고모음화가 일어났다고 설명할 수 있다. 그러나 처격조사 '-에'가 대부분 '-이'로 실현되고 있어 '-이'를 기

본형태로 설정할 수도 있다. 여기서는 전자의 견해를 취하고 있다.

125) '돼지'의 방언형. 이중모음 'ㅙ'가 단모음 'ㅐ'로 실현되고 있다.

126) '먹이다 → 메기다'로 움라우트가 일어났다.

127) '동기간'의 방언형. '동구간, 동고간'으로 실현된다.

128) '-켤레'의 방언형. '-커리'로 사용된다.

129) '김(海衣)'의 방언형.

130) '중년에'의 방언형. 대략 40대에서 50대를 지칭한다. 이 시기는 1970년대에
     서 80년대를 의미한다.

131) '나아지+면서'로 분석된다. 이 방언에서 '낫다'는 '나샤'로 정칙동사이다.

132) '부조(扶助)'의 방언형.

133) 중앙어의 '지금'은 이 지역어에서 '시방'으로 실현된다.

134) '별로 없다'의 '별로'에 해당하는 방언형으로 '별반'의 뜻을 가진다.

135) '동기간에는'의 방언형. '동기간'은 이 지역어에서는 주로 '동고간'으로 실현
     되지만 전북방언에서는 '동구간'으로 실현된다.

136) '한 말 → 함말'로 순음화가 일어났다.

137) '곡식+으로'에서 '-으-'가 '-이-'로 교체된다.

138) '가져다 써요'가 줄어들어 '갇따써요'로 실현된다.

139) '전부 → 전부'로 순음화가 일어났다. 순음화는 이 지역에서 생산적인 현상
     이다.

140) '얼마씩'의 방언형.

141) '집+에서'로 분석된다. '지베서 → 지비서'로 고음화가 일어났다.

142) '-같은 것'의 방언형. '-같은'은 '-거튼'으로 실현된다. '-거튼+것 → -거틍걷'으
     로 연구개음화도 활발하게 실현된다. 순음화와 연구개음화를 합해 변자음화
     라 칭한다.

143) '굽+고'의 방언형. 전북방언에서 '꿉꼬, 꾸꼬'로 실현되는 것이 일반적인데
     여기서는 'ㅎ'이 개재된 것으로 해석해야만 설명이 가능하다. 적은 '부친다'
     고 하는데 여기서는 '굽는다'라고도 한다.

144) '만들다'의 방언형.

145) '동네'의 방언형. '에 → 이'로의 모음상승이 일어났다. 이 상승규칙은 처격
     조사 '-에'가 '-이'로 거의 모든 경우에 실현되는 것과 궤를 같이한다.

146) '소리하다'는 '기별하다, 알리다, 소식을 전하다'의 뜻으로 사용된다. '집집마
     다 소리해서 회관으로 모이라고 해라.'처럼 사용된다.

147) '하여'의 방언형. 주로 전북방언에서는 '해'로 사용된다. 그러나 충남의 영향으로 '하야, 해야로 실현되기도 한다.

148) '하+여+놓다'가 줄어들어 '해놓다'로 실현된다. '놓다'는 '자바노타, 쌀마노타, 베레노타, 반 쥐게노타'와 같이 보조동사로 사용되고 있다.

149) '흔하들'의 방언형. 이 지역어에서 '어'와 '으'의 교체가 활발하게 일어나고 있다. '-들'은 '-지를'의 뜻을 가지고 있다.

150) '덜하다'의 방언형. '어'가 '으'로 교체를 보이고 있다.

151) '도가'의 지역어형으로 '술도개'로 사용된다. '술도개'는 '술도가'의 지역어형으로 이 지역어에서는 주로 '막걸리를 만드는 주조장'을 의미한다.

152) 누룩이나 메주 따위를 디디어 만들 때 쓰는 나무틀. 쳇바퀴나 밑이 없는 모말처럼 생겼는데, 누룩이나 메주의 재료를 싼 보자기를 그 안에 넣고 발로 디디어 단단하게 다진다.

153) '술밥'의 방언형. '술밥'은 술을 담기 위해 사용하는 '지에밥'을 일컫는다. '지에밥'은 '찹쌀이나 멥쌀을 물에 불려서 시루에 찐 밥. 약밥이나 인절미를 만들거나 술밑으로 쓴다.'

154) '버무리다'의 방언형. '우'와 '어'의 교체도 활발하게 일어난다.

155) '뜨+우+는+것이'로 분석된다. '띄우다'는 '뜨다'의 사역형이다. '-는'은 관형사형 어미이고, '것이'는 '게, 기'로 줄어든다. '띠우능기'에서 '는'이 '능'으로 변한 것은 비음화가 일어난 것이다.

156) '지르다'는 술이나 약 따위를 다른 약에 타는 것을 의미한다.

157) '모를 것이야에서 '것이야 → 기야 → 끼야로 줄어들고 경음화되었다.

158) '띄우다'의 방언형.

159) '약 넣고서'의 구성에서 '약 → 양의 변화는 비음화현상으로, 어절 단위를 뛰어넘어 일어나고 있다. '넣+고서 → 너코서 → 너쿠서'는 격음화에 이어 '오~우'교체가 일어났다고 하거나, '-고서' 자체가 '-구서'로 교체된 뒤에 격음화가 일어났다고 해야 한다. 여기서는 전자의 설명을 취한다.

160) '띠우능기'로 실현이 일반적인데 '띠우닝기'로 '으~이' 교체를 보이기도 한다.

161) '-만큼'의 방언형.

162) '꼬드밥+이'에서 움라우트가 일나나 '꼬드배비'로 실현된다.

163) '-설랑'은 조사 '-서'와 보조사 '-ㄹ랑' 이 결합한 조사로, 어찌함을 강조하는 뜻을 가지고 있다.

164) '층계층계'의 방언형. 치찰음 아래에서 '으'가 '이'로 고모음화를 겪었다.

165) ‘차곡차곡 가리거나 쌓다.’는 뜻으로 ‘재다’와 비슷한 말이다.

166) ‘그것’의 방언형.

167) ‘노르스름하다’의 잘못된 발화.

168) ‘독’의 방언형.

169) ‘뜨시+ㄴ+데’로 분석된다. ‘뜨시다’는 ‘따뜻하다’의 이 지역어형이다. ‘-ㄴ’은 관형사형 어미, ‘데’는 장소를 나타내는 불완전명사이다.

170) ‘원래’의 방언형. ‘월리 그려.’처럼 사용된다.

171) ‘-래도’와 ‘-레도’에서 ‘-애’와 ‘-에’의 발음상 구분이 용이하지 않다.

172) ‘넣고’의 방언형.

173) ‘비비+어+가지고’로 분석된다. ‘비벼가지고 → 비베가지고 → 비비가지고’로 축약과 고모음화가 일어났다.

174) ‘어레미’의 방언형. ‘얼게미, 얼기미’로 실현된다.

175) ‘찌+어+가지고’로 분석된다. ‘쪄가지고 → 찌가지고’로 ‘여 → 에 → 이’로의 축약과 고모음화가 일어났다.

176) ‘웃+에+것+은’으로 분석된다. ‘우테, 우떼’도 실현되는데, 막걸리 위에 맑게 떠있는 것을 일컫기도 한다.

177) ‘맑은’의 방언형. 이 방언에서 ‘맑은 물’이 ‘맬강물’처럼 실현된다.

178) ‘스무+말+이니까나’로 분석된다. ‘스물’은 이 지역어에서 ‘시물’로 치찰음 아래에서 고모음화가 일어나고, ‘-이니까’는 이 지역어에서 ‘-잉깨’로 실현된다.

179) 막걸리를 걸러내기 전의 원액 상태를 지칭한다. 체에 모리미를 붓고 물을 부어 가면서 막걸리를 걸러낸다.

180) 액체가 맑지 아니하고 농도가 진한 것을 이르는 말이다.

181) 여기서 ‘텁텁하다’는 ‘튭튭하다’와 같은 의미로 사용되고 있다. ‘텁텁하다’는 일반적으로 ‘음식 맛 따위가 시원하거나 깨끗하지 못하다.’는 뜻으로 사용되는데, 이 지역어에서는 ‘텁텁하다’가 ‘튭튭하다’와 같이 사용되기도 한다.

182) 가축을 주기 위한 음식물의 찌끼로 ‘찌거기’로 사용된다.

183) ‘바뀌+었+지’로 분석된다. ‘바뀌다’는 이 방언에서 ‘배끼다’로 사용된다.

184) 목적격 조사 ‘-을’이 ‘-얼’로 교체된다. 이 지역어에서 ‘-은/을’이 ‘-언/얼’로 실현되는 것은 자연스러운 현상이다.

185) ‘당하다’가 ‘당해다’로 사용되고 있다.

186) 목적격 조사 ‘-을’이 ‘-얼’로 교체되지 않고 실현되고 있다. ‘-을/은’과 ‘-얼/언’의 교체가 항상 이루어지는 것은 아니다.

187) '부조(扶助)'의 방언형.

188) '이전에는'의 방언형. '이것, 이리'을 '요것, 요리'로 발음하는 현상이 일반적
이다. 즉 이 방언에서는 대명사 '이'를 '요'로 발음하는 것이 생산적이다. '에'
는 '이'로 고모음화 되고, '-는'은 '-넌'으로 교체한다.

189) '도가'의 방언형으로 '술도개'로 사용된다. '도게'는 '도개'와 교체를 보이고
있다.

190) 상제(喪製)는 부모나 조부모가 세상을 떠나서 거상 중에 있는 사람을 일컫
는 말로 극인(棘人), 상인(喪人)이라고도 한다. 상주(喪主)는 주(主)가 되는
상제(喪製)를 일컫는 말로 대개 장자(長子)가 된다. 그러나 이 지역어에서는
'상제'와 '상주'를 잘 구분해서 사용하지 않는다. 이 경우는 '상주(喪主)'의 방
언형으로 처리하는 것이 바람직하다.

191) '상 집에다가'로 분석된다.

192) '상두계'는 위친계(爲親契)나 상계(喪契)를 일컫는 것으로, 부모의 초상 따위
를 당했을 때 서로 도움을 주기 위하여 조직하는 계이다.

193) 남자를 범연히 또는 홀하게 일컫는다.

194) 상갓집에서 철야를 하기 위해 준비한 화목을 일컫는다.

195) '뭐라고 하다'는 이 지역어에서 '나무라다'와 비슷한 뜻으로 사용된다.

196) '법+에서도'의 방언형. 처격조사 '-에'가 주로 '-이'로 실현되는 것과 평행하게
여기서도 '-에서'를 '-이서'로 처리할 수 있을 듯하다. 그러나 '법에서 → 버베
서 → 버비서'로 고모음화가 일어난 것으로 처리한다. '버비서'는 '버브서'로
교체되기도 한다.

197) '다복'의 방언형. 나무를 소복하게 쌓아놓은 것을 일컫는다.

198) '밤새+도록'의 지역어형. '밤새다'는 주로 '밤새도록'의 형태로 실현된다. 여
기서는 '밤세더락'으로 실현되고 있다. '밤새다'가 '밤세다'로 교체되고 있어,
'에'와 '애'의 구분이 어려워지고 있음을 보이고, 어미 '-도록'은 '-드락, -더락'
으로 실현된다.

199) '처량'은 '철야'의 방언형.

200) '철야+불'의 방언형. 상갓집에서 조문객들이 철야하기 위해 피워놓은 불을
일컫는다.

201) '베다'의 방언형.

202) '때기로'는 '때기 위하여, 때려고' 정도에 해당하기에 '-기로'를 설정할 수 있
을 것 같다.

203) '상두꾼'은 주로 위친계원들로 상여를 메기 위해 온 상여꾼을 일컫는다.

204) '동기간(同氣間)'의 방언형. '동구간, 동고간'으로 실현된다.

205) '그렇게 하고서'로 분석된다. '그렇게'는 '그래'로 줄어들고, '하고서'는 '하구
서'로 교체된다. '그래 하구서'에서 '하-'가 탈락되어 '그래구서'가 얻어졌다.

206) '불을 하다'는 '불을 피우다'의 의미로 사용되고 있다.

207) '덜하다'의 지역어형. '어'와 '으'의 교체가 어미나 조사에 국한 된 것이 아니
라 제1음절 어간에서도 일어나고 있음을 보여준다.

208) '어디'의 방언형.

209) '윷+을'이 '유설'로 곡용을 하고 있다. '윷'의 'ㅊ'은 항상 'ㅅ'으로 실현되기 때
문에 이 지역어에서는 기저형을 '윳'으로 설정해도 무방하다.

210) '아마'의 방언형

211) '초렴(初殮)'은 '소렴(小殮)'에 해당한다.

212) '뻗+히+어+놓+고'로 분석된다. '뻗+히+어 → 뻐치어 → 뻐쳐 → 뻐체'로 유
기음화, 이중모음화, 축약 현상이 일어났다.

213) '오므리+들'로 분석된다. '-들'은 표준국어대사전에서는 '『옛』　(동사, 형용
사 어간 뒤에 붙어)　-지를'을 의미하는 것으로 풀이되어 있다. 이 지역어에
서 사용되는 '-들'도 같은 의미로 사용되고 있다.

214) 중앙어의 '푹'에 해당한다. 이 지역어에서는 '폭'이 훨씬 우세하게 사용되고
있다.

215) '대염(大殮)'

216) '베를 날다'의 통사구성이 '베날다'의 형태구성으로 축약되었다.

217) '삼+으로 → 사므로 → 사무로'로 원순모음화가 일어나는 것이 자연스럽다.
그런데 '사므로~사미로'로 교체가 일어난다. 이는 '으'와 '이'의 활발한 교체를
반영한 것이다.

218) '매'는 기존 사전에 '소렴(小殮) 때에 시체에 옷을 입히고 그 위를 매는 헝겊'
이라고 풀이되어 있다. 그런데 여기처럼 '삼으로 일곱 매를 묶다.'와 같이 쓰
일 때는 '삼으로 일곱 매듭을 묶는다.'의 의미로 해석하는 것이 바람직하다.
즉 삼이 없는 요즘에 삼베로 묶는다는 증언을 뒤에 하고 있기 때문에 이 지
역에서는 그렇게 해석하는 것이 온당하다.

219) '어른~으런'의 교체와 '-을~얼'의 교체가 활발하게 일어나고 있음을 보여
준다.

220) '급하게'에서 유기음화가 일어났다.

221) '어떻게'는 이 지역어에서 '어치케'로 실현된다.

222) '모두'의 방언형.

223) '넣+으면서'로 분석된다. '넣다'는 '늫다'와 교체하고, '으' 탈락 이후에 축약이 일어난 것이다.

224) '돈+하고'로 분석된다. '-하고'는 공동격 조사로 '-허고'와 교체한다. 'ㅎ'은 비음 'ㄴ' 뒤에서 탈락한다.

225) 중앙어에서 '상'은 '('싶다'와 함께 쓰이여) 이루어지거나 느껴지는듯이'의 뜻으로 사용되는데, 이 지역어에서는 '상바르다'가 사용된다.

226) '망인(亡人)'의 방언형.

227) '아마'의 방언형. '암매'로도 실현된다.

228) '-듯이'의 방언형. '-드끼, -디끼'로 실현된다.

229) '슬쩍 → 실쩍'으로 치찰음 아래 전부고모음화가 일어났다.

230) '그것도'의 방언형. '그걷또, 그걷뚜'로 교체가 일어난다.

231) 장음의 실현으로 '전부'를 강조하고 있다. 이 지역어에서 어두의 'ㅈ'이 'ㅊ'으로 강화되는 경향이 나타난다.

232) '그래가지고서'가 줄어들게 되면 '그래가꼬서'로 실현되어야 하지만, 이 지역어에서는 '꼬~꾸'와 같이 '오~우'의 교체에서 '우'형이 훨씬 우세하게 나타난다.

233) 여기서도 '오~우'의 교체에서 '우'형이 실현되고 있다.

234) 주로 마른 물건을 넣어두는 덮개가 있는 상자를 일컫는다. '성냥꽉, 비누꽉, 담배꽉' 등으로 사용된다. 그런데 이 지역어에서는 '관'대신 '곽'을 많이 사용한다.

235) 시체를 넣는 관이나 곽 따위를 통틀어 일컫는다.

236) 시신을 관 안에 넣는 행위를 높여 이르는 말이다.

237) 일반적으로 상여(喪輿) 전체를 일컫기도 하지만, 여기서는 상여의 맨 밑에서 앞뒤로 나란히 놓이는 두 나무, 즉 관을 올려놓고 묶는 나무를 일컫기도 한다. 이 '행상'은 주검을 산소로 나르는 '행상하다'의 어근으로 그런 행위를 일컫기도 한다.

238) 이리저리 흔들리며 움직이는 모양을 일컫는다.

239) '관과 '곽'이 같은 의미로 쓰이는 경우도 있지만, '관'은 '시체를 담는 궤'를 의미하고, '곽'은 그렇게 담을 수 있는 용기를 지칭한다.

240) '동아줄'의 방언형.

241) '행상 줄'의 '행상'이 '생상'으로 발음된다. 'ㅎ'과 'ㅅ'의 교체는 이 방언권에
　　서 '시방~히방'처럼 자주 일어나는 현상이다.

242) '동에줄~동애줄'로 교체한다. '에'와 '애'의 발음이 잘 구분되지 못한다.

243) '곽 묵는 → 곽 뭉는 → 광뭉는'으로 어절내부와 어절경계 모두에서 비음화
　　가 일어났다.

244) '가느스름하다'의 방언형. 주로 '가느롬하다'로 사용되는데, 여기서는 가는
　　정도를 강조하기 위해 경음으로 실현되고 있다.

245) '가느스름하다'가 '가롬하다'로도 사용되고 있다.

246) '드리다'의 방언형. '드리다'는 몇 가닥의 끈, 실, 새끼 같은 것을 하나로 꼬
　　거나 땋는 것을 일컫는다. '드리다 → 디리다'는 움라우트가 개재자음이 'ㄹ'
　　인 경우에도 실현되고 있다.

247) 짚에 삼을 넣어 꼬아 만든 것으로 여자 상주들이 머리에 쓰는 것을 일컫는다.

248) '아주머니'의 방언형.

249) '만들다'의 방언형. '멩글다, 맹글다'로 실현된다.

250) '잡아매다'의 방언형. 전북 방언권에서는 '짬매다, 쫌매다'로 실현되는 것이
　　일반적이다. 이 지역어에서는 '쭘매다, 쫌매다'로 실현된다.

251) '위에다'의 방언형. 이 방언권에서 '위'는 '우게, 우그로'와 같이 '욱'으로 실현
　　된다.

252) 상여 앞에 나가는 가마 형태의 것으로, 색실 접은 혼백을 넣는 기구이다.

253) 영정(影幀)의 잘못된 발화이다.

254) '죽은 이를 슬퍼하여 지은 글. 또는 그 글을 비단이나 종이에 적어 기(旗)처
　　럼 만든 것. 주검을 산소로 옮길 때에 상여 뒤에 들고 따라간다.'는 만장(輓
　　章/挽章)과 비슷한 말로, 여기서는 상여 뒤에 들고 따라가는 기를 일컫는다.

255) '행상'의 잘못된 발화.

256) '상여'의 방언 '생애, 생이' 중에 '생애'가 주로 사용된다. '행상'이 상여와 같
　　은 의미로 쓰인다.

257) '궁글목'은 상여를 메기 위해 옆으로 가로지르는 나무를 일컫는다. '궁글목+
　　이라고 → 궁글뫼기라고'에서 움라우트가 일어났다.

258) 표준국어대사전에 "대차09 臺車 「명」『북』『교2』 차체를 지지하여 차량이
　　레일 위로 안전하게 달리도록 하는 바퀴가 달린 차. 철길을 따라 차량이 움
　　직이게 하며 차틀과 차체로부터 짐을 받아 레일에 전달하며 차량의 흔들림
　　을 줄이는 역할을 한다."로 풀이된 대차의 뜻과 비슷하게 상여의 기본 틀이

되는 관 넓이로 앞에서 뒤로 길게 가는 두개의 긴 나무와 이 긴 나무를 고정
시키기 위해 앞과 뒤에 끼우는 두개의 나무를 일컫는다. 즉 상여의 기본 틀
을 일컫는다.

259) 대차의 앞뒤로 길게 놓인 나무를 고정하기 위해 상여의 앞과 뒤에 짧게 끼
우넣는 고정목을 일컫는다.

260) 앞뒤 머김목 양 끝에 굵게 꼰 동아줄을 앞뒤로 매고, 그 사이에 '궁글목(가
는 나무)'을 끼워 넣는 것을 '나무를 질렀다'로 표시한다.

261) '여기'의 방언형.

262) '-씩'의 방언형.

263) '앞+까장'으로 분석된다. '압까장'으로 발음이 나야한데, 'ㅂ'이 탈락된 것은
발화 실수이다. '-까장'은 '-까지'의 방언형.

264) '그것이'의 방언형.

265) '이름+이 → 이리미'로 움라우트가 일어났다.

266) 명정(銘旌)의 방언형. 명정은 죽은 사람의 품계, 관직, 본관, 성씨 따위를 기
록한 기. 장대에 달아 상여 앞에 들고 가서 널 위에 펴고 묻는다.

267) 공포(功布) 장례식에서 관을 묻을 때에, 관을 닦는 데 쓰는 삼베 헝겊. 발인
할 때 명정(銘旌)과 함께 앞에 세우고 간다.

268) 만사(輓詞), 만장(輓章)과 같이 쓰인다. 만장은 죽은 이를 슬퍼하여 지은 글.
또는 그 글을 비단이나 종이에 적어 기(旗)처럼 만든 것. 주검을 산소로 옮
길 때에 상여 뒤에 들고 따라간다.

269) '-거든+요'로 분석된다. '-거든'은 이 지역어에서 '-거등'으로도 실현된다.

270) '대나무대에'의 잘못된 발화.

271) '그것이'에 해당하는 방언형이 주로 '그기'로 실현되지만, '그게'로도 실현되
고 있음을 보이고 있다. 즉 '그것이 → 그게 → 그기'로 음절이 줄어들고 고
모음화가 일어났다.

272) '빨갛다'의 방언형으로 빨간 것보다 진한 농도가 조금 더한 의미를 갖는다.

273) '헝겊'의 방언형.

274) '거기+에다'가 줄어들면서 경음화가 일어났다.

275) 자연발화에서는 대등접속사 '-하고'가 주로 사용된다.

276) '대나무+에다가'가 줄어들었다. '-에다'의 '-에'는 축약이 생산적이다.

277) '쪽+만 → 쫑만'으로 연구개음화가 일어났다.

278) '잡아매다'의 방언형. '짬매다, 쫌매다'형으로 실현된다. 중세어 '잡+매다'에

소급된다.

279) '그것이'의 방언형. '그기'가 '기기'로 실현되어, '으~이'교체를 보인다.

280) '보통+이면 → 보퉁이먼'으로 움라우트가 일어났다.

281) '감+을'로 분석된다. '감'은 옷감을 일컫고, 대격조사 '-을'은 '-얼'로 실현되고 있다.

282) '상가집+에서나 → 상가지베서나 → 상가지비서나'로 고모음화가 일어났다. 이 지역어에서 '에 → 이' 고모음화는 생산적이다. 그런데 처격조사 '-에'는 '-이'로도 드물게 실현되기 때문에 아에 '-이'를 처격조사로 설정하는 것은 문제가 있다.

283) '-같은'이 '-거튼'으로 교체되고 있다.

284) '붓글씨'의 방언형. 선행음절 '우'의 영향으로 '으 → 우'로 동화되었다.

285) '으'와 '우'의 교체를 보이고 있다.

286) 호상(好喪).

287) '의형제를'의 방언형.

288) '의형제'의 방언형. '형제'는 주로 '형지간'처럼 '형지'로 실현된다.

289) '개인이'의 줄어든 말이다.

290) '쓰+는+가보+데 → 쓰는갑데 → 쓰능갑떼'로 유도과정을 설정할 수 있다. '가보'는 주로 '갑'으로 혼효된다. 연구개음화와 경음화가 일어났다.

291) '-부터'의 방언형. '-부텀, -보텀, -버텀'으로 실현된다.

292) '부잣집에'의 방언형. '부자'는 이 방언권에서 '부재'로도 실현된다. '부잰찌베 → 부잰찌비'로 이어서 고모음화가 실현되었다.

293) '없다'의 방언형. 전라북도 옥구, 익산 등에서도 '웁따, 읍따'로 실현된다.

294) '있었고 → 잍썯꼬 → 잍썩꼬'로 중화와 경음화가 일어난 뒤에, 'ㄷ'이 'ㄱ'으로 발음되는 역행동화가 이어났다.

295) '-거든'이 '-그든'으로 실현되어 '-어'와 '-으'의 교체를 보인다.

296) '부모'의 방언형.

297) '그렇게'의 방언형. 주로 '고로케'로 실현된다.

298) '보내+는+것+이나 → 보낸거시나 → 보낸기나 → 보냉기나'로 줄어든 뒤 비음화가 일어났다. '것이'는 '기'로 줄어든다.

299) '부잣집'의 방언형. 부잣집에 대해 '있는 집'이라는 말도 사용하고 있다.

300) '그렇게 한 → 그러칸'으로 줄어든다.

301) '같다'의 방언형. 주로 '걷따'로 실현된다.

302) '전부'의 방언형.

303) '꾸미어+가지고 → 꾸미가꼬 → 뀌미가꼬'로 분석된다. '꾸미다'는 '뀌미다'로 움라우트가 일어나고, '-가지고'는 '-가꼬'로 실현된다.

304) '따라다니+면서'의 방언형. '따라댕기+면서 → 따라댕김서'로 '-면서'는 '흔듬서, 메김서, 자붐서' 처럼 '-ㅁ서'로 줄어드는 것이 생산적이다.

305) '메긴 사람'은 '선소리꾼, 앞소리꾼'을 일컫는다.

306) '흔들+면서나'로 분석된다. '-면서'는 주로 '-ㅁ서'로 줄어들고, '-면'은 '-먼'으로 실현된다.

307) '먹이다'의 움라우트형. 실제 상여가 나가는 것처럼 마을을 도는 것을 '대뜰'이라고 한다. 이 행사는 실제 상여가 나가는 것과 같기에 동네 사람들에게 음식이나 술을 대접해야 한다. 따라서 부잣집에서만 가능했던 일이다.

308) '되잖아'의 방언형. 충청도 방언의 영향을 받았다.

309) '아주'의 방언형.

310) '그'의 방언형.

311) '나갈적에만'의 방언형. '나갈쩌게만 → 나갈쩌기만'으로 고모음화가 일어나고, '이'가 '으'로 교체되어 실현된다.

312) '조그마하+었+을+적+에'로 분석된다. '조그마하다'는 이 방언에서 '쪼그만하다'로 실현된다. 따라서 '쪼그만하+었+을+적+에 → 쪼그만했+을+적+에 → 쪼만해쓸쩌게 → 쪼마네쓸쩌게'로 줄어든 뒤 'ㅎ'탈락과 경음화가 실현되고 있다.

313) '동네'의 방언형.

314) '-부터'의 방언형.

315) '나가+는데'로 분석된다. '-는데'는 '알간디 모르간디'처럼 주로 '-ㄴ디'로 실현된다.

316) '문턱넘어 → 문텅너머'로 연구개음화가 일어났다. 주로 '재너미'처럼 '너머'는 '너미'로 실현된다.

317) '마루'의 방언형.

318) '들고가면서'의 방언형. '-면서'는 '머금서, 그람서, 나옴서'처럼 '-ㅁ서'로 줄어드는 것이 생산적이다.

319) 처격조사 '-에'가 '-이'로 실현된 것이다.

320) '대나무대에'의 잘못된 발화.

321) '시신(屍身), 주검'의 방언형. 전북 방언에서 생산적으로 사용되고 있다.

322) ‘바가지’의 방언형. ‘바가지’와 ‘바가치’가 다 사용되지만, ‘바가치’가 더 구형이다.

323) ‘모시어+가지고’는 ‘모셔 → 모세 → 모시’로 축약과 고모음화를 겪고, ‘-가지고’는 ‘-가꼬’로 실현되고 있다.

324) ‘메다’의 방언형. ‘미구, 민’ 등으로 고모음화가 일어난다.

325) ‘메겨넣다’의 잘못.

326) 이 지역어에는 ‘앞소리꾼, 선소리꾼’이라는 용어는 사용하지 않고, ‘메기는 사람’이라고 한다.

327) ‘다르다’의 방언형. ‘틀리다’와 ‘다르다’가 의미가 중첩되어 사용되고 있다.

328) ‘-마다’의 방언형.

329) ‘거기’의 방언형.

330) ‘순리대로’에서 ‘ㄴㄹ’이 ‘ㄹㄹ’로 실현되고 있다.

331) ‘해야지’의 방언형. ‘하야지’는 충청도 영향을 받은 것이다.

332) ‘그것이’의 방언형. 지시대명사 ‘그’가 ‘기’로 실현되고, ‘것이 → 게 → 기’로 줄어든 뒤 고모음화가 일어났다.

333) ‘상여(喪輿)’ 자체나 주검을 산소로 나르는 행위 자체를 의미하게도 한다. 그럴 때는 ‘행상하다’라고 한다.

334) ‘계(契)+꾼’의 방언형.

335) ‘만들다’의 방언형.

336) ‘전부’의 방언형. 주로 ‘첨부, 점부’로 실현된다.

337) 전반(全般)은 ‘어떤 일이나 부문에 대하여 그것에 관계되는 전체. 또는 통틀어서 모두’의 뜻이고, 전부(全部)는 ‘어떤 대상을 이루는 낱낱을 모두 합친 것’을 의미한다. 따라서 ‘전반’이 ‘전부’의 의미까지 포함하고 있음을 알 수 있다.

338) ‘따리다’는 ‘딸리다’의 방언형.

339) ‘이것이 → 이게 → 이기’로 줄어든 뒤 고모음화가 일어나 ‘이게, 이기’로 교체를 보인다.

340) ‘싹이 있어요 → 싸기잇써요 → 싸긷써요’로 줄어든 말이다.

341) ‘신체’는 ‘주검’의 방언형.

342) ‘이렇게’는 ‘이케, 이캐, 이르케, 이르캐, 이러케, 이러캐’로 ‘르’와 ‘러’가 자유롭게 교체되기도 하고, ‘르’가 생략되기도 한다.

343) ‘가져오다’의 방언형.

344) ‘시방’은 이 방언권에서 사용되어 오고, 지금도 아주 생산적으로 사용되고 있다. 현대중앙어의 ‘지금’과 같은 의미로 사용된다.

345) ‘빈소(殯所)’의 방언형.

346) 중앙어에서는 ‘짓지 않아 → 짇지 않아 → 짇잖아 → 짇짢아 → 짇짜나’로 음절말 중화, 축약, 경음화가 일어난다. 이 지역어에서는 ‘-지 않아’가 ‘-지 아녀’로 실현되고 있다.

347) ‘의지간(倚支間)+에다 → 의지가네다 → 의지가니다’로 분석되고, 고모음화가 일어났다.

348) ‘제사’의 방언형. 고모음화가 일어났다.

349) ‘나+드락+언’으로 분석된다. ‘-드락’은 ‘-도록’의 방언형이고, ‘-언’은 ‘-은’의 방언형이다.

350) 상제(喪制)는 원래 ‘어버이나 조부모의 거상 중에 있는 사람’을 지칭하는 말이다. 그러나 이 방언권에서는 주로 상주(喪主)의 의미로 사용된다. 즉 일상의 발화에서 ‘상제’와 ‘상주’의 구분이 명확하지 않다.

351) 상제들이 쓰는 모자를 지칭하는 말로 ‘권’의 방언형.

352) ‘그러거든요’의 방언형으로 ‘그라거든요’의 잘못된 발화.

353) ‘죄다 말끔하게’를 의미하는 ‘싹’의 방언형.

354) ‘쳐대다’는 ‘불을 질러 다 태워 없애다’의 의미로 사용된다.

355) ‘다음에’가 축약된 것으로 보상성 장음화가 일어난 ‘다:메’로 실현되기도 한다.

356) 의미상으로 ‘불을 놓고’에 해당한다. 따라서 ‘불을 해놓고’로 분석이 된다. ‘불을 해놓고 → 불 해놓고 → 부래노코’로 대격조사 ‘-을’의 탈락과 ‘ㅎ’탈락, 격음화가 일어났다.

357) 천을 다시 사용하기 위한 행동으로, 불결한 것을 제한다는 의미를 갖고 있다.

358) ‘모드키+어’로 분석된다. ‘모드키다’는 ‘모으다’의 방언형이다.

359) 중앙어에서 ‘내내’는 ‘처음으로부터 끝까지 계속하여’의 뜻으로 사용되고, ‘내나’는 ‘결국에 가서는’의 뜻으로 사용되지만, 이 예는 이런 중앙어의 ‘내내, 내나’의 뜻과는 달리 ‘원래 그것’ 또는 ‘역시’ 정도의 의미를 갖는다. 여기서는 ‘내나’의 의미로 사용되었다.

360) ‘그+놈+으로’로 분석된다. ‘-으로’는 ‘-이로’로도 실현된다.

361) ‘상복’의 잘못된 발화.

362) '입+고 → 입꼬 → 이꼬'로 경음화에 이어 'ㅂ'이 탈락되었다.

363) '단절+이'로 '완전히'의 방언형.

364) '치대다'는 주로 '없애다'와 연결되어 사용된다. '쳐없애다'로 생산적으로 사용된다.

365) '사람이 → 사래미'로 움라우트가 일어났다.

366) '보편적 → 보펜적'처럼 'ㅕ'가 'ㅔ'로의 단모음화가 일어났다.

367) '형편 → 헹펜'도 'ㅕ → ㅔ'로의 단모음화가 생산적임을 시사한다.

368) 관의 밑에 까는 널판.

369) 관의 위에 덮는 널판.

370) 관의 옆에 대는 널판.

371) '아무리'의 방언형.

372) '막장하다'는 주검을 직접 땅에 묻는 것을 일컫는다.

373) '안+되+었+잖+야 → 안됐잖야 → 안댔잖야 → 안댇짜냐 → 안대짜냐'로 축약, 중화, 경음화, 자음탈락이 일어났다. '-야'는 '-아'의 방언형.

374) '조금'의 방언형.

375) '그랬는데 → 갠는데 → 갠는디'로 축약과 고모음화가 일어났다.

376) '속+에서 → 소게서 → 소기서'로 고모음화가 실현되는 것이 이 지역어에서 일반적이다. 그런데 '소기서'와 '소그서'처럼 '이~으' 교체가 생산적이다.

377) '썩으며는'의 잘못된 발화.

378) '벌레'의 방언형. '버러지, 벌거지' 등으로 실현된다.

379) '쓰+고 → 씨고'로 치찰음 아래 전부고모음화가 일어났다.

380) '중년에'는 화자의 중년을 의미한다. 이 화자의 경우 70년대 후반에서 80년대 전반 정도를 일컫는다.

381) '쓰내미'는 '쓰는 놈이'의 잘못된 발화.

382) '그것이'의 방언형. '그기'의 '으'가 '이'로 교체되어 '기기'로 실현된다.

383) 이장(移葬).

384) '지랄하다'의 의미가 '(보기에) 안 좋다. (보기에) 나쁘다'의 뜻으로 사용되고 있다. '먹기 지잘허네. 일하기 지랄헌 데그만.' 등으로도 사용된다.

385) '부고'의 방언형.

386) '그래도'의 줄어든 말이다.

387) '당하다'의 방언형. 전북의 다른 지역에서는 '당허먼'으로 실현이 일반적이다.

388) '말 마디'는 '말 마디 한다'가 생략된 것으로, 조금 유식한 사람을 일컫는다.

389) '전부 → 점부'로 순음화가 일어났다.

390) 중앙어에서 '상두'는 '상여'를 일컫기도 한다. 그러나 여기서는 '상주'를 의미한다.

391) '아르켜주면'으로 분석된다. '일러주다'는 이 방언권에서 '알켜주다, 알케주다, 알키주다, 알려주다, 알레주다, 알리주다' 등으로 사용된다. 이 지역어에서는 '알케주다'가 우세하다. '알키주다'는 '에'가 '이'로 고모음화를 겪은 것이다. '-면'은 주로 '-먼'으로 실현되는데, '-문'으로도 실현된다.

392) '전화'의 방언형.

393) '없+고'로 분석된다. '-없다'는 전북 북부지역어에서 '-읍다, -웁다'로 실현된다.

394) '너는'의 잘못된 발화.

395) '서쪽+하고'로 분석된다. '-하고'는 공동격 조사이다.

396) '맡아'는 '마타'로 실현이 일반적인데, 경음 '마따'로 실현되는 경우도 있다.

397) '통+을'로 분석된다. '통을 하다' 즉 '소식을 알리다'를 의미한다.

398) '전한다 → 저난다 → 저낸다'의 변화과정을 상정할 수 있다. 'ㄴ' 뒤에서 'ㅎ'이 탈락하는 것은 이 지역어에서 자연스러운 현상이지만, '저난다 → 저낸다'는 음운론적으로 설명이 곤란하다.

399) '이렇게+하니까'로 분석된다. 이 방언에서 '이렇게'는 '요로케'로 실현되고, '-니까'는 주로 '-니께, -니개'로 실현된다. 따라서 '요로케+하니께 → 요로케한께 → 요로칸께 → 요로캉깨'로 축약과 연구개음화가 실현되었다.

400) '모르+면서'로 분석된다. '모르다'는 주로 '몰르다'로 실현되고, '-면서'는 '-ㅁ서'로 실현된다.

401) '모르+니까'로 분석된다. '몰르+니께 → 몰른께 → 몰릉깨'로 축약과 연구개음화가 실현되었다.

402) '스무집'의 방언형. '스물 → 시물'로 치찰음 아래에서 전부고모음화가 일어났다.

403) '이웃마을 → 이욷마을 → 이운마을 → 윤마을'로 중화, 비음화, 축약이 일어났다.

404) '거시기+하니까 → 거시가니께 → 거시간께 → 거시강깨'와 같은 단계를 거쳐 얻어진다. '-니까'는 주로 '-니께'로 실현된다.

405) '알려주라고'의 방언형. '-주라고' 대신 '-돌라고'가 많이 사용된다. 주로 '알레

돌라, 알케돌라, 갈체돌라' 등으로 사용된다.

406) '전부'의 방언형.

407) '그렇지'의 방언형. '그~구' 교체가 일어난다.

408) '전화'의 방언형. '저나, 저냐'로 'ㅎ'은 탈락한다. 이중모음 '와'는 실현되기도 하지만, '아'로 단모음화가 일어나기도 한다.

409) '상사(喪事)'는 '상세 낟따'와 같이 '상세'로 실현된다. '상새서'는 '상세+에서' 즉 '상사에'로 분석된다.

410) '장례'의 방언형.

411) '널따랗다'의 방언형. 주로 '널베라니, 널버라니'로 실현된다.

412) '들어갈 정도만'의 잘못된 발화. '드러갈 쩡도만'으로 실현되어야 한다.

413) '좁다랗다'의 방언형. 기본형은 '쪼부댄하다'로 '쪼부댄하+게'로 분석된다.

414) 시체가 놓이는 무덤의 구덩이 부분을 이르는 말로 중앙어에서는 '광중(壙中), 광혈(壙穴)'이라고 한다. 그러나 이 방언권에서는 '천광(穿壙)' 또는 '알광'이라고도 한다. '천광'은 시체를 묻을 구덩이를 파는 것 자체를 의미하기도 하지만, '광중'을 의미하기도 한다.(예: 청광짜리를 판다. 청광짜리에 놔라.) 이 지역어에서는 '알광'을 사용하고 있다.

415) '하관하+ㄴ다+고 그래요'로 분석된다. 여기서 '구래요'는 '그'와 '구'의 교체가 아니라 '하관한다구+그래요'에서 '그'가 생략된 것으로 보인다. 결국 '-고'와 '-구'의 교체가 일어난 것이다.

416) '있는+데+까지+는'으로 분석된다. '-데'는 '-디'로 고모음화 되고, '-까지'는 '-꺼지'로 실현되고 있다.

417) '거기+까지'로 분석된다. '거기'는 주로 '거그'로 실현되고, '-까지'를 '-끄지'로 실현된다. '거그+끄지'에서 '그'가 줄어든 것이다.

418) 처격조사 '-에'가 '-이'로 실현되고 있다.

419) '넣+는'의 방언형. '넣다'는 '늫다'로도 교체가 일어난다.

420) '산소+라는+게'로 분석된다. '산소'는 '산수'로도 실현된다. '-능게'는 비음화가 일어난 것이다.

421) '먼저'의 방언형. '머니, 머냐'로 실현된다.

422) '처음'의 방언형. '처머니, 처머냐'로 실현된다.

423) '첫번+에'로 분석된다. '첫번+에 → 첟버네 → 첟뻐네 → 첟뻐니'로 중화, 경음화, 고모음화가 일어났다고도 할 수 있고, 처격조사가 '-이'로 실현되기에 '첫번+에 → 첫번+이 → 첟뻐니'로 중화, 경음화가 일어났다고도 할 수 있다.

여기서는 전자의 견해를 취한다.

424) '삼태기'의 방언형.

425) '한+덕끄리+께'로 분석된다. '덕끄리, 덕까리'는 삼태미로 하나 정도의 분량을 세는 단위이다. '-께'는 정도를 나타낸다.

426) '모으다'의 방언형. '모두키+어 → 모두켜 → 모두케'로 활음형성과 축약이 일어났다.

427) 이 방언권에서 '상주'는 '상제'를 의미한다. 중앙어의 '상주'는 '큰상주'라 칭한다.

428) '붓+어요'로 분석된다. '붓다'는 이 방언권에서는 정칙으로 활용한다.

429) '그러면서'의 줄어든 말이다.

430) '땅을 굳게 다지는 행위'를 일컫는다.

431) '흉내'의 방언형. '흉'이 '숭'으로 변화는 것을 'ㅎ'구개음화라 한다.

432) '덮+고서'의 방언형. '덮+고서 → 덥고서 → 덥꼬서 → 덥꾸서'로 중화, 경음화가 일어났다. '-고~-구' 교체는 생산적이다.

433) 표준국어대사전에 '막토의 잘못'으로 풀이되어 있다. 그러나 이 방언권에서는 '아무데서나 파서 쓸 수 있는 보통 흙'이라는 뜻으로 사용되고 있다.

434) '마감'에 해당한다.

435) '밟+아'는 '발바, 발버'로 실현되는데, 음성모음 '어'로 실현되는 것이 우세한다.

436) '여기 와서'에서 '기'가 생략된 것이다.

437) '에루다지'는 땅을 다지면서 내는 후렴가락이다. 앞에서 메기는 사람의 가락을 받아 함께하는 사람들이 '에루다지'라고 받는 소리이다.

438) '셍기다'는 '이 소리 저 소리를 자꾸 잇달아 주워대다.'는 뜻으로, 헤다지하면서 한 사람이 선소리를 메기면, 함께하는 다름 사람들이 '에루다지'로 받게 된다. 이 과정에서 선소리 하는 사람이 여러가지 복을 비는 소리를 하게 되는데, 이것을 '주서 셍긴다'라고 표현한 것이다.

439) '메었으면'으로 분석된다.

440) "이 소리 저 소리를 자꾸 잇달아 주워대다"는 뜻으로 함께 땅을 다지면서 선소리를 메기는 것을 일컫는다.

441) '상두군'의 잘못된 발화.

442) '에루다지'라고 후렴을 넣는다.

443) '돌+으면서나'로 분석된다. 이 방언권에서는 '-으면서나'는 '-음서나'로 실현

된다.

444) '그러면'의 방언형으로 '그러면, 그라믄'으로 실현된다.

445) '동그랗게'의 방언형.

446) '맨들+잖아'로 분석된다. '만들다'는 '맨들다'로 실현되고, '-잖아'는 '-자냐'로 실현된다. '야'의 실현은 충남방언의 영향을 받은 것이다.

447) '-라해요'가 '-라개요'로 실현된다.

448) '그것은'의 방언형.

449) '짓다'의 방언형. '짖+기 → 지키'로 격음화가 일어나기 때문에 기본형으로 '짖다'를 설정할 수 있게 한다.

450) 묘의 앞뒤 수평을 잡는 것을 '고잡는다'고 한다.

451) '잡+느라고 → 잡느라고 → 잠느라고'로 분석된다. '-느라고'는 '-느라고'로 교체되고 비음화가 일어났다.

452) 일반적으로 토방의 방언형으로 처리한다. 여기서는 분상 앞에 토방과 같은 모양으로 만들어 제물을 올려놓기 위한 부분이다. 토방의 형태와 비슷해서 붙여진 이름이다.

453) '-까지'의 방언형.

454) '삼우제(三虞祭)'의 방언형.

455) '그리'의 방언형. '그'는 주로 '고'로 실현되지만, '구'로 '오~우' 교체가 일어나기도 한다.

456) '음식~움식'으로 '으~우'교체가 일어났다.

457) '모레'의 방언형.

458) '삼우제'는 '장사를 지낸 후 세 번째 지내는 제사'라는 뜻을 가지고 있다. 그런데 일반인들 사이에서는 장사 지낸 후 3일만에 지내는 제사라는 뜻으로 사용되고 있다.

459) '아마'의 방언형.

460) '삼우제'의 잘못된 발화.

461) '한상발란데'는 '하는 것 같은 데'가 줄어든 말이다.

462) '나가자먼'의 잘못된 발화.

463) '거리제'의 방언형. '거릿제 → 거릳제 → 거릳쩨 → 거릳찌'처럼 중화, 경음화, 고모음화를 통해 얻어진 '거릳찌'에서 '이'가 '어'로 교체되어 '거럳찌'가 된 것이다.

464) '-햐'는 '-해'의 방언형. 충청도 방언의 영향을 받은 것이다.

465) '고기 → 괴기'로 움라우트가 일어났다.

466) 복수접미사 '-들'의 방언형으로 '-덜'로 사용된다.

467) '복(服)+을'로 분석된다. '복'은 '복제, 상복'을 의미한다. '-을'은 이 방언에서 주로 '-얼'로 실현된다.

468) '부모'의 방언형.

469) '거처'의 방언형. '거처하다, 거치하다'는 '보살피다'의 뜻으로 사용되고 있다.

470) '빈소'의 방언형.

471) '빻다'의 방언형으로 '빠수다'로 실현된다. 이 예는 '빠수+아버리다'로 분석된다. '빠수+아버리다 → 빠사버리다 → 빠사뻐리다'로 축약과 경음화가 이루어진 것이다. '빈소를 부셔버리다'는 뜻으로 사용되었다.

472) '제사'의 방언형. '지사, 지시'로 실현된다.

473) 전북방언에서는 '새로운 → 새론'으로 축약이 일어난다. 그런데 이 지역어에서는 '새로운 → 새룬'으로 축실현된다.

474) '바꽈 → 바가'로 양성 모음조화형이 줄어든 말이다. 이런 환경에서는 아직 모음조화가 지켜지고 있음을 시사한다.

475) '-이니까'의 방언형. '-잉개, -잉깨'로 실현된다.

476) '산+에로'로 분석된다. '사네로 → 사니로'로 고모음화가 일어났다. 여기서 '-으로' 대신에 '-에로'가 설정된다.

477) '붓+어 → 부서'로 ㅅ-불규직용언이 정칙으로 활용한다.

478) '건+같은 것'이 축약되었다. '-같은'은 '-거튼'으로 실현된다.

479) '그러니까'의 방언형. '그렁깨'로 주로 실현되는데, 이 방언에서는 '그랑깨'가 실현되고 있다.

480) '상주'의 방언형.

481) '불+에다 → 부레다 → 부리다'로 고모음화가 일어났다.

482) '집+으로' 또는 '집+에로'로 분석이 가능하다. 전자는 중앙어를 기준으로 한 것이고, 후자는 매개모음 '-으-'에 해당한 형태를 '-에-'로 설정한 것이다. 이 방언에서는 '지베로 → 지비로'로 실현되는 것으로 설명하는 것이 타당하다.

483) '지팡이'가 형태소내부에서 움라우트를 겪어 '지팽이'로 실현되고 있다.

484) '큰'이 '컨'으로 실현되어 '으'가 '어'와 교체됨을 보이고 있다.

485) '제일'이 축약되면서 보상성 장모음화가 일어났다.

486) '걸+같이'로 분석된다. '걸'은 상복에 헝겊 조각을 댄 것을 일컫는다.

487) '매달아 놓고'의 잘못된 발화.

488) '굴건복'의 방언형. '어'와 '으'가 교체한다.

489) '조끼 → 죄끼 → 쬐끼'로 움라우트에 이어, 경음화가 일어났다.

490) '놈'과 '넘'이 교체한다.

491) '굴건복이 → 굴근복이 → 굴근뵈기'로 '어~으' 교체가 일어난 뒤, 움라우트
가 일어났다.

492) '상주'의 잘못된 발화형.

493) '그럴테지 → 글테지 → 글티지'로 축약과 '에 → 이' 고모음화가 일어났다.

494) '급하게 → 그파게'로 격음화가 일어났다.

495) '생각+이 → 생개기'로 움라우트가 일어났다.

496) '명절'은 '멩절, 멩질'로 실현된다.

497) '-꺼예요'는 '-끼요'로 실현된다.

498) '시제'의 방언형. '시제'를 '묘사'라고도 한다.

499) '바깥'의 방언형. '배깥'으로 실현된다.

500) '방+에서'로 분석되는데, '-에 → -이'로 고모음화가 일어났다.

501) '묘'의 방언형.

502) '시제' 또는 '묘사'의 방언형.

503) '별 → 벨'로 축약이 일어났다. 이 '벨'은 '빌'로 고모음화가 일어나기도 한다.

504) '-까지'의 방언형. '-꺼지, -끄지'로 실현된다.

505) '제사'가 줄어든 말.

506) '명절'의 방언형.

507) '돌아왔으니까 → 도라왔쓰니깨 → 도라왔씨니깨 → 도라왔씽깨'처럼 중화
와 '쓰 → 씨'로의 치찰음 아래 전부고모음화가 일어났다. '-ㅇ 깨'는 '-으니까'
에 해당하는 방언형으로 '-으니까, -으니깨, -ㅇ 깨'로 실현되고 있다.

508) '붓다'는 이 방언에서는 '부서, 부승개'와 같이 'ㅅ'이 유지되는 정칙으로 활
용한다.

509) '택'은 '턱'의 방언형.

510) '보+로'에서 '-로'는 의도형어미 '-러'의 방언형이다.

511) '이게 → 이기'로 고모음화가 일어났다.

512) '지내는'의 잘못된 발화.

513) '똑같+에요 → 똑가테요 → 똑가티요'로 변화과정을 상정할 수 있다. 어미
'-에요'는 '-아요'에 해당하는 방언형이다.

514) '어른'의 방언형.

515) '배우+아서'로 분석된다. 중앙어에서는 '배우+어서'로 '우'가 음성모음으로 기능하지만, 이 방언권에서는 중성으로 기능한다.

516) '안+에다 → 아네다 → 아니다'로 고모음화가 실현된다. 이 예는 '앞에 → 아페 → 아피', '차례 → 차레 → 차리'와 같이 아주 고모음화가 생산적으로 일어난다.

517) '그리고서는'의 방언형. '그리고'가 '고라구'로 실현되고 있다. '서는'은 '나서는'의 방언형이다.

518) '혼자'의 방언형.

519) '짝'은 '쪽'의 방언형으로 '이짝 저짝'처럼 활발하게 실현된다.

520) '그러면'의 방언형. '그러면, 그리고' 등의 예가 '고라면, 고라구'와 같이 실현되고 있다. '그'는 이 방언에서 주로 '고'로 실현된다.

521) '가시+는+것+이요 → 가시는게요 → 가시는기요 → 가시능기요'에서 '-것+이요'는 '-게요'로 줄어들고, '게'는 '기'로 고모음화가 일어난다.

522) '있거든'의 '-거든'은 '-거덩, -그덩'으로 실현된다.

523) '혼자'의 방언형.

524) '그 다음에'에서 대명사 '그'는 이 방언에서 '고'로 실현되고, '다음에'는 '다메'로 줄어든다. 대부분 이런 경우에는 '다:메'로 보상성 장모음화가 일어난다. 그런데 이 경우에는 장모음화가 일어나지 않았다.

525) '주발뚜껑'의 방언형. 전북방언에서는 주로 '복지깨'로 실현된다.

526) '두+지도'처럼 '-지도'는 '먹도 않고 보도 않고'와 같이 '지'가 생략되어 실현된다.

527) '복지깨+뚜껑'의 방언형.

528) '전부 → 점부'로 순음화가 일어났다.

529) 고축(告祝).

530) '방제사'의 방언형. '제 → 지'로 고모음화가 일어났다.

531) '혼자'의 방언형.

532) '쏟다'가 '붓다'와 같은 의미로 사용되었다. '술잔에 술을 쏟다.'로 사용된 것이다.

533) '조금'의 방언형. 경음화가 일어나고 장모음으로 실현된 것은 '조금'의 정도가 강조되어 '아주 조금'의 뜻으로 사용된 것이다.

534) '남은 채로'의 방언형.

535) '주전자'의 방언형.

536) ‘향불 → 상불 → 상뿔’로 ㅎ-구개음화와 경음화가 일어났다.

537) 갱(羹)은 제사에 쓰는 국을 일컫는다.

538) ‘갱만다’는 ‘갱에 밥을 만다.’는 뜻이다.

539) ‘-마도’는 ‘-마다’의 방언형. 전북방언에서 ‘-마동’으로도 사용된다.

540) ‘자꾸’의 방언형. ‘첨부’의 경우처럼 이 지역어에서 어두 ‘ㅈ’이 ‘ㅊ’으로의 실현이 생산적이다.

541) ‘옮기다 → 욈기다 → 욍기다’로 움라우트와 연구개음화가 실현되고 있다.

542) ‘그릇’은 ‘그럭, 거럭’으로 실현된다. ‘국+거럭+을 → 국꺼러글’로 경음화가 실현되었다.

543) ‘비비+어서 → 비벼서 → 비베서 → 비비서’로 축약과 고모음화가 일어났다.

544) ‘퇴주잔’의 잘못된 발화.

545) 접미사 ‘-씩’의 방언형.

546) ‘어르신’의 방언형.

547) ‘-거든’의 방언형.

548) ‘-도록’의 방언형.

549) ‘나+면’의 방언형. ‘나먼’으로 많이 실현되지만, ‘나믄 → 나문’으로 ‘어’와 ‘으’가 교체되어 원순모음화가 일어난 것이다.

550) ‘제 먹다’는 ‘신이 제물을 먹다’의 뜻으로, ‘제사를 지내다’라는 뜻으로 사용된다.

551) ‘일찌기’로 실현되어야 한다. 그런데 ‘일찌개’로 실현되는 것은 ‘에 → 이’의 고모음화에 대한 과도교정이 아닌가 한다. ‘일찌가니’ 정도를 실현되었어야 한다.

552) ‘블리다’는 ‘다르다’와 의미의 중첩이 있다.

553) ‘-까지’의 방언형. ‘가정 식구끼리’의 뜻으로 사용되었다. ‘-꺼지’는 이 방언에서 ‘우리꺼지 하자.’처럼 사용되는데, 이 때는 ‘-까지’라는 뜻에 추가해 ‘-끼리’ 정도의 뜻으로도 사용된다.

554) ‘음복 → 움복’으로 원순모음화가 일어났다고 할 수도 있고, ‘으~우’ 교체가 일어났다고 할 수도 있다. 여기서는 전자로 처리한다.

555) ‘음복술’의 잘못된 발화. ‘음복주’라고도 한다. ‘움복술’로 원순모음화가 일어난다.

556) ‘자손’으로 실현되어야 하는데, 비원순모음 ‘자선’으로 실현되기도 한다.

557) '태워버려'가 줄어든 말이다.

558) '무샘물'은 제사지내고 나서 떠돌이 귀신들을 위해 집 앞 대문밖에 제사지
     낸 음식을 조금씩 덜어서 갖다 놓는 것을 일컫는다.

559) 다양한 음식을 조금씩 덜어서 가져다 놓는데, 고기나 떡 등과 같이 통채로
     된 것을 조금씩 떼어서 담기 때문에 이런 표현을 하고 있다.

560) '대문'의 방언형.

561) '펴 → 페 → 피'로 축약과 고모음화가 일어났다.

562) '붓다'는 이 방언에서는 정칙 활용을 한다.

563) '없다'의 방언형. '웁따, 읍따'로 실현된다.

564) '먹다'의 방언형.

565) '거지'의 방언형. '거라지, 그지, 걸인' 등으로 실현된다.

566) '다니다'의 방언형. 기본형을 '댕기다'로 설정케 한다.

567) '그런것이 → 그런게 → 그렁게 → 긍게'로 축약과 비음화가 일어났다.

568) '밭+이나 → 바시나'로 체언말 'ㅌ'이 주격조사나 대격조사 등에서는 마찰음
     'ㅅ'으로 실현된다.

569) '없+으니까'의 방언형. '없다'는 '읍따, 웁따'로 교체되고, '-으니까'는 '-응깨'로
     실현된다. 따라서 '읇+응깨 → 읍씅깨'로 도출과정을 설정할 수 있다.

570) 대명사 '남'의 방언형 '넘'.

571) '얼어'의 방언형으로 '으더'가 사용되고, '없고'의 방언형이 '웁꼬'가 사용된다.
     '으'와 '어'의 교체가 활발함을 보인다.

572) '임자'의 방언형으로 '임재'가 쓰인다.

573) '-라구덩'은 '-라고 하거든'이 줄어든 말이다.

574) '땅이 → 땡이'로 움라우트가 일어났다.

575) '날삐느를'의 잘 못된 발화. '날베늘'은 '날 벼늘'로 '날 볏가리'를 의미한다.

576) '쟁여놓았다 → 쟁에노았다 → 쟁이노았따 → 쟁이낳따' 정도의 도출과정
     을 상정할 수 있다. '여 → 에 → 이'로 축약과 고모음화가 실현되는 것은 이
     지역어의 특징적 현상이고, '노았다 → 노앋따 → 낳따'로 중화, 경음화, 축
     약이 일어났다.

577) '가을'의 방언형.

578) '자기가 만든'의 잘못된 발화.

579) '부자'의 방언형으로 '부재'가 실현된다. '부잳찝'처럼 사용된다.

580) 답품(踏品)은 세금이나 소작료를 제대로 거두기 위하여 관련 논밭에 가서

　　농작(農作)의 상황을 실지로 조사하던 일로 답험(踏驗)이라고도 한다.

581) ‘나락+이 → 나래기’로 움라우트가 일어났다.

582) ‘그러거든’의 방언형으로 ‘그’와 ‘구’의 교체를 보인다.

583) ‘제사 딱다.’는 ‘제사를 준비한다.’는 뜻으로 사용되었다.

584) ‘조기’의 방언형.

585) ‘홍합’의 방언형으로 ‘합자’를 사용한다.

586) ‘문어’의 방언형으로 전북의 많은 지역에서는 ‘피문어, 피무네’등으로 실현된
　　 다. 이 지역어에서는 ‘피등애’를 사용하고 있다.

587) ‘무’의 방언형. ‘무수, 무시’로 실현된다.

588) ‘기다랗다’의 방언형. 기본형 ‘지대넣다’에서 어두 경음화가 일어난 것은 기
　　 다란 정도를 강조하기 위한 것이다.

589) ‘꼬챙이’의 방언형.

590) ‘그릇’의 방언형. 이 방언권에서는 ‘그럭, 그륵’으로 실현된다.

591) ‘껍데기 → 껍떼기 → 껍띠기’로 경음화와 고모음화가 일어났다.

592) ‘비늘’의 방언형.

593) ‘담그+아 → 담과 → 당과’로 활음형성과 비음화가 일어났다.

594) ‘고여 → 고에 → 고애 → 괘’로 축약 뒤에 ‘에’가 양성모음 ‘애’로 교체되고,
　　 활음이 형성되었다.

595) ‘어지간히’의 방언형. ‘어지개니’가 ‘에니’ 줄어들었다.

596) ‘아주머니’의 방언형. ‘아즈머니’에 접미사 ‘-네’가 연결된 뒤 축약이 일어
　　 났다.

597) ‘거머 썼다’로 분석이 가능하다. ‘거머’는 ‘휘몰아 들이거나 가짐’의 뜻으로
　　 ‘모두 거머 쥐고 사용하다’는 뜻이다.

598) ‘바나나’의 방언형.

599) ‘흰떡’의 방언형. 이 방언권에서 ‘히’와 ‘시’는 발음상 넘나듦이 있다. ‘시방’도
　　 ‘히방’으로 들리는 경우가 많이 있다.

600) ‘시루’의 방언형은 ‘시리’이다. 따라서 ‘시루떡’도 ‘시리떡’으로 사용된다.

601) ‘짚+으로 → 지브로 → 지부로’로 원순모음화가 일어나는 것이 일반적이다.
　　 그런데 도구격조사 ‘-으로’에서 ‘으’ 대신 ‘에’가 사용되는 경우가 있다. 이 때
　　 ‘-에’는 처격에서와 같이 ‘이’로 고모음화가 일어난다. 그래서 ‘지비로’로 실현
　　 되었다.

602) ‘구멍’의 방언형. 주로 ‘구넉, 구녕’으로 실현된다. 따라서 ‘구넉+에다 → 구

너게다 → 구너기다'로 고모음화가 일어났다.

603) '처음'의 방언형으로 '처무냐, 처무니'가 사용된다.

604) '제일 → 젤 → 질'로 축약과 고모음화가 일어났다.

605) '가루'의 방언형.

606) '켜'의 방언형.

607) '집어서'의 잘못된 발화.

608) '김+으로 → 김+이로 → 지미로'로 구개음화가 일어났다.

609) '읍네~움네'로 '으~우'의 교체가 활발하게 실현되고 있다.

610) '밟+고 → 밥꼬 → 박꼬'로 자음군단순화에 의해 'ㄹ'이 탈락하고, 경음화가 일어난 뒤 'ㅂ → ㄱ'으로 위치동화가 일어났다.

611) '돌'의 방언형.

612) '내버리다'의 방언형으로 '내뻐리다, 내삐리다' 등으로 실현된다.

613) '-까지'의 방언형.

614) 중앙어에서는 '닭+이 → 달기'로 실현되지만, 이 방언권에서는 '달구똥, 달기똥' 등에 화석화되어 'ㄹ'이 실현될 뿐, 나머지 예에서는 '닥'으로 실현된다.

615) '-부터'의 방언형.

616) '어떠케'와 '우트케'가 교체하고 있다. '어~우'의 교체가 생산적임을 보여주고 있다.

617) '목구녁+에 → 목꾸녀게 → 모꾸네게 → 모꾸니기'와 같이 기본형을 '목구녁'으로 설정하고, 경음화와 'ㅕ → ㅔ'로의 축약, 'ㅔ → ㅣ'로의 고모음화가 실현되었다.

618) '경제적 → 경지적'으로 단일어간 한자어에서도 고모음화가 일어나고 있다.

619) '바뀐 것 → 바긴 것 → 바낑 걷'으로 '위 → 이' 단모음화와 비음화가 일어났다.

620) '마음+을'로 분석된다. 대격조사 '-을'은 '-얼'로 교체된다. '마음'은 '맘:'으로 보상성 장모음화가 일어난 것이다.

621) 일반적으로 '기가 막히다'라는 통사적인 구성으로 사용되고 있다. 그러나 '기매킬 일이여'처럼 형태론적 구성으로 사용되기도 한다. 여기서는 후자로 인식하고 있다. '막히다 → 매키다'는 움라우트가 일어난 것이다.

622) 조사 '-보다도'의 방언형. '-보담, -보당'으로 사용된다.

623) '자꾸'의 방언형. '차꾸'로 많이 쓰인다.

624) '자식'의 방언형.

625) '그래서'의 줄어든 말.

626) '찬물 → 참물'로 순음화가 일어났다.

627) '안 머키우다'로 분석된다. '머키우다'는 '잊어버리다' 정도에 해당한다. 따라서 '잊어버리지 않게' 정도로 해석할 수 있다.

628) '없어지니까나'의 방언형. '-니까'는 주로 '-ㅇ 깨'로 실현되니까 '-지+ㅇ 깨'로 분석된다.

629) '없으니까'의 방언형. '-으니까'는 매개모음 '으'와 '-ㅇ 깨'로 분석된다.

630) '틀림없이'의 잘못된 발화.

631) 이 방언에서 '그렇게'는 '그르케, 그르캐'로 실현되고, '하고서'는 '하구서, 허구서'로 실현된다. '그르케 하구서'에서 '하'가 생략된 것이다.

632) '말씀 → 말씸'으로 치찰음 아래 전부고모음화가 일어났다.

633) '묘'의 방언형.

634) '항상, 늘'을 의미하는 부사로 '팜나, 밤나'로 실현된다. '밤나'는 '밤낮으로'에서 온 단어이다.

635) '자연 → 자엔'으로 축약이 일어났다.

636) '내버려두다'의 방언형으로 '내비두다'로 실현된다.

637) '성묘'의 방언형.

638) 부정의 '안'이 동사 '생각하다' 앞에서 직접 한정을 하고 있다.

639) '아덜레미, 딸레미'로 실현되지만, 전북방언에서는 주로 '아들래미, 딸래미'로 실현된다. '-레미/래미'는 '-놈이' 정도의 의미를 갖는다.

640) '길'의 방언형. 구개음화가 일어났다.

641) '양지바른 → 양지발른'으로 '르 ㄹ'이 실현되고 있다.

642) '명당+에'로 분석된다. 처격조사 '-에'는 '-이'로 실현되기에, '명당+에 → 명당+이 → 명댕이'로 움라우트가 일어났다.

643) '마냥'은 '매일, 항상'의 의미로 사용된다.

644) '어떻게'의 방언형.

645) '묘'의 방언형. '뫼, 메, 묘'로 사용된다.

646) '산등성이'의 방언형. '날망'은 등마루가 되는 높은 부분을 일컫는다.

647) '하여튼'의 방언형. '하틍간 좋다'와 같이 사용된다.

648) '-저퍼서'는 '-싶어서'의 방언형이다. '-싶다'는 '먹꼬잡따, 먹꼬자풍거'처럼 주로 '-잪다'로 실현된다. 이 '-잪다'가 '-젊+어서'로 실현된 것이다.

649) '유식하다'의 잘못된 발화.

650) ‘있는데는’으로 분석된다. 이때 ‘데’는 장소만을 의미하는 것이 아니라 ‘아들이 있을 때는’ 정도의 의미를 갖는다.

651) ‘햇볕이 잘 들어 밝고 따뜻하다’는 ‘당양(當陽)하다’의 방언형.

652) ‘급+하게 → 그파게’로 분석된다. 격음화가 생산적으로 일어남을 보인다.

653) ‘어찌’의 방언형.

654) ‘어떻게하든’은 전북 방언에서 주로 ‘어떠가든, 어떠카든’으로 실현된다. 그런데 이 지역어에서는 ‘워트가든’으로 실현되어, ‘어떻게’의 방언형은 ‘워트케, 워트게’이다.

655) ‘묘’의 방언형.

656) 우왕좌왕하는 모양을 나타낸다.

657) ‘-부터’의 방언형. ‘-부터, -부텀, -브텀, -버텀’으로 교체되어 실현된다.

658) ‘모르고’의 방언형. ‘양지발르고, 몰루고’처럼 모음과 모음 사이에서 ‘르 르’이 실현된다.

659) 묏자리를 일컫는다.

660) 이 방언에서 ‘도시’는 ‘도무지 알쑤가 업따.’처럼 부정적인 의미만이 아니라, ‘도시 헤야될 이르그만’처럼 ‘반드시, 꼭’이라는 뜻도 있다. 여기서는 후자의 의미로 사용되었다.

661) ‘모시+어도 → 모셔도 → 모세도 → 모시도’처럼 축약과 고모음화를 겪었다.

662) ‘임실+에다’의 조사 ‘-에다’는 ‘-에’가 생략되고, ‘ㄹ’ 밑에서 ‘ㄷ’이 경음화된다. 그러나 ‘전주다, 남원다’의 경우는 ‘다’로 실현된다.

663) ‘국립묘지 → 궁림묘지’로 비음화가 실현된다. 그런데 ‘묘지’는 ‘뫼지’로도 실현된다.

664) ‘그리’의 방언형. ‘그’는 주로 ‘고’로 실현되지만, ‘거’로도 많이 실현된다.

665) ‘성묘’의 방언형. 주로 ‘성미’로 실현되어 ‘셍미’로 움라우트가 일어나기도 한다. 그런데 여기서는 ‘생미’로 실현되고 있다.

666) ‘어떻게’의 방언형이 ‘워떠-, 워터-’로 실현됨을 볼 수 있다.

667) ‘길’의 방언형.

668) 이 방언에서 ‘가깝다’의 기본형은 ‘가찹다’이다.

669) ‘묵히는 것 보다’로 분석된다. 손자들이 찾아오지 않아 묘가 묵히게 될 것을 일컫는다.

670) ‘모두’의 방언형. ‘아주~아조, 모두~모도’처럼 ‘오~우’의 교체가 생산적이다.

(671) ‘지랄’은 마구 법석을 떨며 분별없이 하는 행동을 속되게 이르는 말로 쓰인
다. 그런데 ‘지랄맞다’는 ‘보기에 아주 안 좋다’는 의미로 사용되고 있다.

(672) ‘묻+어는 → 물어는 → 물러는’으로 ㄷ-불규칙 용언의 활용으로 얻어진 ‘물
어는’도 모음 사이에서 ‘ㄹㄹ’로 발화가 이루어지고 있다.

생 업

논 농사

〈벼농사 과정〉

이 동네는, 주로 인제 농사 이애기좀 쫌 해주세요.

⁻ 애.

여기는 논농사 반농사 대개 그러케 나눠지지요 잉?

⁻ 애, 반농사 논농사 그치요.

주로 논농사는 뭘 어떤 농사드를 지어요?

⁻ 논농사 베농사지 머 점부, 베농사고.

그면.

⁻ 베농산데.

논농사 반농사 논농사 지실때:.

⁻ 애.

주로 베농사 지시 지시자나요잉?

⁻ 애.

〈벼의 종류〉

그머는 베 종류는 주로 어떤 걷뜨리 읻써요?

⁻ 벼 종류는 멀 여:러 가지요. 벼가 각끼 여러가지 종류여. 게 머 시방 인재, 자꾸 또 신품종이 나오고 그랟싸니깨[1]. 머 여그에 오레는 머 저:. 멀 차꾸 이르캐 차꾸 난 생가갈라먼 이자 금 금방 잘 잘 알던 잘 아능거 가터. 동진, 동진 일호도 읻꼬, 오레 동진 일호, 동진 일호를 마니 핻써요.

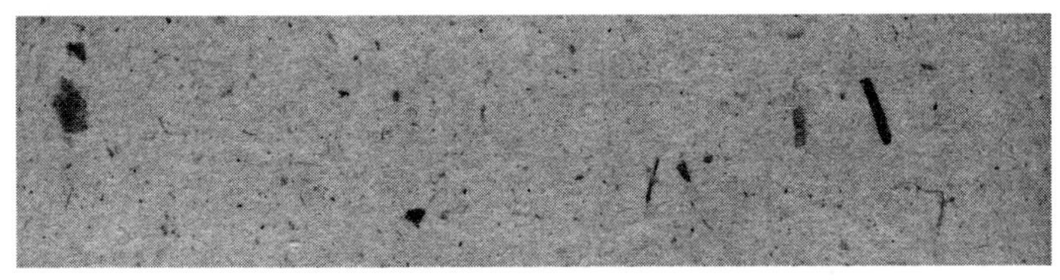

〈벼농사 과정〉

이 동네는, 주로 이제 농사 이야기 좀 해주세요.

¯ 예.

여기는 논농사 밭농사 대개 그렇게 나눠지지요 잉?

¯ 예, 밭농사 논농사 그렇지요.

주로 논농사는´뭣 어떤 농사들을 지어요?

¯ 논농사는 벼농사지 뭐 전부, 벼농사고.

그러면.

¯ 벼농산데.

논농사 밭농사 논농사 지실 때.

¯ 예.

주로 벼농사 지시 지시잖아요 잉?

¯ 예.

〈벼의 종류〉

그러면 벼 종류는 주로 어떤 것들이 있어요?

¯ 벼 종류는 뭣 여러 가지요. 벼가 각기 여러가지 종류여. 그 뭐 지금
이제, 자꾸 또 신품종이 나오고 그랬싸니까. 뭐 여기에 올해는 뭐 저. 뭘
자꾸 이렇게 자꾸 나는 생각하려면 이제 금방 잘 잘 알던 잘 아는 것 같
아. 동진, 동진 일호도 있고, 올해 동진 일호, 동진 일호를 많이 했어요.

동진 일오, 사모라능가 동진 사모도 잊꼬, 일미베 일미베도 잊꼬, 남평베
도 잊꼬, 머 또 딴 베도 잊꼬, 여러가지 흥:해요.

그런데 인자 그 그런 종륜디 베가 쪼금 빨리 나오고……

‾ 애.

머 느께 수화가고 이런걸 이런거세 따르는 종류는 무슨 종류라구레?

‾ 오대저비 오대벼라구라데, 인자 올되능거가꼬.

아:! 올되는 거슬 뭐라군다고?

‾ 오대베.

오대베, 느께 이른거슨?

‾ 느께 비능건 늗뚱 알고 그냥 저 머 절, 신 품종이니 머 일미베니 각각
그거 벼 이르미 잇써요. 그렁거 벼 이름 인자 그라쟈나 인재 잊꼬.

그먼 엔나레 그 베가 저 빨리 베는 거슨? 조생종, 만생종 이런마른 안써요?

‾ 에, 쓰지요. 엔나레는 만생종 조상베를 썬는데, 시방 그 잘 안쓰데요.
조생종, 만생종은 썯써요, 그저니는 다 그러케.

중생종도 잊꼬?

‾ 애. 중생 중생종?

애.

‾ 몰라 중생종은 몰라.

조생종은 쫌 빨리 수화글 하는 거지요?

‾ 예예.

여기는 대개 추석 저네 수화글 마니, 엔날부터 핸나요?

‾ 아니요, 여기는 는나라글²⁾ 해요, 느깨 되능거.

왜 그래요? 는나라글 하는 이유가 따로 잇써요?

‾ 여가 인자 저: 시방 저 안성이요?

예.

‾ 여그 저 전주서 오는 데, 안성.

동질 일호, 삼호라는가 동진 삼호도 있고, 일미베 일미벼도 있고, 남평벼
도 있고, 뭐 또 딴 벼도 있고, 여러가지 흔해요.

그런데 이제 그 그런 종류인데 벼가 조금 빨리 나오고……

￣ 예.

뭐 늦게 수확하고 이런것 이런것에 따르는 종류는 무슨 종류라고 그래요?

￣ 오대벼 오대벼라고 그러데, 이제 올되는 것 가지고.

아! 올되는 것을 뭐라고 한다고?

￣ 오대벼.

오대벼, 늦게 이른 것은?

￣ 늦게 베는 것은 늦든 알고 그냥 저 뭐 저, 신 품종이니 뭐 일미벼니
각각 그것 벼 이름이 있어요. 그런것 벼 이름 이제 그러잖아 이제 있고.

그러면 옛날에 그 벼가 저 빨리 베는 것은? 조생종, 만생종 이런 말은 안써요?

￣ 예, 쓰지요. 옛날에는 만생종 조생벼를 썼는데, 지금 그 잘 안 쓰데요.
조생종, 만생종은 썼어요, 그전에는 다 그렇게.

중생종도 있고?

￣ 예. 중생 중생종?

예.

￣ 몰라 중생종은 몰라.

조생종은 조금 빨리 수확은 하는 것이지요?

￣ 예예.

여기는 대개 추석 전에 수확을 많이, 옛날부터 했나요?

￣ 아니요, 여기는 늦나락을 해요, 늦게 되는 것.

왜 그래요? 늦나락을 하는 이유가 따로 있어요?

￣ 여기가 이제 저 지금 저 안성이요?

예.

￣ 여기 저 전주에서 오는 데, 안성.

예.

‾ 인자 무주군 안성며니자나요?

예.

‾ 거가 지여기 기영기[3] 놉짜나요.

얘.

‾ 건 지영이 놉꼬, 가튼 구니래도 여기는 지에기 나자서요.

아:! 안성보다 여가 나자요?

‾ 아! 마니 나찌요. 그래머.

지난서 보면 쭉: 올라오는 거 가튼 느끼미 드러서 저 저도 여가 지금.

‾ 아:! 지난도 여그보다 지에기 노파요.

그래요?

‾ 지난도 노파요. 얘, 지낸도[4] 놉꼬. 여가 지에기 나차와요[5]. 그래서 여가 따수워요[6], 따시고서나. 안성은 서리가 일찌기 오고.

예.

‾ 서리가 일찌기 오고 거가 춰:요, 아조. 눈두[7] 거가 아피[8] 오고 마니 오고. 게서 안성은 엔:날버틈 제: 올되는 거. 시방 거그 안성 사람들 오대 오대벼라고 다 그라데, 올된다고 오대벼라고[9].

으:.

‾ 게서, 거기는 주로 시방 나락 다 이거쓸거여, 어지가니 뭐 이거.

올 때 보니까 그 금방은 지금 마니 볃써요.

‾ 예, 그럴끼요 암매[10]. 빈디도 잍꼬, 시방 어지가니 다 이거쓸께여, 암매 어지가니.

예.

‾ 거기는 주로, 첨부 이재 그 이재 올 된 노물 해요. 그러고 여기는 보통 인재 엔날부텀 여기는 이재 워:쩌다가 올 된 놈 올라간 사람 잍꼬, 오대베. 그라고 이자근[11] 제 만생종을 마니 해요.

예.

－ 이제 무주군 안성면이잖아요?

예.

－ 거기가 지역이 지형이 높잖아요.

예.

－ 거기는 지형이 높고, 같은 군이라도 여기는 지역이 낮아서요.

아! 안성보다 여기가 낮아요?

－ 아! 많이 낮지요. 그래 뭐.

진안에서 보면 쭉 올라오는 것 같은 느낌이 들어서 저 저도 여기가 지금.

－ 아! 진안도 여기보다 지역이 높아요.

그래요?

－ 진안도 높아요. 예, 진안도 높고. 여기가 지역이 낮아요. 그래서 여기가 다습어요, 다습어서나. 안성은 서리가 일찍이 오고.

예.

－ 서리가 일찍이 오고 거기가 추어요, 아주. 눈도 거기가 앞에 오고 많이 오고. 그래서 안성은 옛날부터 이제 올되는 것. 지금 거기 안성 사람들 오대 오대벼라고 다 그러데, 올된다고 오대벼라고.

응.

－ 그래서, 거기는 주로 지금 나라 다 이었은 거야, 어지간히 뭐 이건. 올 때 보니까 그 금방은 지금 많이 벴어요.

－ 예, 그럴 것이요 아마. 벤 데도 있고, 지금 어지간히 다 익었을 거에요, 아마 어지간히.

예.

－ 거기는 주로, 전부 이제 그 이제 올 된 놈을 해요. 그리고 여기는 보통 이제 옛날부터 여기는 이제 어쩌다가 올 된 놈 올라간 사람 있고, 오대벼. 그리고 이쪽은 이제 만생종을 많이 해요.

여가 그러케 낟끄만요 잉?

⎯ 예, 나자요. 아주 나자요. 여가 아주 나자요.

전주서도 올라와가지고⋯⋯

⎯ 애.

올라와서 여기는 별로 지금 그대로 빤드싱갑따. 그래서 무주도 상댕이 노풍가보다 그러케 생가글 핻떠니.

⎯ 아니, 무주: 시방 무주굴래서는[12] 시방 무풍면, 안성면⋯⋯

예.

⎯ 부남, 설천, 안성 게 게⋯⋯ 그런데.

예.

⎯ 무주구네서는 여기가 제일 나자요, 지대가요. 여가 질[13] 나자요, 여가. 딴디 다 노파요. 그라구 시방 무주구네서도 마리요, 다: 딴 디 딴 면 딴 머니서 다 네리와서 여그와서 끋땡이자나[14]. 여기 우리 우리 우리 동네가. 무풍면 무풍, 설천도 저: 저그 저그 에 구천동 상뉴자나 거가.

예.

⎯ 구천 상뉴제. 시방 안성.

애.

⎯ 안성이 저 부남 부냄면[15] 저리도 인재 여그여그 큰냄물[16].

예.

⎯ 큰냄무리라고 인재 거 거가 상뉴자냐. 쟁기, 쟁기, 장수 거가 큰냄물 상뉴자냐.

그러쵸.

⎯ 에, 거 다: 여기보다 다 놉짜냐. 거그서 이캐 네레오는 거 이캐. 그래서 여기가 좀 따숴요.

그먼 엔날에는 여 여기가 무리 조아서 여기는 게속 논농사를 마니 젣껃네요, 잉?

여기가 그렇게 낮그만요 잉?

ⁿ 예, 낮아요. 아주 낮아요. 여기가 아주 낮아요.

전주에서도 올라와가지고……

ⁿ 예.

올라와서 여기는 별로 지금 그대로 반드시인가보다. 그래서 무주도 상당히 높은가보다 그렇게 생각을 했더니.

ⁿ 아니, 무주 지금 무주군내에서는 지금 무풍면, 안성면……

예.

ⁿ 부남, 설천, 안성 그 그…… 그런데.

예.

ⁿ 무주군에서는 여기가 제일 낮아요, 지대가요. 여기가 제일 낮아요, 여기가. 딴 데 다 높아요. 그리고 지금 무주군에서도 말이요, 다 딴 데 딴 면 딴 면에서 다 내려와서 여기 와서 끝땅이잖아. 여기 우리 우리 우리 동네가. 무풍면 무풍, 설천도 저 저기 예 구천동 상류잖아 거기가.

예.

ⁿ 구천 상류지. 지금 안성.

예.

ⁿ 안성이 저 부남 부남면 저리도 여기여기 큰냇물.

에.

ⁿ 큰냇물이라고 이제 그 거기가 상류잖아. 장계, 장계, 장수 거기가 큰 냇물 상류잖아.

그렇지요.

ⁿ 예, 그 다 여기보다 다 높잖아. 거기서 이렇게 내려오는 것이 이렇게. 그래서 여기가 좀 따수어요.

그러면 옛날에는 여 여기가 물이 좋아서 여기는 계속 논농사를 많이 지었겠 네요, 잉?

ˉ 어, 그코 주로 논농사 헬죠.

그 논 땅도 조쿠요 잉?

ˉ 예.

그며는 그러케 논농사:를 할 때 논농사를 하는 과정을……

ˉ 예.

베를 시머서 거둘때까지……

ˉ 애.

준비해서 그 허는 과정을 쪽: 쪼금만 설명좀 헤줘보세요.

ˉ 엔나레 인자 핻……

엔날껀하고, 엔날껀 한번 헬쓰먼 요쯤꺼더고 얼마나 달라전는가도 이애기를
헤주시고.

ˉ 요즘 마:이 달라저씽개 엔날거하고 이 시방……

엔날에는 어땓써, 어르신 절무실 때는?

ˉ 엔나레요? 엔나레 인제 보메,

〈모내기 과정〉

ˉ 봄 되며는 인재 모자리라고[17]……

예.

ˉ 모자리라고 인재, 전부 이제 지비서 그저니 소, 돼지 이재, 그 똥 거
그다 인자…… 엔나레 인자 보미요[18]. 지비서 집:집마다 엔나레는 소 돼
지를 다: 메긷짜나요.

예예.

ˉ 집찜마동[19] 소 함마리 이재 돼지 함마리는 거진 다 메긷써요. 안 미긴
디도 워:쩌다 암미긴[20] 집 이썯써요. 어쩌다. 그람 인자 게으레 인제 거:
똥얼 똥 누먼 거그다 풀 거름한다고 인재 푸럴 가따 너가꼬 인자 그노멀
거르멀 처내 수부:가니 쟁에노채네 인제.

- 응, 그렇고 주로 논농사 했지요.

그 논 땅도 좋고요 잉?

- 예.

그러면 그렇게 논농사를 할 때 논농사를 하는 과정을……

- 예.

벼를 심어서 거둘 때까지……

- 예.

준비해서 그 하는 과정을 쭉 조금만 설명 좀 해줘보세요.

- 옛날에 이제 했……

옛날 것하고, 옛날 것 한번 했으면 요즘 것하고 얼마나 달라졌는가도 이야기를 해주시고.

- 요즘 많이 달라졌으니까 옛날 것하고 이 지금……

옛날에는 어땠어요, 어르신 젊으실 때는?

- 옛날에요? 옛날에 이제 봄에.

〈모내기 과정〉

- 봄 되면 이제 못자리라고……

예.

- 못자리라고 이게, 전부 이제 집에서 그전에 소, 돼지 이제, 그 똥 거기다 이제…… 옛날에 이제 봄에요. 집에서 집집마다 옛날에는 소 돼지를 다 먹였잖아요.

예예.

- 집집마다 소 한 마리 이제 돼지 한 마리는 거의 다 먹였어요. 안 먹인 데도 어쩌다 안 먹인 집 있었어요. 어쩌다. 그러면 이제 겨울에 이제 그 똥을 똥 누면 거기다 풀 거름한다고 이제 풀을 갖다 넣어가지고 이제 그 놈을 거름을 쳐내 수북하게 쟁여놓잖아 이제.

애.

￣ 보미 인재 그놈 논바티로 인재 내가꼬. 거름 그노멀 인재, 노느로 인재 내가지고, 내가지고 인재. 그저니는 인재 노늘 이재 소로 가랃짜나요?

얘:.

￣ 소로 가르먼 이재 벽떵이[21] 등어리[22] 등어리가 커:게 너머가자나요, 왜? 너머가면 인재 사래미 엔나레 사래미 다 깹써요. 게, 소시랑이라고 왜, 가정찌비 두발소시랑이라고, 게 이케 이케 이케 고 발 이캐 발 두개 이르캐 인능거 일시요. 그노멀 갇고서 인재 점:부 벽뜽이를[23] 깨요. 벽뜽이를 깨가지구 인재 거기다 인자 거름, 거름 인재 가딴 피고서나 인자 소로 함번 가라요. 소로 함번 가 가라가꾸서 인재 가상으로[24] 빵: 인제 물모디기[25] 논뚜렁이라고 물 몬나가게 헫짜나요, 인재? 그게 논뚜렁 해가지고 설랑[26] 인재, 무를 자바열차나요[27]? 물을 자바 넘, 자바 너쿠서는 인재, '쓰린다고, 쓰리질[28] 알 알껄요?

얘얘얘.

￣ 써리질, 소로 가따가 인자 써리지를 해요. 게 써리질, 써리질 하문 인재, 흐기 확: 푸러지자너요? 확 푸러지면 인재, 산내키로[29] 인자 가지고 와서 개탕이라고[30]. 게 이캐 양쪼게다 요로케 이제, 저:쩌게 이르캐 주를 매노코, 개탕이라고 인제. 이노물 처가꾸서 인재, 또랑이끼지[31] 또랑이지 인재, 또랑얼 이르캐 맨드랃써요. 그래가꾸서 인재, 나:.

사내끼를 왜 왜 가꾸가요?

￣ 어?

산내끼는 왜 왜 가꾸가?

￣ 이 빤드다니[32] (아 빤드다게? 요요로케) 빤드다게 칠라고 인재 산내키를 처노코. 산내키로 빠드다니 처노코, 인재, 양쪼그로 이러케 처노쿠 인재. 흐글 이르캐 인재 그러가꼬 이캐 (올려요?) 올려, 등이로 올려. 그라고 인재, 고랑 맨들라고 ·그래.

예.

― 봄에 이제 그 놈 논밭으로 이제 내가지고. 거름 그 놈을 이제, 논으로 이제 내가지고, 내가지고 이제. 그전에는 이제 논을 이렇게 소로 갈았잖아요?

예.

― 소로 갈면 이제 벽덩이 덩어리 덩어리가 크게 넘어가잖아요, 왜? 넘어가면 이제 사람이 옛날에 사람이 다 깼어요. 그, 쇠스랑이라고 왜, 가정집에 두발 쇠스랑이라고, 그 이렇게 이렇게 이렇게 그 발 이렇게 발 두개 이렇게 있는 것 있어요. 그 놈을 갖고서 이제 전부 벽덩이를 깨요. 벽덩이를 깨가지고 이제 거기에다 이제 거름, 거름 이제 가져다 펴고서나 이제 소로 한번 갈아요. 소로 한번 가 갈아가지고서 이제 가로 뺑 이제 물모두기 논두렁이라고 물 못 나가게 했잖아요, 이제? 그렇게 논두렁 해가지고설랑 이제, 물을 잡아넣잖아요? 물을 잡어 너면, 잡아넣고서는 이제, 써린다고, 써리질 알 알 걸요?

예예예.

― 써리질, 소로 갖다가 이제 써리질을 해요. 그 써리질, 써리질 하면 이제, 흙이 확 풀어지잖아요? 확 풀어지면 이제, 새끼로 이제 가지고 와서 개탕이라고. 그 이렇게 양쪽에다 이렇게 이제, 저쪽에 이렇게 줄을 매놓고, 개탕이라고 이제. 이 놈을 쳐가지고 이제, 도랑이겠지 도랑이지 이제, 도랑을 이렇게 만들었어요. 그래가지고서 이제, 나.

새끼를 왜 왜 가지고 가요?

― 어?

새끼는 왜 왜 가지고 가?

― 이 반듯하니 (아 반듯하게? 이렇게.) 반듯하게 치려고 이제 새끼를 쳐놓고. 새끼로 반듯하게 쳐놓고, 이제, 양쪽으로 이렇게 쳐놓고 이제. 흙을 이렇게 이제 긁어가지고 이렇게 (올려요?) 올려, 등으로 올려. 그리고 이제, 고랑 만들려고 그래.

예.

⁻ 고레가꾸서 인재 송판.

예.

⁻ 송파니로 인제 번지, 그기 번지지리라고 해요.

얘:.

⁻ 송파니로 인재 발로 발붐서 거러나감서[33] 이캐 착착착착착 해서 이캐, 발붐서 이캐 뒤로 쪽: 쪽 미룽개[34] 빤드더자나요.

얘.

⁻ 이 빤드더 빤드다구 그래 그래노면 인재. 씬나라기라고[35] 인재 그 모자리 하기 저네.

예.

⁻ 모자리 하기 저네 한, 모자리 하기 한 이:시빌 저니 씬나라글 당과요, 지비다가 당과노차나요. 당가놔따가 인재 고로캐 모자릴 고로캐 해가지고, 이제 물 대가지고 인재, 거다가따가 인재, 사래미 가따 씬나락 이캐, 그걸보고 씬나락 친다구라지[36]. 씬나락 치로 간다구라제 인제, 뿌리능걸. 뿌리가꼬, 그래서 인재, 모럴 키울쩨게 그저네 비루가[37] 업쓩깨:.

예.

⁻ 저: 인분, 저: 인분 바든걸 엔나렌 옹기 장구니다[38] 지다가 논바티다 뿌릴짜나요.

예.

⁻ 그놈도 가따 뿌리꼬, 인자 그러캐서.

그거슬 그 모자리다도 뿌렫써요?

⁻ 아:! 뿌릴찌요, 그럼. 모자리 뿌리면 조아요. 그거또 뿌리고 그러캔써요. 그라고, 엔:날 엔:나레는 인자 모자리라 그라구 인재, 양쪼게 이캐 산내끼 가꼬 인재 이게 개 개탕이라고 한데, 이캐 산내키를 친 치거등요. 근디 그:저니 엔나레 엔나레는 살 첟써요. 산내키를 안 친는디, 일번놈

예.

¯ 그래가지고서 이제 송판.

예.

¯ 송판으로 이제 번지, 그것이 번지질이라고 해요.

예.

¯ 송판으로 이제 발로 밟으면서 걸어 나가면서 이렇게 착착착착착착
해서 이렇게, 밟으면서 이렇게 뒤로 쭉 쭉 밀으니까 반듯하잖아요.

예.

¯ 이 반듯해 반듯하고 그래 그래놓으면 이제. 볍씨라고 이제 그 못자리
하기 전에.

예.

¯ 못자리하기 전에 한, 못자리하기 한 이십일 전에 볍씨를 담궈요, 집에
다가 담궈놓잖아요. 담궈놓았다가 이제 그렇게 못자리를 그렇게 해가지
고, 이제 물 대가지고 이제, 거기에다가 이제, 사람이 갖다 볍씨 이렇게,
그것을 보고 볍씨 친다고 그러지. 볍씨 치로 간다고 그러지 이제, 뿌리는
것을. 뿌려가지고, 그래서 이제, 모를 키울 적에 그전에 비료가 없으니까.

예.

¯ 저 인분, 저 인분 받은 것을 옛날에는 옹기 장군에다 지어다가 논밭
에다 뿌렸잖아요.

예.

¯ 그 놈도 갖다 뿌리고, 이제 그렇게 해서.

그것을 그 못자리에도 뿌렸어요?

¯ 아! 뿌렸지요, 그럼. 못자리 뿌리면 좋아요. 그것도 뿌리고 그렇게 했
어요. 그리고, 옛날 옛날에는 이제 못자리라 그리고 이제, 양쪽에 이렇게
새끼 가지고 이제 이렇게 개 개탕이라고 하는데, 이렇게 새끼를 치 쳤거
든요. 그런데 그전에 옛날에 옛날에는 새끼로 안 쳤어요. 새끼를 안 쳤는

들³⁹⁾ 나와가꾸서 일쩡때, 일번놈드리 일 이른 올케 시기는 기여. 산내키를 안 치면 그 씬나라기 이캐 어떠카먼 뚤뚤 몰리 그지가는 수가 읻써요. 몰리댕기. 저 산내키를 치머는 고 산내키 때미네 개탕이라고, 또랑이로, 또랑이로⁴⁰⁾ 몬네레 몬네레오게 헌다고 이재. 그 사내키로 첟써요.

　아:.

　￣ 그저니는 그 산내키를 안 치고 그냥 그냥 거시갠는데. 그래가꾸서 인재 거 인자 모 키워가꾸 인재, 모 키워가꾸 인재, 엔나레 인재 노네다가 버:리를⁴¹⁾ 다 가랃짜나요, 버:리.

　예.

　￣ 보리.

　얘얘.

　￣ 보리를 가라서 인재, 보리가 누:러니 익짜나요. 보리가 누러니 이그면 이재, 나시로 베가꼬, 나시로⁴²⁾ 베가꼬 지비로 이케, 다니로 무꺼가꾸서, 그노멀 이재 모싱굴라고⁴³⁾ 인자 그 노멀 생거를 무꺼까꾸서 이 저. 그저니 여그 지금 재너미라고 여기 저 사과받 크자나요.

　얘:.

　￣ 거가 바시 업썬써요. 거가 점부 갱버닏써요, 갱번⁴⁴⁾.

　아:.

　￣ 거가 갱버닏꺼든요. 거 점:부 이리 지낻써요. 인재 저버니 거기. 지개로, 지개로 다 지내요. 거 지내고서 인재. 왜 그걸 지내냐먼, 그럼 그럼 말르드락⁴⁵⁾ 거그다 인재 말리가꼬 거시갈라먼 모가 늗짜냐. 모가 느징깨로나, 깽벼느로 지내서 갱벼니다 다 널고, 인제 그 노널 그 엔나레 인재 버리논 버리 베낻짜녀요.

　얘.

　￣ 버리 비낻⁴⁶⁾ 거기다가 인재 퇴비, 퇴비를 내가꼬 가따 퇴비 뿌리고, 바닥푸리라고 엔나레 사니서 비다가 인자.

데, 일본놈들이 나와가지고서 일정 때, 일본놈들이 일 일을 옳게 시키는
것이야. 새끼를 안 치면 그 볍씨가 이렇게 어떻게 하면 뚤뚤 몰려 거시기
하는 수가 있어요. 몰려 다녔어. 저 새끼를 치면 그 새끼 때문에 개탕이라
고, 도랑으로, 도랑으로 못 네려 네려오게 한다고 이제. 그 새끼를 쳤어요.

아.

￣ 그전에는 그 새끼를 안 치고 그냥 그냥 거시기했는데. 그래가지고서
이제 그 이제 모 키워가지고 이제, 모 키워가지고 이제, 옛날에 이제 논에
다가 보리를 다 갈았잖아요, 보리.

예.

￣ 보리.

예예.

￣ 보리를 갈아서 이제, 보리가 누렇게 익잖아요. 보리가 누렇게 익으면
이제, 낫으로 베가지고, 낫으로 베가지고 집으로 이렇게, 단으로 묶어가
지고서, 그 놈을 이제 모 심으려고 이제 그 놈을 생 것을 묶어가지고 이
저. 그전에 여기 지금 재넘어라고 여기 저 사과밭 크잖아요.

예.

￣ 거기가 밭이 없었어요. 거기가 전부 강변이었어요, 강변.

아.

￣ 거기가 강변이었거든요. 그, 전부 이리 지어냈어요. 이제 저번에 거기
지게로, 지게로 다 지어내요. 그 지어내고서 이제. 왜 그것을 지어내냐면,
그럼 그럼 마르도록 거기다 이제 말려가지고 거시기하려면 모가 늦잖아.
모가 늦으니까, 강변으로 지어내서 강변에다 다 널고, 이제 그 논을 그 옛
날에 이제 보리논 보리 베냈잖아요.

예.

￣ 보리 베낸 거기에다가 이제 퇴비, 퇴비를 내가지고 갖다 퇴비 뿌리고,
바닥 풀이라고 옛날에 산에서 베다가 이제.

에:, 아까 말씀하……

⁻ 봄 봄 보미 인재 푸럴 가따가 인자 노니다 이르캐 모티케놔요[47]. 족:
모티키놔. 버리 그놈 비내고, 거름 그놈 막 피고, 풀 그놈 이제 막 피재냐.

그 푸리 안 다: 안 써건는데도?

⁻ 으?

푸리 다: 안 써거도?

⁻ 아:! 안 썩찌 안 썩찌, 그냥 일찌 인재 이러캐. 그 안 썩꼬 그냥 빼썽[48]
말라가꼬, 웡:아니[49] 일써요. 그래 그노멀 소로 가라. 그래 저 그노멀 소로
가르먼, 푸리 인제 웨로[50] 인재, 땅쏘그로 다 안 드러간 놈 일꼬, 웨로 이
캐 나온 놈 일짜나요.

얘얘.

⁻ 그람 무를 자바너코, 무를 자버너코[51], 발로 발바서 대강 쑤시너.

어:.

⁻ 발반[52] 쑤시 너코. 인재 그라고 인재 써리지 인재. 써러가꼬서나[53],
게 인재. 엔나렌 모싱굴쩌게 모찐다고 구라제, 모 뽐닝걸 모찐다구
래요.

얘.

⁻ 인재 모싱굴 때 되먼 인재 노벌 마:니 어더요, 마:니 어더가꾸서, 인
재. 모럴 점:부 뽀바가꾸서나, 지비루 인재. 게 요만:치썩 인재 게 무꺼요.
무꺼가꼬서나 인재, 그너믈 인재 지개다 또 질머지다가, 그 윈 노네다 이
재 피지, 사방이. 그거보고 모 베린다고[54] 하는데,

모 베린다고요?

⁻ 벨러, 벨른다고, 모 벨른다구랴. 벨러가꾸서나 인재. 줄대고 줄대고
인재, 놉 마:니 으더가꼬, 그르캐 모럴 시먿써요.

모를 가따 그개 그 이케 찡거슬 가따 농거슬 모벨른다고 그레요?

⁻ 얘, 모 벨른다구래.

예, 아까 말씀하⋯⋯

 ̄ 봄 봄 봄에 이제 풀을 갖다가 이제 논에다 이렇게 모아놔요. 죽 모아놔. 보리 그 놈 베내고, 거름 그 놈 막 펴고, 풀 그 놈 이제 막 펴잖아.

그 풀이 안 다 안 썩었는데도?

 ̄ 응?

풀이 다 안 썩어도?

 ̄ 아! 안 썩지 안 썩지, 그냥 있지 이제 이렇게. 그 안 썩고 그냥 바싹 말라가지고, 웡하니 있어요. 그래 그 놈을 소로 갈아. 그래 저 그 놈을 소로 갈으면, 풀이 이제 따로 이제, 땅속으로 다 안 들어간 놈도 있고, 따로 이렇게 나온 놈 있잖아요.

예예.

 ̄ 그러면 물을 잡아넣고, 물을 잡어 넣고, 발로 밟아서 대강 쑤셔넣어.

어.

 ̄ 밟아서 쑤셔 넣고. 이제 그리고 이제 써리지 이제. 써리질 해가지고서나, 그 이제. 옛날에는 모 심을 적에 모 찐다고 그러제, 모 뽑는 것을 모 찐다고 그래요.

예.

 ̄ 이제 모 심을 때 되면 이제 놉을 많이 얻어요, 많이 얻어가지고서, 이제. 모를 전부 뽑이기지고서니, 짚으로 이제. 그 이만하게 이제 ㄱ 묶어요. 묶어가지고서나 이제, 그 놈을 이제 지게에다 또 짊어져다가, 그 온 논에다 이제 펴지, 사방에. 그것보고 모 벼른다고 하는데,

모 벼른다고요?

 ̄ 별러, 벼른다고, 모 벼른다고 그래. 별러가지고서 이제, 줄 대고 줄 대고 이제, 놉 많이 얻어가지고, 그렇게 모를 심었어요.

모를 갖다 그것이 그 이렇게 찐 것을 갖다 놓는 것을 모 별른다고 그래요?

 ̄ 예, 모 별른다고 그래요.

　아:!

　- 모 벨른다구랴 궁깨. 노니 인재 드문드문 사방이 이르캐 여기저기 노야, 여기저기 노야, 인자 사라미 시뭉깨……

　예.

　- 그러케 가따놔야 사라미 인재 에 싱구고 인재 죽: 이캐 느러서나 주니까나, 고 뒤 가따놔야 인재, 고 주머그로 인재 빼서 싱구고, 또 빼서 싱구고, 차꾸 그라카자냐, 그리서. 그리 가따놔야 되자녀. 그리캐서 엔나레 인재, 농사럴 짇써요. 농사 진는데…… 시방언: 시방언 그: 인재. 기게로 시뭉깨 모파니라고 이캐 읻짜너요, 모판. 거기다가 흑 다마꼬, 시방언 기게루[55] 인제 시방언 씬나락 이캐 치는 거또 기게다가 이제 저 씬나라걸 다머가꼬, 주루루 흘리먼 그냥 지대로 처지요, 인재.

　아:!

　- 지대로[56] 처저. 지대로 치 읻따가 인재, 모자리도 하 모자리라도 하기는 하지, 모자리를 하기 하기는 해도 인자, 그.

아!

￣ 모 별른다고 그래 그러니까. 논에 이제 드문드문 사방에 이렇게 여기 저기 놓아야, 여기저기 놓아야, 이제 사람이 심으니까……

예.

￣ 그렇게 갖다 놓아야 사람이 이제 에 심고 이제 쭉 이렇게 늘어서 주니까, 그 뒤 갖다 놓아야 이제, 그 주먹으로 이제 빼서 심고, 또 빼서 심고, 자꾸 그렇게 하잖아요, 그래서. 그리 갖다 놓아야 되잖아요. 그렇게 해서 옛날에 이제, 농사를 지었어요. 농사 짓는데…… 지금은 지금은 그 이제. 기계로 심으니까 모판이라고 이렇게 있잖아요, 모판. 거기에다가 흙 담아 가지고, 지금은 기계로 이제 지금은 볍씨 이렇게 치는 것도 기계에다가 이제 저 볍씨를 담아가지고, 주루룩 흘리면 그냥 제대로 쳐져요, 이제.

아!

￣ 제대로 쳐져. 제대로 쳐졌다가 이제, 못자리도 하 못자리도 하기는 하지, 못자리를 하기 하기는 해도 이제, 그.

1) '그래+쌓+으니까'로 분석된다. '그래'는 '그리하여'가 줄어든 말이고, '쌓다'는 동사의 '아, 어, 여'형 다음에 쓰여, 어떤 동작이나 행동을 자꾸 거듭함을 나타낸다. '-으니까'는 이 방언에서 '-으니께, -응깨'로 실현된다.

2) '늦+나락+을 → 늗나라글 → 는나라글'로 중화와 비음화가 일어났다. '-을'은 '-얼'로 실현되기도 한다.

3) '기영기'는 '지형이'에 해당한다. 이 지역어에서 '지형+이'는 '지영이'로 실현되고, '지역+이'는 '지여기, 지에기'로 실현된다. 따라서 '기영이'는 '지영이'의 '지영'과 '지여기'의 '기'가 혼태되어 '지영기'가 구개음화의 과도 교정으로 얻어진 형태이다.

4) '진안(鎭安)'의 방언형.

5) '낮다'의 방언형. 기본형으로 '나찹다'를 설정하게 한다.

6) '다습다'의 방언형. '따숩다, 따시다'로 실현된다.

7) 보조사 '-도'의 방언형.

8) '앞에 → 아페 → 아피'로 고모음화가 일어났다.

9) 올벼의 일종으로 벼 품종 명칭이다.

10) '아마'의 방언형.

11) '이쪽은'의 방언형. '이쪽'은 주로 '이짝'으로 실현된다. '이짝+은 → 이짜근' 으로 실현되어야 하는데 '이자근'으로 평음으로 실현되고 있다.

12) '무주군내 → 무주굴래'처럼 'ㄴㄴ → ㄹㄹ'로 실현되고 있다. 현재는 주로 전남방언에서 생산성을 가지고 있다.

13) '제일'이 '젤'로 줄어들었다.

14) '끝땅이잖아요'로 '땅이'가 '땡이'로 움라우트가 일어났다.

15) '부남면 → 부냄면'으로 한자어 지명에서 움라우트가 실현되고 있어, 과거 움라우트의 생산성을 확인할 수 있다.

16) '냇물 → 낻물 → 냄물'로 중화현상과 순자음화가 일어났다.

17) '못자리'는 '몯짜리, 모짜리'로 실현이 일반적이다. 그러나 이 지역에서는 '모자리'로 실현된다. 이는 '이짝은 → 이자근'과 같이 평음으로 실현되는 현상

과 평행하게 해석된다.

18) '봄에요 → 보메요 → 보미요'로 고모음화가 실현되고 있다.

19) '-마동'은 '-마다'의 방언형.

20) '안+먹+인'으로 분석된다. '먹이다'는 '메기다'로 움라우트가 일어난 뒤 '미기다'로 고모음화가 일어난 예이고, '암메긴'의 '암'은 '안 메기'와 같이 어절이 분명히 구분되면 '안 미기다' 같이 순음화를 외면하지만, 발음상 한 어절로 인식되면 '암메긴'으로 실현되고 있다.

21) '벽덩이'는 '준 벽덩이 가져다가 괴와 편히 ㅎ고'〈朴通中:58a〉에서 사용된 것으로 '벽돌덩이'의 뜻으로 사용되지만, 여기서는 '흙덩이' 정도로 사용되고 있다.

22) '덩어리'의 방언형. '어'와 '으'가 교체를 보인다.

23) '벽떵이'는 '벽덩이 → 벽뎅이 → 벽뗑이'로 움라우트, 경음화, 고모음화를 겪은 것이고, '벽뜽이'는 '으'와 '이'가 교체된 것이다. '벽뗑이, 벽떵이, 벽뜽이'로 실현이 되고 있다.

24) '가(邊)'의 방언형.

25) '물 모두기'는 논두렁에 물이 새지 않도록 논둑 안쪽을 벽 바르는 것처럼 하는 것을 일컫는다.

26) '-서(격조사)+르랑(보조사)'의 결합.

27) '잡아넣다'의 방언형. '잡아옇다'로도 실현된다.

28) '써리질'의 방언형.

29) '새끼'의 방언형.

30) '개탕'은 '(장지틀 등에) 홈을 파내다. 개탕(을) 파다. 개탕(을) 치다.'와 같이 사용되는 단어이다. 이 방언에서는 못자리를 만들기 위해 써레질을 하고, 도랑을 파는 것을 '개탕 친다'고 한다.

31) '도랑+이+겠+지'로 분석된다. '도랑'은 이 방언에서 '또랑'으로 실현된다.

32) '반듯하+니'로 분석된다. '반듯하다'는 '빤드다다'로 실현된다. 이 방언권에서는 '빤드다+니, 빤드다+게'처럼 활용을 한다.

33) '-ㅁ 서'는 '-면서'의 방언형.

34) '-응개'은 '-으니까'의 방언형.

35) '씻나락 → 씯나락 → 씬나락'으로 중화와 비음화를 겪었다. '볍씨'를 일컫는다.

36) '씻나락 친다'는 '볍씨를 뿌리다'는 뜻이다.

37) '비료'의 방언형.

38) '장군+에다 → 장구네다 → 장구니다'로 고모음화가 일어났다. '장군'은 액
체를 담아 나르는 그릇을 일컫는다.

39) '일본 → 일번'으로 비원순모음화가 일어난다.

40) '도랑+으로'가 '또랑이로'로 실현되고 있어, '-으로'가 '-이로'와 교체되고 있다.

41) '보리 → 버리'로 비원순모음화가 일어난다.

42) '-으로'의 방언형. '-이로'로 실현이 생산적임을 보인다.

43) '모+심+으려고'로 분석된다. '심다'는 '심구다'로 실현되고, '-으려고'는 '-르 라
고'로 실현된다. 따라서 '모+심구+르 라고 → 모 싱굴라고'로 연구개음화가
일어났다.

44) '강변'의 방언형. 이 지역어뿐만 아니라 전북방언에서는 주로 '갱변, 깽변'으
로 실현된다.

45) '-드락'은 '-도록'의 방언형. '마르+드락 → 말르드락'으로 모음사이에서 '르
ㄹ'이 실현되고 있다.

46) '베+어+내+ㄴ'으로 분석된다. '베어 → 베 → 비'로 축약과 고모음화가 일어
났다.

47) '모티키+놓아'로 분석된다. '모티키다'는 '모투다' 정도의 의미로 사용되고 있
다. 따라서 '모티키놔'는 '모아놓아' 정도의 뜻이다.

48) '바싹'의 방언형. '빼싹, 빼쌍, 빼썩, 빼썽' 등으로 실현된다.

49) 풀이나 짚 검불이 말라 성글게 쌓여 있는 모양을 일컫는다.

50) '외로'의 뜻도 있지만, 여기서는 '따로'의 뜻으로 사용되고 있다. 이 방언에서
'외로, 에로, 웨로' 등으로 사용되는 '외로'는 '외로 내놓고'와 같이 사용되기도
한다.

51) '잡+아'와 '잡+어'가 동시에 실현된다. '-아/어'의 모음조화 실현도 점점 음성
모음 '-어'의 빈도가 많아지고 있다.

52) '밟아서' 정도에 해당한다.

53) '써리질 하다'의 의미로 '썰다'가 사용되고 있다.

54) '벼르다'는 '일정한 비례에 맞추어서 여러 몫으로 나누다.'는 뜻으로도 사용
된다. 여기서 사용되고 있는 '베르다'는 찐 모를 심기 좋게 여기저기 고르게
분산시켜 놓는 것을 일컫는다.

55) '-로'의 방언형.

56) '제대로'의 방언형.

주거 생활

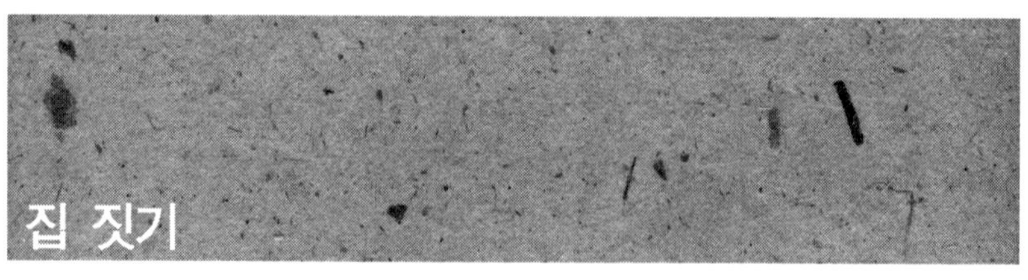

〈들어가기〉

⎺ 후회허드라니까요. 그때가서 인재 나이 마너머는 다 시방 인는 목사님도 배끼고[1], 교인들도 다 인재 전부다 배끼자나요. 절문사람덜 인재 드러서고, 인재. 시방 만난, 인는 양반들 그 사람들은 느께끄지[2] 가치 그래 쓰먼 외로먼 그도 그도 틀리자너요. 그전부텀 시방부텀 가치 잍뜬 사람들 허고는.

근데 자식 문제는 아무리 자래도 그러케 그러고 그럴껀 가테요. 연세가 좀 드시고 그래도. 애들문제 애들보머는 시원찬코 그러지.

⎺ 그료, 그리요.

서울 살고인는 자제분, 교수하고 게시는 그분도 봐도 시원찬치요?

⎺ 하하하하하. 시방도, 머 나는 몯빼우고, 저 마이 배웥써도, 사회 경허미나 사회 이렁거 이렁거선…… 마이 머 내가 마니 좀 거시강거 가터요. 흐흐흐, 저는 저는 나보다 멛빼 낟찌, 멛빼 낟찌마넌. 허허허. 어, 시방도 어떤때를 보머는 쫌 안들고, 그런 생개기[3] 드러가요. 그렁깨, 나 그 생가게요. 이제 느그도 자식 키워보지마는, 부무는 늘거죽뜨락 자시기 오십쌀 되나 육십쌀되나 항상 자식 사랑하는 마먼 변치안코 만날 뭐가 어린아가꼬, 그런 마미 드능기 사시렁개비여[4], 사라미랑건.

그런 말쓰믈 차꼬 드르면 정말 그런가 하다가도 저도 어쩔때 보면, 저는 아버니믄 이르네 돌아가셔가지고, 지금, 이제 십사년,

⎺ 애.

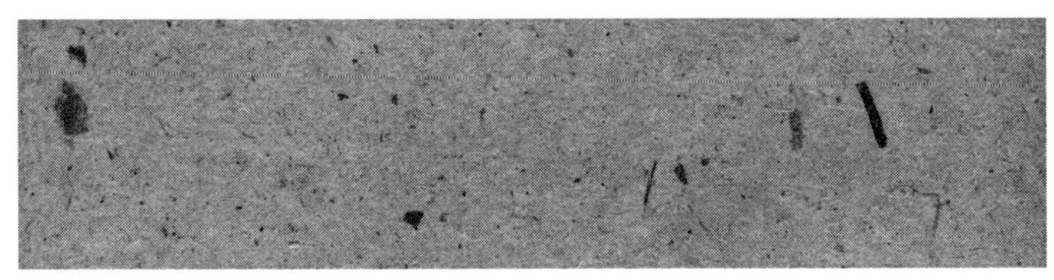

〈들어가기〉

　 ̄ 후회하더라니까요. 그때 가서 이제 나이 많으며는 다 지금 있는 목사님도 바뀌고, 교인들도 다 이제 전부 다 바뀌자나요. 젊은 사람들 이제 들어서고, 이제. 지금 만난, 있는 양반들 그 사람들은 늦게까지 같이 그랬으면 외로우면 그것도 그거도 틀리잖아요. 그전부터 지금부터 같이 있던 사람들하고는.

　그런데 자식 문제는 아무리 잘해도 그렇게 그렇고 그럴 것 같아요. 연세가 좀 드시고 그래도. 아이들 문제 아이들 보며는 시원찮고 그러지.

　 ̄ 그래요, 그래요.

　서울 살고 있는 자제분, 교수하고 계시는 그분도 봐도 시원찮지요?

　 ̄ 하하하하하. 지금도, 뭐 나는 못 배우고, 저는 많이 배웠어도, 사회 경험이나 사회 이런 것 이런 것은…… 많이 뭐 내가 많이 좀 거시기한 것 같아요. 흐흐흐, 쟤는 쟤는 나보다 몇 배 낳지, 몇 배 낳지만은, 허허허. 어, 지금도 어떤 때를 보며는 좀 안들고, 그런 생각이 들어가요. 그러니까, 나 그렇게 생각해요. 이제 너희도 자식 키워보지마는, 부모는 늙어죽도록 자식이 오십살 되나 육십살 되나 항상 자식 사랑하는 마음은 변치 않고 매일 뭐가 어린아이 같고, 그런 맘이 드는 것이 사실인가봐요, 사람이란 것은.

　그런 말씀을 자주 들으면 정말 그런가 하다가고 저도 어떨 때 보면, 저는 아버님은 일흔에 돌아가셔가지고, 지금, 이제 십사년.

　 ̄ 예.

장인어르니 살아게셔서 이른둘.

─ 어.

근데 가끔 이러케 먼 말쓰믈 들어보면, 뭘 상이가틍거 하면 저희가 생각하지 모댈떵거를 어르니 생각하는 거시 저희보다 기퍼.

─ 어. 으.

그러니까 어른드리 보기에는 아직또 나이 오십 오시비 너먿꼬, 사회저그로 저정도 돼쓰며는 차므로 괘차늘껃 가튼데.

─ 허허허허. 금방도 내가 내가 애기 핻찌마는, 아머[5] 나보다 머 멜 나는 아무껃도 몯빼월찌만, 저그들은[6] 배울만치[7] 배우고 뭐, 내가 뭐 저한티 배울께지 머 내가 머 자싱 몬미들 꺼시업짜나요. 근데…… 땅건 거시거고. 사회 경험거틍거 인자, 우리 사라나오는 그렁거시 인재, 그렁거나 쪼끔 그러자꼬 땅거야 머 몬미들 머 인나요. 히히히.

〈집터잡기〉

오늘은 요. 집 진능거. 집 진는능 거세…… 들리건는디요. 오늘은 거, 집 진는데 관한 애기를 해주세요.

─ 애.

엔나레 그 지블 요 미테 손수 지셏따고 그렏나요?

─ 다 젇찌요.

그며는, 그때 그 경허믈, 집, 그 질라고, (─ 애.)맨처메 분가준비할 때부터, 그다메, 산에 나무 나무헤다가, 일년똥안 나무를 어떠케 말렫꼬…… 그다메, 집터 터를 어떠께 다드마꼬, 또 인자, 나머지 짐 니고 머, 벽 바르고, 그건 어떠케 헤꼬, 나중에 또 어떠케 집블 고쳗꼬 뭐, 이렁거까지, 쭉 그냥 기엉나시는 대로.

─ 그거 이애기할라머 시가니 마니 걸리겐네.

괜차나요. 오전내내 오저네 그 애기만 듣찌요, 오늘, 허허허.

장인어른이 살아계셔서 일흔둘.

- 어.

그런데 가끔 이렇게 무슨 말씀을 들어보면, 무엇을 상의 같은 것 하면 저희가 생각하지 못했던 것을 어른이 생각하는 것이 저희보다 깊어.

- 어. 으.

그러니까 어른들이 보기에는 아직도 나이 오십 오십이 넘었고, 사회적으로 저 정도 됐으면 참으로 괜찮을 것 같은데.

- 허허허허. 금방도 내가 내가 이야기 했지마는, 아마 나보다 뭐 몇 나는 아무것도 못 배웠지만, 저희들은 배울만큼 배우고 뭐, 내가 뭐 저희에게 배울 것이지 뭐 내가 뭐 자식 못 믿을 것이 없잖아요. 그런데…… 다른 것은 거시기하고. 사회 경험 같은 것 이제, 우리 살아나오는 그런 것이 이제, 그런 것이나 조금 그렇지 않고 딴 것이야 뭐 못 믿을 뭐 있나요. 히히히.

〈집터잡기〉

오늘은 요. 집 짓는 것. 집 짓는 것에…… 들리겠는데요. 오늘은 그, 집 짓는 데 관한 이야기를 해주세요.

- 예.

옛날에 그 집을 이 밑에 손수 지으셨다고 그랬나요?

- 다 지었지요.

그러면, 그때 그 경험을, 집, 그 지으려고, (⁻ 예.) 맨 처음에 분가 준비할 때부터, 그 다음에, 산에 나무 나무를 해다가, 일년 동안 나무를 어떻게 말렸고…… 그 다음에, 집터 터를 어떻게 다듬었고, 또 이제, 나머지 집 이고 뭐, 벽 바르고, 그것은 어떻게 했고, 나중에 또 어떻게 집을 고쳤고 뭐, 이런 것까지, 쭉 그냥 기억나시는 대로.

- 그것 이야기하려면 시간이 많이 걸리겠네.

괜찮아요. 오전 내내 오전에 그 이야기만 듣지요, 오늘, 허허허.

─ 지가 시물일곱쌀[8] 머거서요. 이자 큰지비서나 분가를 할라고, 형님하고 인재 상이를 핻써요. 저네도, 아리끼도[9] 내가 한번 그런 마를 슬쩍 스치서 하는 거시가 인는디. 그 집이 참 저: 쫌 지엑 지대가 놉꼬, 지비 헹 펜 엄능걸 자꼬 그걸 성니미[10] 사줄라고 그래요. 그거때미, 아이고 나 양 갈티여 성님, 몯까아: 어떠케 거가 사라. 게 두찌비나 돼서 내가, 참 인 재:. 내가 승이늘 아내줘서 성님도 내가 증작 가 산단 사라미 마단디 어 터케요. 그래서 게 거기를 앙가꺼든요, 그래꼬 인재, 형님하고 그라면, 형니미 그라더만, 시방 여기 살던 이 집터요. 요 터를 인재, 제가 함번, 인재 넘 터라, 내가 함번 말해볼팅깨 요 터를 그시개서 함번 해보자고, 그래. 그럼 그러케 해보자고 그래서 인재, 형니미 인재 이 집터를 인재: '삳써요.

얼마나 주셷써요, 그럼?

─ 모르지요. 인제 그때 뭐 얼매나 줘뜬가 몰라.

메평이나? 엔나레.

─ 요기 얼마 안돼요. 칠씹두펑빼기 안돼요.

〈나무준비〉

─ 그래코서 인재, 그제네는 인재 점부 머: 나무럴, 지베 인재 머 소 메 기고 인재, 나무해다가 인재 밥 지어먹꼬, 이렁거슬 점부 사니서 나무 럴 해다가 인재 부어게다 이러캐 해노코서 인재 바 바벌 해먹짜나요. 개 형니먼 인재 그 나무를 하고, 저는 인재 그냥 밤먹꼬, 그 나무만 집 찔 나무만 인재 사니로 인재 하루[11] 비로 딩긷써요[12], 인재. 그래까꼬서 나 개도 가을일 해노코, 갈일 추수해노코요. 고해 겨으레, 하여튼 겨을 내, 보자 이제 봄::메, 그때 어지가니 닥 느진보미 그제 어지가니 물만 핻써요.

그러면, 원래 지불 지을 때 나무는?

˜ 제가 스물 일곱살 먹어서요. 이제 큰집에서 분가를 하려고, 형님하고 이제 상의를 했어요. 전에도, 아레께도 내가 한번 그런 말을 슬쩍 스쳐서 하는 것이 있는데. 그 집이 참 저 조금 지역 지대가 높고, 집이 형편없는 것 자꾸 그것을 형님이 사주려고 그래요. 그것 때문에, 아이고 나 안 갈 테야 형님, 못 가. 어떻게 거기 가서 살아. 그 두 집이나 돼서 내가, 참 이제. 내가 승인을 안해줘서 형님도 내가 정작 가 산다는 사람이 마다고 하는데 어떻게 해요. 그래서 거 거기를 안 갔거든요, 그랬고 이제. 형님하고 그러면, 형님이 그러더구만, 지금 여기 살든 이 집터요. 이 터를 이제, 제가 한 번, 이제 남의 터라, 내가 한 번 말하여 볼 테니까 이 터를 거시기 해서 한 번 해보자고, 그래서. 그러면 그렇게 해보자고 그래서 인재, 형님이 이제 이 집터를 이제: 샀어요.

얼마나 주셨어요, 그럼?

˜ 모르지요. 이제 그때 뭐 얼마나 주었던가 몰라.

몇 평이나? 옛날에?

˜ 여기 얼마 안돼요. 칠십두평밖에 안돼요.

〈나무준비〉

˜ 그래가지고서 이제, 그전에는 이제 전부 뭐: 나무를, 집에 이제 뭐 소 머시고 이게, 나무 해다가 이제 밥 지어 먹고, 이런 것을 전부 산에서 나무를 해다가 이제 부엌에다 이렇게 해놓고서 이제 바 밥을 해먹잖아요. 그 형님은 이제 그 나무를 하고, 저는 이제 그냥 밥 먹고, 그 나무만 집지을 나무만 이제 산으로 이제 하루 베러 다녔어요, 이제. 그래가지고서 그래도 가을일 해놓고, 가을일 추수해놓고요. 그 해 겨울에, 하여튼 겨울내, 보자 이제 봄에, 그때 어지간히 다 늦은 봄에 그 때 어지간히 물만 했어요.

그러면, 원래 집을 지을 때 나무는?

⌐ 애.

겨으레 베능게 조아요?

⌐ 겨으레 베능게 조치요, 겨으레 인재.

나무가 여르메 한참 커니라고 나무가 좀 무르자나요.

⌐ 물러, (예.) 그라고 인제, 치럴쯤[13] 음녁 치럴쯤되먼 인재, 나무가 영어 모두게 여무러 시아네, 야물제. 파럴쯤 되지머……

여름 지나고 가을 도라오면서부터는 여물기 시작하……

⌐ 애, 여물기 시작하지요. 왼[14] 또, 여르메 베도 돼요, 되기는. 큰나무는 해넘능거, 쪼끙거는[15] 어뜨케 물른데, 큰나무는 인제 좀 인제 오래 나이가 머거서 좀 단단하자나요. 그레서 여르메 베도 돼요, 여르메 베도 되는데. 여리미는[16] 농사빵국때메[17] 뭐 조깨 사네 가서 나무 거시기 허고 그럴 절이[18] 업써요.

그러쵸.

⌐ 애, 그럴 저리 없어요. 그레서, 보메 한 음녁 사멀딸……

사멀딸.

⌐ 애, 음녁 사멀딸꺼지, 강가니 인재, 형님도 나무해노코 또 강가니 쪼끔썩 나무 하는 거설 거드러주고…… 인재 해오고. 그레서, 음녁 사월 사멀딸꺼지 그 짐 나무럴 다 자 인제 산이서 비와. 비다가 지비다가 인재, 껍띠기[19] 나무껍띠기를 베끼자나요. 껍띠기 베끼가꼬 한테다 이러케 수부가니 만날 쟁에낱썬써요.

잠깐만이요. 그며는, 나무럴 헐때에, 기둥하는 나무까지 다 베오싱거에요?

⌐ 그러쵸, 점:부. 기둥[20], 이케 이러케 세우능게 기둥이자나요. 세우능게 기둥이고, 요:리 요곤요, 보라고햐 보, 요러케 인는 건 보.

여푸로 가는 거요 이?

⌐ 아니, 가운대 이거. 가운대 이건 보라고 하고, 가상 이 돌리는 거 이건 도리, 도리 도리라고 하고. 인재, 저 문 이르케 이르캐 문 다는데 이러

¯ 예.

겨울에 베는 것이 좋아요?

¯ 겨울에 베는 것이 좋지요, 겨울에 이제.

나무가 여름에 한참 크느라고 나무가 좀 무르잖아요.

¯ 물러, (예.) 그리고 이제, 칠월 쯤 음력 칠월쯤 되면 이제, 나무가 영여 모질게 여물어 겨울에, 야물지. 팔월 쯤 되어지면……

여름 지나고 가을 돌아오면서부터는 여물기 시작하……

¯ 예, 여물기 시작하지요. 오히려 또, 여름에 베도 돼요, 되기는. 큰 나무는 해 넘기는 것, 작은 것은 어떻게 무른데, 큰 나무는 이제 좀 이제 오래 나이가 먹어서 좀 단단하잖아요. 그래서 여름에 베도 돼요, 여름에 베도 되는데. 여름에는 농사일 때문에 뭐 조금 산에 가서 나무 거시기 하고, 그럴 겨를이 없어요.

그렇지요.

¯ 예, 그럴 겨를이 없어요. 그래서, 봄에 한 음력 삼월달……

삼월딸

¯ 예, 음력 삼월달까지, 간간히 이제, 형님도 나무해 놓고 또 간단히 조금씩 나무하는 것을 거들어 주고…… 이제 해오고. 그래서, 음력 사월 삼월달까지 그 집 나무를 다 자 이제 산에서 베와. 베다가 집에다가 이제, 껍데기 나무 껍데기를 벗기잖아요. 껍데기 벗겨가지고 한테다 이렇게 수북하게 매일 쟁여놓았었어요.

잠깐만요. 그러면, 나무를 할 때에, 기둥하는 나무까지 다 베오신 것이에요?

¯ 그렇지요, 전부. 기둥, 이렇게 이렇게 세우는 것이 기둥이잖아요. 세우는 것이 기둥이고, 이리 이것은요, 보라고해 보, 이렇게 있는 것은 보.

옆으로 가는 것이요 이?

¯ 아니, 가운데 이거. 가운데 이것은 보라고 하고, 가에 이 돌리는 것 이것은 도리, 도리 도리라고 하고. 이제, 저 문 이렇게 이렇게 문 다는데

케 나무때기 양쪼게 세워야 되자나요 이러케, 요걸 문설쭈.

이따가 인자, 그 그런거슨 이따 설명해 주시고, 나무껍찔 베께서, 거기서부터요.

＾ 애, 거기서 큼 게코 인제 음녁 사월따리요. 음녁 사월 초승이죠. 애, 사월 초승에 인제, 어 저 집진는 저 목수 일짜나요, 대목이라고도 허고 목쑤라고도 허고. 목쑨님을 인재 구해가꼬서나 인재 지빌 지키 시자갣써요.

그러면요. 그날 그해에 겨울, 가실부터 헤가지고, 가을부터헤서 쭉: 헤서, 한 사오개월똥안 나무를 허션나 허셔가지고, 얼마나 말리싱거요 나무를?

＾ 나무를 그냥 몬말렽쩨. 나무는 뭐: 가을버텀[21] 베서나 거시개쓩깨는 아마 베랑[22] 몬말렽써요. 뭐 한…… 말링거슨 한 뭐 삼개워리나 여우대빼끼[23] 몬말렏찌요.

그날 나무 베다가 그냥 그날 껍찔 베께서……

＾ 베께서 이케 쟁에놔요. 수부가니깨 쟁이놔. 그리고 인재, 사월 음녁 사월 초승쯤 인재 집찔라고 목쑨니멀 에 거시기 구해가꼬 시자걸 핻써요.

〈목수 초빙〉

＾ 목쑨니미 첨부 이거 다 이케 따듬 따드마서 거시기를 허자나요. 우리가 될 뒫빠라지는 해주고. 그래가꼬서, 세워가꼬.

그때, 그때 목수 인 잉껀비는 얼마씨기나 줟써?

＾ 시방, 그때…… 뭐 그거.

일반싸람들 인껀비허고 비해서 어느 정도?

＾ 일반 한, 일반 사라미 에를 드러서 만원 바들꺼거트먼 목쑤니먼 한 삼만원 내지 사만원 이러케 바다요. 삼만 암케도[24] 삼만원 가요. 세모건 가요 세목. 그러케 가요.

그 그 사라미 그 사라멀 대모기라고 그레요?

이렇게 나무때기 양쪽에 세워야 되잖아요 이렇게, 이것을 문설주.

있다가 이제, 그 그런것은 있다 설명해 주시고, 나무껍질 벗겨서, 거기서부터요.

￣ 예, 거기서 그 그렇고 이제 음력 사월달에요. 음력 사월 초승이죠. 예, 사월 초승에 이제, 어 저 집 짓는 저 목수 있잖아요, 대목이라고도 하고 목수라고도 하고. 목수님을 이제 구해가지고서나 이제 집을 짓키 시작했어요.

그러면요. 그날 그해 겨울, 가을부터 해가지고, 가을부터 해서 쭉 해서, 한 사오개월동안 나무를 하셨나 하셔가지고, 얼마나 말리신 것이에요 나무를?

￣ 나무를 그냥 못 말렸지. 나무는 뭐 가을부터 베서 거시기했으니까 아마 별로 못 말렸어요. 뭐 한…… 말린 것은 한 뭐 한 삼개월이나 이정도밖에 못 말렸지요.

그날 나무 베다가 그냥 그날 껍질 벗겨서……

￣ 벗겨서 이렇게 쟁여놔요. 수북하게 쟁여놔. 그리고 이제, 사월 음력 사월 초승쯤 이제 집 지을려고 목수님을 예 거시기 구해가지고 시작을 했어요.

〈목수 초빙〉

￣ 목수님이 전부 이것 다 이렇게 다듬 다듬아서 거시기를 하잖아요. 우디끼 띳 띳비리지는 헤주고. 그페기기고서, 세위가지고.

그때, 그때 목수 인 인건비는 얼마씩이나 줬어요?

￣ 지금, 그때…… 뭐 그것.

일반 사람들 인건비하고 비해서 어느 정도?

￣ 일반 한, 일반 사람이 예를 들어서 만원 받을 것같으면 목수님은 한 삼만원 내지 사만원 이렇게 받아요. 삼만 아무렇게 해도 삼만원 가요. 세 몫은 가요 세 몫. 그렇게 가요.

그 그 사람이 그 사람을 대목이라고 그래요?

- 애, 대목.

그먼 혼자, 그 사람 혼자 와요? 아니면 멘 명을 데리고 와요?

- 인재: 그 집 파네서나 빨리 허라고 후딱할라먼[25] 될 거시기하고, 그때 우리는 인재 함분: 만[26] 그래써요. 함붐만 거시기 하고.

〈나무 다듬기〉

- 인제 뒤, 뒤서 우리가 목쑤말고 대강 벌목꺼틍거[27] 이렁걸 처주먼 좀 쉬락꺼든요[28]. 벌목거틍거 이렁거선 인재 우리가 뒤서 인재 차꼬 인재 마니 해주고.

벌모기란 마른 무슨 마리여?

- 이게, 나무가요, 이게 둥구:러마니 이게 나무가 동고루마니개 동고란 기동이자나요. 컨 나무넌 사가로 사가그로 사가그로 깍짜나요.

그러치요, 애.

- 어, 그라면 인재 사가그로 깡는거 대강 인자, 외에 대강 거시기는 도치로 점부 간따 삐젇써요. 그라구 이재 마지막 마무리만 인재 마무리가 곱께하능거 마무리만 인재 목쑤님 하고.

애:.

- 벌, 벌모건 막 도치로 대강 후딱후딱 그러케 까까주먼 머 검나게 수랍쩨: 그기 배수랍찌요[29].

아아:!

- 그거보고……

벌모기라고 그러는그만요?

- 애:.

아:!

- 건목, 건모기라구라지.

건모기라고?

⌐ 예, 대목.

그러면 혼자, 그 사람 혼자 와요? 아니면 몇 명을 데리고 와요?

⌐ 이제 그 집 판에서나 빨리 하려고 빨리 하려면 두엇 거시기하고, 그 때 우리는 이제 한 분만 그랬어요. 한 분만 거시기 하고.

〈나무 다듬기〉

⌐ 이제 뒤, 뒤에서 우리가 목수말고 대강 벌목같은 것 이런 것을 쳐주면 좀 쉽거든요. 벌목같은 것 이런 것은 이제 우리가 뒤에서 이제 자꾸 이제 많이 해주고.

벌목이란 말은 무슨 말이여?

⌐ 이게, 나무가요, 이렇게 둥구스름하게 이것이 나무가 둥그스름하게 동그란 기둥이잖아요. 큰 나무는 사각으로 사각으로 사각으로 깎잖아요.

그렇지요, 예.

⌐ 응, 그러면 이제 사각으로 깍는 것 대강 이제, 위에 대강 거시기는 도끼로 전부 갖다 삐졌어요. 그리고 이제 마지막 마무리만 이제 마무리가 곱게 하는 것 마무리만 이제 목수님 하고.

예.

⌐ 벌, 벌목은 막 도끼로 대강 빨리빨리 그렇게 깎아주면 뭐 많이 수월히기 그것이 베 수월하지요.

아아!

⌐ 그것보고……

벌목이라고 그러는구만요?

⌐ 예.

아!

⌐ 건목, 건목이라고 그러지.

건목이라고?

﹣ 벌목이라구도 건목이라고도 긍개, 건모걸 우리가 인재 처주고, 목쑤니먼 나중에 인재 마무리만 하고. 그라고 이제 구녁[30] 이러케 구녁씨 거틍거 뚣짜나요?

애:.

﹣ 구녁또 인제 어디 어디에 뜸는다고[31] 이러캐 딱 이러캐 인재 거리놔요[32], 요로케 요로케 그리놔. 그라면 인재 구녁거트면 인저 목쑤니미 긍깨 그리노면 우리가 인재 구녀글 뜹꼬[33]. 우리가 저 뒤에서 인제 뒫빠라지 하는 사라미 마낟써요 인재, 여러시 와서 그도 마낟써. 그러케 해가꼬설랑은 목쑤니믄 혼채[34] 이랟써요. 그래가꼬서나 집 세워가지고, 집 세워가지고 인재:, 에: 벽, 벼걸 인재 이캐.

〈집터 잡기〉

잠깐만요. 인자 아페서부터, 그면 그걸 세울 때, (﹣애.) 세울 때. 자! 먼저 땅은 어떠케 허세요, 땅?

﹣ 땅?

땅 자리가틍거, 집짜리가틍거, 집터가틍거 어떠케 자부션써요?

﹣ 집짜리는 인재 에 꽹이 삽.

아니, 방향가튼 걷, 좌가튼 걷 안보션써요?

﹣ 그때 봗찌요.

거 누가 보션써요?

﹣ 저: 우리 시방 고종사추니라고, 저: 여그서 한 사키로: 떨어져서 인는 그 양바니 에 반는데…… 그 무신[35] 좌등가 나 그거 이젿뿌리고 몰라요.

그며는 그때 지불 지션쓸 때, 요고시 방향이…… 저도 좌는 잘 모르니까, 동서남부그로 본다면 어느 방향 지비에요?

﹣ 아:! 서향, 서쪼그로 바라보고 짙쩨.

서쪼기요?

ˉ 벌목이라고도 건목이라고도 그러니까, 건목을 우리가 이제 쳐주고,
목수님은 나중에 이제 마무리만 하고. 그리고 이제 구멍 이렇게 구멍같은
것 뚫잖아요?

예.

ˉ 구멍도 이제 어디 어디에 뚫는다고 이렇게 딱 이렇게 이제 그려놓아
요, 이렇게 이렇게 그려놔. 그러면 이제 구멍같으면 이제 목수님이 그러
니까 그려놓으면 우리가 이제 구멍을 뚫고. 우리가 저 뒤에서 이제 뒷바
라지 하는 사람이 많았어요 이제, 여럿이 와서 그래도 많았어. 그렇게 해
가지고설랑은 목수님은 혼자 일했어요. 그래가지고서는 집 세워가지고,
집 세워가지고 이제, 예 벽, 벽을 이제 이렇게.

〈집터 잡기〉

잠깐만요. 이제 앞에서부터, 그러면 그것을 세울 때, (ˉ 예.) 세울 때. 자!
먼저 땅은 어떻게 하세요, 땅?

ˉ 땅?

땅 자리같은 것, 집자리같은 것, 집터같은 것 어떻게 잡으셨어요?

ˉ 집자리는 이제 예 괭이 삽.

아니, 방향같은 것, 좌같은 것 안보셨어요?

ˉ 그때 봤기요.

그 누가 보셨어요?

ˉ 저 우리 지금 고종사촌이라고, 저 여기서 한 4 Km 떨어져서 있는 그
양반이 예 봤는데…… 그 무슨 좌든가 나 그것 잊어버리고 몰라요.

그러면 그때 집을 지셨을 때, 이것이 방향이…… 저도 좌는 잘 모르니까, 동
서남북으로 본다면 어느 방향 집이에요?

ˉ 아! 서향, 저쪽으로 바라보고 지었지.

서쪽이요?

― 응.

이 마으리 지금 거으다 서쪼글 향해요?

― 아니요. 점부 나먕 지비요. 남쪼걸 보로 짇치요. 게 시방 이 우리 지비 시방 이기 나먕지비요, 이재.

이제 나먕이에요?

― 이기 나먕이지요. (그러쵸.) 정 정나미요 정나민데, 시방 내가 가마니 볼쩌게 거 인자 고종사춘 형니민데, 형니미 인자 거 방문도 마니 보는 거세때36) 가지고 뭐, 에 저 산소거틍거 머 이렁거또 집짜리도 보고 그러캐 해요. 그런 양바니 내가 가마이 무러보도 아너고 내가 가마니 내가 보니깨. 이 산 이 주령, 이걸 보능거 갇뜨만. 여그서 정 우리 뒫싼서 정: 먼디서 시방 이러케, 산 주렝이37) 요로캐 해서 요리 이러캐 뻐더나왇꺼든요. 게 산 주령얼 뒤다38) 두고 아펄 조리하고 그러캐 보시능갑뜨만요.

그러케 보니까 서향이 됃끄만요?

― 애애야 고골 그다메 인재, 나는 그때도 나먕으로 할라고 핸는데, 그 저 보시는 양바니 그러케 하야 조타고 하고, 삽짝도39) 인재 뭐 그때는 인재 삽짜기 내내 어디 서, 삽짜건 인자 북쪽, 북쪼걸 아벌40) 두고 낟찌. 애애, 북 북 북써. 애애 배께서요, 그조41)?

뒫쪼그로가 길이요?

― 요가 읻썼요, 삽짜기 그저네는.

삽짜기 이쪼게 읻썼써요?

― 애애, 요쪼게.

아:!

― 집 암마당얼 이게 며늘 요로캐 그저네 요로캐 핻찌요. 요로캐 인재 요로캐 요로캐. 에, 서 서쪼그로 요로케 읻꼬, 삽짜건 요쪼그로 일섰써요, 그제네. 게 전 원 북또 아니고 서북향이로 서북 고 사이로 이캐 싸린무늘42) 낻찌요.

- 응.

이 마을이 지금 거으 다 서쪽을 향해요?

⁻ 아니요. 전부 남향집이요. 남쪽을 보고 짓지요. 그 지금 이 우리 집이 지금 이것이 남향집이요, 이제.

이제 남향이에요?

⁻ 이것이 남향이지요. (그렇지요.) 정 정남이요 정남인데, 지금 내가 가만히 볼 적에 그 이제 고종사촌 형님인데, 형님이 이제 그 방문도 많이 보는 그 쇠 가지고 뭐, 예 저 산소같은 것 뭐 이런 것도 집자리도 보고 그렇게 해요. 그런 양반이 내가 가만히 물어 보지도 않고 내가 가만히 내가 보니까. 이 산 이 주령, 이것을 보는 것 같드만. 여기서 정 우리 뒷산에서 저 먼데서 지금 이렇게, 산 주령이 이렇게 해서 이리 이렇게 뻗어나왔거든요. 그 산 주령을 뒤에다 두고 앞을 저리하고 그렇게 보시는가보드만요.

그렇게 보니까 서향이 됐그만요?

⁻ 예예예 그것 그 다음에 이제, 나는 그때도 남향으로 할려고 했는데, 그 저 보시는 양반이 그렇게 해야 좋다고 하고, 사립짝도 이제 뭐 그때는 이제 사립짝 내내 어디 서, 사립짝은 이제 북쪽, 북쪽을 앞을 두고 났지. 예예, 북 북 북서. 예예 바뀌었어요, 그렇지요?

뒷쪽으로가 길이요?

⁻ 여기가 있었이요, 사립짝이 그건에는.

사립짝이 이쪽에 있었어요?

⁻ 예예, 이쪽에.

아!

⁻ 집 앞 마당을 이렇게 면을 이렇게 그전에 이렇게 했지요. 이렇게 이제 이렇게 이렇게. 예, 서 저쪽으로 이렇게 있고, 사립짝은 이쪽으로 있었어요, 그전에. 그 전 원 북도 아니고 서북향으로 서북 그 사이로 이렇게 사립문을 냈지요.

지금 저기 저 풀베고 인는.

- 애.

금초하고 인는 그쪽 길로 들어오셔서 내나 이리 들어오신거요?

- 아니 아니, 고곤 고곤 넘 땡이여[15], 넘 땡이고, 요고 우리 길…… 거게 천뻔, 천뻐네…… 아구래넌[16] 그러체 고길로 드러왔써요.

아구대는 그쪼그로?

- 애구댕이넌[15], 애, 거 고 길로 내: 고 길로 드러왔써요. 지그믄 인제 그걸 마가서 그러체.

〈주춧돌 놓기〉

- 애, 게서 인재 터넌 인재 괭이, 삽 이걸로 사래미 인재, 그저네넌 인제 머 점부다 사래미 다허자나요. 사래미 이러케 골라가꼬, 인자 저: 거시기가 강벼니 가서요. 돌 주춛또리라고 인재, 지동 이캐 위다 인제 노코서 이케, 도게다[46] 이러케 궤야되자나요. 그러케 하야 나무가 안써긍깨. 게 주춛똘 이러케 요케 조은 노미로 거시개서나. 저, 우리기는 여 저 강벼니 이써서요. 고론 도기좀 딴데보다 구하기가 쉬어요. 이자 그거또 점부 사라미 그저네 인재, 지개로 지개로 한딩이썽 한딩이썩[17] 그러케 지다가 첨부[18] 그러케 그러케 핸써요.

그며는 그 주춛똘 논는 그 자리는…… 맨 처으메 그게 방향을 자부면, 땅에다가 어떠케 그믈 그릴꺼 아니에요?

- 그러쵸. 인재 그 인제 거시기가 목쑤, 목쑤양반 인재 딱: 자때[19] 딱딱 재가지고서 인재, 그멀 딱딱 그레가꼬 인제, 주춛또럴 인제 거 목쑤 양바니 인재 어디 노라 어디 놔라 인재 그래 시기는대로 허지요, 인자 그건.

그면 주춛똘 자리는 자리는 어떠케 다져요?

- 그기 인재 엔나레넌 마니 채운 땅. 땅이 허부석한디[50] 이런디넌 도걸

지금 저기 저 풀 베고 있는.

- 예

벌초하고 있는 그쪽 길로 들어오셔서 내나 이리 들어오신거요?

- 아니 아니, 그것은 그것은 남의 땅이여, 남의 땅이고, 이것 우리 길…… 거기 첫번, 첫번에…… 입구는 그렇지 그 길로 들어왔어요.

입구는 그쪽으로?

- 입구는, 예, 그 그 길로 내나 그 길로 들어왔어요. 지금은 이제 그것을 막아서 그렇지.

〈주춧돌 놓기〉

- 예, 그래서 이제 터는 이제 괭이, 삽 이걸로 사람이 이제, 그전에는 이제 뭐 전부다 사람이 다하잖아요. 사람이 이렇게 골라가지고, 이제 저 거시기가 강변에 가서요. 돌 주춧돌이라고 이제, 지등 이렇게 위에다 이제 놓고서 이렇게, 돌에다 이렇게 궤야 되잖아요. 그렇게 해야 나무가 안 썩으니까. 그 주춧돌 이렇게 이렇게 좋은 놈으로 거시기해서나. 저, 우리에게는 이 저 강변이 있어서요. 그런 돌이 좀 딴 데보다는 귀하기가 쉬어요. 이제 그것도 전부 사람이 그전에 이제, 지게로 지게로 한 덩이씩 한 덩이씩 그렇게 지어다가 전부 그렇게 그렇게 했어요.

그리머는 그 주춧돌 놓는 그 자리는…… 맨 처음에 그것이 방향을 잡으며, 땅에다가 어떻게 금을 그릴 것 아니예요?

- 그렇지요. 이제 그 이제 거시기가 목수, 목수 양반이 이제 딱 자 딱딱 재가지고서 이제, 금을 딱딱 그려가지고 이제, 주춧돌을 이제 그 목수양반이 이제 어디 놓아라 어디 놓아라 이제 그래 시키는 대로 하지요, 이제 그것은.

그러면 주춧돌 자리는 자리는 어떻게 다져요?

- 그것이 이제 옛날에는 많이 채운 땅. 땅이 허부석한 데 이런 데는 돌

도걸 이리케 인제 큰: 도걸 큰 도걸 이캐 이런 이런 도긴쓰면 여기다가 이러케 거시기럴 해요, 이러케. 끈나팔로[51] 찜미야[52]. 끈나팔로 찌매가꼬, 뺑두러케[53] 주럴 이러캐 거시거고서나. 한 너더시 저짜게 둘 이짜게 둘, 너더시 이노멀 뿔끈 들고, 양쪼게서 어차 어차 허먼 이러캐 함목[54] 함목 이러캐 추어서 이러케 이러케 두루먼, 이노미 도기 드럳따 낱따 드럳따 낱따 하며는 여기가 다지지자나요. 애:. 그러카고[55] 돌랃써요[56]. 그러카고 돌란는데. 우리 지번 여가 땅이 강강해서나, 그냥 주추 그냥 낱써요. 그런 대, 엔나레 어 컨집 지코 거시간데 이러케 다지요. 주추 놀띠만, 주추 놀 띠만 이러캐. 어차 어차 이러카먼서나 마리지, 드럳따 낱따 드럳따 낱따, 큰: 도걸 무꺼가꼬 게 주럴 매가꼬 그러카머는 거 다지자나요. 그러케가 꼬 주추럴 놔써요.

〈기둥 세우기〉

그때 혹씨 그러케 다져서 집 지실 때, 그 한번, 동네 집 질 때, 해보신지 있으시지요?

￣ 읻쬬.

그면 그때 혹시 기억나는, 그러케 할 때 그 소리가틍걸 중에 어차 어차라고 할 때에 (￣ 애.) 무슨 그 아페 뭐 메기거나, 앞에 소리를 멀 하거나, 뒤에서 이러케 하거나, 그렁걸 중에서 혹시 한 대모기라도 기엉나는 대목 읻쓰시면……

￣ 아! 메기는 사라먼 업꼬, 메기는 사라먼 업꼬. 보통 한 너더시 이러케 저 저짜게 둘, 이짜게 둘 이러케 거머쥐고, 이러케 다 거시기가 읻짜냐. 이러케 낱 이러케 드러따 어차허고 노코 어차허고 노코, 이러케 헤요.

딱딱 마저야 되니까.

￣ 애, 마저야 됭깨, 애. 게 시미[57] 딱땅 마저야 이러케 불끈불끈 들지, 시미 안 마지면 이러케 하나 하나만, 한쫑만 한쪼기 앙거시거면 안 들자

을 돌을 이렇게 이제 큰 돌을 큰 돌을 이렇게 이런 이런 돌이 있으면 여기다가 이렇게 거시기를 해요, 이렇게. *끄나풀*로 잡아매야. *끄나풀*로 잠아매가지고, 뺑둘러서 줄을 이렇게 거시기해가지고서나. 한 너덧이 저쪽에 둘 이쪽에 둘, 너덧이 이 놈을 불끈 들고, 양쪽에서 어차 어차 하면 이렇게 한번에 한번에 이렇게 추어서 이렇게 이렇게 두르면, 이 놈의 돌이 들었다 났다 들었다 났다 하면 여기가 다져지잖아요. 예. 그렇게 하고 돌았어요. 돌았어요. 그렇게 하고 돌았는데. 우리 집은 여기가 땅이 강강해서나, 그냥 주추 그냥 났어요. 그런데, 옛날에 이 큰집 짓고 거시기한데 이렇게 다져요. 주추 놀 데만, 주추 놀 데만 이렇게. 어차 어차 이렇게 하면서나 말이지, 들었다 났다 들었다 났다, 큰 돌을 묶어가지고 그 줄을 매가지고 그렇게 하며는 그 다져지잖아요. 그렇게 해가지고 주추를 놓았어요.

〈기둥 세우기〉

그때 혹시 그렇게 다져서 집 지실 때, 그 한 번, 동네 집 질 때, 해보신 지 있으시지요?

¯ 있죠.

그러면 그때 혹시 기억나는, 그렇게 할 때 그 소리같은 것 중에 어차 어차라고 할 때에 (¯ 예.) 무슨 그 앞에 뭐 메기거나, 앞에 소리를 뭘 하거나, 뒤에서 이렇게 하거나, 그런 것 중에서 혹시 한 대목이라두 기억나는 대목 있으시면……

¯ 아! 메기는 사람은 없고, 메기는 사람은 없고. 보통 한 너덧이 이렇게 저 저쪽에 둘, 이쪽에 둘 이렇게 거머쥐고, 이렇게 다 거시기가 있잖아. 이렇게 났 이렇게 들었다 어차하고 놓고 어차하고 놓고, 이렇게 해요.

딱딱 맞아야 되니까.

¯ 예, 맞아야 되니까, 예. 그 힘이 딱딱 맞아야 이렇게 불끈 불끈 들지, 힘이 안 맞으면 이렇게 하나 하나만, 한 쪽만 한 쪽이 안 거시기하면 안 들리

녀요. 그렁깨 소리럴 하야 딱땅 마중깨. 소리를 그러케 하면서 해요.

그러케 다지는데, 여기는 땅이 강강해서 그냥 그대로 하션고?

￣ 궁강 강강해서 그냥, 그냥 낲써요, 주춛또럴.

자 근데 주춛또럴 딱 노코, 그 위에다가 세워나갈 때요. 그때 그거슬 어떠케 세워요?

￣ 그 인재 처머니는 인재…… 요게 지둥[58] 젤 처메 인제 기둥이자나요, 기둥부텀 세워야 되자나요. 기동 이러케 하나 세워짜나요. 그먼 놔뚜먼 이케 이러케 너머가 뿌리자냐.

그러치요.

￣ 게 연모기라고, 연모기랑건 인재, 저 위에다 맨 우에다 이케 이러케 해가꼬서 물바지하능거, 연모기랑거 읻짜나요?

애.

￣ 고노멀 이러케 인재 한 상가컹으로[59] 세 개로 요로케 헤가꼬, 여기다가 우선 임시 모시로 기냥 제기놔요[60], 이러케 몬너머가게. 고로케 헤노코, 또 저기 세우고, 또 그러케 인재 모시로 그러케 거시기. 그러케 헝깨, 안됀, 그렁깨 처뻐니부터 너르깨 네 개를 세워놔요, 네 개. 내 개 세워노코서는, 그때 따우에는[61], 나중엔 이게, 여기는 하능게 도리요, 이게 도리.

도리 맨위에?

￣ 에.

맨위에 나무.

￣ 애, 빵: 가시[62] 돌리능건 도리, 가운데 이건 보.

보?

￣ 응. 근데 고노멀 인제 네 개를 세워쓰먼 인재, 여그다 요로케 인재 걸고, 위에다 도리, 도리 걸고. 또 요쪼게 인재 걸고, 또 요쪼게 걸고, 그러면 삼가컹이 다 거러젇짜나요, 삼가켕이. 그 요쪼그로 하능기 보요, 이

잖아요. 그러니까 소리를 해야 딱딱 맞으니까. 소리를 그렇게 하면서 해요.

그렇게 다지는데, 여기는 땅이 강강해서 그냥 그대로 하셨고?

‑ 긍강 강강해서 그냥, 그냥 놨어요, 주춧돌을.

자 그런데 주춧돌을 딱 놓고, 그 위에다가 세워나갈 때요. 그때 그것을 어떻게 세워요?

‑ 그 이제 처음에는 이제…… 이것이 기둥 제일 처음에 이제 기둥이잖아요, 기둥부터 세워야 되잖아요. 기둥 이렇게 하나 세웠잖아요. 그러면 놔두면 이렇게 이렇게 넘어가 버리잖아요.

그렇지요.

‑ 그 연목이라고, 연목이라는 것은 이제, 저 위에다 맨 위에다 이렇게 이렇게 해가지고서 물받이 하는 것, 연목이란 것 있잖아요?

예.

‑ 그놈을 이렇게 이제 한 삼각형으로 세 개로 이렇게 해가지고, 여기다가 우선 임시로 못으로 그냥 박아놓아요, 이렇게 못 넘어가게. 그렇게 해놓고, 또 저기 세우고, 또 그렇게 이제 못으로 그렇게 거시기. 그렇게 하니까, 안 됐, 그러니까 첫번부터 넓게 네 개를 세워놔요, 네 개. 네 개 세워놓고서는, 그때 땅 위에는, 나중에 이것이, 여기는 하는 것이 도리요, 이것이 도리.

두리 맨 위에?

‑ 예.

맨 위에 나무.

‑ 예, 삥 가에 돌리는 것은 도리, 가운데 이것은 보.

보?

‑ 응. 그런데 그 놈을 이제 네 개를 세웠으면 이제, 여기다 이렇게 이제 걸고, 위에다 도리, 도리 걸고. 또 이쪽에 이제 걸고, 또 이쪽에 걸고, 그러면 삼각형이 다 걸었잖아요, 삼각형이. 그 이쪽으로 하는 것이 보요,

게 보, 보. 그라면 인재 네군데 방향이 이케 딱 서서나 고때는 인재 다 섣짜나요. 그럼 인자 한쪼게 그러캐서나 인자 이 에를 드러서, 인재 상 칸 상칸 상칸찌비머는요. 네군대면 항카느로 인재, 항카는 이미 세워젇 짜나요? 그럼 인자 요쪼게다 또, 또 세우고, 또 다 세우고, 또 저짜게 또 세우고, 세우고 그러케 헤서나 상카니면 상칸, 사카니면 사칸, 인재. 애:, 다 세우머는 인자 도리. 아까도 금방 그러케 뺑: 헝거 도리, 도리럴 인재 다 걸고, 보 걸고 그러면……

장깐만요 인. 도리를 거러써요. 도리를 딱 걸면,

⫠ 언져.

언저?

⫠ 어, 언저.

도리는 언지면 거가 그 파여인는 데다가 가따 끼어서 맏추능거에요?

⫠ 그러쵸 그치.

몯찌른 아네:?

⫠ 모찔 아네요.

아! 도리는 몯찔 아네요.

⫠ 고기 인재 게 게 안는다고[63] 한디, 이러캐 서로가 이러케 이러캐 엉물리케코롬[64] 요로케 고걸 토비로[65] 이러케 잘 암빠지기로[66], 딱 언지면 이 암빠지기로 다 그러캐 맨드라 노차나요.

아! 그면……

⫠ 대모기.

암 빠지게 암 빠지게 긍개 이러케 빤드시 파능게 아니고, 요로케 요런 모양 으로……

⫠ 암! 그러면요. 아! 애!

그거슨 그거슨 긍개 뭐라고 헌다고요. 아까?

⫠ 도리.

이것이 보, 보. 그러면 이제 네군데 방향이 이렇게 딱 서서 그때는 이제 다 섰잖아요. 그럼 이제 한쪽에 그렇게해서나 이제 예를 들어서, 이제 삼 칸 삼 칸 삼 칸집이며는요. 네군데면 한 칸으로 이제, 한 칸은 이미 세워 졌잖아요? 그럼 이제 이쪽에다 또, 또 세우고, 또 다 세우고, 또 저쪽에 또 세우고, 세우고 그렇게 해서나 삼 칸이면 삼 칸, 사 칸이면 사 칸, 이 제. 예, 다 세우며는 이제 도리. 아까도 금방 그렇게 뼁 한 것 도리, 도리 를 이제 다 걸고, 보 걸고 그러면……

잠깐만요 인. 도리를 걸었어요. 도리를 딱 걸면,

⎺ 얹어.

얹어?

⎺ 예, 얹어.

도리는 얹으면 거기가 그 파여 있는 데다가 갖다 끼어서 맞추는 거예요?

⎺ 그렇지요 그렇지.

못질은 안해?

⎺ 못질 안해요.

아! 도리는 못질 안해요.

⎺ 그것이 이제 그 그 안는다고 하는데, 이렇게 서로가 이렇게 이렇게 얽켜 물리도록 이렇게 그것을 톱으로 이렇게 잘 안 빠지도록, 딱 얹으면 이 안 빠지두록 다 그렇게 만득어 놓잖아요

아! 그러면……

⎺ 대목이.

안 빠지게 안 빠지게 그러니까 이렇게 반듯이 파는 것이 아니고, 이렇게 이 런 모양으로……

⎺ 암! 그러면요. 아! 예!

그것은 그것은 그러니까 뭐라고 한다고요. 아까?

⎺ 도리.

도리를 안는다고레?

‾ 에, 아사[67].

아사?

‾ 에, 아사.

앋, 아슨단 마리 무슨 마리에요? 그거슬 이러케 그 파내서 이러케 딱 여꺼짜지게 만드는 거…

‾ 얘 얘! 그러쵸 그러쵸.

아슨다고 허는 거에요?

‾ 얘 얘 얘!

그면 아사서 가따가 연저?

‾ 아사서 가따 언저요.

얘.

‾ 아사서.

그면 그면 몯찔 아네 아네요?

‾ 얘, 몯찔 아네요.

그면 그걸 딱 세울 때 정화키 세우가꼬 정화키 재야되건네?

‾ 그러치:이.

마냐게 안되면……

‾ 그러쵸:.

안 마즈면 문제가 생기겐네요 잉?

‾ 어:, 고게 인재 그렁깨 이걸, 짐 나무럴 인재: 짐 나무 아슬쩌게.

얘.

‾ 인제 거시갈쩌게, 에럴 드러서 도리는 인재 에럴 드러서 인재 지레기가[68], 에럴 드러서 큼방언[69], 컴방 욷빵 뭐 이러케 인재 나가면 마리요. 츠메[70] 아슬쯔게 이러케 또까치 하능기 아니요. 컴방언 커게하고 짜근방언 짝께하고, 뭐 이러케 할라머는, 컴방은 인재 도리가 멛짜, 기리가 멛짜.

도리를 안는다고 그래요?

― 예, 앗아.

앗아?

― 예, 앗아.

앗, 앗은다는 말이 무슨 말이예요? 그것을 이렇게 그 파내서 딱 엮어 짜지게 만드는 것...

― 예 예! 그렇지요 그렇지요.

앗은다고 하는 것이예요?

― 예 예 예!

그러면 앗아서 갖다가 얹어?

― 앗아서 갖다 얹어요.

예.

― 앗아서.

그러면 그러면 못질 안해 안해요?

― 예, 못질 안해요.

그러면 그것을 딱 세울 때 정확히 세워가지고 정확히 재야되겠네?

― 그렇지.

만약에 안되면……

― 그렇지요.

안 맞으면 문제가 생기겠네요 잉?

― 응, 그것이 이제 그러니까 이것을, 집 나무를 이제 집 나무 앗을 적에.

예.

― 이제 거시기할 적에, 예를 들어서 도리는 이제 예를 들어서 이제 길이가, 예를 들어서 큰 방은, 큰방 윗방 뭐 이렇게 이제 나가면 말이요. 처음에 앗을 적에 이렇게 똑같이 하는 것이 아니요. 큰방은 크게하고 작은방은 작게하고, 뭐 이렇게 하려며는, 큰방은 이제 도리가 몇 자, 길이가 몇 자.

또 짜근방은 기리가 멛짜. 이러케 해서 잠재[71] 거기다 다 써노차나요.

얘.

⎯ 거기다 인제 그 대모기 다 써요, 거기. 인자 그러고서 인재 요고시 머 아피로 간다등가 뒤로 간다등가 다 인재 글짜를 인자 새기논, 표시를 해 노트만요, 대모기.

나무에다가요?

⎯ 이, 나무다가. 그러카야 그게 표시럴 해노야, 아! 요곤 어디로 갈끼고[72], 어디로 갈끼고 이러카지. 그냥 더퍼노코 아스면 요기 어디로 갈 찌럴 모루자나요. 그러고 인제 기동도 이게 다 그 표시럴 해요. 어따 안칠, 어떤 노면 어따 안치고, 어떤 노면 어따 안치고 인자 그러케 하더만요.

그면 인자 도리를 가따 안첟써요.

⎯ 얘.

도리럴 안치면 일다는 인자 안 너머지겐네요.

⎯ 일따넌 안 너머가지요.

그 여페 인자, 아까 그 저 뭐지요? 그…… 그:: 임시로 헫떤……

⎯ 임시 이르캐[73] 저 몬너머가게 이케 거시갣떵거?

얘, 그때 이제 떼어내고……

⎯ 아이, 바로 안 빼요. 호기라도 막, 막 샘무지로[74] 바로 암빼고. 그러고 인재 맨 위에는 이러케 뺑: 돌리서 도리라고, 도리가 뺑: 돌리, 우리 지꺼 차나요[75]. 뺑: 돌리서 인재 도리럴 언저, 이러캐. 지동얼 이제 촉:[76] 세워노코. 그 요기 요기 언는 거슨 보.

바까테만 도리고?

⎯ 얘.

그면 그 안쪼그로 카늘 망는 그거슨?

⎯ 보 보.

또 작은방은 길이가 몇 자. 이렇게 해서 잠재 거기에다 다 써놓잖아요.

예.

‐ 거기에다 이제 그 대목이 다 써요, 거기에. 이제 그러고서 이제 이것이 뭐 앞으로 간다든가 뒤로 간다든가 다 이제 글짜를 이제 새겨놓고, 표시를 해놓더만요, 대목이.

나무에다가요?

‐ 응, 나무에다가. 그렇게해야 그것이 표시를 해놓아야, 아! 이것은 어디로 갈 것이고, 어디로 갈 것이고 이렇게하지. 그냥 덮어놓고 앗으면 이것이 어디로 갈 것인가를 모르잖아요. 그리고 이제 기둥도 이렇게 다 그 표시를 해요. 어디에다 앉힐, 어떤 놈은 어디에다 앉히고, 어떤 놈은 어디에다 앉히고 이제 그렇게 하드만요.

그러면 이제 도리를 갖다 앉혔어요.

‐ 예.

도리를 앉히면 일단은 이제 안 넘어지겠네요.

‐ 일단은 안 넘어가지요.

그 옆에 이제, 아까 그 저 뭐지요? 그…… 그 임시로 했던……

‐ 임시 이렇게 저 못 넘어가게 이렇게 거시기했던 것?

예, 그때 이제 떼어내고……

‐ 아녀, 바로 안 빼요. 혹시라두 막, 막 생무지로 바로 안 빼구, 그리고 이제 맨 위에 이렇게 뺑 돌려서 도리라고, 도리가 뺑 돌려, 우리 집같잖아요. 뺑 돌려서 이제 도리를 얹어, 이렇게. 기둥을 이제 죽 세워놓고. 그 여기 여기 없는 것은 보.

바깥에만 도리고?

‐ 예.

그러면 그 안쪽으로 칸을 막는 그것은?

‐ 보 보.

그면 보도 연저요?

￣ 으, 보도 언지야지죠. 요기 인재 요리 가는 요리 가능건, 요리 가능기 보.

얘, 그건 보, 아! 바까테가 도리, 그건 보.

￣ 그라고 인재 맨 위여가[77] 인재 맨위여가 인재 도리, 보는 이러캐 되고, 도리는 이러캐 인제 이러케 이러케 뺑 돌리야고 그러차나요? 거 또 요 미티 요마니서[78] 저, 지둥이다 이러케 구녀글 뚝꼬[79] 구녀글 뜰, 저 도 저 중 방이라고야, 그건.

아:!

￣ 중방.

미테껀 중방이구만요?

￣ 미티가 중방, 미티 중방인데. 여그다가 인재 또 이러캐 구녀글 요리 요기다 이러캐 뜰브야[80], 요리 개서 이러캐 뺑: 내내 도리마냥 뺑: 돌리서 인 또 그러케 해요, 뺑 돌리서. 게 중방을 해노야……

안 너머가겐네요?

￣ 응, 너무가도 아나고, 탄타나고 또 그러고 거기다가 이 중방헐 때 미 티넌, 아주 인재 방, 저: 그게 온돌방이자나요, 온돌방. 인재 온돌방얼 그 거또 인재 아까도 애기핻찌 저: 괴또리라고[81], 다: 이제 집 다 세우고, 다 세우고 인제 벽 다 만, 벼기라고…… 그러고 여기다, 거 온 저:, 괴똘랑[82] 이따 내가 나중에 애기럴 해야겐네. 중방얼 이러캐 인제.

돌렫써요.

￣ 돌리가꼬, 뺑: 돌리고 뺑 돌리서 사방 맏촤[83] 인제. 가새도[84] 막고, 여 기는 또 인자 칸카니 인자 또 요리 요리 거시거자나요.

보나 마찬가지로 미테도 보 가튼게 또 가요 잉?

￣ 그걸 인제 중방 다 중방이라구래, 그 나무보고.

보라고 앙코 인자, 똑까치 중방이라고……

그러면 보도 없어요?

˗ 응, 보도 없어야지요. 여기 이제 이리 가는 이리 가는 것은, 이리 가는 것이 보.

예, 그것은 보, 아! 바깥에가 도리, 그것은 보.

˗ 그리고 이제 맨 위에가 이제 맨 위에가 이제 도리, 보는 이렇게 되고, 도리는 이렇게 이제 이렇게 이렇게 뺑 돌려야하고 그렇잖아요? 그 또 이 밑에 이만큼에서 저, 기둥에다 이렇게 구멍을 뚫고 구멍을 뚫, 저 도 저 중방이라고 해, 그것은.

아!

˗ 중방.

밑에 것은 중방이구만요?

˗ 밑에가 중방, 밑에 중방인데. 여기에다가 이제 또 이렇게 구멍을 이리 여기에다 이렇게 뚫어야, 이리 그래서 이렇게 뺑 내나 도리같이 뺑 돌려서 이 또 그렇게 해요, 뺑 돌려서. 그 중방을 해놓아야……

안 넘어가겠네요?

˗ 응, 넘어가지도 안하고, 탄탄하고 또 그리고 거기에다가 이 중방할 때 밑에는, 아주 이제 방, 저 그것이 온돌방이잖아요, 온돌방. 이제 온돌방을 그것도 이제 아까도 이야기했지 저 귓돌이라고, 다 이제 집 다 세우고, 다 세우고 이제 벼 다 벼이라고…… 그리고 어기에다, 그 온 저, 귓돌이랑은 이따 내가 나중에 이야기를 해야겠네. 중방을 이렇게 이제.

돌렸어요.

˗ 돌려가지고, 뺑 돌리고 뺑 돌려서 사방 맞춰 이제. 가에도 막고, 여기는 또 이제 칸칸이 이제 또 이리 이리 거시기하잖아요.

보나 마찬가지로 밑에도 보 같은 것이 또 가요 잉?

˗ 그것을 이제 중방 다 중방이라고 그래, 그 나무 보고.

보라고 않고 이제, 똑같이 중방이라고……

⁻ 중방나무라고 그래요, 중방나무 중방나무. 중방나무르 다 인재 뺑 둘리서 마차노쿠서는. 여 저 방 방에 문 인제 저러케 드러가다 무늘 내자나요.

얘.

⁻ 그러면 인재 중방은 여기 여기 중방이고, 여기 여기다가 인재 저러케, 조구조구[85] 영납씨[86] 저그거치 이러캐 인재. 외 저:, 또.

도리다가?

⁻ 도리다가 아나고, 임방나무라고 또 이제 문설쭈할띠는 여기다 또 나무를 또 또 하나 질러요. 도리다가 허면 너무나 고잉개나[87].

노푸니까?

⁻ 노푸니깨나, 임방이라고 문설쭈하는디만 이러케 나무럴 질러요.

임방이요?

⁻ 응, 임방.

그러며는, 자 자 보셔요 잉? 마냐게 이쪼가고 지금 이쪼가고 두개, 기둥이 두개가 읻써요.

⁻ 어:.

그면 미테 지금 중방 중방하고……

⁻ 중방.

위에, 보는 참 뭐야……?

⁻ 도리.

무조껀 읻꼬.

⁻ 얘.

근디 여기 무니 업쓰면, 무늘 안낼 때는 그대로 두고, 무니 읻쓸 때면, 그 요 중간만큼 또 하나 임방을 질른다……

⁻ 얘, 그러치요, 얘. 무넙쓸 때넌 무늘 내비두고[88], 무느쓸 때넌 임방이라고 인자 저 도리 미티다가 도리 미티다가 나무럴 하나 대요. 대노코서

― 중방나무라고 그래요, 중방나무 중방나무. 중방나무를 다 이제 뺑 돌려서 맞춰놓고서는. 이 저 방 방에 문 이제 저렇게 들어가다 문을 내잖아요.

예.

― 그러면 이제 중방은 여기 여기가 중방이고, 여기 여기에다가 이제 저렇게, 저기저기 영락없이 저기 같이 이렇게 이제. 외 저, 또.

도리에다가?

― 도리에다가 안하고, 인방나무라고 또 이제 문설주 할 때는 여기에다 또 나무를 또 또 하나 질러요. 도리에다가 하면 너무나 고이니까나.

높으니까?

― 높으니까, 인방이라고 문설주하는 데만 이렇게 나무를 질러요.

인방이요?

― 응, 인방.

그러면, 자 자 보세요 잉? 만약에 이쪽하고 지금 이쪽하고 두 개, 기둥이 두 개가 있어요.

― 응.

그러면 밑에 지금 중방 중방하고……

― 중방.

위에, 노는 참 띠아 ?

― 도리.

무조건 있고.

― 예.

그런데 여기 문이 없으면, 문을 안 낼 때는 그대로 두고, 문이 있을 때면, 그 이 중간만큼 또 하나 인방을 지른다……

― 예, 그렇지요, 예. 문 없을 때는 문을 내버려두고, 문 있을 때는 인방이라고 이제 저 도리 밑에다가 도리 밑에다가 나무를 하나 대요. 대놓고

나. 나무를 이르케 양쪼게 저 문 저긴네[89], 저러케 나무 이르케 이르케 세우야 무널 여기다 달자나요.

그러치요.

⁻ 기 문설쭈라구래 인제.

문설쭈요?

⁻ 얘.

임방얼 달고, 문설쭈를 달면, 인제 지비 기본저긴…… 헐 수 있는 공간이 생기네요. 인자?

⁻ 그럼……

그 다메요?

⁻ 그러카고서는 인재 인재 이기 사방언 인재 저러케 이제 벽또럴 저러케 싸치마넌, 이건 인자 거시기 칸카니 이걸……

그 위에부터, 위에.

⁻ 웨?

위에 위에부터 헤야할 거 아니에요?

⁻ 아:! 우부텀[90]?

얘.

⁻ 그러고 인재 매는 인재 다 이제 미티 중방 질르고 문설쭈 질르고, 다 핸짜나요.

얘.

⁻ 다 허머는 맨 위에 가서는 인재, 여그 여그 여 시방 거시기다가 보 보라고 동자주라고[91] 인재, 이만:항걸 가운데다 이러캐 하나 세워요. 저 가운데다.

동자주?

⁻ 동자주. 그게 세워놓거보고 동자주라고야[92]. 게 인제 지비 다 세쓰머넌 동자주, 동자주에다 또 지대:넌[93] 저, 거시기럴 거기 그기 그거 머라고

서. 나무를 이렇게 양쪽에 저 문 저기 있네, 저렇게 나무 이렇게 이렇게
세워야 문을 여기다 달잖아요.

그렇지요.

˝ 그것을 문설주라고 그래 이제.

문설주요?

˝ 예.

인방을 달고, 문설주를 달면, 이제 집이 기본적인…… 할 수 있는 공간이 생
기네요. 이제?

˝ 그럼……

그 다음에요?

˝ 그렇게 하고서는 이제 이제 여기 사방은 이제 저렇게 이제 벽돌을 저
렇게 쌓지마는, 이것은 이제 거시기 칸칸이 이것을……

그 위에부터, 위에.

˝ 위에?

위에 위에부터 해야할 것 아니예요?

˝ 아! 위부터?

예.

˝ 그리고 이제 매는 이제 다 이제 밑에 중방 지르고 문설주 지르고, 다
했잖아요.

예.

˝ 다 하며는 맨 위에 가서는 이제, 여기 여기 여 지금 거시기에다가 보
보라고 동자기둥라고 이제, 이만한 것을 가운데다 이렇게 하나 세워요.
저 가운데다.

동자기둥?

˝ 동자기둥. 그것 세워놓은 것 보고 동자기둥라고 해. 그 이제 집에 다
섰으면 동자기둥, 동자기둥에다 또 기다란 저, 거시기를 거기 거기 그것

머라고허냐? 에:, 가운디다 이케 지댄: 저 에를 드러서 인재 상파니먼 상
판, 요로케 저 외대 이러케 또 햐야되야. 이러케 나무럴 하나 그대로 항:
가운데다가 인자 그걸 항:가운데다 이기 나무 하나 언저요. 요로케 엉꼬
서는 요로케 언저노먼 인재 연모기라고 연모기라고 양쪼고로 요로케 엉
꼬[94], 요쪼그도 요로케 엉꼬 이제 연모기라고 이러케 촉: 인제. 언저. 도라
와 그걸 인재 모설 바가요 인재.

　연모걸?

⁻ 연모건 맨위에다가 맨위에다가 인자.

〈상량 올리기, 지붕이기〉

맨 위에 올링거 그건 머라구려?

⁻ 맨우?

나무럴?

⁻ 그게 무슨 시아가꼬 생가기 잘 안나네.

샹량이라구려?

⁻ 만네 상낭, 상낭이라구랴, 상낭.

그거슨……

⁻ 응, 상낭이여.

그건 그건 어티게 헌다고 그레?

⁻ 어?

그런 상낭은 어티게 헌다고 그레?

⁻ 어티게 언저?

　아니, 그거또 상낭 얼 언진다고 그레요?

⁻ 애, 언지다. 상낭 언는다구래요. 상낭 언질 때넌 이제 그날, 이재 모
든 이재 첨부 짐나무 따드마가꼬 세우가꼬, 이재 상낭은 인제 그 큰노먼
마지막 올라가자너요. 그라먼 그 상낭 올라 올갈쩌게, 머 떡거튼[95] 떡거

뭐라고 뭐라고 하냐? 예, 가운데다 이렇게 긴 저 예를 들어서 이제 상판이면 상판, 이렇게 저 외대 이렇게 또 해야돼. 이렇게 나무를 하나 그대로 한 가운데다가 이제 그것을 한가운데다 여기 나무 하나 얹었어요. 이렇게 얹고서는 이렇게 얹어놓으면 이제 연목이라고 연목이라고 양쪽으로 이렇게 얹고, 이쪽에도 이렇게 얹고 이제 연목이라고 이렇게 쭉 이제. 얹어. 돌아와 그것을 이제 못을 박아요 이제.

연목을?

￣ 연목은 맨 위에다가 맨 위에다가 이제.

〈상량 올리기, 지붕이기〉

맨 위에 올린 것은 뭐라고 그래?

￣ 맨 위?

나무를?

￣ 그것이 무슨 **** 생각이 잘 안나네.

상량이라 그래?

￣ 맞네 상량, 상량이라 그래, 상량.

그것은……

￣ 응, 상량이여.

그것은 그것은 어떻게 한다고 그래?

￣ 어?

그런 상량은 어떻게 한다고 그래?

￣ 어떻게 얹어?

아니, 그것도 상량 얻 얹는다고 그래요?

￣ 예, 얹는다. 상량 얹는다 그래요. 상량 얹을 때는 이제 그날, 이제 모든 이제 전부 집나무 다듬아가지고 세워가지고, 이제 상량은 이제 그 큰 놈은 마지막 올라가잖아요. 그러면 그 상량 올라 올라갈 적에, 뭐 떡같은

틍거또 하는 사람, 떡거틍거또 해노코 머, 대:지[96] 대가리도 가따노코, 수거틍거또[97] 내노코, 거그다가 인재, 상 거 저 집 쥔 원 쥐니 상봉닙꼬, 허허허.

상보걸 이버요?

˜ 애:.

어:!

˜ 또 여기는 상복 입고, 상복 아니면 두루매기라도 입꼬, 술 부서노코[98] 저라고 그래요, 저라고. 그나런 고 상낭만 언저노면 인재 대목 대모기 언제든지 인제 젱일햐야[99] 되자나요?

예.

˜ 젱일 하는데. 상낭만 언제노면 그나런 쉬어요.

아:!

˜ 그날, 그러고 인재,

하루 이제 노는 날이그만요?

˜ 애, 노는 날, 상낭하는 날. 그럼 인재 상낭허는디도 인재 돈도 돈도에를 드러서 인자 그날 이제 저 품쌔기[100] 하루 '마눠닐껟거트먼, 품싸기 마눠닐꺼 거트먼, 거그다가 돈도 인재 한, 돈 인재, 체새대로[101] 마눠 인재 그 상낭이다 이러캐 다라매주는 사람도 일꼬, 봉투나 너가꼬 머 이마눠 주는 사람도 일꼬 그러캐 그러캐 해요, 엔나레.

거그다 글씨도 쓰지요?

˜ 글씨 쓰지요. 에 그건.

그 누가 써요, 대개?

˜ 그건 저 거시기가 머, 대모기 쓰는 사람도 일꼬, 아무라도 써요 그건. 그건 인재. 시방 인재 단 서기로, 엔나레 단기로 썯찌만, 서기 멘년, 메뒬, 메칠, 멛씨 멛씨에 상낭, 이러케 써노치요.

그먼 그거시 지비 이거스로 다 됟따는 이애깅가요?

떡같은 것도 하는 사람, 떡같은 것도 해놓고 뭐, 돼지 대가리도 갖다 놓고, 술같은 것도 내놓고, 거기에다가 이제, 상 그 저 집 주인 원 주인이 상복 입고, 허허허.

상복을 입어요?

― 예.

어!

― 또 여기는 상복 입고, 상복 아니면 두루마기라도 입고, 술 부어놓고 절하고 그래요, 절하고. 그 날은 그 상량만 얹어놓으면 이제 대목 대목이 언제든지 이제 종일해야 되잖아요?

예.

― 종일 하는데. 상량만 얹어놓으면 그 날은 쉬어요.

아!

― 그날, 그리고 이제,

하루 이제 노는 날이그만요?

― 예, 노는 날, 상량하는 날. 그럼 이제 상량하는데도 이제 돈도 돈도 예를 들어서 이제 그날 이제 저 품삯이 하루 만원일 것 같으면, 품삯이 만원일 것 같으면, 거기에다 돈도 이제 한, 돈 이제, 형편대로 만원 이제 그 상량에다 이렇게 달아매주는 사람도 있고, 봉투나 넣어가지고 뭐 이만 원 주는 사람도 있고 그렇게 그렇게 해요, 옛날에.

거기다 글씨도 쓰지요?

― 글씨 쓰지요. 예 그건.

그 누가 써요, 대개?

― 그건 저 거시기가 뭐, 대목이 쓰는 사람도 있고, 아무라도 써요 그건. 그건 이제. 지금 이제 단 서기로, 옛날에 단기로 썼지만, 서기 몇 년, 몇 월, 몇 일, 몇 시 몇 시에 상량, 이렇게 써놓지요.

그러면 그것이 집이 이것으로 다 됐다는 이야기인가요?

˜ 고로캐 해노코, 고로캐 해노코 인자, 아까 내가 여그 상낭 위에다 이기 상낭이면 여기 염목 염모기라고 이러캐 이러케 염모걸 거러야, 연모걸 이러캐 뺑: 돌면서 거러. 이러캐 염모걸 뺑: 도라감서나.

염모근 건다고 그레요?

˜ 애, 건다고 그캐요.

그면 염모근 위에 상낭에서부터 도리 도리까지만 나가능 거요?

˜ 도리 배까트로[102] 나가야제.

으:.

˜ 이기 인재 상낭이고, 인재 도리가 또 요만치 가 읻짜녀.

그러치요.

˜ 그럼 도리 배까트로 이만치 나가야, 우리 집찌면 엔날 뜰팡이라고[103] 읻짜냐, 뜨렁?

예:.

˜ 뜨렁에 배까테 비가 앙끌리고[104] 그러차나요. 도리 배까트로 마니 나가야 나가야제. 도리까지 하면 뜨렁에 다 비가 오고, 배까트로 인제 방으 비가 깔처서[105] 안되자나요. 게서 도리 배까트로 이러캐 마니 나가게 해요, 뺑: 돌려서.

그면 인제 도리 배까테까지 나가 나가서 인자 딱 그면 그러케 도라갇써요. 그러면 인제 그 다음부터 인제……

˜ 그 다메는 인재, 그 연목 위에다가 연모게다가 외때기라고여 외때기[106], 자장:한[107] 이 자자:란 자자:란 나무 똥고로만 요론걸 외때기라고 쫴매넌[108], 욍기서[109] 인재 그노멀 드문 드문 드문 이러케 첨:부 대요. 대서 인재.

몯찌럴 하능거요, 그건?

˜ 그제네는 산는 사채기로[110] 쫌맫써요[111], 인재. 요 중녀니는 갇따 이개 모읻찌마넌, 그: 저니 엔나른 거 모시 귀해자나요. 요로케 산내끼 사내끼

- 그렇게 해놓고, 그렇게 해놓고 이제, 아까 내가 여기 상량 위에다 여기 상량이면 여기 연목 연목이라고 이렇게 이렇게 연목을 걸어야, 연목을 이렇게 삥 돌면서 걸어. 이렇게 연목을 삥 돌아가면서나.

연목은 건다고 그래요?

- 예, 건다고 그렇게해요.

그러면 연목은 위에 상량에서부터 도리 도리까지만 나가는 거예요.?

- 도리 바깥으로 나가야지.

응.

- 이것이 이제 상량이고, 이제 도리가 또 이만큼 가 있잖아.

그렇지요.

- 그럼 도리 바깥으로 이만큼 나가야, 우리 집 지면 옛날 토방이라고 있잖아, 토방?

예.

- 토방에 바깥에 비가 안 들어오고 그렇잖아요. 도리 바깥으로 많이 나가야 나가야지. 도리까지 하면 토방에 다 비가 오고, 바깥으로 이제 방에 비가 들이쳐서 안되잖아요. 그래서 도리 바깥으로 이렇게 많이 나가게 해요, 삥 돌려서.

그러면 이제 도리 바깥에까지 나가 나가서 이제 딱 그러면 그렇게 돌아갔어요. 그러면 이제 그 다음부터 이제……

- 그 다음에는 이제, 그 연목 위에다가 연목에다가 윗가지라고 해 윗가지, 자잘한 이 자잘한 자잘한 나무 똥그란 이런 것을 윗가지라고 조그마한, 옮겨서 이제 그 놈을 드문 드문 드문 이렇게 전부 대요. 대서 이제.

못질을 하는 거예요, 그건?

- 그전에는 새끼 새끼로 잡아맸어요, 이제. 이 중년에는 갖다 이렇게 못 있지마는, 그 전에는 옛날은 그 못이 귀하잖아요. 이렇게 새끼 새끼로

로 꽈가지고, 점부 이러캐 산내끼로 인재. 이기 인재 이캐 상낭허고 여기 여그 여기꺼지 인제 재::너게 염모기 일짜녀요. 그럼 맨 가지 여기 대고, 또 요만치 대고, 요만치 대고, 요만치 대고, 요만치, 요만치, 요만치. 게:속 여꺼지[112] 인자 그걸 반 빵: 드럼 대야대요. 그노멀……

염목 사이 사이에다.

⎺ 애 애, 연목 우에다가 인재.

우게다.

⎺ 연목 우게다가[113]. 이케 인재 이 미티는 인재 지비고.

얘.

⎺ 여가 인재 상낭이고.

얘.

⎺ 이게 인재 염목 이르케 비 암맡께 할라고 인재 염모걸 양쪼걸, 여그도 요로케 하고, 여그도 요로케 하고 인재. 여그 인재 머리빼기도[114] 이러캐 하고, 뺀디도 이러캐 하자나요.

그걸 머라고 한다고요?

⎺ 머럴?

아! 이 여페는 머라고 한다고, 머리빽? 머리빡?

⎺ 머리빼기.

머리빼기라고 헤요?

⎺ 양쪽 머리빼기라고구라제, 인제.

아! 머리빼기?

⎺ 애, 머리빡. 이걸. 이거 양쪽 여비라고[115] 하고. 여피라고 하고. 여기는 머리빼기라고 하고.

양쪼근 그먼 머리빠기고, 양쪽근 엽 여비 엽피고?

⎺ 여피고.

아:!

꼬아 가지고, 전부 이렇게 새끼로 이제. 여기 이제 이렇게 상량하고 여기 여기 여기까지 이제 길다랗게 연목이 있잖아요. 그럼 맨 가지 여기 대고, 또 이만큼 대고, 이만큼 대고, 이만큼 대고, 이만큼, 이만큼, 이만큼. 계속 여기까지 이제 그것을 반 뺑 돌아 대야 돼요. 그 놈을……

　연목 사이사이에다.

￣ 예 예, 연목 위에다가 이제.

　위에다.

￣ 연목 위에다가. 이렇게 이제 이 밑에는 이제 집이고.

　예.

￣ 여기가 이제 상량이고.

　예.

￣ 이게 이제 연목 이렇게 비 안 맞게 하려고 이제 연목을 양쪽을, 여기도 이렇게 하고, 여기도 이렇게 하고 이제. 여기 이제 머리빡에도 이렇게 하고, 뺀 데도 이렇게 하잖아요.

　그것을 뭐라고 한다고요?

￣ 뭐를?

　아! 이 옆에는 뭐라고 한다고, 머리빡? 머리빡?

￣ 머리빡.

　머리빡이라고 해요?

￣ 양쪽 머리빡이라고 그러지, 이제.

　아! 머리빡?

￣ 예, 머리빡. 이것. 이것 양쪽 옆이라고 하고, 옆이라고 하고. 여기는 머리빡이라고 하고.

　양쪽은 그러면 머리빡이고, 양쪽은 옆 옆이 옆이고?

￣ 옆이고.

　아!

- 고로케 해서 인재. 여기다 외때기럴 외때기라고 허능거설 여기 대고, 요만치[116] 요만치 요만치 촉: 이제 뺑: 도람서[117] 이러캐 대구서는 인자, 산내채로[118] 쫌매써요, 엔나레. 산내채이로 쫌매고, 그라구서 인재. 지가[119] 거 삼농사 진넌 저러비라고 읻썯짜나요, 왜?

얘.

- 저럽.

얘.

- 첟뻐니 집질때넌 이 저러벌요 저러벌, 인제 소느로 여꺼가구서나 함벌차리[120] 함벌차리 인재 외때기 읻썯짜나요?

얘.

- 외때기 읻썯씅깨, 저러벌 여꺼가꼬 이러캐 함벌 싹: 이요.

이어요? 그거설?

- 예. 지붕이……

이영, 영 역뜨시 그러케 영능거요?

- 영[121] 역뜨끼[122] 인재 영 역뜨기 인재 저러블 이망끼[123] 이망:께 역꺼요. 여꺼가꼬설랑 지벙으로 올리가꼬 사라미 인재 미여 올리가꼬, 뺑: 도라서 함벌짜리럴 여꺼지 뺑 도라서 싹: 이요, 함번.

아:!

- 저러블 함번 싹 이야돼. 그건 인재 싹 이고, 다시 인재 또 인재 짐 여. 지비로 이러케 영넝거, 지비로 영 여꺼가꼬설랑 인재 또 저러부다가[124] 인재 다시 인재 함번 또 싹: 둘러야돼요. 싹 둘루고 맨: 위에다가 이러케 하능거, 용마람. 용마람 이르케 트르가꼬서 인재, 이 영이라능건 이르케 이르케 이르케 맏때자나 이르케. 인재 나중에 미티부터 해 해 올라오면 웨 가서는 서로가 이러케 되자나, 뿌렝이가[125].

그러쵸 예.

- 뿌링이. 근디 요기 요거 뿌렝이가 조깨 요기 요기 새가 까따꺼면 요

⎺ 그렇게 해서 이제. 여기다 윗가지를 윗가지라고 하는 것을 여기 대고, 이만큼 이만큼 이만큼 쭉 이제 뺑 돌아가면서 이렇게 대고서 이제, 새끼로 잡아맸어요, 옛날에. 새끼로 잡아매고, 그리고 이제. 제가 그 삼농사 짓는 저릅이라고 있었잖아요, 왜?

예.

⎺ 저릅.

예.

⎺ 첫번째 집 질 때는 이 저릅을요 저릅을, 이제 손으로 엮어가지고서나 한 벌짜리 한 벌짜리 이제 윗가지 있었잖아요?

예.

⎺ 윗가지 있었으니까, 저릅을 엮어가지고 이렇게 한 벌 싹 이어요.

이어요? 그것을?

⎺ 예, 지붕에……

이엉, 이엉 엮듯이 그렇게 엮는 거예요?

⎺ 이엉 엮듯이 이제 이엉 엮듯이 이제 저릅을 이만하게 이만하게 엮어요. 엮어가지고설랑 지붕으로 올려가지고 사람이 이제 메 올려가지고, 뺑 돌아서 한 벌 채를 여기까지 뺑 돌아서 싹 이어요, 한 번.

아!

⎺ 저릅은 한 번 싹 이어야 돼. 그건 이제 싹 이고, 다시 이제 또 이제 짚 이어. 짚으로 이렇게 엮는 것, 짚으로 이엉 엮어가지고설랑 이제 또 저릅에다가 이제 다시 이제 한 번 또 싹 둘러야 돼요. 싹 두르고 맨 위에다가 이렇게 하는 것, 용마름. 용마름 이렇게 틀어가지고서 이제, 이 이엉이라는 것은 이렇게 이렇게 이렇게 맞대잖아 이렇게. 이제 나중에 밑에부터 해 해 올라오면 위에 가서는 서로가 이렇게 되잖아, 뿌리가.

그렇지요 예.

⎺ 뿌리. 그런데 여기 이것 뿌리가 조금 여기 여기 사이가 까딱하면 이

건 머가 비가 샐상발라거덩[126], 그렁깨 용마러미라고[127] 이러캐 트러가꼬 설랑언, 거저 맨위다 용마럼 엉꼬, 그라구선 인재. 예:, 바람 불먼 몬날라가게로 사챙이[128] 사챙이로 꽈가꼬 인재 떠매요, 인재. 바람 마:이 탄데는 '마이 떠매고, 바람 들 탄데넌 인자 좀 들 쫌매고. 요로케 요로케 해서 저 여기 이르캐 이르캐 이르캐 이르캐 한 서너번 너덜뻔 사방 떠매요.

근디 그먼 거기에는 그 지벙 위에는 아까 그 저 그 저릅 여꺼서 인자 그……

¯ 아시벌이고[129], 아시벌 인자 뺑:돌리고. 이르고.

거기다 흑까틍건 아네요?

¯ 야:! 그기 참. 예, 우쩐 흑, 그저:이 엔나레요 엔나레 인재 움는 지비 일려기 부조간 지비, 이런 지번 흑또 아니고 그러캐 해가꾸서나 그냥 저르만[130] 그러카구서나 그냥 거시기를 해써요. 그냥 저: 짐 영하고, 그러캐만 대써요. 그제 우리 저: 선조덜 집찡건 보통 그러케 그러케 마니 젿써요. 그러카고. 인는집 부재찝 부재찌비는 아까 인재 이러캐서나 외때기 대고서, 외때기 이르캐. 그르문 인재 흐글 찔라먼 외때기럴 꽝꽝 꽉 찌야 돼야.

아아:!

¯ 여바, 미태를 따빡[131] 지고서나 머머 엔나레 쑤숙때기라고[132]…… 엔나레 바티다가 쑤수 쑥때기 아능가 물라 쑥때기라고. 이러케 받 가운데다가 시무끄든요[133], 쑥때기. 그라구 가시레[134] 가먼 인제 그 쑤수 거시기만 띠오고, 그재. 머글껌만[135] 주고 인재, 쑤수때하고 그냥 딍기[136] 일짜나요. 그르먼 인재, 비다 비다가 이노멀 저: 이퍼리[137].

얘.

¯ 이퍼리럴 따고서 인재. 내가 인재 내넌 에 에를 드러서, 내가 지벌 지어야 거따 이런 마미 일쓰머넌, 그러면 인재, 이마:너게 무꺼가꼬 어디

것은 뭐가 비가 샐 것 같거든, 그러니까 용마름이라고 이렇게 틀어가지고 설랑은, 그 저 맨 위에다 용마름 얹고, 그리고서는 이제. 예, 바람 불면 못 날아가게 새끼 새끼로 꼬아가지고 이제 떠매요, 이제. 바람 많이 타는 데는 많이 떠매고, 바람 덜 타는 데는 이제 좀 덜 잡아매고. 이렇게 이렇게 해서 저 여기 이렇게 이렇게 이렇게 이렇게 한 서너번 너덧번 사방 떠매요.

그런데 그러면 거기에는 그 지붕 위에는 아까 그 저 그 저릅 엮어서 이제 그……

﹂애벌이고, 애벌 이제 뻉 돌리고. 이고.

거기에다 흙 같은 것은 안해요?

﹂아! 거기 참. 예, 어떤 흙, 그전에 옛날에요 옛날에 이제 없는 집에 인력이 부족한 집에, 이런 집은 흙도 안 이고 그렇게 해가지고서나 그냥 겨릅만 그렇게 해가지고서 그냥 거시기를 했어요. 그냥 저 짚 이엉하고, 그렇게만 댔어요. 그전에 우리 저 선조들 집 짓는 것은 보통 그렇게 그렇게 많이 졌어요. 그렇게 하고. 있는 집 부잣집 부잣집에는 아까 이제 이렇게 해서 윗가지 대고서, 윗가지 이렇게. 그러면 이제 흙을 찌려면 윗가지를 꽉꽉 꽉 찌어야 돼.

아아!

﹂여기 봐, 밑에를 다뿍 쥐고서나 뭐뭐 옛날에 수수대라끼…… 옛날에 밭에다가 수수 수숫대 아는가 몰라 수숫대라고. 이렇게 밭 가운데다가 심었거든요, 수숫대. 그리고 가을에 가면 이제 그 수수 거시기만 떼오고, 이제. 먹을 것만 주고 이제, 수숫대하고 그냥 둔 것이 있잖아요. 그러면 이제, 베다 베어다가 이놈을 저 이파리.

예.

﹂이파리를 따고서 이제. 내가 이제 내년 예 예를 들어서, 내가 집을 지어야겠다 이런 맘이 있으면, 그러면 이제, 이만하게 묶어가지고 어디 저

저: 비 암만는데 이런 데다 어따 잘 뒤따가 집찔쩌게 그노멀…… 이케 인제 열 묻거쓰면, 요기 외때기 대고 쑤숙때기로 이러캐 쑥때기로만 대면 쑥때기 발부면 푹 꺼뿌리자나.

애.

⌐ 궁깨나 첨먼지[138] 외때기 대고, 여그다 가운데 또 쑤숙때기 대고, 또 좀 거시거다가 또 외때기 대고 또 쑤숙때기 대고, 또 외때기 또 쑤숙 대고, 또 외때기 대고 쑤숙 이러카다 촉: 인제 사므 얼거요. 얼꼬설랑 인재, 흐걸 흐걸 인자 인자 이기가꼬 이기가꼬서 인재, 흑또 인자 그냥, 지벌 지벌 요마크막케[139] 쓰러가꼬[140] 인재 흐가고 인재 서꺼요. 그러카야 흐기 미테 구녀기 암마징개 구녀기 이쓰쟌야. 저 지바고 이러케 거시가면 지비 이러캐 거시기가 대서 쑥 빠지자, 구녀그로 암빠지쟈나요. 게서 인재. 지벌 쓰러서나 흐가고 이러캐 버무리서 인재 이기가꼬설랑언, 요마::크마께 묵치가꼬서[141] 인재, 사래미[142] 막 미티 이러캐 저 떤지죠, 이러캐. 떤지너문 인재 가상으로 이러캐 빵:, 근디 이르께…… 요기 인자 저: 요 도리…… 도리 배까트로만 인재 찌는 사래미 잎써요, 알매럴. 그거 보고 인재, 흑찡기가 알매 찐다고 허거등요. 알매쩌.

아! 흐글 올리는게 알매 찐다고 헤요?

⌐ 애.

흐글 위에다 흐글 덤넝걸 알매 찐다구래요, 알매 찐따고 그려.

⌐ 그래가꼬 고고설…… 저 도리배까테, 이캐 사라미 바라보머는, 천장에 인자 사라미 비는데 도리배까티만. 이캐 인재 흐그로 눌른[143] 사래미 잎꼬. 그람 저 전체 그냥 또 전체 그냥 싹 누른 사라미 잎꼬.

아:!

⌐ 그라구 인재:, 방언 앤나레 인재 거 시방 이기 아까 저: 거시기를 거시기 핸는디. 도리하고 보하고 망는다고 안 핻써요.

애.

비 안 맞는데 이런 데다 어디다 잘 두었다가 집 지을 적에 그 놈을……
이렇게 이제 열 묶었으면, 여기 윗가지 대고 수숫대로 이렇게 수숫대만
대면 수숫대 밟으면 푹 꺼져버리잖아.

  예.

  ⌐ 그러니까 처음에 윗가지 대고, 여기에다 가운데 또 수숫대 대고, 또
조금 거시기에다 또 윗가지 대고 또 수숫대 대고, 또 윗가지 또 수숫대
대고, 또 윗가지 대고 수수 이렇게 하다가 죽 이제 삼으로 얽어요. 얽고
설랑 이재, 흙을 흙을 이제 이제 이겨가지고 이겨가지고 이제, 흙도 이제
그냥, 짚을 짚을 이만큼하게 썰어가지고 이제 흙하고 이제 섞어요. 그렇
게 해야 흙이 밑에 구멍이 안 맞으니까 구멍이 있었잖아. 저 짚하고 이렇
게 거시기하면 짚이 이렇게 거시기가 돼서 쑥 빠지자, 구멍으로 안 빠지
잖아요. 그래서 이제. 짚을 썰어서나 흙하고 이렇게 버무려서 이제 이겨
가지고설랑은, 이만큼하게 뭉쳐가지고서 이제, 사람이 막 밑에 이렇게 저
던지죠, 이렇게. 던진 놈은 이제 가로 이렇게 뺑, 그런데 이렇게…… 여
기 이제 저 이 도리…… 도리 바깥으로만 이제 찌는 사람이 있어요, 알매
를. 그것 보고 이제, 흙 찌는 것이 알매 찐다고 하거든요. 알매 찌어.

  아! 흙을 올리는 것 알매 찐다고 해요?

  ⌐ 예.

  흙을 위에다 흙을 닦는 것을 알매 찌다고 그래요, 알매 찌다고 그래

  ⌐ 그래가지고 그것을…… 저 도리바깥에, 이렇게 사람이 바라보면, 천
장에 이제 사람이 보이는 데 도리바깥에만. 이렇게 이제 흙으로 누른 사
람이 있고. 그러면 저 전체 그냥 또 전체 그냥 싹 누른 사람이 있고.

  아!

  ⌐ 그리고 이제, 방은 옛날에 이제 거 지금 여기 아까 저 거시기를 거시
기 했는데. 도리하고 보하고 막는다고 안 했어요.

  예.

⁻ 인제 조그 조그는 보.

예.

⁻ 여그는 도리라 그랟짜나.

예.

⁻ 이기 방이자나요, 방. 이기 방. 그럼 방이면 저 위에다가 인제 이러케 또 흐글 쩌야되자나 거기.

예 예.

⁻ 거기 그라먼 여기 요기 방에다, 요기 방얼 방 디릴떼만 방 디릴 방할 띠넌 안하고, 방 디릴떼만 요기다 여기 총[144] 조로케[145] 나무르 조케[146] 쭉: 대요 여기다가, 요그 요그 요그 요그다가. 그래노쿠서나 인재. 거그다가 인재 거그도 내내 그 저: 외때기하고 쑥때하고 그러케 얼거가꾸설랑 거그 다가 억꾸설랑은 흐기로 인자 꽉 찌뻘지. 흐기로 꽉 끼고. 내가 고 이애 기는 안핻끄만 아까.

아:!

⁻ 그리서, 여기 인재 여기 하년 여기 언는 나무보고 지네바리라고 그레, 지네발.

지네발?

⁻ 지네바리라고. 게 왜 지네바리라고 하냐머는. 에 여 이러케 드문드문 게 대는 사람도 일고, 가운데다 이러케 하나 큰: 나무 이러케 대고, 여그 다 또 이러케 이러케 총총총총 대는 사람 일꺼등요.

예.

⁻ 게 에럴드러서 인재 요기 지네거트먼 차차차차 쪽 양쪼거로 요그도 하고, 요쪼그도 하고 항깨나, 게 나무가 만차나요. 그렁개 지네발거치 생 게써요. 그렁깨나 고보고 지네바리라고 그러케해요.

아!

⁻ 지네발보고. 이런 방커트먼, 요 가운데다 요로캐 이짝[147] 이짝또 보 이

˚ 이제 저기 저기는 보.

예.

˚ 여기는 도리라 그랬잖아.

예.

˚ 이것이 방이잖아요, 방. 이것이 방. 그럼 방이면 저 위에다 이제 이렇게 또 흙을 찌어야 되잖아 거기.

예 예.

˚ 거기 그러면 여기 여기 방에다, 여기 방을 방 드릴 데만 방 드릴 방할 데는 안 하고, 방 드릴 데만 여기다 여기 쭉 저렇게 나무를 저렇게 쭉 대요 여기다가, 여기 여기 여기 여기다가. 그래놓고서나 이제. 거기다가 이제 거기도 내내 그 저 윗가지하고 수숫대하고 그렇게 얽어가지고설랑 거기다가 얽고설랑은 흙으로 이제 꽉 쩌버리지. 흙으로 꽉 끼고. 내가 그 이야기는 안했그만 아까.

아!

˚ 그래서, 여기 이제 여기 하는 여기 없는 나무보고 지네발이라고 그래, 지네발.

지네발?

˚ 지네발이라고. 그 왜 지네발이라고 하냐면. 예 이 이렇게 드문드문 그렇게 대는 사람도 있고, 가운데다 이렇게 하나 큰 나무 이렇게 대고, 여기에다 또 이렇게 이렇게 총총총총 대는 사람도 있거든요.

예.

˚ 그 예를 들어서 이제 여기 지네같으면 차차차차 쭉 양쪽으로 여기도 하고, 이쪽에도 하고 하니까나, 그 나무가 많잖아요. 그러니까 지네발같이 생겼어요. 그러니까 그것 보고 지네발이라고 그렇게 해요.

아!

˚ 지네발 보고. 이런 방같으면, 이 가운데다 이렇게 이쪽 이쪽도 보 그

짝또 보 그러체 양쪼그가[148] 보지. 보 이러캐 거기다가 이러캐 이런 나무 하나 하구서 여그다 인제, 총 요로케 총총총총 저짜게도 하고 가운대다 이러캐 촉: 대요. 그래구 인제 거기다가 외때기 대고 쑥때기 대고 그러캐 해서 인자. 흐글 이기가꾸서 이르캐 막 발라 인자.

그니까 아까 그 그: 저머야, 지붕. 지붕 우에다가 흐글……

⎺ 곧……

알배기 알……

⎺ 고고요 인재.

흐글 알배기지 안는 사람도 읻써요?

⎺ 아니, 여 여기 천장 그러구 인자 천장에선 천장 저 흐글 찌고, 흑 끼고[149]…… 흐건 저 알매 언는 사래미나 안허는 사래미나. 천장 천장언 눌러야되야.

얘, 천장은.

⎺ 천장 천장은 지내부터 눌러야 되야. 그러면 알매 찌나 안 찌나. 알매 안찌넌 사람도 이건 눌루고, 알매 찌넌 사람도 눌루고, 이건 다 눌러노야 돼요.

아:!

⎺ 그라야 이게 저 지벙[150], 방이 생기 생기자나요, 이게. 그래 인재 거 요기부텀 인재 천장부텀 그러케 눌루고, 요기 인재. 여가 도리거터면[151], 요 배까트로 요 우에는 인재 거시거고, 요 배까테 여기만 얼거가꼬 찌는 사라미 읻꼬. 보편저그로 인자 어지가니 여기만 거시개요. 여그만, 여그만 찌여. 그라고, 엔나레 정지 부억 불 때는 데, 불 때는 데는 방이는 이케 아까 인재 거시기럴 천장빨기럴 해가지고 흐걸 눌럳찌만, 천장은 에 정지[152] 엔나레 정지넌 기냥 공중위 읻짜나 그냥 이르케, 공중위. 공중으 이씀깨나. 정지하고 정지하고 도리 빼까티만 알매 찌는 사람, 알매를 찌요.

렇지 양쪽에가 보지. 보 이렇게 거기다가 이렇게 이런 나무 하나 하고서
여기다 이제, 총 이렇게 총총총총 저쪽에도 하고 가운데다 이렇게 쭉 대
요. 그리고 이제 거기에다가 윗가지 대고 수숫대 대고 그렇게 해서 이제.
흙을 이겨가지고 이렇게 막 발라 이제.

그러니까 아까 그 그 저 뭐냐, 지붕. 지붕 위에다가 흙을……

‑ 곧……

알배기 알……

‑ 그것이요 이제.

흙을 알배기지 안는 사람도 있어요?

‑ 아니, 여 여기 천장 그리고 이제 천장에서는 천장 저 흙을 찌고, 흙
찌고…… 흙은 저 알매 얹는 사람이나 안하는 사람이나. 천장 천장은 눌
러야 돼.

예, 천장은.

‑ 천장 천장은 지네발부터 눌러야 되야. 그러면 알매 찌나 안 찌나. 알
매 안 찌는 사람도 이건 누르고, 알매 찌는 사람도 누르고, 이것은 다 눌
러놓아야 돼요.

아!

‑ 그래야 이게 저 지붕, 방이 생기 생기잖아요, 이게. 그래 이제 그 여
기부터 이제 천장부터 그렇게 누르고, 여기 이제 여기가 두리간으며, 이
바깥으로 이 위에는 이제 거시기하고, 이 바깥에 여기만 얽어가지고 찌
는 사람이 있고. 보편적으로 이제 어지간히 여기만 거시기해요. 여기만,
여기만 찌여. 그리고, 옛날에 부엌 부엌 불 때는 데, 불 때는 데는 방에
는 이렇게 아까 이제 거시기를 천장발기를 해가지고 흙을 눌렀지만, 천
장은 예 부엌 옛날에 부엌은 그냥 공중에 있잖아 그냥 이렇게, 공중에.
공중에 있으니까. 부엌하고 부엌하고 도리 바깥에만 알매 찌는 사람, 알
매를 찌요.

ᐤ 게 엔나리넌 이재 인는 사라문 그러케하고, 에, 엄는 사라문 그냥, 이
천장 여기만 찌고 그냥 그냥 도리, 저 염목 걸고, 천장 여기만, 엄넌 사라
문, 인재 저: 외때기 외때기만 두문두문 대고서 저러부로 한번 싹[153] 둘루
고, 거그다 영 둘르고 그러캐 햅써요. 그전 찌븐 모두다 그러케 진터만
요[154], 그게 진는데. 우리 시기에 인재:, 우리 때, 우리가 집질 때. 고때만
대도[155] 어지가나면 그냥, 도리빼까티는 알매 다찌고, 부억 저 부억 부억
위에, 부억 위에넌, 인재 그 외때기 외때기 대고 쑤쑥때 대고 그러캐 해구
서는 흐걸 알매라고 그걸 싹 찌요. 싹 찌가꼬서나 고로카고서 인제 저럽
한번 싹 둘루고, 싹 둘루고 인재 짐영 징영[156] 이러케 역꺼 가꾸서, 싹 찌
고……

알매 찐 우에다가 저릅 한번 돌리고요?

ᐤ 구룬치요. ㅇㅇㅇ.

돈이 읻꼬 업꼬는 그거시 결구근 흑 그 흑…… 파다가, 그다메 집 써러서 너
서, 그 위에 이러니까. 인부갑씨 마니드러서 그러쿠만요?

ᐤ 구러치 그러치요, 인재. 돈 엄넌 사라믄 일려그로 돈엄넌 사라믄,
그거또 인재, 그러캐 할라면 인재, 그냥 알매럴 안찌면 외때기만 이러
캐 두문 두문 두문 두문 대구서 그냥 저르브로 함번 싹 둘루고, 짐영으
로 함번 이면 되는데. 알매럴 찔라머넌 이케 인재 쑥때도 대고, 참 저
외때기 대고 쑥때기 대고 저그저그 총총총 그건 그거또 총총 여꺼요.
그건 인재 총총 여꺼야 돼 총총 여꺼야 미티로 흐기 안빠지지. 총총 역
꼬 그러칼라면[157] 일이 좀 만차나요. 이리 마넝깨 움는[158] 사라먼 쉽 엔
날 으른들 쉬게 하느라고 그냥 그걸 아나고 그냥 천장 천장 여기만 흐
기로 찌노코 그냥, 드문드문 이캐 외때기 대고 그냥 저릅 한번…… 저
르븐 눌러야돼 인재, 누구더니. 저릅 안 둘르면 안되야. 저릅 함번 둘루
고, 그 위에다 짐영하고[159], 그런디. 우리가 집질 때만, 나도 그때 이 지
벌 지가 전는데. 우리 질 때만 해도 그냥 어지간하면 이재 도리 배까티

ᄀ 그 옛날에는 이제 있는 사람은 그렇게 하고, 예, 없는 사람은 그냥, 이 천장 여기만 찌고 그냥 그냥 도리, 저 연목 걸고, 천장 여기만, 없는 사람은. 이제 저 윗가지 윗가지만 드문드문 대고서 겨릅으로 한번 싹 두르고, 거기에다 이영 두르고 그렇게 했어요. 그전 집은 모두다 그렇게 짓더만요, 그렇게 짓는데. 우리 시기에 이제, 우리 때, 우리가 집 지을 때. 그때만 되어도 어지간하면 그냥, 도리 바깥에는 알매 다 찌고, 부엌 저 부엌 부엌 위에, 부엌 위에는, 이제 그 윗가지 윗가지 대고 수숫대 대고 그렇게 하구서는 흙을 알매라고 그것을 싹 쪄요. 싹 찌어가지고 그렇게 하고서 이제 겨릅 한번 싹 두르고, 싹 두르고 이제 짚 이영 짚 이영 이렇게 엮어가지고서, 싹 찌고……

알매 찐 위에다가 겨릅 한번 돌리고요?

ᄀ 그렇지요. 으으으.

돈이 있고 없고는 그것이 결국은 흙 그 흙…… 파다가, 그 다음에 짚 썰어서 넣어서, 그 위에 이렇게 하니까. 인부 값이 많이 들어서 그렇그만요?

ᄀ 그렇지 그렇지요, 이제. 돈 없는 사람은 인력으로 돈 없는 사람은, 그것도 이제, 그렇게 하려면 이제, 그냥 알매를 안 찌면 윗가지만 이렇게 드문 드문 드문 드문 대고서 그냥 겨릅으로 한 번 싹 두르고, 짚 이영으로 한 번 이면 되는데. 알매를 찌려면 이렇게 이제 수숫대도 대고, 참 저 윗가지 대고 수숫대 대고 저기저기 총총총 그것은 그것도 총총 엮어요. 그것 이제 총총 엮어야 돼 총총 엮어야 밑으로 흙이 안 빠지지. 총총 엮고 그렇게 하려면 일이 좀 많잖아요. 일이 많으니까 없는 사람은 쉽 옛날 어른들 쉽게 하느라고 그냥 그것을 안 하고 그냥 천장 천장 여기만 흙으로 쪄놓고 그냥, 드문드문 이렇게 윗가지 대고 그냥 겨릅 한 번…… 겨릅은 눌러야[160] 돼 이제, 누구든지. 겨릅 안 두르면 안 돼. 겨릅 한 번 두르고, 그 위에다 짚 이영하고, 그런데. 우리가 집 지을 때만, 나도 그때 이 집을 제가 지었는데. 우리 지을 때만 해도 그냥 어지간하면 이제 도리

하고 부어가고 이러캐 알매를 다 첟써요.

그며는요 지비 그 천장 위에 흐그로 흐그로 눌러 싼능거 하고, 또 천장 천장 위에 인는 그 지 집 위에도 알매를 처노면 훨씬 따뜨덩가요?

⎺ 따십찌요. 따시기도[161] 따십고. 엔나링개 초가지비[162] 부리 마니 낟써요, 초가지비 부리. 그래 이기 인재, 여기다 염모걸 거러서 인재 흐걸 딱 찌고 저러브로 거시가면, 이기 딱 드러부터 이재 딱 드러부터 붇짜냐. 도리 배까트로. 이게 부리 언제든지 이기 가에서부터 나거든 보통 가운대는 안나고.

그러쵸.

⎺ 이기 부리 소그로부터 가고 위에만 이케 거시기가 돼요. 그러면 인지, 이걸 안찌머넌 흐글 안찌머는 부리 혹시 나면 그냥 미티가 허하자나요, 그냥. 저기 허해가꼬 부리 소그로 확 드러가 드러가뻐리가꼬설랑은 더 화재가 우염핻써. 그래서 알매 찐지번 불만 나서 바로 인재 바로만 거시가면…… 그저네 우리기 우리 동네 일정때에 뽐뿌라구요[163].

얘.

⎺ 뽐뿌라고 읻써. 기기가 인제 뽐뿌라고 핸는데. 막: 이케 이케 눌루고 눌루고 주를 대머는 사래미 양쪼게서 저짜게서 둬시[164] 눌루고 이짜게서 눌로고 막 이르케 이르캐 눌러요. 그러면 무리 막 분사헤서 푹: 나가는 뽐뿌라고 읻써요, 일쩡때. 거거읻꼬 인재 또 시방 빠께스 거틍거 바께스 거틍게 베로 되여인능거 베로 되여 인능거, 그렁거시 인제 읻꼬, 그냥. 우리 동니가 부리 마니 나서요. 엔나레년 여기 부리나면 부리야 하고 동서글[165] 하자나요, 막. 그라면 막 우리 동네 인재 사래미 마나요, 우리 동네. 사래미 만코. 저기 시방 포장핻짜나요, 여기.

얘.

⎺ 포장한데 거가 똘이요 똘. 또랑이 검:나 널룬끄든[166]. 욘꼴짜게[167] 나오는 무리 아무리 머 시아네도[168] 건 무리 떠러지든 아네요, 마르든 아냐, 샴

바깥에하고 부엌하고 이렇게 알매를 다 쪘어요.

그러면 집이 그 천장 위에 흙으로 흙으로 눌러 쌓은 것 하고, 또 천장 천장 위에 있는 그 지 집 위에도 알매를 쳐놓으면 훨씬 따뜻하든가요?

˝ 따습지요. 따습기도 따습고. 옛날에 초가집에 불이 많이 났어요, 초가집에 불이. 그래 이것이 이제, 여기에다 연목을 걸어서 이제 흙을 딱 찌고 겨릅으로 거시기하면, 여기 딱 들어붙어 이제 딱 들어붙어 붙잖아. 도리 바깥으로. 이것이 불이 언제든지 이것이 가에서부터 나거든 보통 가운데는 안 나고.

그렇지요.

˝ 이것이 불이 속으로부터 가고 위에만 이렇게 거시기가 돼요. 그러면 이제, 이것을 안 찌면 흙을 안 찌면 불이 혹시 나면 그냥 밑에가 허하잖아요, 그냥. 저기 허해가지고 불이 속으로 확 들어가 들어가버려가지고설랑은 더 화재가 위험했어. 그래서 알매 찐 집은 불만 나서 바로 이제 바로만 거시기하면…… 그전에 우리에게 우리 동네 일정 때 펌프라고요.

예.

˝ 펌프라고 있어. 기계가 이제 펌프라고 했는데. 막 이렇게 이렇게 누르고 누르고 줄을 대면 사람이 양쪽에서 저쪽에서 두엇이 누르고 이쪽에서 누르고 막 이렇게 이렇게 눌러요. 그러면 물이 막 분사해서 푹 나가는 펌프라고 있었요, 일정 때. 그것 있고 이제 또 지금 바케스 같은 것 바케스 같은 것 베로 되어 있는 것이 베로 되어 있는 것, 그런 것이 이제 있고, 그냥. 우리 동네가 불이 많이 나서요. 옛날에는 여기 불이 나면 불이야 하고 동석을 하잖아요, 막. 그러면 막 우리 동네 이제 사람이 많아요, 우리 동네. 사람이 많고. 저기 지금 포장했잖아요, 여기.

예.

˝ 포장한 데 거기가 도랑이요 도랑. 도랑이 겁나게 널룹거든. 윗 골짝에서 나오는 물이 아무리 뭐 겨울에도 그것은 물이 떨어지든 안해요, 마

푸도[169]. 중간중간 이르캐 마가가꼬서 엔나레는 지비서 머 아들 머 방 따끈 걸레라등가 똥껄레거틍거 점부 거가서 또랑에 가 다 빠랃써요. 그레 엔나레 인재 쌈:무리라능거슨 인제 사람 멍능거 멍능거 거럭[170] 신능건만 하고. 무신 허드램물. 소거틍거또 엔나레 인재 세죽[171] 끄린다고 무럴 가따 마니 부서야[172] 되자녀. 긍개 무리 자그니깨 자그니깨 점부 또랑물 드러다가[173] 점부다 인재 먹꼬, 거기서 걸리[174] 빨꼬, 소 세죽 끄링거또 거기서 인재 또랑에서 드르다가 인재 솥따[175] 부서가꼬 세죽 끄리주고 그러케 헬끄든요.

¯ 게서나 화재도 아주 방지가 돼요. 츰머니[176] 부리 낟따고 불나따고 막 동니 사람드리 막 팡: 모여서 뿜뿌 그놈 가지고 막, 그렁거 막 또랑에 가서 인자 물 그낭 거다 퍼다가 이캐 부스머는. 일찌거니 발견허면 꺼뿌려요, 꺼뿌리는디. 이걸 아니놔따 할찌머는, 불만 나면, 불나따면, 소그로 그만 부리 확 드러가뻐리네. 소그로 드러가, 위에 위에서 물 부서받짜 안 되자나요, 잘. 거 한번, 쉬께로 확 번제버리고[177]. 게서 인재, 화재 또 인재 방지가 마니 되고, 화재도 방지가 되고. 또 인재, 이 더위, 그레 인제 알매 치고, 알매 찌고 미티다가 이캐 발라요. 또 거기 흐기로 매:꼬마니 거시 기라고 인재, 지르기로[178] 함번 발르고, 또 새 올린다고 지르그 이캐 지르그로 인재 저 내내 이기가꼬 집 서꺼가꼬 함벌로 미세다[179] 또 발라요, 이르케.

지르그로 발러요?

¯ 미트다. 미트다 발르고는 그 이개 말르면 막 이캐 트미가자나요. 긍깨 곱떨 아녀자냐.

얘.

¯ 그러먼 인재 새올린다고 모래하고 이 지르글 그다[180] 모래하고 쪼끔 서꺼가꼬, 댇 댇 함번 발러 이르캐. 배 그러면 인재, 버러징거도 매:꼬마지. 보기 조으라고. 고로케 해서나 인재.

르 든 안해, 샘을 퍼도. 중간 중간 이렇게 막아가지고서 옛날에는 집에서 뭐 아들 뭐 방 닦은 걸레라든가 똥걸레같은 것 전부 거기 가서 도랑에 가다 빨았어요. 그래 옛날에 이제 샘물이라는 것은 이제 사람 먹는 것 먹는 것 그릇 씻는 것만 하고. 무슨 허드렛물. 소같은 것도 옛날에 이제 쇠죽 끓인다고 물을 갖다 많이 부어야 되잖아. 그러니까 물이 작으니까 작으니까 전부 도랑물 들어다가 전부다 이제 먹고, 거기서 걸레 빨고, 소 쇠죽 끓이는 것도 거기서 이제 도랑에서 들어다가 이제 솥에다 부어가지고 쇠죽 끓여주고 그렇게 했거든요.

ˉ 그래서나 화재도 아주 방지가 돼요. 처음에 불이 났다고 불났다고 막 동네 사람들이 막 팍 모여서 펌프 그 놈 가지고 막, 그런 것 막 도랑에 가서 이제 물 그냥 거기에다 퍼다가 이렇게 부으며는. 일찌감치 발견하면 꺼버려요, 꺼버리는데. 이것을 안해놓았다 할 때며는, 불만 나면, 불났다면, 속으로 그만 불이 확 들어가버리네. 속으로 들어가, 위에 위에서 물 부어보았자 안 되잖아요, 잘. 그 한번, 쉽게 확 번저버리고. 그래서 이제, 화재 또 이제 방지가 많이 되고, 화재도 방지가 되고. 또 이제, 이 더위, 그래 이제 알매 찌고, 알매 찌고 밑에다가 이렇게 발라요. 또 거기에 흙으로 매꼼하니 거시기라고 이제, 진흙으로 한번 바르고, 또 새 올린다고 진흙 이렇게 진흙으로 이제 저 내내 이겨가지고 짚 섞어가지고 한 벌로 밑에다 또 발라요, 이렇게

진흙으로 발라요?

ˉ 밑에다. 밑에다 바르고는 그 이것이 마르면 막 이렇게 틈이가잖아요. 그러니까 곱들 안하잖아.

예.

ˉ 그러면 이제 새올린다고 모래하고 이 진흙을 거기에다 모래하고 조금 섞어가지고, 댓 댓 한번 발라 이렇게. 배 그러면 이제, 벌어진 것도 매꼼하지. 보기 좋으라고. 그렇게 해서나 이제.

그 새올린다고 그래요?

⎯ 애, 새올린다고. 그래서 인제 도리 도리 배까티만. 그리서 이르케 바르면 깨까더니 이제는 매꼬머니 조차녀요. 그르케……

배까테가 다 그르케 돼읻써가지고 안에도 다 그런지 아랃떠니, 안에는 한 집 또 읻꼬 안 한 집또 읻꼬 그랟썯꾸만요 잉? 지블 보며는 대개 보면 바까테가 그르케 배까테가 돼읻써가지고, 아 이거 다 흐그로 저 위에까지 그르케 되어인 능갑따 그렏떠니……

⎯ 어어.

그 안된 부분도 읻썯 읻썯뜽감만요?

⎯ 도 도리 아느로?

응.

⎯ 으, 그리요, 으. 게서나, 음, 우리 때: 인재 집찐 사라면 보펜저그로 대개 그르케 마니하고, 그러케 지고. 엔나레 그저네 저 으른들 으르신덜 왜에 구식찝 마낟자나요. 엔날 구식찌번 인는 사람덜 부재찌비[181] 인는 사람더런 인재 내가 이애기한대로 도리 배까티로 하고 부어가고 이르캐 알매를 찌고 알매 찌고, 미꾸닉또[182] 발르고 이르케 하고 핸는디. 움는 사람드른 그냥 배까티도 배까티고 부어기고 그냥 게날 그저 주절주저라니 저럽 저리비[183] 해잉거시[184] 비고[185] 그냥 그랟씨요. 그랟썯써요. 그래 인재, 그러케 알매 싹 찌면 저 거시기도…… 부어기도 부어기도 인재 그도 에가 막 거시가면 거무주리[186] 막 이르캐 엔나레는 거무주리 아주 마나 시방보단요. 거무줄 막 처노코 그라면 거가 머가 붇꼬 그러면 일녀니 쳉게리라고[187] 봄새로[188] 인재 청소럴 함번썩 하고 그러자나요.

쳉겨리?

⎯ 예. 엔나레 일본놈더리 쳉게리라고 그랴.

응:.

⎯ 엔나레 보미로 인재 일본놈더리 에: 쳉게리라고 인제 함번 정제, 과네

그 새올린다고 그래요?

￣ 예, 새올린다고. 그래서 이제 도리 도리 바깥에만. 그래서 이렇게 바르면 깨끗하니 이제는 매끄롬하니 좋잖아요. 그렇게……

바깥에가 다 그렇게 되어 있어가지고 안에도 다 그런지 알았더니, 안에는 한 집도 있고 안 한 집도 있고 그랬었구만요 잉? 집을 보며는 대개 보면 바깥에가 그렇게 바깥에가 되어 있어가지고, 아 이것 다 흙으로 저 위에까지 그렇게 되어 있는가보다 그랬더니……

￣ 어어.

그 안 된 부분도 있었 있었든가봐요?

￣ 도 도리 안으로?

응.

￣ 응, 그래요, 응. 그래서나, 음, 우리 때 이제 집 지은 사람은 보편적으로 대개 그렇게 많이 하고, 그렇게 지고. 옛날에 그 전에 저 어른들 어르신들 왜 애 구식집 많았었잖아요. 옛날 구식 집은 있는 사람들 부잣집에 있는 사람들은 이제 내가 이야기한대로 도리 바깥으로 하고 부엌하고 이렇게 알매를 찌고 알매 찌고, 밑구멍도 바르고 이렇게 하고 했는데. 없는 사람들은 그냥 바깥에도 바깥이고 부엌이고 그냥 그 날 그저 주절주절하니 겨릅 겨릅이 하얀 것이 보이고 그냥 그랬어요. 그랬었어요. 그래 이제, 그렇게 알매 싹 찌면 저 거시기두…… 부엌에두 부어에도 이제 그두 어기가 막 거시기하면 거미줄이 막 이렇게 옛날에는 거미줄이 아주 많아 지금보다요. 거미줄 막 쳐놓고 그러면 거기에가 뭐가 붙고 그러면 일년에 청결이라고 봄철에 이제 청소를 한번씩 하고 그러잖아요.

청결이?

￣ 예. 옛날 일본놈들이 청결이라고 그래.

응.

￣ 옛날에 봄으로 이제 일본놈들이 에 청결이라고 이제 한번 부엌, 관에

서 시기요, 과네서. 그러면 인제, 메칠나런 쳉겔허라고 그라거든. 그러면 인자 또랑가튼거또 좀 깨끄더게, 지비 청소하고 그런디. 지바네 거무줄거 텅거 저거 다: 떨고 이러카머넌. 쳉겔검사라고 에 그저네 면, 읍싸무소, 시방은 읍싸무소라구허지, 그저네는 며니라구제. 며네서 조사가 나와서 쳉겔검사 나온다고, 허허허. 저 그럼서나 이장하고, 지네는[189] 구장이제 이쟁이 아니라, 구장허고…… 마:닝깨[190] 이재 다는 몯또라 댕기자냐, 대 강대강 집찝마도[191] 인재 어디 대강 도라댕기요. 도라댕김서, 그저네는 저 고야칸 사람, 승질[192] 지랄헌 사람 만내면 그럼 깨까시 잘모대면 잘모댇따 고 막 지적또 받꼬 그랟써요. 어 그런데, 고래 그 알매럴 찌머넌 으레 그 낭 그 쳉겔하고 존데, 여그 거무줄 거틍거 들찌고, 근런디 알 부어기 그냥 이르케 바르머는 알매럴 안찌면, 그냥 저러바고 그냥 그기 이쓩개나…… 막, 거시기가 거무줄거튼디서 자꾸 떠러지면 거그서 또 인제 무신[193] 거 작꺼시가[194] 떠러지고 지랄맏짜나요[195], 보기도 흉하고.

〈도구〉

그 바께쓰가 그때는 멀로 됃써따고요?

￣ 에?

엔날 그때는 바께쓰가 멀로 되어읻썯써요? 주로.

￣ 아, 바께쓰가?

얘.

￣ 바께쓰라고 이거시 시방 그저니넌 베랑[196] 업썯써요. 인재: 요고시 인 재 일쩡때 일쩡말려니 이르캐 감서나 해방되고 이르캐 마니 나왇쩨.

예.

￣ 엔나레는 그냥 이게 물거틍걸 길러도 옹기 동오라구라그든[197]. 똥고 로:마이[198] 춤노풍건 동오라고고, 나차마게[199] 널:릅때낭건[200] 널배기라고[201] 하고. 게 어디가 무럴 게와도 길러와도 보펜저그로 이재 그: 옹기거럭, 널

서 시켜요, 관에서. 그러면 이제, 며칠날은 청결하라고 그러거든. 그러면 이제 도랑같은 것도 조금 깨끗하게, 집에 청소하고 그런데. 집안에 거미 줄같은 것 저것 다 떨고 이렇게 하며는. 청결검사라고 에 그전에는 면, 읍사무소, 지금은 읍사무소라고하지, 그전에는 면이라고 그러제. 면에서 조사가 나와서 청결 검사 나온다고, 허허허. 저 그려면서나 이장하고, 전 에는 구장이지 이장이 아니라, 구장하고…… 많으니까 이제 다는 못 돌 아다니잖아, 대강대강 집집마다 이제 어디 대강 돌아다녀요. 돌아다니면 서, 그전에는 저 고약한 사람, 성질 지랄한 사람 만나면 그럼 깨끗이 잘 못하면 잘못 했다고 막 지적도 받고 그랬어요. 어 그런데, 그렇게 그 알 매를 찌면 의례 그냥 그 청결하고 좋은데, 여기 거미줄 같은 것 덜 찌고, 그런데 알 부엌에 그냥 이렇게 바르면 알매를 안 찌면, 그냥 겨릅하고 그 냥 그것이 있으니까…… 막, 거시기가 거미줄같은 데서 자꾸 떨어지면 거기서 또 이제 무슨 그 잡것이 떨어지고 지랄맞잖아요, 보기도 흉하고.

〈도구〉

그 바께스가 그때는 뭘로 되어있었다고요?

― 예?

옛날 그때는 바께스가 뭘로 되어있었어요? 주로.

― 아, 바께스가?

예.

― 바께스라고 이것이 지금 그전에는 별로 없었어요. 이제 이것이 이제 일정때 일정 말년에 이렇게 가면서나 해방되고 이렇게 많이 나왔지.

예.

― 옛날에는 그냥 이것이 물같은 것을 길어도 옹기 동이라고 그러거든. 동그스름하게 춤이 높은 것은 동이라고 하고, 나지막하게 널따란 것은 자 배기라고 하고. 그 어디가 물을 길어 와도 길어 와도 보편적으로 이제 그

베기나 동우. 아지먼네넌 엔나레넌: 이 시야미라구제[202] 그 쌰:미 집찝마
다 인능게 아니요. 머 통 샴: 엄넌집 점파닏썰써요[203]. 그저니…… 이제
동니 시야미라고 또 이르캐 더르 인는디가 읻꼬. 우리 동네 저 마을 저
웨 마을 배까티 인제 거서 물 마:니나는 우물 그런디가 읻썯꼬, 그래서
나 샴:인는 지비가서 동우 그놈 가주가서 인재 이다가, 머리다가 인재 차
구 머리다가 이구서는 댕긷짜네요. 그케 다 이다가 식쑤럴 밥해먹꼬, 머:.
세수까지넌 점부 그르케 이다가 이제 그르캐 핻씨요. 그랑깨 인재 아주먼
네가 참 대그낻찌요[204] 인재. 그리구서 인재……

　　바께쓰까 업꼬.

　¯어:, 바께쓰. 이게 인재 바께쓰는 웁꼬 엔나레: 그저니넌 그거또 웁썯
는디. 엔나레는 소규[205] 서규지럼 소규지러미[206] 양처리라고 소규 양처리
라고, 왜 니모가 빤드다니 이리요.

　　얘:.

　¯그래 고고시 인재 그기. 인재 저: 워서[207] 인재 올쩌기 그 양철로 오능
갑뜨만 엔나레는. 양철보당[208] 시방에는 도라무통이[209] 읻찌마넌. 저 언제
어서[210] 올쩌기 그 양처리다 소규를[211] 점부 다마가꼬 와요. 그래서 인재
소규가퉁거 바드로 가구 그라먼 거 양철 읻꺼든. 거 서규 양 소규 양처리
라고 인재, 위에다 구녁 쪼만:치[212] 이캐 쪼만치 뚤버가꼬서[213] 나두구, 나
중 그거 다 두먼, 양처리 비자나요. 그럼 저 그럼 제 그거또 그제네넌 이
제 무주 그튼데 가서 삳 삳써요. 글고 소게 양처리라고 양처리라고 이제
사다가 니모가[214] 니모가 이르캐 빤드다거든. 니모가 빤드다고, 추멩이 이
마:나먼요. 그럼 가운 가운데다 이르캐 나무를 이캐 인제 들구 댕기기 조
케 나무를 대고서 양쪼게 이르케 모설 제기머는 이제 들기가 존차나요.
그르캐 해서 이제 들구댕기…… 사래미 들구댕기고[215].

　¯그러면 또 물찌개라고 핻써요. 지개라고 쪼그마니 맨드라 노코, 인재
거시기럴 물양처럴 양쪼게다 이러캐 노코, 저: 고를 이르캐 그 자분, 이재

옹기그릇, 자배기나 동이. 아주머니네는 옛날에는 이 샘이라고 하지 그 샘이 집집마다 있는 것이 아니요. 뭐 통[216] 샘 없는 집 많았어요. 그전에……
이제 동네 샘이라고 또 이렇게 더러 있는 데가 있고. 우리 동네 저 마을 저 위에 마을 바깥에 이제 거기서 물 많이 나는 우물 그런 데가 있었었고, 그래서 샘 있는 집에 가서 동이 그놈 가지고 가서 이제 이어다가, 머리에다가 이제 자꾸 머리에다 이고서 다녔잖아요. 그렇게 다 이어다가 식수를 밥을 해먹고, 뭐. 세수까지는 전부 그렇게 이어다가 이제 그렇게 했어요. 그러니까 이제 아주머니네가 참 대간했었지요 이제. 그리고서 이제……

바께스가 없고.

‒ 어, 바께스. 이것이 이제 바께스는 없고 옛날에 그전에는 그것도 없었는데. 옛날에는 석유 석유기름 석유기름이 양철이라고 석유 양철이라고, 왜 네모가 반듯하니 이래요.

예.

‒ 그래 그것이 이제 그것이. 이제 저 어디에서 이제 올적에 그 양철로 오는가보드만 옛날에는. 양철보다 지금은 드럼통이 있지마는. 저 언제 어디에서 올적에 그 양철에다 석유를 전부 담아가지고 와요. 그래서 이제 석유같은 것 받으러 가고 그러면 그 양철 있거든. 그 석유 양 석유 양철이라고 이제, 위에다 구멍 조그만하게 이렇게 조그만하게 뚫어가지고서 놓이두고, 나중 그것 다 두면, 양철이 비잖아요. 그럼 저 그럼 이제 그것도 그전에는 이제 무주 같은데 가서 샀 샀어요. 그리고 속에 양철이라고 양철이라고 이제 사다가 네모가 네모가 이렇게 반듯하거든. 네모가 반듯하고, 춤이 이만하면요. 그럼 가운 가운데다 이렇게 나무를 이렇게 이제 들고 다니기 좋게 나무를 대고서 양쪽에 이렇게 못을 박으면 이제 들기가 좋잖아요. 그렇게 해서 이제 들고 다니…… 사람이 들고 다니고.

‒ 그러면 또 물지게라고 했어요. 지게라고 조그만하게 만들어 놓고, 이제 거시기를 물 양철을 양쪽에다 이렇게 놓고, 저 고를 이렇게 그 잡은,

새로 질머지면, 여기다 고루[217] 이르캐가지고 이르캐 질머지면 뿔끈 들
지. 이르캐 해서 인재 사래미 마니 거시깡기면[218] 거 인재 물찌개럴 지
개럴 맨드러까꼬. 거: 양쪼게다 물양철 다라가꼬, 그러캐서 남자더리
지 날랃써요. 그래서 식쑤럴 핻쓰요. 그 인제 마:이 쓰는디만 그러카고,
그외 그냥 지바니서 머 바배[219] 먹꼬 식쑤하능거, 점:부 그냥 아주먼네
가 다 그냥 그캐 물똥오로 이캐 이다가 이다가 그러케 그냥 다 해머걷
써요.

그 바께쓰가 맨처메 나올 때는 지금처럼 플라스티기 아니고……

⁻ 아니, 플라스틱 아녀, 함석.

함서글 마니……

⁻ 응, 양철. 풀라스틱 이거선 시방 인자 비니루 이케 나옴선 이게 푸라
스티기 나왇찌, 그저네 푸라스티기 어디가 일썯써요?

〈벽 바르기〉

아까 그러케 허먼 인자 지붕, 지붕쪼건 됃꼬.

⁻ 얘.

그러먼 인자 지붕에 인자 그 천장까지 허고, 천장 위에다가 발른…… 아참!
여 여페 여페 여페부터 인자.

⁻ 얘.

지붕은 핻꼬요.

⁻ 얘.

지붕부터 해네레와요? 아니면?

⁻ 지붕부텀 하야지.

지붕부터 하지요 잉?

⁻ 얘.

그 저 상낭 올리고 나서부터 지붕허고, 그다메 인자 미테 헐 때는, 벼근 어떠

이제 사이로 짊어지면, 여기에다 고를 이렇게 해가지고 이렇게 짊어지면 불끈 들지. 이렇게 해서 이제 사람이 많이 거시기 하는 것이면 그 이제 물지게를 지게를 만들어 가지고. 그 양쪽에다 물 양철 달아가지고, 그렇게 해서 남자들이 지어 날랐어요. 그래서 식수를 했어요. 그 이제 많이 쓰는 데만 그렇게 하고, 그외 그냥 집안에서 뭐 밥해 먹고 식수하는 것, 전부 그냥 아주머니네가 다 그냥 그렇게 물동이로 이렇게 이어다가 이어다가 그렇게 그냥 다 해먹었어요.

그 바께스가 맨 처음에 나올 때는 지금처럼 플라스틱이 아니고……

⎺ 아니, 플라스틱 아니야, 함석.

함석을 많이……

⎺ 응, 양철. 플라스틱 이것은 지금 이제 비닐 이렇게 나오면서 이것이 플라스틱이 나왔지, 그전에 플라스틱이 어디가 있었어요?

〈벽 바르기〉

아까 그렇게 하면 이제 지붕, 지붕쪽은 됐고.

⎺ 예.

그러면 이제 지붕에 이제 그 천장까지 하고, 천장 위에다가 바른…… 아참! 여 옆에 옆에 옆에부터 이제.

⎺ 예.

지붕은 했고요.

⎺ 예.

지붕부터 해 내려와요? 아니면?

⎺ 지붕부터 해야지.

지붕부터 하지요 잉?

⎺ 예.

그 저 상량 올리고 나서부터 지붕하고, 그 다음에 밑에 할 때는, 벽은 어떻게케 헤요, 베근?

⎯ 그라고 완저니 인재 지붕은 이르캐 핼쓱개, 비가 와도 비는 안맏짜나요.

예.

⎯ 비럴 암마지머넌. 인제 벽 이거 보고 베기라[220] 거덩, 시방은 이러캐 부루쿠로 싸지마넌. 그람 중방하고, 음, 미티 내가 아까 중방이라고 그렏짜나요. 저 도리 말고, 임방이라고.

예, 인방.

⎯ 인방이라고 그걷또 또 인재 도리 미티다가 뺑: 도라감서 다 질러야돼요, 또. 그렁깨 요기 중방 요기 지동거트머넌 맨:위에 여기 거 저거 인재 도리 뺑: 험서 도리. 가운대 함목쌀할[221] 거건 인재 보, 요미테 허능건 임방. 요 미테는……

이 맨 위에가?

⎯ 맨: 위에가 인제 도리, 가운데 하능건 저 아까도 이애기핻찌만 저 보, 그리고 요 미티 가능거 인재 임방, 요 미티 맨 미티는 아까 중방이라고 인재 중방. 그라면 인재 이 벼걸 이제 이걸 벼걸 마출라면요. 여가 도리고, 여가 임방이고, 요맏 요맏치가[222] 중방이자나요, 중방 일짜나요. 그러면…… 요 사이 요 사이 요 사이하고, 요 사이하고 또 뺑: 도라감서나 심싸리라고[223] 하능기, 심싸리라고.

힘쌀?

⎯ 힘싸리라고 나무럴 인재 이르캐 인재 그럼 인재 나무럴 외때기라고 인재 좀 쪼끔 큰 힘싸리라고, 그렁거슬 인재 뺑: 도라감서나 새새[224] 이러캐 이케 저 도리하고 도리하고 임방하고 이러캐 뺑: 도라감서 이캐. 드문드문 드문 이러케 꼬부야돼[225] 인재, 해 꼬부야되야. 그라고 요 미티는 또 미티 인재 중방하고, 요 임방. 뺑:도라감서 하고, 요사이 요 새꺼지[226] 점부 인재, 이캐. 시방 여기도 이재 아래 우로 이 벡꺼트면[227] 요.

해요, 벽은?

─ 그리고 완전히 이제 지붕은 이렇게 했으니까, 비가 와도 비는 안 맞 잖아요.

예.

─ 비를 안 맞으며는. 이제 벽 이것 보고 벽이라고 하거든, 지금은 이렇 게 불럭으로 쌓지만은. 그러면 중방하고, 음, 밑에 내가 아까 중방이라고 그랬잖아요. 저 도리 말고, 인방이라고.

예, 인방.

─ 인방이라고 그것도 또 이제 도리 밑에다가 뺑 돌아가면서 다 질러야 돼요, 또. 그러니까 여기 중방 여기 기둥같으면 맨 위에 여기 저 저것 이 제 도리 뺑 하면서 도리. 가운데 한 몫을 할 그것은 이제 보, 이 밑에 하 는 것은 인방. 이 밑에는……

이 맨 위에가?

─ 맨 위에가 이제 도리, 가운데 하는 것은 저 아까도 이야기를 했지만 저 보, 그리고 이 밑에 가는 것 이제 인방, 이 밑에 맨 밑에는 아까 중방 이라고 이제 중방. 그러면 이제 이 벽을 이제 이것을 벽을 맞추려면요. 여기가 도리이고, 여기가 인방이고, 이만 이만큼이 중방이잖아요, 중방 있잖아요. 그러면…… 이 사이 이 사이 이 사이하고, 이 사이하고 또 뺑 돌이기면서 힘살이리고 하는 것이, 힘산이라고.

힘살?

─ 힘살이라고 나무를 이제 이렇게 이제 그럼 이제 나무를 윗가지라고 이제 좀 조금 큰 힘살이라고, 그런 것을 이제 뺑 돌아가면서나 사이사이 이렇게 이렇게 저 도리하고 도리하고 인방하고 이렇게 뺑 돌아가면서 이 렇게. 드문드문 드문 이렇게 꽂아야 돼 이제, 해 꽂아야 돼. 그리고 이 밑 에는 또 밑에 이제 중방하고, 이 인방. 뺑 돌아가면서 하고, 이 사이 이 사 이까지 전부 이제, 이렇게. 지금 여기도 이제 아래 위로 이 벽같으면 요.

얘.

― 아래우로 이러케 심싸럴 이러캐 점부 해 바가야. 이런 나무로 해 바가야 되요.

그거슨 몯찔허능게 아니고? 구멍을 뚜러서 가따 끼우능거여?

― 구먹또 뜰부[228] 구먹또 뜹끼도 하고 인재, 이 저: 끌 거팅기나[229] 짜구 거팅기로 요곤 드러갈 때를 인재, 살짝싸짝[230] 어떠케 조끔 조끔 이러케 파요, 이르캐. 파고 왜 고 모 나무 이제 물…… 새기넝걸 심싸리라고 거든요[231], 심쌀. 심싸리랑거 인재 나무럴 인재 여기 이기거트면[232] 요그도 삐쪼가니[233] 요로케 요로케, 삐쪽 삐쪽한 인재 각꼬, 여그서 삐쪽 삐쪽 삐쪽 각꺼든요. 게 우에 여기 거기 거기다 쪼그만치[234] 파요. 그래 여그다 이리캐 대구서나 요노무[235] 요로케 쪼끔 빼따가머는 요노미 쪼꼼 질자나요.

그러치요.

― 요로케 요로케 때려.

아:!

― 때리면 요노미 저 고 새로 드러감서나 이 팽팽해지자냐.

그러치요.

― 이게 이러캐 이러캐 안빠찌쟈냐. 그냥 가따 이러캐 찔르머는 구녀글 뚤코[236] 그냥 머한디. 그러캐 그러캐 해구서나. 촉: 인재, 우하고[237] 미티하고 그 나무럴 중간중간 인재 힘싸리라고 이러캐 해 바가요. 힘싸럴 다 해 바가쓰먼 인재, 거그다 또 인재 아가 지가 얘기헌대로, 외때기라고, 외때기라고 저…… 쑤수나무 쑤수나무 왜 그 아까 얘기핻짜나요. 그노멀 집 찔 사라면 인재 미리 마련해 파:니[238] 마러내노크덩. 그럼 인재, 그노멀 쑤 쑤때기럴 이르캐 핻쓰면, 산내키로 산내키 꽈가꼬 그 심싸리다가 인재 산내키럴 다라매가꼬. 그 저런 베름빡[239] 일쓰머는 인재 요 하나 다하자머는 사래미 둬시나[240] 서이나 이르캐 돼요, 서이나 보통돼야. 하나는 가운대 일꼬 양쪽 가시[241] 일꼬……

예.

- 아래위로 이렇게 힘살을 이렇게 전부 해 박아야. 이런 나무를 해 박아야 돼요.

그것은 못질하는 것이 아니고? 구멍을 뚫어서 갖다 끼우는 거요?

- 구멍도 뚫어 구멍도 뚫기도 하고 이제, 이 저 끌같은 것이나 자귀같은 것으로 이것 들어갈 데를 이제, 살짝살짝 조금 조금 이렇게 파요, 이렇게. 파고 왜 그 머 나무 이제 물…… 새기는 것을 힘살이라고 하거든요, 힘살. 힘살이라는 것은 이제 나무를 이제 여기 이것같으면 여기도 뾰족하게 이렇게 이렇게, 뾰족 뾰족한 이제 깎고, 여기서 뾰족 뾰족 뾰족 깎거든요. 그 위에 여기 거기 거기에다 조그만큼 파요. 그래 여기에다 이렇게 대고서 이놈을 이렇게 조금 삐딱하면 이놈이 조금 길잖아요.

그렇지요.

- 이렇게 이렇게 때려.

아!

- 때리면 이놈이 저 그 사이로 드러가면서나 이 팽팽해지잖아.

그렇지요.

- 이것이 이렇게 이렇게 안 빠지잖아. 그냥 갖다 이렇게 찌르면 구멍을 뚫고 그냥 뭐한데. 그렇게 그렇게 해가지고서나. 쭉 이제, 위하고 밑에 하고 그 나무를 죙긴죙긴 이제 힘실이라고 이렇게 에 박어요. 힘살을 디 헤 박았으면 이제, 거기에다 또 이제 아까 제가 이야기한대로, 윗가지라고, 윗가지라고 저…… 수수나무 수수나무 왜 그 아까 이야기했잖아요. 그놈을 집 질 사람은 이제 미리 마련해 많이 마련해놓거든. 그러면 이제, 그놈을 수숫대기를 이렇게 했으면, 새끼로 새끼 꼬아가지고 그 힘살에다가 이제 새끼를 달아매가지고. 그 저런 바람벽 있으면 이제 이 하나 다 하자면 사람이 두엇이나 셋이나 이렇게 돼요, 셋이나 보통돼야. 하나는 가운데 있고 양쪽 가에 있고……

얘.

￣ 그 인재, 그럼 하나씩 이르캐 댐서나 산내키 차꾸 얼거. 얼그먼, 족:
올라가요. 그래, 완저니. 그럼 인제 그거시 품 마니 저요.

얘:.

￣ 그 인제 완저니 인자 다 그걸 다 이제 외:영는다고 그라거든 그걸보
고.

외영는다고?

￣ 외영는다고.

아! 위에서 외때기를 영는다고 해서 외영는다고 허는감만요?

￣ 예, 외영는다고, 예. 외를 다 얼걷, 다 얼걷짜나요. 다 얼걷쓰먼 인자
또, 음, 흐글 내내 이기가꼬, 흐글 이기가꼬 인자 거기다가. 인재 지벌 인
재 쓰러가꼬[242] 드문드문 인자 지버너코, 그러다가 인재 흐기 무지하니 마
니드러가요, 인재. 흐걸 마:니 인재 이겨 이제 막. 사람 막 서너너더시 인
재 삽 이캐 사비다가 이제 저 끄나파럴[243] 이캐 제기, 엔나레넌 제꾸라
고[244] 그랟꼬, 끈나팔 달고 하나넌 삽 들고 양쪼그서 두리 막 흐글 마니
잉깨[245] 머 히미들자녀, 긍깨 막. 두리 자부댕기고[246] 이르캐 자꾸 이르캐
흐글 뒤고[247], 또 인재 가마이때기라고[248] 흔 가마때럴 이르캐 느쿠서[249] 인
자 지근지근 발바요. 그 흐기 착착 차지게 잘 이기저.

예.

￣ 함번 뒤고 가마이때기럴 느코 막 이캐 사라미 박꼬[250]. 이리 뒤고 저
리 뒤고 이르캐 뒤가꼬서 가마이때기로 박꼬.

아까 그 삽에다 이러케 끈 매는 거슬 뭐라고 한다고요?

￣ 으?

사 사비다 끈 끈 요로케 매서 자바댕기는 걸 뭐라고 한다고그레요?

￣ 저 끈내키는[251] 인제 지게꼬리라고 지게꼬리라고 엔나레 지게에다가
인재 이저 지게꼬리라고. 이재 그걸 다라매야 지게다 뭘 수부:가니 너 질

예.

˗ 그 이제, 그럼 하나씩 이렇게 대면서 새끼 자꾸 얽어. 얽으면, 죽 올라가요. 그래, 완전히. 그러면 이제 그것이 품 많이 저요[252].

예.

˗ 그 이제 완전히 이자 다 그것을 다 이제 외 엮는다고 그러거든 그것을 보고.

외 엮는다고?

˗ 외 엮는다고.

아! 위에서 윗가지를 엮는다고 해서 외 엮는다고 하는 가보네요?

˗ 예, 외 엮는다고, 예. 외를 다 얽었, 다 얽었잖아요. 다 얽었으면 이제 또, 음, 흙을 내내 이겨가지고, 흙을 이겨가지고 이제 거기다가. 이제 짚을 이제 썰어가기고 드문드문 이제 집어넣고, 그러다가 이제 흙이 무지하게 많이 들어가요, 이제. 흙을 많이 이제 이겨 이제 막. 사람 막 서너너덧이 이제 삽 이렇게 삽에다가 이제 저 끄나풀을 이렇게 제기, 옛날에는 ‘제꾸’라고 그랬고, 끄나풀 달고 하나는 삽 들고 양쪽에서 둘이 막 흙을 많이 이기니까 뭐 힘이 들잖아, 그러니까 막. 둘이 잡아당기고 이렇게 자꾸 이렇게 흙을 뒤엎고, 또 이제 가마니때기라고 헌 가마니때기를 이렇게 넣고서 이제 지근지근 밟아요. 그 흙이 착착 찰지게 잘 이겨져.

예.

˗ 한번 뒤집고 가마니때기를 넣고 막 이렇게 사람이 밟고. 이리 뒤집고 저리 뒤집고 이렇게 뒤집어가지고서 가마니때기로 밟고.

아까 그 삽에다 이렇게 끈 매는 것을 뭐라고 한다고요?

˗ 응?

사 삽에다 끈 끈 이렇게 매서 잡아다니는 것을 뭐라고 한다고 그래요?

˗ 저 끄나풀은 이제 지게꼬리라고 지게꼬리라고 옛날에 지게에다가 이제 이 저 지게꼬리라고. 이제 그것을 달아매야 지게에다 뭘 수북하게 짊

머지머는 지게꼬리를 이르케 다라매야. 꼭 다라매야 이케 안 너머가지 지게꼬리를 안대면 후딱 너머가뻐리자냐.

얘.

￣ 지게꼬리 그노멀 풀러가꼬[253], 여기 사비다가 인재 그 홍[254] 이길똥아니만[255] 사비다가 이르캐 다라매요. 다라매서 삽 저 끈내펄 두 줄로 이캐 두 줄로해서 두리 자버댕겨[256], 두리 자버댕기고. 하나넌 삽 이르캐 대고.

지개꼬리라고 그려요, 지그먼?

￣ 지개꼬리, 지개꼬리 거그다 다라매가꼬. 지개꼬리도 다라매고 또 산내키도 인재 실란놈[257] 산내키도 시란놈 다라매서 하고 인재 그겅 그리요. 노상 지게꼬리만 허능게 아니고. 그래 새기 흐기 완저니 다 인재 이게절 쓰먼 인재. 이건 이기 방이자나요, 이런 방? 이런 방이다가 인재 가마이 럴 이케 가따 피고 인재, 하나는 이캐 퍼다줘, 방이다가. 하나넌 이캐 퍼다주고, 인재: 그구 인재, 여 벽 발르는 양반보고 토수라구랴, 토수. 토수는 인재 요로케 영나겁씨 저: 송판때기로요 요마:너게 여기가 이러케 커게[258] 짜고 인자. 미테다 이르케 바치고 인제 손 거머쥐게 조케 항기 잇써. 하나는 인재 하나넌 저 배까티 홍: 이깅걸 방에다가 노코, 벽 바른데 하나넌 인제 여기서 서서나, 거 인재 흐카리라고 이제 나무로 이러캐 납짜:가니 이릉거 까르서[259], 이르캐 푹 뜨면 떠서나 여기다 이르캐 그 저 토수 토수 요롱거 이르캐 거머쥐꺼든 흑 반능걸, 그 반능걸 흑쏘니라그랴. 흑빠침 흑빠치미여 흑빠치미라구랴. 게 가따주머는 이제 토수는 그 흑 흑쏜 쇠 쇠로 맨등거 베름빠게다 대고 이르캐 이르캐 발라 자꾸 자꾸 발라 이르캐. 그 발르능거 흑쏜, 요건 인재 반는 흑빠침.

흑빠침?

￣ 흑빠침. 게서 인재 계:속 그르캐 해요 인재. 배까치서[260] 하나 인재 퍼다주고, 여기서 하나 인자 퍼주고. 인재, 목쑤 토수 토시양반[261] 저그다 이르캐 발르고. 그러칼라머는, 인재 이 상, 에르 드러서 인재 사카니나 상

어지면 지게꼬리를 이렇게 달아매야. 꼭 달아매야 이렇게 안 넘어가지 지게꼬리를 안 대면 후딱 넘어가버리잖아.

예.

- 지게꼬리 그놈을 풀어가지고, 여기 삼에다가 이제 그 흙 이길 동안에만 삽에다가 이렇게 달아매요. 달아매서 삽 저 *끄*나풀을 두 줄로 이렇게 두 줄로해서 둘이 잡아다녀, 둘이 잡아당기고. 하나는 삽 이렇게 대고.

지게꼬리라고 그래요, 지금은?

- 지게꼬리, 지게꼬리 거기다 달아매가지고. 지게꼬리도 달아매고 또 새끼도 이제 실한 놈 새끼도 실한 놈 달아매서 하고 이제 그것은 그래요. 항상 지게꼬리만 하는 것이 아니고. 그래 색이 흙이 완전히 다 이제 이겨졌으면 이제. 이것은 이거 방이잖아요, 이런 방? 이런 방에다가 이제 가마니를 이렇게 갖다 펴고 이제, 하나는 이렇게 퍼다줘, 방에다가. 하나는 이렇게 퍼다주고, 이제 그러고 이제, 이 벽 바르는 양반보고 토수라고 그래, 토수. 토수는 이제 이렇게 영락없이 저 송판때기로요 이만하게 여기가 이렇게 크게 짜고 이제. 밑에다 이렇게 받치고 이제 손 거머쥐기 좋게 한 것이 있어. 하나는 이제 하나는 저 바깥에 흙 이긴 것을 방에다가 놓고, 벽 바른 데 하나는 이제 여기서 서서, 그 이제 흙칼이라고 이제 나무로 이렇게 납작하게 이런 것 깔아서, 이렇게 푹 뜨면 떠서나 여기다 이렇게 그 저 토수 토수 이런 것 이렇게 거머쥐었거든 흙 받는 것을, 그 받는 것을 흙손이라고 그래. 흙받침 흙받침이야 흙받침이라고 그래. 그 갖다주며는 이제 토수는 그 흙 흙손 쇠 쇠로 만든 것 바람벽에다 대고 이렇게 이렇게 발라 자꾸 자꾸 발라 이렇게. 그 바르는 것 흙손, 이것은 이제 받는 흙받침.

흙받침?

- 흙받침. 그래서 이제 계속 그렇게 해요 이제. 바깥에서 하나 이제 퍼다주고, 여기서 하나 이제 퍼주고. 이제, 목수 토수 토수양반 저기에다 이렇게 바르고. 그렇게 하려면, 이제 이 상, 예를 들어서 인제 사칸이나 삼

칸찌벌 함벌 막, 함번만 발르는데 함번만 발르는데, 그기 한 이트른 해야 대야, 토수 혼채[262].

이틀……

⎯ 이틀 다 발르고, 고노미 인재 어지가니 또 말라요, 인재. 말르머는 재베기라고[263]. 요쪽만 발라씽깨 요쪼근 매꼬마니[264] 발랕짜냐.

그러쵸.

⎯ 한쪼건 저 매고마개 발라씽개 저짜그론 막 인자 울퉁불퉁하게 이러 짜녀, 인자 막 나가서나 울퉁불퉁하니 그래 이제, 재베기라고 또 그러캐 흐걸 개야. 초부통가치[265] 그러케 이가꼬 재베기라고 또 인자 나중에 인 재 또 하나는 저 배까티서 인자 사비로 퍼다주고, 하나는 여기서 이르캐 떠주고 이재 토수는 이러캐 또 발라요. 그럼 재베기라고, 그거또 한 이 틀해야대야. 그럼 인제 초벽, 재벽. 그라고 완저니 인제 이름 베름빠기 이르캐 댈짜녀요. 인제, 칸카니 칸카니 이르캐. 베름빠그 댇쓰머는. 그 담[266] 인자 또. 인재, 고로캐 해노쿠서는 인재. 이 방버텀[267] 놔 인자, 방이 요 방.

벽 해노코요?

⎯ 응, 벼게는 초벽 다 다발라짜나요. 초벼그 다 발로노코 인재 방버텀 해요. 방얼 인자 괴……

중방 미테도 중방 미테도 아까 그 뭐야 그 저 힘싸를 헤요?

⎯ 이게 인재, 요기 저, 아까 여 중방으 지른다고 하얃짜냐요. 여가 지둥 뿌리고 여기 인재 요 미티가 또 요기는 중방 요 우에.

그러치.

⎯ 요 미티넌 칸카니 점부 도걸[268] 거 갱벼늬[269] 가서 도걸 지다가 우리 저: 엔나레 그 흑땀 담 쌑차냐요. 게 중방 싼는다고, 흐간채[270] 노코 도간 채 노코 흐간채 노코 헤가꼬, 빵: 도라감서 이러캐 칸카니 하고, 첨:부 중 방얼 이러케 싸요.

칸 집을 한 벌 막, 한번만 바르는데 한번만 바르는데, 그것이 한 이틀은 해야 돼, 토수 혼자.

이틀……

˘ 이틀 다 바르고, 그놈이 이제 어지간히 또 말라요, 이제. 마르면 재벽이라고. 이쪽만 발랐으니까 이쪽은 매끄럽게 발랐잖아.

그렇지요.

˘ 한쪽은 저 매끄럽게 발랐으니까 저쪽으로는 막 이제 울퉁불퉁하게 이렇잖아, 이제 막 나가서는 울퉁불퉁하니 그래 이제, 재벽이라고 또 그렇게 흙을 개야. 초벌때같이 그렇게 이겨가지고 재벽이라고 또 이제 나중에 이제 또 하나는 저 바깥에서 이제 삽으로 퍼다주고, 하나는 여기서 이렇게 떠주고 이제 토수는 이렇게 또 발라요. 그럼 재벽이라고, 그것도 한 이틀해야 돼. 그러면 이제 초벽, 재벽. 그리고 완전히 이제 이러면 바람벽이 이렇게 됐잖아요. 이제, 칸칸이 칸칸이 이렇게. 바람벽이 됐으며는. 그 다음에 이제 또. 이제, 그렇게 해놓고서는 이제. 이 방부터 놔 이제, 방이요 방.

벽 해놓고요?

˘ 응, 벽에는 초벽 다 달랐잖아요. 초벽을 다 발라놓고 이제 방부터 해요. 방을 이제 괴……

중방 밑에도 중방 밑에도 아까 그 뭐야 그 저 힘살을 해요?

˘ 이것이 이제, 여기 저, 아까 여 중방을 지른다고 했잖아요. 여기가 기둥뿌리고 여기 이제 이 밑에가 또 여기는 중방 이 위에.

그렇지.

˘ 이 밑에는 칸칸이 전부 돌을 그 강변에 가서 돌을 지어다가 우리 저 옛날에 그 흙담 담 쌌잖아요? 그 중방 쌓는다고, 흙 한 채 놓고 돌 한 채 놓고 흙 한 채 놓고 해가지고, 뺑 돌아가면서 이렇게 칸칸이 하고, 전부 중방을 이렇게 싸요.

아:!

- 중방. 중방부텀 내가 야걸 지밴는데[271], 중방버텀 싸노코 이 저 초벽 재벽부텀 해요. 그 이재 중방부터 싸노코, 도그로 인재 팽 돌라감서 싸노코. 그라문 인재 중방 싸고, 초벽 재벽 재고[272], 칸카니 이캐 댈짜냐요.

〈구둘 놓기〉

- 그람 인제 방 이 방버텀[273] 놔요, 인재 방. 그 괴또리라고[274] 괴또리라고 인재 이런 이런 방에다 이캐 족:. 그저니는 여그서 부럴 때머는, 궁개 인재 불 두로오게[275] 이캐 줄:주리 이캐 인재 거시기럴 하야 부리 드러오거든. 거 괴또럴 인재 이캐 노머년, 웨다[276] 이게게 구드리라고 독 납짱납짜건 노멀 이캐 괴또레다 이러게 노자나요[277]. 거 괴똘 암껄 암꺼나 아냐, 안돼 이게. 고 웨 동노키[278] 존놈 드문드문 가레가꼬서 인재, 거 갱변[279] 가 인재 거또 인재 사라미 하나썩 하나썩 지다 이재 모도케[280] 놔요. 모도케 놔따가, 이런 방으다 이재 주 저:그서부터 줄줄 이러캐 이재 괴또기라고 드문드문 이러캐 삭: 놔요, 이러캐. 삭: 이캐 머냐 놔노먼 이제 구두리라고 납짝납짜건 독. 납짝납 독 도기 시방 이른데[281] 암데나[282] 업짜나요. 그 구들 뜨는 그 바오가[283] 뜨는디가 따로 잍써요. 우리 동니는 저 미티 저 시방 아래 저 응고리라고 한디요. 거가 구들 그러깨 독 뜨는디가 잍써요. 그럼 인재, 사래미 여러시 가가꾸서 인재 에거 거시기럴.

- 흐걸 이르캐 거드[284] 제치먼 이캐 바우가 나와요, 바우 바우. 바우가 나오먼 철짱이라고, 지대:넌[285] 철짱 일찌요 왜. 그거하고 또 증이라고 쇠요마낭거하고 망치하고, 이재 가주가서 거시가먼, 이캐 때리고 증[286] 이르캐 이르캐허먼 넙:떡넙떠거고 뻘떡뻘떡하니 인나요, 이게. 구두리라고[287] 구들 뜨로 간다고 구래요. 그리가꼬 구들 그거또 또 구드리라고 잘 뜨는 사라미 잍써요, 고. 고 기술짜 잘 뜨는 사라미 잍써. 그리가지고 구두

아!

 ⁻ 중방. 중방부터 내가 이야기를 했는데, 중방부터 싸놓고 이 저 초벽 재벽부터 해요. 그 이제 중방부터 싸놓고, 돌로 이제 삥 돌아가면서 싸놓고. 그러면 이제 중방 싸고, 초벽 재벽 재고, 칸칸이 이렇게 댔잖아요.

〈구둘 놓기〉

 ⁻ 그러면 이제 방 이 방부터 놔요, 이제 방. 그 굇돌이라고 굇돌이라고 이제 이런 이런 방에다 이렇게 쭉. 그전에는 여기에서 불을 때면, 그러니까 이제 불 들어오게 이렇게 줄줄이 이렇게 이제 거시기를 해야 불이 들어오거든. 그 굇돌을 이제 이렇게 놓으면, 위에다 이것이 구들이라고 돌 납작납작한 놈을 이렇게 굇돌에다 이렇게 놓잖아요. 그 굇돌 아무것 아무것이나 안해, 안 돼 이게. 그 위에 돌 놓기 좋은 놈 드문드문 가려가지고서 이제, 그 강변에 가 이제 그것도 이제 사람이 하나씩 하나씩 지어다 이제 모아놔요. 모아 놓았다가, 이런 방에다 이제 주 저기서부터 줄줄 이렇게 이제 굇돌이라고 드문드문 이렇게 싹 놔요, 이렇게. 싹 이렇게 뭐냐 놔놓으면 이제 구들이라고 납작납작한 돌. 납작 납 돌 돌이 지금 이런데 아무 데나 없잖아요. 그 구들 뜨는 그 바위가 뜨는 데가 따로 있어요. 우리 동네는 저 밑에 저 지금 아래 저 응골이라고 하는 데요. 거기가 구들 그렇게 돌 뜨는 데가 있어요. 그러면 이제, 사람이 여럿이 가가지고서 이제 예 그 거시기를.

 ⁻ 흙을 이렇게 걸어 제치면 이렇게 바위가 나와요, 바위 바위. 바위가 나오면 철장이라고, 기다란 철장 있지요 왜. 그것하고 또 정이라고 쇠 이만한 것하고 망치하고, 이제 가지고 가서 거시기하면, 이렇게 때리고 정 이렇게 하면 넓적넓적하고 벌떡벌떡하니 일어나요, 그것이. 구들이라고 두들 뜨러 간다고 그래요. 그래가지고 구들 그것도 또 구들이라고 잘 뜨는 사람이 있어요, 그. 그 기술자 잘 뜨는 사람이 있어. 그래가지고 구들

럴…… 재수가 잎쓰면 쉬러케[288] 되면 하루가 어지가 하루 어지가니 가서
는 인자 구드럴 삼카니라등가 사카니라등가 이르캐 됭거슬 뜨는데. 잘 안
잘 안 되는 수가 잎쨔냐요. 안 되면 머 한 이틀 가서 하야 되요, 그건. 사
람도 대시 가가꾸서나 인재 대여날 ***돼야.

ᄀ 거 인자 구드럴 완저니 다 인재 마려내노먼 다 떠노머는, 그인자 도
기라놔서 또 짐쑤가 엄청 이개 무거요. 그게 무거서. 사람 그저네 궁개
등어리로[289] 지오자나[290]. 머러요 요기서. 한 이키로, 이키로까지 너머요.
에리[291] 거가 이키로 너머요, 이키로 바니나 되는디. 그라면 인재, 혹씨
인재 거 머 자기네 동고간[292] 또 칭구덜 이재 소리해가꾸서 인재. 우리
저 집찔라고 저그다 구새럴[293] 좀 뜨는디 함번썩. 자구나서 바로 아츰
먹끼 저네 식쩌네 그 그걸 해장이라고 그러그던. 해쟁에 한짐썩 좀 지
다줘야겓따고, 이카면 인재. 통 동워내서 이재 마니 사래미 막 이심명
이 되든 삼심명이 되든 막 이르캐서 인재. 식쩌니 막 좌우간 카까면 날
도 안 새서 막 가요, 인재. 가서 한짐썩 지오면 거개 다 지오린 수가 잎
써요.

인자 돈 안 받꼬 그냥……

ᄀ 애, 무료로. 애, 그건 그러캐 보통 마니핻써요. 그러케도 마니하고.

그럼 인재, 짬깐만요. 괴똑과 괴똑 사이에는 그 꾀똑 쭝 낱쓰면, 바다기 점부
다 비어 인능거요, 미테는?

ᄀ 다 비야제 비야지. 비야 비야 부리 이르케 이르케 이노미 이리 왇따
간따 왇따간따 부럴 때문[294] 부리 사방 돌랴 방이 이르캐 뜨시지. 암비머
는[295] 암비머는, 에를 드러서 요만치만 거시거고 저짜건 암비면 부리 앙가
쟈냐요, 부리 앙간디[296] 방이 차서 안데지. 게 지다가 괴똘 그러캐 아까 게
게 줄:줄 드문드문 이케 놔가지고서나. 구들 인자 그러캐 왼 노능거, 그거
또 또 인재 잘논넌 사람 방 잘논넌 사라미 잎써요. 허허허. 방이 잘놔야
방이 골고로 뜨시다고[297] 그라거등. 인제 그 논는 사람 데리다가 인재 족:

을…… 재수가 있으면 수월하게 되면 하루가 어지간히 하루 어지간히 가서는 이제 구들을 삼 칸이라든가 사 칸이라든가 이렇게 된 것을 뜨는데. 잘 안 잘 안 되는 수가 있잖아요. 안 되면 뭐 한 이틀 가서 해야 돼요, 그것은. 사람도 댓이 가가지고 이제 대엿날 ***돼.

ˉ 그 이제 구들을 완전히 다 이제 마련해 놓으면 다 떠놓으면, 그 이제 돌이라 놔서 또 짐 수가 엄청 이것이 무거워요. 그것이 무거워서. 사람 그전에 그러니까 등으로 지어오잖아. 멀어요 여기서. 한 2 km, 2 km까지 넘어요. 오히려 거기가 2 km 넘어요, 2 km 반이나 되는데. 그러면 이제, 혹시 이제 그 뭐 자기네 동기간 또 친구들 이제 소리해가지고서 이제. 우리 저 집 지으려고 저기에다 구들장을 좀 뜨는데 한 번씩. 자고나서 바로 아침 먹기 전에 식전에 그 그것을 해장이라고 그러거든. 해장에 한 짐씩 좀 지어다 줘야겠다고, 이렇게 하면 이제. 총 통원해서 이제 많이 사람이 막 이십명이 되든 삼십명이 되든 막 이렇게 해서 이제. 식전에 막 좌우간 캄캄한 날도 안 새서 막 가요, 이제. 가서 한 짐씩 지어오면 거의 다 져오는 수가 있어요.

이제 돈 안 받고 그냥……

ˉ 예, 무료로. 예, 그것을 그렇게 보통 많이 했어요. 그렇게도 많이 하고.

그러면 인제, 잠깐만요. 굇돌과 굇돌 사이에는 그 굇돌 쭉 놓았으면, 바닥이 전부다 비어 있는 거예요, 밑에는?

ˉ 다 비어야지 비어야지. 비어야 비어야 불이 이렇게 이렇게 이놈이 이리 왔다갔다 왔다갔다 불을 때면 불이 사방 돌아야 방이 이렇게 따뜻하지. 안 비면 안 비면, 예를 들어서 이만큼만 거시기하고 저쪽은 안 비면 불이 안 가잖아요, 불이 안 가는데 방이 차서 안 되지. 그 지어다가 굇돌 그렇게 아까 그 그 줄줄 드문드문 이렇게 놓아가지고서나. 구들 이제 그렇게 온 놓는 것, 그것도 또 이제 잘 놓는 사람 방 잘 놓는 사람이 있어요. 허허허. 방이 잘 놓아야 방이 골고루 따습다고 그러거든. 이제 그 놓는 사람

우대 깔지 도걸. 이케 방 논다고, 그리깐디.

그거슬 인자 방논다 그래요?

⁻ 으, 방논다 구랴[298].

그면, 그걸 하루에 다헤요?

⁻ 게 그걸 방이 에를 드러서 시방 보통 인재 몸채는 방이 어지가너면 엔나레는 세개썰써요, 세개. 세개 인재 사깐 진는 사래미 네개고, 보통이 면 저저 세개여 인자 엔나레. 방세개럴 놀라면[299] 그거또 머 한 이틀 하야 돼요, 그걸. 기술짜가 논는 사라미.

그면, 잠깐만요. 저는 지금 좀 궁금항게, 요로케 방이 읻따, 요 미테가 지금 (⁻ 애애.) 요 미테가 지금 도리, 그면 괴또리 줄:줄 노여읻따는 얘기 죠 잉?

⁻ 애애.

언저 노코 언저 마춰가꼬?

⁻ 얘.

그면 인자 그 괴똑 위에는 지금 인자.

⁻ 도그로 인자 딸 방으 돌 까라.

구들 구들로 쫙: 인자 펴면되지요?

⁻ 그지요.

그면, 구들 그 꾀똘 노피는 대개 얼마끄미나 되야요?

⁻ 괴똘 노피?

얘.

⁻ 괴똘 노피는 쩌그 저저저 거시기, 경개.

요 요거?

⁻ 이이.

한자찜 되건네?

⁻ 그러치 그러치, 애, 보통 그려.

데려다가 이제 쭉 위에다 깔지 돌을. 이렇게 방 놓는다고, 그랬관데.

그것을 이제 방 놓는다 그래요?

¯ 응, 방 놓는다고 그래.

그러면, 그것을 하루에 다해요?

¯ 그 그것을 방이 예를 들어서 지금 보통 이제 몸채는 방이 어지간하면 옛날에는 세 개였었어요, 세 개. 세 개 이제 사 칸 짓는 사람이 네 개고, 보통이면 저 저 세 개여 이제 옛날에. 방 세 개를 놓으려면 그것도 뭐 한 이틀 해야돼요, 그것을. 기술자가 놓는 사람이.

그러면, 잠깐만요. 저는 지금 조금 궁금한 것이, 이렇게 방이 있다, 이 밑에가 지금 (¯ 예예.) 이 밑에가 지금 돌이, 그러면 굇돌이 줄줄 놓여있다는 이야기지요 잉?

¯ 예예.

엎어 놓고 엎어 맞춰가지고?

¯ 예.

그러면 이제 그 굇돌 위에는 지금 이제.

¯ 돌로 이제 딸 방에 돌을 깔아.

구들 구들로 쫙 이제 펴면 되지요?

¯ 그렇지요.

그러면, 구들 그 굇돌 높이는 얼마큼이나 돼요?

¯ 굇돌 높이?

예.

¯ 굇돌 높이는 저기 저저저 거시기, 경계.

이 이것?

¯ 응응.

한자쯤 되겠네?

¯ 그렇지 그렇지, 예, 보통 그려.

그면 요……

¯ 요 사이 돼, 요 사이.

그면 지금 방 전체가 요만끔 떠읻따는 이애기네요?

¯ 그러치요 인제 미테가 다 떠읻찌.

아:.

¯ 으. 고고보다 고만치³⁰⁰⁾ 떠 읻쓰쑤도³⁰¹⁾ 읻꼬, 요고만치 쫌 나차쑤도³⁰²⁾, 요만치 요기.

얘.

¯ 요만치 떨쑤도 이꼬 그려, 그건 인제. 쪼꼼 노피하는 사람도 읻꼬, 조꼼 나차게 할쑤도 읻꼬. 엔나레 그전 어른드런 엔나레 그전 으런드런³⁰³⁾ 이러케 방을 뜨더보먼, 방을 뜨더보머는.

나차와요. 나차와서나 바로바로 미여.

¯ 근디, 우리덜:마니도 쪼꼼 엔날 구식 쪼꼼 미네짜냐³⁰⁴⁾. 그 우리덜 할 쩌게넌 저걸 요만치 쫌 노푸게 핻찌, 노푸게요. 게 인재 구들 짝: 까라쨔 냐요.

얘.

¯ 구들 짝: 까르면 또, 흑 흐글 아까 병 미기디끼³⁰⁵⁾ 이케 흐글 집또 그 거또 지벌 지벌 쓰러서 흐걸 이재 너코, 그러캐 인재 그래땀³⁰⁶⁾ 그거또 마: 니 이기요. 마:니 이기야 되야 그건. 마니 이기 이기가꾸서 인재 미티 괴 똘 노코, 위에 시방 이제 구들 짝: 까라쨔나요, 짝 까라쓰면 흐걸 이기가 꼬 여기다 막 가따놔. 가따노먼 인재 토수라고 내나 토수, 벽빨른 사람 그 토수라고 그 사래미 인재 흑칼로 이케 쫙: 쫙: 여 문대³⁰⁷⁾ 이케 짝짝 문대. 짝 까라 함번 흐걸. 세빵 세빵 이르캐 까르놔. 까라노먼 인재 말르라고 인 재 사니 가서 막 나무 나무 당작³⁰⁸⁾ 이런 노무 나무를 비다가 인재 미티다 가 인자 부를 막 때요, 부를 때야 마를꺼 아니여. 메칠 때요 인자 부를. 메칠 때문 인제 방이 인제 흐기 바쌍 말른담 마리여, 바쌍 말르머넌. 그

그러면 요……

⁻ 이 사이 돼, 이 사이.

그러면 지금 방 전체가 이만큼 떠 있다는 이야기네요?

⁻ 그렇지요 이제 밑에가 다 떠있지.

아.

⁻ 응. 그것보다 그만큼 떠 있을 수도 있고, 이것만큼 조금 낮을 수도, 이만큼 여기.

예.

⁻ 이만큼 뜰 수도 있고 그래, 그것은 이제. 조금 높이하는 사람도 있고, 조금 낮게 할 수도 있고. 옛날에 그전 어른들은 옛날에 그전 어른들은 이렇게 방을 뜯어보면, 방을 뜯어보며는.

낮아요. 낮아서 바로바로 메어.

⁻ 그런데, 우리들만해도 조금 옛날 구식 조금 면했잖아. 그 우리들 할 적에는 저것을 이만큼 조금 높게 했지, 높게요. 그 이제 구들 쫙 깔았잖 아요.

예.

⁻ 구들 쫙 깔면 또, 흙 흙을 아까 벽 메기듯이 이렇게 흙을 짚도 그것도 짚을 짚을 썰어서 흙을 이제 넣고, 그렇게 이제 그랬다면 그것도 많이 이 겨요, 많이 이겨야 돼 그것은. 많이 이겨 이겨가지고서 이게 밑에 깃돌 놓고, 위에 지금 이제 구들 쫙 깔았잖아요. 쫙 깔았으면 흙을 이겨가지고 여기에다 막 갖다 놔. 갖다 놓으면 이제 토수라고 내나 토수, 벽 바르는 사람 그 토수라고 그 사람이 이제 흙칼로 이렇게 쫙 쫙 이 문질러 이렇게 쫙쫙 문질러. 쫙 깔아 한번 흙을. 세 방 세 방 이렇게 깔아놔. 깔아놓으면 이제 마르라고 이제 산에 가서 막 나무 나무 장작 이런 놈의 나무를 베다 가 이제 밑에다가 이제 불을 막 때요. 불을 때야 마를 것이 아니야. 며칠 때요 이제 불을. 며칠 때면 이제 방이 이제 흙이 바싹 마른다는 말이야,

러카고 나서는 이재: 그러카고 그러카노 나서는 인재, 여 거시기부텀 해
요. 벼름빡, 새. 초벽 초벽 재벼글 다 해짜냐.

애.

⁻ 초벽 재벼글 다 핸는데, 거 아까 내가 그 저 모래 모래하고 모래하고
흑, 인제 차진놈 찰진노미야 돼야. 인자 그건 흑 차진노멀, 찰진노멀 가따
허니깨 이걸 가따 베기다 부치도 잘 안 뜨자나요[309]. 흑 차진놈하고 흑 차
진놈 그 질물[310]. 흑 차진노멀 이캐 파다가 무럴 가따가 붇꼬 이러캐 홍덩:
홍떵: 이러카먼, 막 그 뇌미[311] 인재 도 돌거틍거 미트로 인재 미트로 빠지
고, 흑 홍물 거 진한 물만 이러캐 위로 가자나요.

애.

⁻ 그라면 그 흑 진한 물 그노물 갇따가 모래다가 석꺼요, 모래하고. 흐
가고 인재 배:배 저서 인제 이겨, 이겨가꾸서 내내 인재 벽빨르드끼 벽빨
르드끼[312] 인재 방으다 거러걸[313] 이케 커마너니[314] 가따노코, 흑 그 모래허
고 서끈 노믈 여그다 가따노코, 그거또 이제 하나는 이케 떠 이 거럭. 그
건 오망:아니[315] 인제 머 질리지[316] 안응거 오망하니 떠지능게 읻써. 그 거
러게다 그런 그러커든 이캐 나무 막때기 지대너미[317] 읻써서나 떠지능게
읻써. 그래서 인제, 그너미로 폭 떠가꼬 인제 어 토수 주면, 토수가 이러
캐 인재 새 올린다고[318] 하지, 새. 그거또 새 올릴라먼, 삼칸집:할라먼 거
또 머 빨리하야 이틀, 이틀 빨리하야 함번만. 그래 거그 새넌 양쪼게 다
발르재너요.

애.

⁻ 요쪽 발르고 요쪽 발르고, 담 양쪼그 다 발를라머는 한 사일을 사일
오일간 하야돼요, 사일오일간. 방만 헤 저 여 베 베름빵만.

애.

⁻ 게 베름빡 인자 고로개서 싹 인자 빵: 도라감선 왼 거시기럴 새럴 다
올렏짜나요.

바싹 마르면. 그렇게 하고 나서는 이제 그렇게 하고 그렇게 하고 나서는 이제, 이 거시기부터 해요. 바람벽, 새. 초벽 초벽 재벽을 다 했잖아.

예.

ᄀ 초벽 재벽을 다 했는데, 그 아까 내가 그 저 모래 모래하고 모래하고 흙, 이제 찰진 놈 찰진 놈이어야 돼. 이제 그것은 흙 찰진 놈을, 찰진 놈을 갖다 하니까 이것을 갖다 벽에다 붙여도 잘 안 뜨잖아요. 흙 찰진 놈하고 흙 찰진 놈 그 질물. 흙 찰진 놈을 이렇게 파다가 물을 갖다 붓고 이렇게 훙덩 훙덩 이렇게 하면, 막 그 놈이 이제 도 돌같은 것 밑으로 이제 밑으로 빠지고, 흙 흙물 그 진한 물만 이렇게 위로 가잖아요.

예.

ᄀ 그러면 그 흙 진한 물 그 놈을 갖다가 모래에다 섞어요, 모래하고. 흙하고 이제 배배 저어 이제 이겨, 이겨가지고서 내나 이제 벽 바르듯이 벽 바르듯이 이제 방에다 그릇을 이렇게 큼지막하게 갖다놓고, 흙 그 모래하고 섞은 놈을 여기다 갖다놓고, 그것도 이제 하나는 이렇게 떠 이 그릇. 그것은 옴팡하게 이제 뭐 흘리지 않는 것 옴팡하게 떠지는 것이 있어. 그 그릇에다 그런 그렇게 하거든 이렇게 나무 막대기 기다란 놈이 있어서나 떠지는 것이 있어. 그래서 이제, 그놈으로 푹 떠가지고 이제 으 토수 주면, 토수가 이렇게 이제 새 올린다고 하지, 새. 그것도 새 올리려면, 삼간 집 하려면 그것도 뭐 빨리해야 이틀, 이틀 빨리해야 한 번만. 그래 거기 새는 양쪽에 다 바르잖아요.

예.

ᄀ 이쪽 바르고 이쪽 바르고, 다음 양쪽에 다 바르려면 한 사일을 사일 오일간 해야 돼요, 사일 오일간. 방만 해 저 이 벽 바람벽만.

예.

ᄀ 그 바람벽 이제 그렇게 해서 싹 이제 뺑 돌아가면서 온 거시기를 새를 다 올렸잖아요.

얘.

¯ 안쪼게 요쪼기도 하고 요쪼기도. 그 다 올리써 인재, 어지가니 인재 또 말라, 말르면 인재 방 방으도 인재 맨 뒤지 인재. 방도 인재 새를 이캐 올려 그냥. 벼름빡과 가치 모래하고 흐가고 인재 이러캐서 싹: 싹 바르지. 그라면 이저 어지가지 인재 기본저깅거 댇써요, 인재. 이, 그럼 다된 테기지[319] 머. 그리니까 다돼쓰머는 인재, 여 도리 배까티[320] 도리 배까티도 인제 웨: 저 그 알매친[321] 미티다 인자 거 저 초벽 바르디끼 흐가고 그 지바고 서꺼 이르캐 발란디, 거그도 인재 또 인재 새라고 모래하고 해가꼬 또 그놈 또 올레야돼요. 얘. 그러카먼 인재, 이제 지 어지가니 이제 다 대써요, 인재 지비. 그러면 인재, 에: 문 문 사다가 인재 문 사다가 인재 문 달고 그러면, 지벙이[322] 되지요, 인재 다.

그러면 인자 자, 인자 새까지 올렫써요. 대개 벼름빠게 그먼 여기다가 종 종 우때기 발랃찌요?

¯ 얘:, 조~이 발랃찌.

종이 발랃찌요 이?

¯ 얘.

그 엔나레는

¯ 얘.

엔나레는 종이 암발르고 그냥 사람……

¯ 안발랃써요. 엔날 아무나 대** 그, 조~이가[323] 그 발를 조~이가 어디 이까디[324]. 도니 업씅깨, 도니 업씅깨.

그먼 그냥 천장도 그냥 새만 발르고 그러케 새 올리고 나서 그냥 그대로 두고?

¯ 얘:.

옆 여페도 그러케 두고, 그 바다근 방빠다근 안돼쓸꺼 아녀, 방빠다근 그 그 흐게서 잘 쑤는 업써쓸꺼 아녀요?

예.

￣ 안쪽에 이쪽에도 하고 이쪽에도. 그 다 올렸어 이제, 어지간히 이제 또 말라, 마르면 이제 방 방에도 이제 맨 뒤지 이제. 방도 이제 새를 이렇게 올려 그냥. 바람벽과 같이 모래하고 흙하고 이제 이렇게 해서 싹 싹 바르지. 그러면 이제 어지간히 이제 기본적인 것은 됐어요, 이제. 이, 그럼 다 된 턱이지 뭐. 그러니까 다 됐으면 이제, 이 도리 바깥에 도리 바깥에도 이제 위에 저 그 알매 찐 밑에다 이제 저 저 초벽 바르듯이 흙하고 그 짚하고 섞어 이렇게 바른 데, 거기에도 이제 또 이제 새라고 모래하고 해가지고 또 그놈 또 올려야 돼요. 예. 그렇게하면 이제, 이제 지 어지간히 이제 다 됐어요, 이제 집이. 그러면 이제, 예 문 문 사다가 이제 문 사다가 이제 문 달고 그러면, 지붕이 되지요, 이제 다.

그러면 이제 자, 이제 새까지 올렸어요. 대개 바람벽에 그러면 여기다가 종 종이 발랐지요?

￣ 예, 종이 발랐지.

종이 발랐지요 이?

￣ 예.

그 옛날에는.

￣ 예.

옛날에는 종이 안 바르고 그냥 사람……

￣ 안 발랐어요. 옛날 아무나 *** 그, 종이가 그 바를 종이가 어디 있관데. 돈이 없으니까, 돈이 없으니까.

그러면 그냥 천장도 그냥 새만 바르고 그렇게 새 올리고 나서 그냥 그대로 두고?

￣ 예.

옆 옆에도 그렇게 두고, 그 바닥은 방바닥은 안됐을 것 아니야, 방바닥은 그 흙에서 잘 수는 없었을 것 아니예요?

‑ '자리.

자리:?

‑ 자리라고, 예::. 왕골, 그저네는 저:. 이 봄새로 이재 미나루꽝이라고 이썰써요, 미나루꽝에[325]. 우리 여 동네 마을 마을 가운대에도, 가운대 이게, 이제 직성[326] 다: 지비 돼서 일쩨. 엔나레는 거 인제 똘 여기 똘 임무럴[327] 대가꼬 내내 놈마냥[328], 미나루꽝이라구 이재, 음, 미나리 알쟈네요?

예예.

‑ 미나리럴 낱따가, 이제 보메, 봄미럴 싹: 베먹짜나요.

얘.

‑ 그럼 미나리 뿌렝이럴[329] 한쪼그로 지게가꼬[330], 노늘 잘: 새로 인재, 엔나레 머 소로 쓰르나 가라가꼬 소로 쓰리가꼬[331], 이르캐 싹: 골라노쿠서 인재. 왕고리라고 왕고럴 싱궈요[332]. 왕고럴 싱구머는, 왕고리 이제 그 잘 되면 더 컨디. 잘되면 우리보다 한지리 더커요. 이캐 훠:떡 크지. 왕고리 이게 니무지기마냥[333] 그랟써끄등요, 왕고리라고. 그래 왕고를 싱구면 인재: 치럴따레, 치럴따레 가면 인재 고걸 왕고럴 비어요. 왕고럴 베어가꾸서나. 저저 이케 사람 소노로 쩨개[334] 이르케. 이르케 이르케 껍떼기를 이르케 찌개고, 소기 그라면 하:야니 나와. 왕골 소건 내노코 껍떼기만 이르케 거이거면 이제, 벼티다 이재 '말리 말리거덩요. 말리가꼬, 그노멀 겨으레 이제 '사미로 이재 그건 '노 '노끄니라고 그라그든 노끈.

사므로 꽁거?

‑ '사무로 사무로 이캐 비비요, 인재 자리 자리 이제 칠꺼썰. 노비빈다구래 그걸. 사미로 첨:부[335] 저 기게 게 저 기게라고 일써. 이러케 가따대고 이렁게*** 차꾸 꾀여 이러캐. 삼서[336] 이르케, 사르미 이르캐 맨드랕써[337]. 내내 그거 저 거시기럴 꾀게 맨드랕써. 인재 그걸 돌꼬시라구구란데[338], 이걸 융유니라가면 자꼬 인자 꾀거든[339]. 그라구 인재. 삼서 인재 이캐가꼬[340] 또 인재 거기다 이캐 강꼬. 또 이르캐 *** 꾀이면[341] 이르캐 강꼬

ᵃ 자리.

자리?

ᵃ 자리라고, 예. 왕골, 그전에는 저. 이 봄 사이에 이제 미나리꽝이라고 있었어요, 미나리꽝에. 우리 이 동네 마을 마을 가운데에도, 가운데 이것이, 이제 직성 다 집이 돼서 있지. 옛날에는 그 이제 도랑 여기 도랑 이 물을 대가지고 내내 논처럼, 미나리꽝이라고 이제, 음 미나리 알잖아요?

예예.

ᵃ 미나리를 놓았다가, 이제 봄에, 봄 밀을 싹 베먹었자나요.

예.

ᵃ 그러면 미나리 뿌리를 한쪽으로 모아놓고, 논을 잘 새로 이제, 옛날에 뭐 소로 썰어 갈아가지고 소로 썰어가지고, 이렇게 싹 골라놓고서 이제. 왕골이라고 왕골을 심어요. 왕골을 심으면, 왕골이 이제 그 잘 되면 더 큰데. 잘 되면 우리보다 한 길이 더 커요. 이렇게 훨떡 크지. 왕골이 이것이 네모진 것처럼 그랬었거든요, 왕골이라고. 그래 왕골을 심으면 이제 칠월달에, 칠월달에 가면 이제 그것을 왕골을 베어요. 왕골을 베어가지고서나. 저저 이렇게 사람 손으로 쪼개 이렇게. 이렇게 이렇게 껍데기를 이렇게 쪼개고, 속이 그러면 하얗게 나와. 왕골 속은 내놓고 껍질만 이렇게 거시기하면 이제, 볕에다 이제 말리 말리거든요. 말려가지고, 그놈을 겨울에 이제 삼으로 이제 그것은 노 노끈이라고 그러거든 노끈.

삼으로 꼰 것?

ᵃ 삼으로 삼으로 이렇게 비벼요, 이제 자리 자리 이제 칠 것을. 노 비빈다고 그래 그것을. 삼으로 전부 저 기계 그 저 기계라고 있어. 이렇게 갖다 대고 이런 것이 *** 자꾸 꼬여 이렇게. 삼으면서 이렇게, 사람이 이렇게 만들었어. 내나 그것 저 거시기를 꼬이게 만들었어. 이제 그것을 돌꼇이라고 그런데, 이것을 융융 이러케 하면 자꾸 이제 꼬이거든. 그리고 이제 삼으면서 이제 이렇게 해가지고 또 이제 거기다 이렇게 감고. 또 이렇게

강꼬, 차꾸 그리서 **** 막: 게, 가마. 그노멀 그러캐가꼬설랑언. 그 자리 자리 트는 트리 트릴써요. 그 왜 아까 저 가마[342] 트는 바디라고 일띠기, 자리 바디라고 자리 바디는 이러캐 구니기[343] 자자::내가꼬 그냥, 가마니 바디는 이러캐 구니기 큼직큼직항게 드문드문드문한데, 자리는 이르캐 자자:너게 배요, 이러케 콱찰써.

‾ 그러캐 그건 에: 자리트리라고 이러캐 이러캐 일꼬, 미트[344] 봉깨 왜 여그다 이러캐 큼 큼 노라고 노끄니라거든 노끈. 이르캐 이르캐 이리 저리 이르캐구서나 이르캐구서나 바디다 이르캐 구녁 뀌가꼬[345]…… 게 게 으로 인재 그: 왕골 그 찌갠[346] 너미로[347] 인재, 이짜게서 하나는 이르캐 너 주먼 하나는 바드로 이르캐 이르캐 이르캐 헤서 자리가 이재 완성되자나 요. 그럼. 엔날에는 긍개 에:. 그 자리 함번 움는[348] 지버언: 자리가 함번 싸다문 싹 펠라문: 어러월써요. 그 자리끼미[349] 빈쌀써요. ** 보통 어느드 어느드 엔날 다 왕골자리라고 허거써요. 다 이재 느깨 나중으는 장:판 머 하고 머 하고 그래서 그러치. 그: 저니는 엔나렌 첨부 다 왕골자리끄등요. 그리 새 올림선 조깨 왕골자리 자리 인자 고곤 페고 그라고 잔찌.

그러면 그냥 바다게 먼지가 푹썩푹썩 나건네?

‾ 나지요 이:, 그럼 나중으 인제 그 후리문[350] 나제.

근데: 방이 꺼진다고 그러지요?

‾ 애:.

방이 꺼진다고, 방이 어쩔때 꺼저요, 그먼? 아까 그 인자 도를 다 까랄쓰먼 돌 사이에 트미 읻써서 꺼지능거요? 어떠케?

‾ 괴또를 이르캐 잉개 착[351] 느러노차나요.

애.

‾ 그라고 구드를 이르캐 인재 우에다 노차냐.

애.

‾ 구들 노먼 아무래도 이기 이게: 거시기가 마리여 구드리 사래미 딱땅

*** 꼬이면 이렇게 감고 감고, 자꾸 그래서 **** 막 그, 감아. 그놈을 그렇게 해가지고설랑은. 그 자리 자리 트는 틀이 틀이 있어요. 그 왜 아까 저 가마니 트는 바디라고 있듯이, 자리 바디라고 자리 바디는 이렇게 구멍이 자잘해가지고 그냥, 가마니 바디는 이렇게 구멍이 큼직큼직한 것이 드문드문드문한데, 자리는 이렇게 자잘하게 배요, 이렇게 꽉 찼어.

⁻ 그렇게 그것은 에 자리틀이라고 이렇게 이렇게 있고, 밑에 보니까 왜 여기에다 이렇게 노라고 노끈이라고 하거든 노끈. 이렇게 이렇게 이리 저리 이렇게 하고서나 이렇게 하고서나 바디에다 이렇게 구멍 꿰가지고…… 그 겨울에 이제 그 왕골 그 쪼갠 놈으로 이제, 이쪽에서 하나는 이렇게 넣어주면 하나는 바디로 이렇게 이렇게 이렇게 해서 자리가 이제 완성이 되잖아요. 그럼. 옛날에는 그러니까 에. 그 자리 한번 없는 집은 자리가 한번 사다가 싹 펴려면 어려웠어요. 그 자리 금이 비쌌어요. ** 보통 어느 어느 옛날 다 왕골자리라고 하겠어요. 다 이제 늦게 나중에는 장판 뭐 하고 뭐 하고 그래서 그렇지. 그 전에는 옛날에는 전부 다 왕골자리였거든요. 그래 새 올리면서 조금 왕골자리 자리 이제 그것 펴고 그리고 잤지.

그러면 그냥 바닥에서 먼지가 푹썩푹썩 나겠네?

⁻ 나지요 이, 그럼 나중에 이제 그 후려치면 나지.

그런데 방이 꺼진다고 그렇지요?

⁻ 예.

방이 꺼진다고, 방이 어쩔 때 꺼져요, 그러면? 아까 그 이제 돌을 다 깔았으면 돌 사이에 틈이 있어서 꺼지는 거요? 어떻게?

⁻ 굇돌을 이렇게 이니까 착 늘어놓잖아요.

예.

⁻ 그리고 구들을 이렇게 이제 위에다 놓잖아.

예.

⁻ 구들 놓으면 아무래도 이것이 이것이 거시기가 말이야 구들이 사람

맨 멀로 기게저그로 맨등거꺼뜨면.

　예.

　˜ 네모지게 이캐 딱딱 그르캐 귀가 이르캐 딱땅 맨드라. 가따 마추면
이르캐 이가 업씨 탁탁 맏짜냐. 만는데, 기기저그로 이게 이게 하능기 아
니고, 그양 인재 사니가 이르캐 이캐 막 째개, 멀로 째개서 인재 쇠로 째
가가꾸서 이르캐 거시강기라. 머 삐뚤삐뚤하니 머: 이 에를 드러 구수 구
비면:, 이르캐 이르캐 뿌쫑 나온 디 읻꺼든, 거거거 '널분디 읻꼬 거시기
읻꼬 널분디 거 읻꼬, 그러챠녀. 그렁깨 이기 귀거기 딱땅 마뜰 아냐. 이
기 마뜰아는디. 귀거기 안마즈 안마중깨 인재 고 고 사이사이는 이르캐
인재 잔돌로 가따가 점부 잔돌로 가따가 찡궈요[352]. 이기 찡궈 찡궈요. 인
재 노푸로 잔돌로. 그래 그걸 인재 잔돌로 찡구고 그렁거 인재 그거 잘논
는 사람 몽논[353] 사람 거기 읻써요. 그르캐 노면 인자 위에다 흑찌고 인재
새 올리고 위에다 자리르 까라짜냐.

　˜ 그면 사라미서 어디 막 도라댕기자냐 인재, 우선 막 막 뜀서뜀서 그
러꺼 아니냐. 그러면 미티 저 미티 돌 그 공군거시이:[354] 뚝뚝뚝 하면 어떠
카면 이기 빠지는 수가 읻써, 어쩌 어쩌면. 거럼 그기 구드리 놀꺼 아녀
이러캐, 그면 그 푹 꺼쩌뿌리, 허허허. 푹 꺼지면 거가 막 뜰면[355] 엥기가
풍풍 올라우지. 그래서 방꺼진다구래서 인재 고개 앙꺼지 잘 앙꺼지게 노
코, 또 방얼 골고로 인재 불땐 여기만 뜨싱게[356] 아니라. 부른 보통이면 가
운데다 여그서 인자 부른 마니 때는데, 이 부리 '요리도 가고 요리도 가고
이캐 골고로…… 그개 가기 위하고 앙꺼지게 노코, 그러캐 하능기 이재
방잘논넌 사람 기술짜 이껃찌, 에를드러 이제 기술짜지. 기술짜가 방얼
노야 한당게 그 마리지요.

　근디 구드리 마킨다는 애기는 그면 그며는 다: 거기 거가 꽉 마킨다는 애기
요?

　˜ 구드리 매킨다니?

이 딱딱 맨 무엇으로 기계적으로 만든 것 같으면.

　예.

　‾ 네모지게 이렇게 딱딱 그렇게 귀가 이렇게 딱딱 만들어. 갖다 맞추면 이렇게 이가 없이 탁탁 맞잖아. 맞는데, 기계적으로 이렇게 이렇게 하는 것이 아니고, 그냥 이제 산에 가서 이렇게 이렇게 막 쪼개, 무엇으로 쪼개서 이제 쇠로 쪼개가지고서 이렇게 거시기한 것이라. 뭐 삐뚤삐뚤하게 뭐 이 예를 들어 구들 굽이면, 이렇게 이렇게 삐쭉 나온 데 있거든, 그그그 넓은 데 있고 거시기 있고 넓은 데 그 있고, 그렇잖아. 그러니까 이것이 규격이 딱딱 맞지를 않아. 이것이 맞지를 않는데. 규격이 안 맞으 안 맞으니까 이제 그 그 사이사이는 이렇게 이제 잔돌로 갖다가 전부 잔돌로 갖다가 끼워요. 여기 끼워 끼워요. 이제 높이로 잔돌로. 그래 그것을 이제 잔돌로 끼우고 그런 것 이제 그것 잘 놓는 사람 못 놓는 사람 그것이 있어요. 그렇게 노면 이제 위에다 흙 찌고 이제 새 올리고 위에다 지리를 깔았잖아.

　‾ 그러면 사람이서 어디 막 돌아다니잖아 이제, 우선 막 막 뛰면서 뛰면서 그럴 것 아니야. 그러면 밑에 저 밑에 돌 그 고인 것이 뚝뚝뚝 하면 어떻게 하면 이것이 빠지는 수가 있어, 어찌 어찌 하면. 그러면 그것이 구들이 놀 것이 아니야 이렇게, 그러면 그 푹 꺼져버려, 허허허. 푹 꺼지면 거기가 막 뚫리면 연기가 푹푹 올라오지. 그래서 방 꺼진다고 그래서 이제 그것이 안 꺼지 길 인 꺼지게 놓고, 또 방을 골고루 이제 불 땔 어기만 따스운 것이 아니라. 불은 보통이면 가운데다 여기서 이제 불은 많이 때는데, 이 불이 이리도 가고 이리도 가고 이렇게 골고루…… 그것이 가기 위하고 안 꺼지게 놓고, 그렇게 하는 것이 이제 방 잘 놓는 사람 기술자 있겠지, 예를 들어 이제 기술자지. 기술자가 방을 놓아야 한다는 것이 그 말이지요.

　그런데 구들이 막힌다는 이야기는 그러면 그러면 다 거기 거기가 꽉 막힌다는 이야기예요?

　‾ 구들이 막힌다니?

그 오래 인재 부를 때면,

- 어:.

그 매키가꼬 부리 잘 안……

- 아::아! 구드리 매킨다. 저 엔나레는 저 배까테가 정녕 여기는 방이고 저 배까티가 부어기자냐. 부어기다 인자 소설[357] 축: 꺼노코[358] 인자 방에서 막 나무럴 때짜냐. 엔나레 인자 거 '솔리비라고. 저: 솔리깨비 이 담풍이[359] 들먼 땅에가 너러지자녀요[360]. 땅에가 너러지면, '깔쿠리라고 이캐 쇠로 이르캐 맨드릉게 읻써요. 제:난[361] 자로[362]. 게 인제 밤먹꼬 가서나 이르깨, 그노멀 특:특 그러모리아가꼬 이캐 뚤:뚤 뭉치가꼬 사래미 지고 오쟈나요. 그러면 인자 부어게다[363] 때야. 부어게다 때고 뭐 거기다 머 여르메는 호간 인재 마리여 호간 그 엔날 그러케 그 마니헐 때는 보릳때찝거틍거또 때고 뭐, 인재. 나무 이퍼리 나무뿌리 나무 물뿌리:[364] 때고, 또 속꽹이:라[365]고 인제 솔립 이캐 달링거 솔립 달링건 인재 솔림 때능건 그 '마:니 때 아조[366] 그건 이재. 쌩나무때기도 혹시 때지만 인재 말러 쌩노멀 인재, 가따가 인재 어따가 지비다 노커나 이노멀 빠짱[367] 말르자나요[368], 빠짱[369] 때자냐요. 그라문 부를 때문 그 나무 어: '탕거.

얘.

- 나무 이퍼리라등가 머 이렁거시, 부리 드러가도 세:게 드러가먼요, 그먼 이러케 따라두러오자냐[370] 재가 따라두러와요. 그라 오래 때머는 그 재 하:고 미티요 재가 이르케 인재 채에가꼬 채에가꼬 우에 구드라고 이르캐 다다 이뇌미. 그레 궁기[371] 마킨다구라지. 마킨다구란디. 게서 인제 방 히비낸다고[372] 구라거등. 방 매킨 히비낸다고 그러자나 엔나레는. 이케 지대:너니 거 저 자루럴 나무럴 지대너니 이러캐구서나, 게 게 그걸 보고 저 거시기라 하는데. 이런 이런 이런디다가 이르케 나무가 이케 지르짜나요. 지대라한 스발[373] 이르케 발매로[374] 서바리 되등가 두바리 되등가 이르캐, 개가꼬[375] 여기다가 인재 송파느로 해가꾸서 이르캐 이르캐 쪼그망게 읻

그 오래 이제 불을 때면,

- 응.

그 막혀가지고 불이 잘 안……

- 아! 구들이 막힌다. 저 옛날에는 저 바깥에가 정녕 여기는 방이고 저 바깥에가 부엌이잖아. 부엌에다 이제 솥을 쭉 걸어놓고 이제 방에서 막 나무를 때잖아. 옛날에 이제 그 솔잎이라고. 저 솔잎개비 이 단풍이 들면 땅에가 널어지잖아요. 땅에가 널어지면, 갈키라고 이렇게 쇠로 이렇게 만든 것이 있어요. 기다란 자루. 그 이제 밥 먹고 가서나 이렇게, 그 놈을 득득 긁어모아가지고 이렇게 둘둘 뭉쳐가지고 사람이 지고 오잖아요. 그러면 이제 부엌에다 때요. 부엌에다 때고 뭐 거기다 뭐 여름에는 혹간 이제 말이야 혹간 그 옛날 그렇게 그 많이 할 때는 보릿대짚[376] 같은 것도 때고 뭐, 이제. 나무 이파리 나무뿌리 나무 물뿌리 때고, 또 솔가지라고 이제 솔잎 이렇게 달린 것 솔잎 달린 것은 이제 솔잎 때는 것은 그 많이 때 아주 그것은 이제. 생 나무때기도 혹시 때지만 이제 말려 생 놈을 이제, 갖다가 이제 어디에다가 집에다 놓거나 이놈을 바짝 마르잖아요, 바짝 때잖아요. 그러면 불을 때면 그 나무 어 탄 것.

예.

- 나무 이파리라든가 뭐 이런 것이, 불이 들어가도 세게 들어가면요, 그 디먼 이렇게 따리 들이소깊이 제기 띠리 들어이요. 그래 오래 때면 그 개 하고 밑에요 재가 이렇게 이제 차여 가지고 차여 가지고 위에 구들하고 이렇게 닫아 이놈이. 그래 구멍이 막힌다고 그러지. 막힌다고 그런데. 그래서 이제 방 후벼낸다고 그러거든. 방 막힌 후벼낸다고 그러잖아 옛날에는. 이렇게 기다랗게 그 저 자루를 나무를 기다랗게 이렇게 하고서나, 그 그 그것을 보고 저 거시기라고 하는데. 이런 이런 이런데다가 이렇게 나무가 이렇게 길었잖아요. 기다란 한 서 발 이렇게 발매로 서 발이 되든가 두 발이 되든가 이렇게, 그래가지고 여기에다가 이제 송판으로 해가지고

써요. 거기서 이르:케 자근 이재 거시기가 따라나 따라가기로[377]. 게 이 재가 보퉁이먼[378] 이재 저그서 때먼 재가 요만치 가서 마니 몰리제 저가서는 들 물자냐[379].

애.

‾ 궁개 인재 그느미로 인재 일녀니 함버니라등가 여 부리, 고고[380] 채이머는 구머기 매킹깨 '부리 안드러가자냐. 부리 잘 안들자냐. 그리가꼬 그 노미루 이르캐 저: 이르 폭: 너가꾸 이르캐 함번썩 끄러댕겨 이르캐. 재가 재가 끄러나오지. 그러캐: 이재 날 가찬데는[381] 인재 이르캐 끄러내는디, 이게 인제 한 한 오:녀니라등가 삼녀니라등가 이래 가머는 재 아니서[382] 소리가 금마[383] 그 인자 부럴 막 만:날 부를 때쌍깨나, 그 끌:묵[384] 일짜내요. 끌:묵 끌무기 막 외 그 구들짱에서 막 이르캐 일꼬, 미티가서 가란지고 그래. 끌:무가고 두들짱하고 이노미 이르캐 이캐 다:다요. 이캐 다드머는, 한 머 삼년마니 하등가, 인재 오녀는 오래가야 오녕가. 방얼 점:부 인재 흑꺼틍거 인재 꽹이로 인재 또 다: 파내, 파서 배까트로 내고, 굴짱[385] 그너멀 드세고[386], 미티 인자 그: 재 재하고 끌무가고 이캐 어지가니 이제 다다 이재. 구들짱하고 게 여기다 구들짱 쪼까니 미티가 어지가니 이노마고 이노마고 이재 다다요, 어재~이. 그리개구서나[387] 다시 인재 또 구들 노코, 흑 그러캐 또 찌고, 새 또 찌고, 그러카먼 인자 불 또 잘 드러가지. 멘년마니 그러케 해요.

그때 어르시니 진 지븐 멜펭이나 됀써요?

‾ 거 멜펭, 엔나레는 예: 방은 지버[388] 방얼 커게, 커게 하먼 인자 사람 살기도 조코 이런는데. 지비서 인제 부럴 부럴 때구서 방울 달쿠다[389] 봉깨, 방이 크머는 부를 쪼끔 때서는 방이 뜨십뜰[390] 아너자냐. 근또[391] 그러코, 또 지비 이케 커:게 헤노머는, 여르미깨 지비로 여꺼가꾸서 이게 지벙하기가 경장이[392] 심 마니 드러요. 그라고 인자 그 집또, 엔남 집 집또 귀하고, 왜 엔나른 지비 귀하냐먼, 인재. 농사지가고 이거 이걸 해야지, 또

서 이렇게 이렇게 조그만 것이 있어요. 거기서 이렇게 작은 인제 거시기가 따라나 따라나와요. 그 이 재가 보통이면 이제 저기서 때면 재가 이만치 가서 많이 몰리지 저기 가서는 덜 몰리잖아.

　예.

　¯ 그러니까 이제 그 놈으로 이제 일 년에 한번이라든가 이 불이, 그것이 차이면 구멍이 막히니까 불이 안 들어가잖아. 불이 잘 안 들잖아. 그래가지고 그 놈으로 이렇게 저 이리 푹 넣어가지고 이렇게 한번씩 끌어당겨 이렇게. 재가 재가 끌려나오지. 그렇게 이재 날 가까운 데는 이제 이렇게 끌어내는데, 이것이 이제 한 한 오년이라든가 삼년이라든가 이렇게 가며는 재 안에서 소리가 금방 그 이제 불을 막 매일 불을 때쌓으니까, 그 검댕 있잖요. 검댕 검댕이 막 외 그 구들장에서 막 이렇게 있고, 밑에 가서 가라앉고 그래. 검댕하고 구들짱하고 이놈이 이렇게 이렇게 닫아요. 이렇게 닫으면, 한 뭐 삼년만에 하든가, 이제 오년은 오래 가야 오년 가. 방을 전부 이제 흙같은 것 이제 괭이로 이제 또 다 파내, 파서 바깥으로 내고, 구들장 그 놈을 들추고, 밑에 이제 그 재 재하고 검댕하고 이렇게 어지간히 이제 닫아 이제. 구들장하고 그 여기다 구들장 조그만하게 밑에 가 어지간하게 이 놈하고 이 놈하고 이제 닫아져요, 어지간하게. 그래가지고서나 다시 이제 도 구들 놓고, 흙 그렇게 또 찌고, 새 또 찌고, 그렇게 하면 이제 분 또 잔 들어가지, 몇 년만에 그렇게 해요.

　그때 어르신이 지은 집은 몇 평이나 됐어요?

　¯ 그 몇 평, 옛날에는 예 방은 집의 방을 크게, 크게 하면 이제 사람 살기도 좋고 이랬는데. 집에서 이제 불을 불을 때고서 방을 달구다 보니까, 방이 크면 불을 조금 때서는 방이 따습지를 않잖아. 그것도 그렇고, 또 집이 이렇게 크게 해놓으면, 여름게 짚으로 엮어가지고 이것이 지붕하기가 굉장히 힘이 많이 들어요. 그리고 이제 그 짚도, 옛날은 짚 짚도 귀하고, 왜 옛날에는 짚이 귀하냐면, 인제. 농사지어가지고 이것 이것 해야지. 또

소: 순전 소도 그걸로 메기자냐[393], 소 메기야지. 그라구 엔나레 인재 지비 귀해요. 그라고 인제 또, 사래미 이 신: 싵꾸 댕기능거, 사라미 신 신능거 순:저니 이캐, 지비로 이캐 시는 '맨:드라가꾸 싵꾸댕기 인자.

⎺ 그거 하야지, 머 사내키 글또 이케 꽈가꼬 뭡머. 또 쓸리리 마나요, 또 사내키 머. 소 엔나레 소 메기는디 머 소 이러께 몰꼬[394] 댕기는 꼬빵이라고[395] 지대:나니 그렁거또 다: 지비로 하고 머, 드리[396] 머 머 찜미능거또[397] 다 산내끼 이르캐 지브로 산내끼 요로캐 집 쓸리리 마나. 그래가꾸서나 이제 부재찌비는 농사 마는 지븐 인자 그 집또 만치마는 부재찌브 다 그 러케 만털[398] 안너자나요. 움는 사라미 만치 부자찌비 멜찝 안되자냐. 그래 서나 방얼 커게 아내요. 그래서 방얼 이러캐 멛평 안되그덩: 우리 그때 머 네:[399] 음 지비면 한…… 한 이십평. 이시평정도 안될께이, 이시평도. 점부 다 하야 이십평도 안되야 이십평도 안될끼[400], 이십평 안되야.

그먼 저.

⎺ 요 우리 지비 시방 현재 요거시 시방 삼십평 어지가니 되는데 이시평 안될끼여, 이시평이 안될 안돼, 이시평 머~이 그저니 이시평……

〈지붕에 따른 집 구분〉

그러면 그거슨 초가지비지요 인자 이?

⎺ 얘.

초가집, 기와지분 그먼 어떠케 저요?

⎺ 기와집?

얘.

⎺ 기와집 인재 진는거선 우리 초가지바고 똑까치 지요.

얘, 지붕만 달르게 저요?

⎺ 똑까치 이고 기와지번 아까 내가 알매 찐다고 아냐?

얘.

소 순전히 소도 그것으로 먹이잖아, 소 먹여야지. 그리고 옛날에 이제 짚이 귀해요. 그리고 이제 또, 사람이 이 신 신꼬 다니는 것, 사람이 신 신는 것 순전히 이렇게, 짚으로 이렇게 신은 만들어 가지고 신고 다녀 이제.

￣ 그것 해야지, 뭐 새끼 그것도 이렇게 꼬아가지고 무엇 무엇. 또 쓸 일이 많아요, 또 새끼 뭐. 소 옛날에 소 먹이는 데 뭐 소 이렇게 몰고 다니는 고삐라고 기다란 그런 것도 다 짚으로 하고 뭐, 들에 뭐 뭐 잡아매는 것도 다 새끼 이렇게 짚으로 새끼 이렇게 짚 쓸 일이 많아. 그래가지고서나 이제 부잣집에는 농사 많은 집은 이제 그 짚도 많지마는 부잣집이 다 그렇게 많지를 않잖아요. 없는 사람이 많지 부잣집이 몇 집 안되잖아. 그래서나 방을 크게 안해요. 그래서 방을 이렇게 몇 평 안 되거든. 우리 그때 먼저 음 집이면 한…… 한 이십평. 이십평 정도 안 될 거야, 이십평도. 전부 다 해야 이십평도 안 돼 이십평도 안 될 것이야, 이십평 안 돼.

그러면 저.

￣ 이 우리 집이 지금 현재 이것이 지금 삼십평 어지간히 되는데 이십평 안될 거야, 이십평이 안될 안돼, 이십평 뭣이 그전에 이십평……

〈지붕에 따른 집 구분〉

그러면 그것은 초가집이지요 이제 이?

￣ 에.

초가집, 기와집은 그러면 어떻게 지어요?

￣ 기와집?

예.

￣ 기와집 이제 짓는 것은 우리 초가집하고 똑같이 지어요.

예, 지붕만 다르게 지어요?

￣ 똑같이 이고 기와집은 아까 내가 알매 찐다고 안해?

예.

￣ 알매? 그런디 기와지번 이 도리 배까티만, 우리는 참 초가지번 알 도리 배까치만[01] 인재 알매를 찐다고 내가 그랟짜냐. 그런디 기와지번 점:부럴 다 인재 흐기로[02] 싹: 찌야돼요. 흐기로 나무럴 싹 찌야되야. 기와지비랑개 그 흐그로 함번[03] 딱 찌고 기와 올림서나[04], 기와 한장 노코 미티다 흐기로 괴고 흐기로 괴고 점:부 고로캐 해서 싹: 기와럴 올리자나요. 게서 건 이 이 지분 이재 진는 거슨 다 또까티요[05]. 다 또까티고 또까틴데. 우에 알매만 알매 싹 찌고, 기와만 새로 올리며는 그게 기와지비여.

그먼 기와는 그때 보면 이러케 넙쩌겅 거시 읻꼬요.

￣ 애.

넙쩌건 기와가 읻꼬. 넙쩌건 기와는 요로케 요로 요로케 생게가꼬, 요로케 요로케 (￣ 응.) 나가자나요.

￣ 그러체.

요 위에……

￣ 어.

위에를 또 이러케 논는 기와 기와 읻찌요?

￣ 으.으.

거 이르미 다르지요?

￣ 다른디 그거 잘 모루건네, 읻써요. 게: 게 '넙쩡넙쩌강게 솜빠닥꺼지 인제 솜빠닥부다 커지마는, 에들 들어 그랟짜냐 궁개. 그래가꼬 첨:부 오루무로[06] 이러캐 이캐 싹:싹 이제 노아줘도야. 그래가꼬 새새에 고:곧 인재 맏 이러캐 서르 서로 깨 맏찐대가[07] 읻짜냐, 맏찐디럴 웨로 이러케 쫑:봐나가능게 읻써. 그건 나는 나 모르건네.

암키와 수키와 그런말 안썯써요?

￣ 몰라.

그러면 인자 인재 지브 집 명칭이나 함번…… 아! 그러면 인자 이 이 여기서, 그러케 지블 젿써요.

▔ 알매? 그런데 기와집은 이 도리 바깥에만, 우리는 참 초가집은 알 도리 바깥에만 이제 알매를 찐다고 내가 그랬잖아. 그런데 기와집은 전부를 다 이제 흙으로 싹 찌어야돼요. 흙으로 나무를 싹 찌어야 돼. 기와집이라는 것이 그 흙으로 한번 딱 찌고 기와 올리면서나, 기와 한 장 놓고 밑에다 흙으로 괴고 흙으로 괴고 전부 그렇게 해서 싹 기와를 올리잖아요. 그래서 그것은 이 이 집은 이제 짓는 것은 다 똑같아요. 다 똑같고 똑같은데. 위에 알매만 싹 찌고, 기와만 새로 올리면 그것이 기와집이여.

그러면 기와는 그때 보면 이렇게 넓적한 것이 있고요.

▔ 예.

넓적한 기와가 있고. 넓적한 기와는 이렇게 이렇게 이렇게 생겨가지고, 이렇게 이렇게 (▔ 응.) 나가잖아요.

▔ 그렇지.

이 위에……

▔ 응.

위를 또 이렇게 놓는 기와 기와 있지요?

▔ 응응.

그 이름이 다르지요?

▔ 다른데 그것 잘 모르겠네, 있어요. 그 그 넓적넓적한 것이 손바닥같이 이제 손바닥보다는 그지만, 예를 들어 그랬잖아, 그러니까. 그래가지고 전부 오름으로 이렇게 이렇게 싹싹 이제 놓아줘도야. 그래가지고 사이사이에 그것 이제 맞 이렇게 서로 서로 꿰 맞진 데가 있잖아, 맞진 데를 위로 이렇게 쭉 놓아나가는 것이 있어. 그것은 나는 나 모르겠네.

암키와 수키와 그런 말은 안썼어요?

▔ 몰라.

그러면 이제 이제 집의 집 명칭이나 한번…… 아! 그러면 이제 이 이 여기서, 그렇게 집을 졌어요.

‐ 얘.

〈집 주변 명칭〉

지블 지면, 저:, 드로오는 데서부터 명칭을 함번 쭉: 이애기 이애기 해보세요. 맨 아페 삽짜기 읻찌요?

‐ 어.

삽짜게서부터.

‐ 삽 맨: 아페가 삽짝. 고 인자 드롼디가[08] 데가 마당.

무:닐쓰먼 그걸 뭐 뭐라고 불러?

‐ 삽짱무니라구래[09]. 요기 양쪼게 나무 이캐 세우능개 읻짜나요. 고곤: 거시기 싸림문…… 뭐 머 생가갈랑개 잘 안 나와. 삽짝구틀.

삽짝구틀?

‐ 으:. 이제 양쪼게다 나무를 세워야 되자나요, 싸림문 무늘 만들라면. 요거시 삽짝구틀 삽짝구트리고. 그라고 인재 나무로 인재 그거또 인재 맨드라요 삽짜걸. 이르캐 인재, 나무를 이러캐 양쪼개다 양쪼게다 이르캐 이재 양쪼게다 놔:. 그라고 여기 이르캐 노코, 이르캐 노코, 이르캐 노코, 이르캐 노코 인재 여기도 이르캐 놔요. 나무를 이르캐 질러. 그래 노코서 엔나레넌…… 우리기는 '사니, 망개쟁이 망개쟁이 아능가요, 맹개쟁이[10] 망개쟁이? 망개쟁이 까시라고 까시가 도첸는디, 그기 넝축[11]뽀고 이르케 키가 이러캐 커요. 막 망개쟁이 덤푸리 이러케까지 키 커:.

얘.

‐ 까시가 막 도칠써[12]. 그너멀 이재 사:~이 가서 인재 나시로 미꾸녀글[13] 비요. 나중에 지대:너니 이르캐가꾸서 인재 지개다 질머지가꼬 와가꼬. 여기 나무로 이르캐 이르캐 맨드라따고 아너냐?

사이사이 어깔리게?

- 예.

〈집 주변 명칭〉
집을 지면, 저 들어오는 데서부터 명칭을 한번 쭉 이야기 이야기 해보세요.
맨 앞에 사립짝이 있지요?
- 어.
사립짝에서부터.
- 삽 맨 앞에가 사립짝. 그 인제 들어온 데가 데가 마당.
문이 있으면 그것을 뭐 뭐라고 불러?
- 사립짝문이라고 그래. 여기 양쪽에 나무 이렇게 세우는 것 있잖아요.
그것은 거시기 사립문…… 뭐 뭐 생각할라니까 잘 안 나와. 사립짝 귀틀.
사립짝 귀틀.
- 응. 이제 양쪽에다 나무를 세워야 되잖아요, 사립문 문을 만들려면.
이것이 사립짝 귀틀 사립짝 귀틀이고. 그리고 이제 나무로 이제 그것도
이제 만들어요 사립짝을. 이렇게 이제, 나무를 이렇게 양쪽에다 양쪽에다
이렇게 이제 양쪽에다 놔. 그리고 여기 이렇게 놓고, 이렇게 놓고, 이렇게
놓고, 이렇게 놓고 이제 여기도 이렇게 놔요. 나무를 이렇게 질러. 그래
놓고서 옛날에는…… 우리에게는 산에, 청미래덩굴 청미래덩굴 아는가
요, 청미래덩굴 청미래덩굴? 청미래덩굴 가시라고 가시가 돋쳤는데, 그저
의 넝쿨보고 이렇게 키가 이렇게 커요. 막 청미래덩굴 덤불이 이렇게까지
키가 커.
예.
- 가시가 막 도쳤어. 그놈을 이제 산에 가서 이제 낫으로 밑부분을 베
요. 나중에 기다랗게 이렇게 해가지고 이제 지게에다 짊어지고 와가지고.
여기 나무로 이렇게 이렇게 만들었다고 안하냐?
사이사이 엇갈리게?

˚ 으, 사이사이 두고 까시나무를 그먼 여기다 놔:.

얘.

˚ 여그다 노코 인자 외때기라고. 깔마먼 까시나무럴 여기따 놔쓩개 인
제 미티로 나무 이르캐 걸링거 일짜냐.

얘.

˚ 외때기라고 인재 이놈부터 이재 이르캐 가따 놔 이르캐.

아:!

˚ 여기 노코, 여기 노코 한 너덛뼌 너덛뼌 이르캐 나무럴 노코설랑
은…… 엔나레는 인재 그걸 칙: 저 치기 들 썩꺼덩, 지비로 지비로 하머
넌 바루[114] 써그니깨나 바루 이르캐 거잉~깨나[115]. 치글 떠다가 치기로 이
르캐 이르캐 드문드문 맨드라요. 그래 맨드라가꼬 이노멀 이르캐가꼬 인
재 삽짝 삽짜게다가 이르캐 다:라 이르캐 이르캐 가따 쯤매야[116]. 게 엔나
레는 인재 철싸로 하먼, 그기: 생전 그리얀디, 철싸는 도니 들자냐 귀항
깨. 도니 드니깨. 그렁까나 그거 멀 시방으로 말허먼 그 철싸 그 돈 멭푸
니나 드러가. 그란디 그 철싸 살라믄 도니 드러서 귀항깨나 사네서 치걸
치걸 떠다가 삽짜걸 고로캐 맨드러가꼬 그러캐 대요. 그 인재 삼짝구틀
삽짝.

그 그거시 싸림무니 아니네? 싸림무는 '싸링개 '싸리로 만드러야 되는디.

˚ 그 또 싸리무늘 싸리로 하는 사람도 일쓰요.

으:, 싸리무는 더 조아요?

˚ 어:, 근대 우리기는 싸리로 안하는데, 그 다 '싸리무니라고도 해요. 삽
짜기라고도 하고 싸리무니라고도 하구, 여그 그래요.

아까……

˚ 우리 기라넌데[117], 저: 산중이 산중이 그 싸리나무 마는데, 사리나무
마는디서 순전 싸리나무로 그러카드만요.

그……

˘ 응, 사이사이 두고 가시나무를 그럼 여기에다 놔.

예.

˘ 여기에다 놓고 이제 윗가지라고, *** 가시나무를 여기에다 놓았으니까 이제 밑으로 나무 이렇게 걸린 것 있잖아.

예.

˘ 윗가지라고 이제 이놈부터 이제 이렇게 갖다 놔 이렇게.

아!

˘ 여기 놓고, 여기 놓고 한 너덧번 너덧번 이렇게 나무를 놓고설랑은…… 옛날에는 이제 그것을 칡 저 칡이 덜 썩거든, 짚으로 짚으로 하며는 바로 썩으니까 바로 이렇게 거시기하니까. 칡을 떠다가 칡으로 이렇게 이렇게 드문드문 만들어요. 그래 만들어가지고 이놈을 이렇게 해가지고 이제 사립짝 사립짝에다가 이렇게 달아 이렇게 이렇게 갖다 잡아매. 그 옛날에는 이제 철사로 하면, 그것이 생전 그래야한데, 철사는 돈이 들잖아 귀하니까. 돈이 드니까. 그러하니까나 그것 뭣 지금으로 말하면 그 철사 그 돈 몇 푼이나 들어가. 그런데 그 철사 살려면 돈이 들어서 귀하니까 산에서 칡을 칡을 떠다가 사립짝을 그렇게 만들어가지고 그렇게 대요. 그 이제 사립짝 귀틀 사립짝.

그 그것이 사립문이 아니네? 싸리문은 싸리이니까 싸리로 만들어야 되는데.

˘ 그 또 싸리문을 싸리로 하는 사람도 있어요.

응, 싸리문은 더 좋아요?

˘ 어, 그런데 우리에게는 싸리로 안하는데, 그 다 싸리문이라고도 해요. 사립짝이라고도 하고 싸리문이라고도 하고, 여기 그래요.

아까……

˘ 우리는 그렇지 않는데, 저 산중에 산중에 그 싸리나무 많은 데, 싸리나무 많은 데서는 순전히 싸리나무로 그렇게 하드만요.

그……

¯ 싸리나무.

명가미라고 하능거 여기에 빨가케 여능거, 그 열매 여 여는 그……

¯ 에, 망개 그 그저……

아:! 망개(¯ 망개)가 그나뭉갑따. 그게 망갱갑따.

¯ 망개나무: 망개나무 까시, 망개나무 까시다 그 삼짜개요.

망개나무 요로케 똥고:라머치요?

¯ 얘:, 똥고로멍거.

파라케 여럳따 겨우레 색……

¯ 빨:가치[118].

빨강거?

¯ 애얘.

아:!

¯ 그걸로 싸 싸림문 핻써요. 그기 망개쟁이 까시요, 망개쟁이 까시로 싸림. 보통 우리기는 그걸로 핻써요.

아:!

¯ 그 싸리가 업쓰 여기는 싸리가 귀해자네요.

얘:, 그 열매를 망개?

¯ 망개 망개.

망개:?

¯ 얘.

그먼 인자 그 인재 자. 삽짝 삭 싸림무늘 열고 두루완쓰면, 첟뻔째가 마당이지요?

¯ 마당.

그 다메 인자, 마당에서 지부로 오면, 요로케 올라오는 터기 읻찌요? 흐그로 되어인능거?

¯ 얘, 거기는 뭐라구레? 뜨렁[119].

ᆨ 싸리나무.

맹감이라고 하는 것 여기에 빨갛게 여는 것, 그 열매 여 여는 그……

ᆨ 예, 맹감 그 그저……

아! 청미래덩굴(ᆨ 청미래덩굴)이 그 나무인가보다. 그것이 청미래덩굴인가보다.

ᆨ 청미래덩굴 청미래덩굴 가시, 청미래덩굴 가시에다 그 사립짝해요.

청미래덩굴 이렇게 동그랗지요?

ᆨ 예, 동그스름한 것.

파랗게 열었다 겨울에 색……

ᆨ 빨갛지.

빨간 것?

ᆨ 예예.

아!

ᆨ 그것으로 싸 사립문 했어요. 그것 청미래덩굴 가시예요. 청미래덩굴 가시로 사립. 보통 우리에게는 그것으로 했어요.

아!

ᆨ 그 싸리가 없어 여기는 싸리가 귀하잖아요.

예, 그 열매를 맹감?

ᆨ 맹감 맹감.

밍김?

ᆨ 예.

그러면 이제 그 인제 자. 사립짝 삭 싸리문을 열고 들어왔으면, 첫번째가 마당이지요?

ᆨ 마당.

그 다음에 이제, 마당에서 집으로 오면, 이렇게 올라오는 턱이 있지요? 흙으로 되어있는 것?

ᆨ 예, 거기는 뭐라고 그래? 토방.

거가 거가 뜨렁이지요?

¯ 뜰팡이라고도 하고 뜨렁이라고 하고.

어느 마를 만니써요?

¯ 뜨렁이라고 마니 써 여기는. 뜨렁, 뜰팡이라고.

뜨렁으로 올라, 뜰팡으로 올라오면……

¯ 예, 뜰팡이라고……

거기다 인재 엔나레 돌 독까틍거 낱찌요? 그 위로.

¯ 이재 거그다 인재: 거기다 '마리[20] 송파~이로 송파~이로 이르캐 쪽: 마리라고 낱찌. 인재 그런디, 마리 녹…… 그저네 인재: 움:는[21] 사라믄 또 움:는 사라문 '마리가 업씨 그냥 '뜨렁만 인재. 교순님 말대로, 뜨렁에 올라왇꼬 독 하나 놔가꼬 그냥 거그서 그냥 독 디디고 방으로 드러간 사람 읻썬써요.

그 도근 뭐라구레?

¯ 심방똑.

아:!

¯ 심방똑, 심방똑.

심방또기고?

¯ 애.

그 인는 지븐 거그다가 마리럴 깔지요 이?

¯ 애: 애, 그러치.

그먼 마리는 깐다고 그러지요이?

¯ 마리 논다구랴[22].

마리 논다그려? 마리 어떠케 마레?

¯ 그 이재: 아까 저 중방 내가 거시갣짜나요? 거그다 질른[23] 사람도 읻 꼬, 마리라고…… 이르케 양쪼게 나무를 나무가 이러케 이케 읻써요. 그 라면 이캐 인재 니방얼 짜 이르캐 나무로.

거기가 거기가 토방이지요?

― 토방이라고도 하고 토방이라고 하고.

어느 말을 많이 써요?

― 토방 '뜨렁'이라고 많이 써 여기는. 토방, 토방 '뜰팡'이라고.

토방으로 올라, 토방으로 올라오면……

― 예, 토방이라고……

거기에다 이제 옛날에 돌 돌같은 것 놨지요? 그 위로.

― 이제 거기다 이제 거기다 마루 송판으로 송판으로 이렇게 쭉 마루라고 놨지. 이제 그런데, 마루 놓…… 그전에 이제 없는 사람은 또 없는 사람은 마루가 없이 그냥 토방만 이제. 교수님 말대로, 토방에 올라왔고 돌 하나 놓아가지고 그냥 거기서 그냥 돌 디디고 방으로 들어간 사람 있었어요.

그 돌은 뭐라고 그래?

― 신방돌.

아!

― 신방돌, 신방돌.

신방돌이고?

― 예.

그 있는 집은 거기에다 마루를 깔지요 이?

― 예 예, 그렇지.

그러면 마루는 깐다고 그렇지요?

― 마루 논다고 그래.

마루 논다고 그래? 마루 어떻게 말해?

― 그 이제 아까 저 중방 내가 거시기했잖아요? 거기에다 지른 사람도 있고, 마루라고…… 이렇게 양쪽에 나무를 나무가 이렇게 이렇게 있어요. 그러면 이렇게 인제 네 방을 짜 이렇게 나무로.

애.

￢ 여그도 나무 여그도 나무 여그도 나무 이르캐 이르캐 이르캐 나무. 그러머는…… 요고시 인재 마리구, 요쪼그로 댕게 마리구트리라 구랴, 마리구틀.

아페요, 아페?

￢ 아페:.

아페요? 마리구틀?

￢ 아페가 마리구틀. 인재: 그 그러캐서 그저니 이제 드러온서리[124] 요게 마리구틀. 그래가꾸서 인재 여기다 그냥 이캐 '호멀 마리구트레다가 호멀 파가지고서나, 송파널 요 새 홈 소그다 이르캐 이르캐 너요. 여기는 이제 중방 일짜네요, 여기 중방. 중방도 이르캐 호멀 파가지고, 호미다가 이르캐 쑤시넌 사람 일꼬.

아!

￢ 인재:.

몯찌를 안네요 이?

￢ 그러쵸 그러쵸 이기. 우리기 때넌 어지가니 그러캐 핻써요. 우리 때는 그러캐 핸는데. 엔:날, 엔날 양반더런 우리 엔날 양반들 이르캐 여기다 인재 여기 여기 마리구틀. 여기는 인재 그냥 중방에다 안하고 여기다 나무럴 대요 이르캐. 근디 오뱅이[125] 나무 이르캐 댄네.

예.

￢ 요 오뱅이 나무를 댄 댑쓰머는 여그다 송파늘 이르캐 까라 이르캐.

애.

￢ 송파늘 깔구설랑은 여그도 몯찔하고 여그도 몯찔하고, 이르캐 중: 몯찔하고, 여그도 중: 몯찔하고. 게 마르를[126] 몯찔하구서, 요노믈 드르다가 인재 고기다 인재 방문 아피다가 요로캐 가따 논는 요고 마리여. 엔:날 그러캐 핻써요. 마르 그러캐 짜가꼬. 엔날 그러케 짠는데, 나도 그러케 집

예.

⌐ 여기도 나무 여기도 나무 여기도 나무 이렇게 이렇게 이렇게 나무. 그러며는…… 이것이 이제 마루고, 이쪽으로 댄 것이 마루귀틀이라 그래, 마루귀틀.

앞에요, 앞에?

⌐ 앞에.

앞에요? 마루귀틀?

⌐ 앞에가 마루귀틀. 이제 그 그렇게해서 그 전에 이제 들어오면서 이것이 마루귀틀. 그래가지고서 이제 여기다 그냥 이렇게 홈을 마루귀틀에다가 홈을 파가지고서, 송판을 이 사이 홈 속에다 이렇게 이렇게 넣어요. 여기는 이제 중방 있잖아요, 여기 중방. 중방도 이렇게 홈을 파가지고, 홈에다가 이렇게 쑤셔 넣는 사람도 있고.

아!

⌐ 이제.

못질을 안네요 이?

⌐ 그렇지요 그렇지요 이것이. 우리 기 때는 어지간하게 그렇게 했어요. 우리 때는 그렇게 했는데. 옛날, 옛날 양반들은 우리 옛날 양반들 이렇게 여기다 이제 여기 여기 마루귀틀. 여기는 이제 그냥 중방에다 안하고 여기다 나무를 대요 이렇게. 그런데 오방에 나무를 이렇게 댔네.

예.

⌐ 이 오방에 나무를 댔 댔으면 여기다 송판을 이렇게 깔아 이렇게.

예.

⌐ 송판을 깔고설랑은 여기도 못질하고 여기도 못질하고, 이렇게 쭉 못질하고, 여기도 쭉 못질하고. 그 마루를 못질하고서, 이놈을 들어다가 이제 거기에다 이제 방문 앞에다가 이렇게 갖다 놓는 이것이 마루여. 옛날 그렇게 했어요. 마루 그렇게 짜가지고. 옛날 그렇게 짰는데, 나도 그렇게

찐는데, 나는 그러케 아나고 그냥. 요기 인재, 여가 마리구트리자나 여가 여가 마리구틀, 요기는 지동[127], 여기는 중방, 그라면 양쪼기가 나무르 안 대야, 여기 나무르 안 대고 그냥 나무 구툴만[128] 여기다 이캐 호미로 파요로캐.

아:! 그럼 되는구나.

‾ 요로케 요로케 호미로 파가꼬 인제 송판 요로케 드러가기로[129], 요짜게 요 중방도 이러케 호미로 파가꼬 드러가기로. 그먼 이제, 송판 가따가 인제 거그다 가따 이르케 말굽 요 말굽 가따가 느먼[130] 돼. 그러캐서 예: 이재: 우리 이때만[131] 해도 그러캐 해서 마니 하죠. 그러카머는 마리럴 엔날: 양반더른 마리를 이 노물 이르캐 드러내뵐따 또 가따뵐따 이르캐 할 쑤가 잌찌. *****, 우리 항으서 인자 함번 노머는 인자 그 노멀 점부 다 뜨더낼꺼거틈[132] 빼내기가 좀 그 자주자주 움지근 모대요. 그저네 엔나레 이재, 정[133] 움는[134] 사람들 엔:나레 엔나레 움은 사람더런 그또 '말: 도 그거또 놀라먼 송판 거시개야지 또 인재 대묵 거시개야지. 도니 움짜 내요, 먹구 사라야 되는데에. 그렁깨 그렁걸 아나고 그냥 심빵또기라고 방문 저티다가[135] 돌 큰:노멀 가따노코, 돌 큰노멀 그냥, 거그서 올라서먼 방, 고 미티는 멀로 가나먼, 에 지비로 이캐 맨드라머제[136]. 그보고 멍서기라 그랴 멍서글 이르캐 지비루 이캐 이마:케 커:게 산내끼 꽈가꼬 이르캐 절어. 절어서 맨드라가꼬 거그다 이캐 멍서글 깔고 그냥 마리마냥 그러게 앙꼬 지내는 사래미 잌썬써요. 그러캐도 마니 지내써, 움는 사람, 그저네.

자: 그다메……

‾ 우리게 우리기 때마~이도 이르캐 어지가니 점부 마리럴 다 놔썬는데, 그전 어른들 그저네는 그러케 지낸 사라미 잌썬써요.

자 그먼 인자 지붕이 요러케 인자 연 연자를 노코, (‾ 애) 연자 위에 인자 (‾ 연목) 연모글 노코, 인자 지비 다 만드러젿써요.

집 지었는데, 나는 그렇게 안하고 그냥. 여기 이제, 여기가 마루귀틀이잖아 여기가 여기가 마루귀틀, 여기는 기둥, 여기는 중방, 그러면 양쪽에가 나무를 안 대, 여기 나무를 안 대고 그냥 나무 귀틀만 여기다 이렇게 홈으로 파 이렇게.

아! 그러면 되는구나.

ˉ 이렇게 이렇게 홈으로 파가지고 이제 송판 이렇게 들어가도록, 이쪽에 이 중방도 이렇게 홈으로 파가지고 들어가도록. 그러면 이제, 송판 갖다가 이제 거기다 갖다 이렇게 말굽 이 말굽 갖다가 넣으면 돼. 그렇게 해서 예 이제 우리 윗대만 해도 그렇게 해서 많이 하죠. 그렇게 하면 마루를 옛날 양반들은 마루를 이 놈을 이렇게 들어 내놨다 또 갖다 놨다 이렇게 할 수가 있지. *****, 우리 항에서 이제 한번 놓으면 이제 그 놈을 전부 다 뜯어낼 것 같으면 빼내기가 좀 그 자주자주 움직이지는 못해요. 그 전에 옛날에 이제, 정말 없는 사람들 옛날에 옛날에 없는 사람들은 그것도 마루도 그것도 놀려면 송판 거시기해야지 또 이제 대목 거시기해야지. 돈이 없잖아요, 먹고 살아야 되는데. 그러니까 그런 것을 안하고 그냥 신방돌이라고 방문 곁에다 돌 큰 놈을 갖다놓고, 돌 큰 놈을 그냥, 거기서 올라서면 방, 그 밑에는 뭘로 가냐면, 예 짚으로 이렇게 맨드롬하지. 그것 보고 멍석이라고 그래 멍석을 이렇게 짚으로 이렇게 이만하게 크게 새끼 꼬아가지고 이렇게 절어. 절어서 만들어가지고 거기에다 이렇게 멍석을 깔고 그냥 마루마냥 그렇게 앉고 지내는 사람이 있었어요. 그렇게도 많이 지냈어, 없는 사람, 그전에.

자 그 다음에……

ˉ 우리 기 우리 기 때만해도 이렇게 어지간히 전부 마루를 다 놨었는데, 그전 어른들 그전에는 그렇게 지낸 사람이 있었어요.

자 그러면 이제 지붕이 이렇게 이제 연 연자를 놓고, (ˉ 예) 연자 위에 이제 (ˉ 연목) 연목을 놓고, 이제 집이 다 만들어졌어요.

¯ 으:.

그면 지베서 이러케 무리 떠러지는 데, 물이 떠러지는 데 거기 거기 이르물 뭐라 그레?

¯ 낙씀물, 처매물.

처마무리 처마물 떠리지는 데, 거기가 처망가요?

¯ 그러치, 고 제 지붕 *끄트머리*가 처마라고 그랴. 거 거그서 떠러지는 무리 처마물, 처매물.

처마에서 안쪼그로 요로케 연자가 돼인는 그 부부늘 그게 처마면, 그 부부는 뭐라구레요? 처마 처마가 읻꼬.

¯ 얘.

지비 사가컹으로 돼읻찌요?

¯ 어:.

아페 아페가 요로케 인자 쭉: 처마가 읻써요 이? 처맘물 떨어지는데. 근디 여기 지비[437] 모퉁이 요로케 요로케 생긴데 거기를 뭐라구려?

¯ 추녀.

거기가 (¯ 귀팅이[438]) 요로케 추녀에요?

¯ 네 구텡이가[439] 읻찌.

얘.

¯ 추녀.

그 추녀는 네 귀텡이를 추녀라고 그러능구만요?

¯ 애, 그래서 그…… 인자 고 귀팅이:는 그 추녀 염모기라고, 게 좀 시란놈 네 귀팅이를 이케…… 맨 위에 동자주다가 이러캐 걸치제, 추녀 연모기라고, 그 추녀 연모기라고 그래요.

동자주는 뭐요?

¯ 아까 그 내가 이애기 핻찌. 이 쪼기……

상냥 올라가는데?

˘ 응.

그러면 집에서 이렇게 물이 떨어지는 데, 물이 떨어지는 데 거기 거기 이름을 뭐라고 그래?

˘ 낙수물, 처마물.

처마물이 처마물 떨어지는 데, 거기가 처마인가요?

˘ 그렇지, 그 제 지붕 끄트머리가 처마라고 그래. 그 거기서 떨어지는 물이 처마물, 처마물.

처마에서 안쪽으로 이렇게 연자가 되어있는 그 부분을 그것이 처마면, 그 부분은 뭐라고 그래요? 처마 처마가 있고.

˘ 예.

집이 사각형으로 돼있지요?

˘ 응.

앞에 앞에가 이렇게 이제 쭉 처마가 있었요 이? 처마물 떨어지는데. 그런데 여기 집의 모퉁이 이렇게 이렇게 생긴데 거기를 뭐라고 그래?

˘ 추녀.

거기가 (˘ 귀퉁이) 이렇게 추녀예요?

˘ 네 귀퉁이가 있지.

예.

˘ 추녀.

그 추녀는 네 귀퉁이를 추녀라고 그러는구만요?

˘ 예, 그래서 그…… 이제 그 귀퉁이는 그 추녀 연목이라고, 그 좀 실한 놈 네 귀퉁이를 이렇게…… 맨 위에 동자기둥에다가 이렇게 걸치지, 추녀 연목이라고, 그 추녀 연목이라고 그래요.

동자기둥는 뭐요?

˘ 아까 그 내가 이야기 했지. 이 저기……

상량 올라가는데?

- 어, '상낭 '상낭 참 동자주넌 '상낭, 상낭, 상낭에다가 상낭 위다가 이르캐 언저요. 동자주는 동자주는 그 이 저 상낭 미테다 이러케 바치는 거.

상낭 미테 바치능거.

- 그거보고 그거보고 동자주라고 허고.

처마에다가, 그먼 인자 고로케 헤서 추녀가 만들어지고. 그면 무는 무는 다 사다헤써요, 만들어써요?

- 인제 사다하는 수도 읻꼬, 그 인재 문 짜는 사람들 기술짜가 읻짜냐 기술짜보고 인재 그 무늘 좀 짜돌라고 돈 주고 그러캐 해서 인재. 그라면 인재 그 사래미 무늘 인재 와서 딱 와서 인재 재가지고 거기 맏끼로[440] 고로개서 그 사래미 짜서 줘요.

그라면 인제 도 도늘 주지.

- 우리는 보통 그러케 핻써요.

그 그 문드른 이르미 어떠케 돼요?

- 저그는 그냥 '무니라고 그란데.

에를 든다면, 사라미 추립 헌데가 읻꼬, 추리벌 앙코 이케 바라미나 비만 핻 뻼만 드러오게 이러케. 벼게 이르케 인는데도 읻꼬,

- 이게요 이르캗따 이러캗따 나무럴 개탕을 타고[441], 이게 밀창문. 그기 인재: 엔나레 여, 문도 집 잘질코 엔나레 부재지비 거시간 지번 저런 무니 한짜기자나요, 한짝 한짜긴데. 부재찌번 나두 쌍발집 땐 쌍발지무닌디[442] 쌍발지무니라고. 무니 이캐 저건 한짜긴디 이르캐 두짜기 읻써. 저기 지번 양쪼기 두째기 읻써. 그 이뉘미 두짝 달린 노먼 이래 이래 이래 열려 이래 이래.

얘:.

- 이래 두짱 이래 열리먼 널룹짜나[443] 이게.

그러치요.

￣ 응, 상량 상량 참 동자기둥은 상량, 상량, 상량에다가 상량 위에다가 이렇게 얹어요. 동자기둥은 동자기둥은 그 이 저 상량 밑에다 이렇게 받치는 것.

상량 밑에 받치는 것.

￣ 그것보고 그것보고 동자기둥이라고 하고.

처마에다가, 그러면 이제 그렇게 해서 추녀가 만들어지고. 그러면 문은 문은 다 사다했어요, 만들었어요.?

￣ 이제 사다하는 수도 있고, 그 이제 문 짜는 사람들 기술자가 있잖아 기술자보고 이제 그 문을 좀 짜달라고 돈 주고 그렇게 해서 이제. 그러면 이제 그 사람이 문을 이제 와서 딱 와서 이제 재가지고 거기 맞도록 그렇게 해서 그 사람이 짜서 줘요.

그러면 이제 돈 돈을 주지.

￣ 우리는 보통 그렇게 했어요.

그 그 문들은 이름이 어떻게 돼요?

￣ 저기는 그냥 문이라고 그러는데.

예를 든다면, 사람이 출입하는 데가 있고, 출입을 않고 이렇게 바람이나 비만 햇빛만 들어오게 이렇게. 벽에 이렇게 있는 데도 있고.

￣ 이것이요 이렇게 했다 이렇게 했다 나무를 개탕을 타고, 이것이 밀창문, 그것이 이제 옛날에 여, 문도 집 잘 짓고 옛날에 부잣집에 거시기한 집은 저런 문이 한 짝이잖아요, 한 짝 한 짝인데. 부잣집은 나도 쌍닫이 집 때는 쌍닫이문인데 쌍닫이문이라고. 문이 이렇게 저것은 한 짝인데 이렇게 두 짝이 있어. 저기 집은 양쪽에 두 짝이 있어. 그 이놈이 두 짝 달린 놈은 이래 이래 이래 열려 이래 이래.

예.

￣ 이래 두 짝 이래 열리면 넓잖아 이것이.

그렇지요.

- 이래 그래구 이재 한짜기면 이러캐 한짱만 지면 쭙꼬, 쌍발지비 널뤄서 인재 머 방이 머 크면 조치 이재. 고로캐 쌍발지문 해노코 소게다가 머 문설쭈라고 인재 문설쭈라고 이러캐 나무가 읻짜나요, 그기 문설쭈가 *** 거기다가 소게다가 인재 개탕을 파가꼬 그 그 인자 밀창무니라고 쌍바지문 아:니다가 밀창문 이르케 해다라요. 그런디 이건 배까티껀 던문, 아니껀 송문 송문 던문 이르케 해가꼬 밀창무니라고 밀창무니라고도 하고. 이르캐 해서 그 쌍발지무는 무니 두갱깨 바라미 마니 두러올 우려씽이 만차나요. 게 겨우리 춥짜냐. 그렁깨 소게다 무늘 또 하나 밀창무니라고 송문 던문 그러캐 쌍발지무는 보퉁이면 송문 던무니 읻써요. 그라고, 저 외무는 그러케 그러케 문 하나만 그냥 그라고. 여그다가 문설쭈다 이케서 이게 이게 쇠로 거시개 가지고 이게 거시기 그기 머냐 또. 거 생가기 안나서 *** 돌쪼구 돌쪼구럴 이 문설쭈에다 박꼬, 무니다 박꼬, 돌쪼구가. 거 이제 돌쪼구랑건 이르캐 생게서 여그서 이르케 이르캐 도능기여 이기. 이기 이기 돌쪼구여 이기. 무니다 박꼬, 그르카야[144] 그르카야 이제 설사[145] 박꼬, 무늘 여르면 이르캐 여르따 이르캐 다 닫따 하자나요.

돌쪼구도 이러케 이러케 되여인능거시 읻고, 바킹게 읻쬬?

- 으으 그걸.

이르미 따로 따르지 아나요?

- 따르지. 요고 요고이 게 도랑헝게[146] 요곤 암놈, 요고이 나머지 숨놈, 암돌쪼구 숨돌쪼구.

근디 그 무니 나무로 요로케 요로케 돼읻써, 나무 나무럴 가따가 이러케 헝겉또 읻꼬, 대나무 가틍거슬 그냥 이러케 이러케 하는 거또 읻꼬, 그렁거 읻썰짜나요.

- 이재, 여기는 보편쩌그로 첨:부 그러캐 나무로 그러캐 쌍바라지문 송문 던문 그라고…… 저: 절라남도라능건 우리 저그 거시기 가면, 그건 대

ˉ 이래 그리고 이제 한 짝이면 이렇게 한 짝만 지면 좁고, 쌍닫이 집이 넓어서 이제 뭐 방이 뭐 크면 좋지 이제. 그렇게 쌍닫이문 해놓고 속에다가 뭐 문설주라고 이제 문설주라고 이렇게 나무가 있잖아요, 그것이 문설주가 *** 거기다가 속에다가 이제 개탕을 파가지고 그 그 이제 미닫이문이라고 쌍닫이문 안에다가 미닫이문 이렇게 해달아요. 그런데 이것은 바깥 것은 덧문, 안에 것은 속문 속문 덧문 이렇게 해가지고 미닫이문이라고 미닫이문이라고 하고. 이렇게 해서 그 쌍닫이문은 문이 두개니까 바람이 많이 들어올 우려가 많잖아요. 그래 겨울이 춥잖아. 그러니까 속에다 문을 또 하나 미닫이문이라고 속문 덧문 그렇게 쌍닫이문은 보통이면 속문 덧문이 있어요. 그리고, 저 외문은 그렇게 그렇게 문 하나만 그냥 그렇게 하고. 여기에다가 문설주에다 이렇게 해서 이것이 이것이 쇠로 거시기해 가지고 이것이 거시기 그것이 뭐냐 또. 그 생각이 안 나서 *** 돌쩌귀 돌 쩌귀를 이 문설주에다 박고, 문에다 박고, 돌쩌귀가. 그 이제 돌쩌귀라는 것은 이렇게 생겨서 여기서 이렇게 이렇게 도는 거야 이것이. 이것이 이 것이 돌쩌귀여 이것이. 문에다 박고, 그렇게 해야 그렇게 해야 이제 철사 박고, 문을 열면 이렇게 열었다 이렇게 닫았다 하잖아요.

돌쩌귀도 이렇게 이렇게 되여있는 것이 있고, 박힌 것이 있죠?

ˉ 응응 그것.

이름이 따루 다르지 않아요?

ˉ 다르지. 이것 이것이 그 동그란 것이 이건 암놈, 이것이 나머지 수놈, 암돌쩌귀 숫돌쩌귀.

그런데 그 문이 나무로 이렇게 이렇게 되어 있어, 나무 나무를 갖다가 이렇게 한 것도 있고, 대나무 같은 것을 그냥 이렇게 이렇게 하는 것도 있고, 그런 것 있었잖아요.

ˉ 이제, 여기는 보편적으로 전부 그렇게 나무로 그렇게 쌍닫이문 속문 덧문 그리고…… 저 전라남도라는 것은 우리 저기 거시기 가면, 그것은

나무가 만차나요, 순전. 그래 대나무를 이르캐 얽거가지고 무늘 그러케 힜써요.

요그는 대나무 업쓰니까, 업써?.

￣ 업:써요 대나무 업써요 업써.

우리가 거기서 거기다 무네다 바르는 거슨 머여?

￣ 그 엔나레 인자 그 따기라고, 따걸. 예, 여기는 게 땅나무가 업썬는데, 여여여 배고리라고 산중이요. 산중이 가면 땅나무라고 잎써요 땅나무. 저: 배골 사니 이리가면 바시[147] 이러캐 삐딱 남, 우리기는 이개 바시좀 페파네여[148]. 여기는 이르캐 삐짝진대가[149] 업써, 우리 우리 논 우리넌. 근디 저 배고리라고 그런디 산꼴 산꼴짜기 산꼴짜기 가면 바시 막 잉게[150] 사:니다 이러케 일궈서 삐딱찌고 막 이러캐 소도 몯갈고, 바우 저 바시 막 바:우도 이캐 큰 크망게[151] 이거 잎짜냐.

얘.

￣ 이런디넌 받 가상에도 잎꼬, 가운데도 잎꼬, 머 거 땅나무라고 잎써 땅나무 당나무. 게 그걸 가꾸, 가꾸먼 인자 가시리[152] 가서 이노멀 베요. 베까꾸서 거노멀 다는 이마:끄망개[153] 거그서 인재 어따 이르캐 그 찌는 솓 소설 맨드라가꼬 그노멀 찌덤만[154]. 이노멀 꺼풀[155] 베께, 이노멀 꺼풀 닥꺼풀 닥꺼풀 닥꺼풀 그노멀 베께가꼬, 인제 게으레[156] 인내: 농항기 농사 안질때 겨으레 인재 인재 농사 안진짜나요. 그때 인재 그노멀 껍떼기[157] 그 뺄겅걸[158] 그노멀 인재 거시기가꾸서 그냥, 거 인자 조~이[159] 뜨는 디를 가보면, 그노멀 이르캐 당과서 어떠케 헤가꾸서 막 이런 몽둥이로 팍: 이러케 뚜드럳싿테 이캐 막, 게 뚜드러싸면 뚜드러싸면 그뇌미[160] 인재 그 뺄겅거시[161] 그냥 그캐 그러캐 헤가꾸서 막 이르케 시끄머는[162] 뺄건 거시하구 인재 속껍떼기 하양거 하양거 그놈만 나요[163]. 그놈만 나오면 그노멀 그러캐 막 쌀마가꼬 어떠케가꼬 인자, 그노면 인재 조~이 뜨는디르 함번 강깨 막: 이르캐 큰: 소시 잎써 솓.

대나무가 많잖아요, 순전히. 그래 대나무를 이렇게 얽어가지고 문을 그렇게 했어요.

여기는 대나무 없으니까, 없어?

﹣ 없어요, 대나무 없어요 없어.

우리가 거기서 거기에다 문에다 바르는 것은 뭐여?

﹣ 그 옛날에 이제 그 닥나무라고, 닥나무를. 예, 여기는 그 닥나무가 없었는데, 여여여 배골이라고 산중에요. 산중에 가면 닥나무라고 있어요 닥나무. 저 배골 산에 이리 가면 밭이 이렇게 삐딱 남, 우리에게는 이것이 밭이 좀 평평해요. 여기는 이렇게 비탈진 데가 없어, 우리 우리 논 우리는. 그런데 저 배골이라고 그런데 산골 산골짝에 산골짝에 가면 밭이 막 일구니까 산에다 이렇게 일궈서 비탈지고 막 이렇게 소도 못 갈고, 바위 저 밭이 막 바위도 이렇게 큰 큼지막한 것 이것이 있잖아.

예.

﹣ 이런데는 밭 가에도 있고, 가운데도 있고, 뭐 그 닥나무라고 있어 닥나무 닥나무. 그 그것을 가꿔, 가꾸면 이제 가을에 가서 이놈을 베요. 베가지고서 그놈을 다는 이만하니까 거기에서 이제 어디에다 이렇게 그 찌는 솥 솥을 만들어가지고 그놈을 찌드만. 이놈을 껍질을 벗겨, 이놈을 껍질 닥나무 껍질 닥나무 껍질 닥나무 껍질 그놈을 벗겨가지고, 이제 겨울에 이제 농한기 농사 안 진 때 겨운에 이제 이제 농사 안 짓잖아요. 그때 이제 그놈을 껍질 그 빨간 것을 그놈을 이제 거시기해가지고서 그냥, 그 이제 종이 뜨는 데를 가보면, 그놈을 이렇게 담가서 어떻게 해가지고서 막 이런 몽둥이로 팍 이렇게 두드려쌌데 이렇게 막, 그 두드려싸면 두드려싸면 그 놈이 이제 그 빨간 것이 그냥 그렇게 그렇게 해가지고서 막 이렇게 씻으면 빨간 거시기하고 이제 속껍질 하얀 것 하얀 것 그놈만 나와요. 그놈만 나오면 그놈을 그렇게 막 삶아가지고 어떻게 해가지고 이제, 그놈은 이제 종이 뜨는 데를 한번 가니까 막 이렇게 큰 솥이 있어 솥.

ㅡ 거기다가 그노멀 막: 이르캐 뚜디가꼬[464] 나오면, 그노미 다: 푸러저가
꼬 이러케 보머는 우리 무신 저: 쌀로 힌죽 끄릴짜나, 왜? 엔나레 힌죽 끄
링거 마냥 그러케 인재 그 닥꺼풀 그 찔겨 그게 겡자~이[465] 찔겨. 그거시
거 확: 푸러져 일써요. 푸러진는 푸러져 일뜨만, 그러면. 게 넙쩌:가니 왜
저 조~이 뜨는 디가 이캐 이제…… 이만:치 우리 문설쭈갇 문 문짱마:닝
게[466] 그렇게 일데요. 게 거기다 지여꾸[467] 이르캐 가따 인자 큰: 거시기가
일쓰면, 탁 싹 푸러진다 이노멀 융: 설렁하먼[468], 여가 살짝 인재 고기
저 죽꺼팅게 이키 일짜너요. 그러면 고노멀 그때 집 인자 고만치 노코 또
집 한치 노코, 또 이러카구 또 저 그래서 인제 집아치도 거 똑똑 띠가꼬
인재, 철판:이라고 거 말리는 디가 일써, 그 조~이 말리는 디가. 저따 인
재 까라노코 부럴 때가지고 거기다 조이*** 한지라고 그기 한지라고 제.
그리가꾸 인제 그기 거 한지로 인제 무늘 발랄써요.

　엔나레는 외풍이 심핻 심핻써따데요?

ㅡ 심하지요 심하지. 엔나레는 심하지 이캐. 엔나레는 이르캐 방에 겨
으레 안저쓰면 냥 바래미 솔솔해 바~이[469] 이써도 그냥 솔솔햐. 시방
쨩[470] 이런 지비 이쓩개 *** 바뿌지: 그전찌븐 머 검나게 춰요, 욷풍이 검
나게 춰.

　지붕을 이는 재료에 따라서 아까 재료에 따라서 지불 나누먼 대개 멛까지 지
부로 나눠요? 초가집 읻꼬. 초가지번 초가지번 풀로 지푸로 영 영[471] 거시 초가
지비지요 이?

ㅡ 으, 그거이 초가지비지.

　예, 그다메 또?

ㅡ 이런디는 보통 초가집 아니면 재:지빈디[472], 이런디는 점부 재:집 우꼬:
재지비는 저: 멀 좀 재. 우리 여그도 이잴 중녀니 재집 한집 이썬네. 저
초가지벌 베끼고[473] 재 올린 사라미 하나 일썬써요.

　여기가 한 이백오십호 이러케 되는데도 그 그러케……

- 거기에다가 그놈을 막 이렇게 두드려가지고 나오면, 그놈이 다 풀어져 가지고 이렇게 보면 우리 무슨 저 쌀로 흰죽 끓였잖아, 왜? 옛날에 흰죽 끓인 것 같이 그렇게 이제 그 닥나무 껍질 그 질겨 그것이 굉장히 질겨. 그것이 그 확 풀어져 있어요. 풀어져 있는 풀어져 있더만, 그러면. 그 넓적하니 왜 저 종이 뜨는 데가 이렇게 이제…… 이만큼 우리 문설주 같 문 문짝만 한 것이 그런 것이 있데요. 그 거기다 집어넣고 이렇게 갖다 이제 큰 거시기가 있으면, 탁 싹 풀어진 데다 이놈을 융 설렁하면, 여기가 살짝 이제 거기 저 죽 같은 것이 이렇게 있잖아요. 그러면 그놈을 그때 짚 이제 그만큼 놓고 또 짚 한 치 놓고, 또 이렇게 하고 또 저 그래서 이제 집 한 치도 그 똑똑 떼어가지고 이제, 철판이라고 그 말리는 데가 있어, 그 종이 말리는 데가. 저기다 이제 깔아놓고 불을 때가지고 거기다 종이*** 한지라고 그것 한지라고 하지. 그래가지고 이제 그것 그 한지로 이제 문을 발랐어요.

옛날에는 외풍이 심했 심했었다데요?

- 심하지요 심하지. 옛날에는 심하지 이렇게. 옛날에는 이렇게 방에 겨울에 앉아있으면 그냥 바람이 솔솔해 방에 있어도 그냥 솔솔해. 지금 그냥 이런 집에 있으니까 *** 바쁘지, 그전 집은 뭐 겁나게 취요, 웃풍이 겁나게 취.

지붕을 이는 재료에 따라서 아까 재료에 따라서 집을 나누면 대개 몇 가지 집으로 나눠요? 초기집 있고. 초기집은 초기집은 풀로 짚으로 인 인 것이 초기집이지요 이?

- 응, 그것이 초가집이지.

예, 그 다음에 또?

- 이런 데는 보통 초가집 아니면 기와집인데, 이런 데는 전부 기와집 없고 기와집은 저 뭣 좀 저. 우리 여기도 이제 중년에는 기와집 한 집 있었네. 저 초가집을 벗기고 기와 올린 사람이 하나 있었어요.

여기가 한 이백오십호 이렇게 되는데도 그 그렇게……

⁻ 업썰써요.

업썰써요?

⁻ 재집 읍썰꼬, 엔나레 인재 엔나레는 인재 그거또 인재 우리 한: 그
저 한 열땓쌀 저 여 워디…… 해방되고야 해방 뒤 올린능가? 한 재지
비 재집 올리고, 함석찌비라고 함석찌비 또 한 지비 저 한 지비 읻썰고
그릳써요. 함석찝 부짇찌비. 이장호라고 이장호라고 자시이[174] 모를끼
요 저.

말씀허셛써요. 이장호는 얘.

⁻ 얘, 게 이장호가 전주로, 여그서나 그때 잠시럴[175] 마니핻써요. 뉘:[176]
뉘럴 뽕나무 마:니 헤가꼬 뉘도 메기고, 뉘알 아럴 거시개가꼬. 우리: 절
라북또 내에서는 마:이 거 이장호씨 아버지가 그랟써요. 그래가꾸서나 인
재 전주가서 또 인자 그거를 뉘씨럴 내엗써[177]. 뉘씨 가꾸서나 그러캐 핻
써요. 이장호넌 도라가셴는데, 이장호가 나보다 한살 더먹건는디 도라가
신써.

그러케 부잗찝 싸람도 그러케 빨리 가신……

⁻ 허허허 부자찌비라고 안 주거요? 허허허. 아이 어터가면요, 돈인능
양반더리 그 멀 거시강개 저 돈 인는 놈한데 더 멩이 저 쉽게 도라가
는[178] 수가 마나요. 그 양반더리 함석 여그서 엔날부터 함석찌비로 읻썰
써요.

그먼 저 재집, 초가집 그다메 함석찝 혹씨 그 싸리나무 나올때 싸릳찝 가틍
거 아낻써요?

⁻ 여그는 업썰써요. 여그는 업썬는데. 저: 산 산중이로 가먼 그 저 굴피
거 거시기라고, 저 참나무 참나무 엔나레 참나무 껍띠기[179], 그기머 함번
하먼 말련[180] 간다냐, 머 머 철련 간다냐 말련 간다냐 그래따고, 굴피 그
굴피껍띠기라고 왜 엔:나레 그 사니서 참나무 껍띠기 이노멀 베께 가꾸서
나, 지벙 해 인 지[181] 읻찌요, 왜?

- 없었어요.

없었어요?

- 기와집 없었고, 옛날에 이제 옛날에는 이제 그것도 이제 우리 한 그 저 한 열댓 살 저 여기 어디…… 해방되고야 해방 뒤에 올렸는가? 한 기와집이 기와집 올리고, 함석집이라고 함석집이 또 한 집이 저 한 집이 있었고 그랬어요. 함석집 부잣집이. 이장호라고 이장호라고 자세히 모를 거요 저.

말씀하셨어요. 이장호는 예.

- 예, 그 이장호가 전주로, 여기서는 그때 잠실을 많이 했어요. 누에 누에를 뽕나무 많이 해가지고 뉘도 먹이고, 누에알 알을 거시기해가지고. 우리 전라북도 내에서는 많이 그 이장호씨 아버지가 그랬어요. 그래가지고 이제 전주가서 또 이제 그것을 누에씨를 내였어. 누에씨 가지고서나 그렇게 했어요. 이장호는 돌아가셨는데, 이장호가 나보다 한살 더 먹었겠는데 돌아가셨어.

그렇게 부잣집 사람도 그렇게 빨리 가신……

- 허허허 부잣집이라고 안 죽어요? 허허허. 아이 어떻게 하면요, 돈 있는 양반들이 그 뭘 거시기하니까 저 돈 있는 놈한테 더 명이 저 쉽게 돌아가는 수가 많아요. 그 양반들이 함석 여기서 옛날부터 함석집으로 있었어요.

그러면 저 기와집, 초가집 그 다음에 함석집 혹시 그 싸리나무 나올 때 싸릿집 같은 것 안했어요?

- 여기는 없었어요. 여기는 없었는데. 저 산 산중으로 가면 그 저 굴피거 거시기라고, 저 참나무 참나무 옛날에 참나무 껍질, 그것이 뭐 한번 하면 만년 간다냐, 뭐 뭐 천년 간다냐 만년 간다냐 그랬다고, 굴피 그 굴피 껍질이라고 왜 옛날에 그 산에서 참나무 껍질 이놈을 벗겨 가지고서나, 지붕 해 이은 집 있지요, 왜?

얘.

⎺ 받찌요 더러?

그건 굴피찌비라고 그러건네요?

⎺ 애, 굴피찌비라고 그라데 그거는.

그먼 쌔찌비라고 항건 머에요, 쌔찝?

⎺ 새:찝?

얘.

⎺ 신찌비라고 잍찌. 여기는 그기 엄넌데. 제주도 가먼 점부 그걸로 해요. 제주도는 노니 들하자냐. 그라고 새라고 저 사니 가서나, 그 왜 저: 이퍼리가[182] 가상이가[183] 꺼끌꺼끌해서 소니 이러카먼 쏙 손 탁: 베오. 그 새요, 이르캐. 막 가시가 붙꼬, 쌔라고 막 크다:너이[184] 우리 기로[185] 막 거시가먼 막 한질되고, 머 거시갈라먼 한질도 넘꼬 그랟짜나요. 그노멀 인재 가시[186] 가서 이르캐 비다가, 가시리 가서 비다가 내내 인재 우리 초가집 해 이디끼[187] 초가집 해 이디끼. 저 제주도: 강개 점 점 제주도 가먼 점부 그 차잍찌비요[188]. '띧찝, 샌찝.

띧찌븐 또 뭐요? 띧찌버고 샌찌븐 달라요?

⎺ 띠는 띠랑은 틀리지[189]. 풀: 푸리 띠라고, 여기도 왜 이런디도 왜 이퍼리가 넙쩌거니 두라게[190] 이캐 인능거, 왜 막 크능거. 제주도 가머는 새:하고 띠하고가 마나요. 순:저니 제주도 가니깨나. 나 제주도 가서 그때 훌련 바단는데.

아:!

⎺ 거기 강개 순:전 '새로 다 여 새로 다 여가꾸서, 긍깨 여그 초가찝 하먼 그냥 그르캐서나. 동애주리라고[191] 여기 엔 엔나레 왜 지비로 이르캐 삼 저부로[192] 해가꾸서나 왜 엔나레는 이르케 동애줄 띠가꼬, 권디도[193] 오월단온날 권디 매가꼬 권디 뛰고, 다 지부로 핻짜녀. 왜 시방언 인재 웁찌마는, 띠로 순:저니 이르캐 동애줄 이캐 꽐써요, 이캐.

예.

‑ 보았지요 더러?

그것은 굴피집이라고 그러겠네요?

‑ 예, 굴피집이라고 그렇데 그것은.

그러면 새집이라고 하는 것은 뭐에요, 새집?

‑ 새집?

예.

‑ 새집이라고 있지. 여기는 그것이 없는데. 제주도 가면 전부 그것으로 해요. 제주도는 논이 덜하잖아. 그리고 새라고 저 산에 가서나, 그 왜 저 이파리가 가에가 꺼끌꺼끌해서 손에 이렇게 하면 쏙 손 탁 베요. 그 새요, 이렇게. 막 가시가 붙고, 새라고 막 크게 우리 키로 막 거시기하면 막 한 길 되고, 뭐 거시기하려면 한 길도 넘고 그랬잖아요. 그놈을 이제 가을에 가서 이렇게 베다가, 가을에 가서 베다가 내나 이제 우리 초가집 해 이듯이 초가집 해 이듯이. 저 제주도 가니까 점 점 제주도 가면 전부 그 새집 이요. 띳집, 새집.

띳집은 또 뭐예요? 띳집하고 새집은 달라요?

‑ 띠는 띠랑은 틀리지. 풀 풀이 띠라고, 여기도 왜 이런데도 왜 이파리 가 넓적하게 두렁에 이렇게 있는 것, 왜 막 크는 것. 제주도 가면 새하고 띠하고가 많아요. 순전히 제주도 가니까, 나 제주도 가서 그때 훈련 받았 는데.

아!

‑ 거기 가니까 순전히 새로 다 이어 새로 다 이어 가지고서, 그러니까 여 기 초가집 하면 그냥 그렇게 해서나. 동아줄이라고 여기 옛 옛날에 왜 짚 으로 이렇게 삼 겹으로 해가지고서나 왜 옛날에는 이렇게 동아줄 띠 가지 고, 그네도 오월 단오날 그네 매가지고 그네 뛰고, 다 짚으로 했잖아. 왜 지 금은 이제 없지마는, 띠로 순전히 이렇게 동아줄 이렇게 꽜어요, 이렇게.

띠로 꽈요?

⎯ 띠로 띠로 꼳꼬. 지벙은 새, 새근 위로 초가집떼기[194] 이르캐 싹: 눌러
요. 제가 제주도 가니깨. 쌍 눌러가꼬 거그럴 이러캐 인재 이기 지벙가트
먼 촉:촉 이르캐 해요. 바래미 야튼[195] 저 총:총 이캐 망 억띠끼 요로케 요
로케도 대고, 또 이르캐도 대고, 네모가꼬 망 억띠기 싹: 그냥 눌러놔요.
이캐 눌러노테요. 싹 눌러노코…… 여기 여 우리기로 말허먼 인재 여 도
리 도리꺼지 도리 인는디꺼지 도그로 강다무로 강다무로 싹 싸가지고, 거
그는 인재 벼글 아넝깨 독 저 사무리 가틍걸로 요.

애.

⎯ 저: 도리꺼지 싹 발라뻐려 도그로 팍: 싸가꾸서. 이르케 우리기 마니
로[196] 저 외억꼬 머 외억고, 흑 빨르고[197], 이러캐 하지네[198]. 거기 제주도는
도리 개법짜나[199] 이러케 개봉깨나 돌로 그러케 싸구서나. 바라미 항:시
싱깨는 그러카능갑뜨만요.

〈칸수에 따른 집 구분〉

지비 약깐 인자 그: 어르신네 지븐 세까니라고 그래찌요 이?

⎯ 애.

근디 지비 세깐지비 잍꼬, 그 다메 그냥 집 지비 방 하나만 잍, 광 하나만 하
나만 이꺼나, 이러케 지베 칸쑤에 따라 불르는 이르미 달라요?

⎯ 달르지요.

함번 갈체……

⎯ 방 하나는 이건 당칸찝, 아:주 엔나레 이재 참 아:주 살기가 대가너고
대 그런 사라먼, 지둥 네개만 이르캐 짇코, 네개 네개먼 거그다 인재 연목
이르캐 오두막 시기여 인자, 엔날 그 오두막찌비라고 그러거덩 오두막찜
마냥. 게 오두막싸리 지비라구랴. 그리고 인자 고로캐서나 방 항칸만 해
가꼬. 이제 이짝 인자 방 한카니라도 버어기 인저 불때서 바배멍는디가

띠로 꽈요?

― 띠로 띠로 꼬왔고. 지붕은 새, 새근 위로 초가집 짓듯이 이렇게 싹 눌어요. 제가 제주도 가니까. 싹 눌러가지고 거기를 이렇게 이제 여기 지붕 같으면 쭉쭉 이렇게 해요. 바람이 하여튼 저 총총 이렇게 망 얽듯이 이렇게 이렇게도 대고, 또 이렇게도 대고, 네모가지고 망 얽듯이 싹 그냥 눌러놔요. 이렇게 눌러놓데요. 싹 눌러놓고…… 여기 여 우리에게로 말하면 이제 여 도리 도리까지 도리 있는 데까지 돌로 강담으로 강담으로 싹 싸가지고, 거기는 이제 벽을 안 하니까 돌 저 회삼물같은 것으로 요.

예.

― 저 도리까지 싹 발라버려 돌로 팍 싸가지고서. 이렇게 우리 것 같이 저 윗가지 얽고 뭐 윗가지 얽고, 흙 바르고, 이렇게 하지 않아. 거기 제주도는 돌이 가볍잖아 이렇게 가벼우니까 돌로 그렇게 쌓고서나. 바람이 항시 세니까 그렇게 하는가보더만요.

〈칸수에 따른 집 구분〉

집이 약간 이제 그 어르신네 집은 세 칸이라고 그랬지요 이?

― 예.

그런데 집이 세 칸 집이 있고, 그 다음에 그냥 집 집이 방 하나만 있, 광 하나만 하나만 있거나, 이렇게 집에 칸수에 따라 부르는 이름이 달라요?

― 다르지요.

한번 가르쳐……

― 방 하나는 이것은 단칸집, 아주 옛날에 이제 참 아주 살기가 대간하고 대 그런 사람은, 기둥 네 개만 이렇게 짓고, 네 개 네 개면 거기에다 이제 연목 이렇게 오두막 식이여 이제, 옛날 그 오두막집이라고 그러거든 오두막집마냥. 그 오막살이 집이라고 그래. 그리고 이제 그렇게 해서나 방 한 칸만 해가지고. 이제 이쪽 이제 방 한 칸이라도 부엌이 이제 불 때

읻써야데자냐.

  ˉ 그글 그냥 니개만 세우구서나 거기다 까다기라구 그냥 나무만 이르
캐 그냥 거기다 대가지구서 이르캐, 요쪼게다 인자 까다기라 지동[500] 나무
그냥 이렁걸 두개 세우구, 이르캐 까닥 이르캐구서나, 머 무신 저: '염때
기[501] 가틍거요, 이렁걸로 바람 몯뜨러오게 대구서 그냥. 부어글 그러캐가
꾸서나 산 사라미 읻써요. 까다기라고[502]. 뭐 시방 요쪼게 우리 아페 여기
도요, 여기 당깐빵 한 지비 사랃써. 그르캐구서나 까다기 요로케 대고, 그
양반드리 하:도 움씽개나 바블 으드 잡쐈써. 으더서 잡쑤고 산 양바니 일
쓰요. 그라고 인재 고건 당깐빵, 그라고 상칸 인제 세 세카니로 징 거슨
상칸찝. 네카느로 인재 네카느로 헝건 사칸찝, 또 오칸지비라고 읻써 다
석칸, 인재 다서칸 더는 안진는디. 마:이 진는데는 오카느로 져, 그건 오
칸찝.

  큰: 제일 큰 지블 엔나레 팔칸찝, 뭐 팔칸찝······

  ˉ 몸채로 몸채로 팔칸 팔깐 진 사람 업쓸끼요. 마:는 사라미 오칸, 오칸
도 에간 드무러요. 사카는 어지가니 쌛꼬.

  삽짝 인는데 삽째게서 또 지블 지면, 요로케 지블 쭉: 사람들 몯뜨러오게 쳐
농걸 뭐라구레?

  ˉ 다미라구도 하고, 인재: 참 거시간 사라먼 다미라고 인재 도:걸 갱
변[503] 저: 갱벼니 가따 도걸 첨:부 지개로 지다가, 흑 한치 노코, 독 한치
노코, 그리고서 인재 싸요. 싸서 인제 맨: 뒤에 인제 또 다 쌷짜냐, 다 쌷
쓰먼 인재, 소쨍이라고 사니가서 나무, 솔라무[504], 솔라무 이케 자자:나니
요망:큼 한 노멀 요꺼를 비다가, 이러케 맨 위다 이러케 놔요. 그라구서
인재 지비로 이르캐 인재 용마람[505] 트러논는다고 안해요?

  얘.

  ˉ 그전 아 아르께[506] 내가 애기 핸는데 그 '밀찝.

  예예.

서 밥해 먹는 데가 있어야 되잖아.

- 그것을 그냥 네 개만 세우고서나 거기에다 까대기라고 그냥 나무만 이렇게 그냥 거기에다 대가지고서 이렇게, 이쪽에다 이제 까대기라 기둥 나무 그냥 이런 것 두 개 세우고, 이렇게 까대기 이렇게 하고서나, 뭐 무슨 저 연때기 같은 것이요, 이런 것으로 바람 못 들어오게 대고서 그냥. 부엌을 그렇게 해가지고서나 산 사람이 있어요. 까대기라고. 뭐 지금 이쪽에 우리 앞에 여기도요, 여기 단칸방 한 집이 살았어. 그렇게 하고서 까대기 이렇게 대고, 그 양반들이 하도 없으니까 밥을 얻어 잡수셨어. 얻어서 잡수고 산 양반이 있었어요. 그리고 이제 그것은 단칸방, 그리고 삼 칸 이제 세 세 칸으로 진 것은 삼칸집. 네 칸으로 이제 네 칸으로 한 것은 사칸집, 또 오 칸이라고 있어 다섯 칸, 이제 다섯 칸 더는 안 짓는데.

큰 제일 큰 집을 옛날에 팔칸집, 뭐 팔칸집……

- 몸채로 몸채로 팔 칸 팔 칸 진 사람 없을 거요. 많은 사람이 오 칸, 오 칸도 여간 드물어요. 사 칸은 어지간히 쌨고.

사립짝 있는데 사립짝에서 또 집을 지면, 이렇게 집을 쭉 사람들 못 들어오게 쳐놓은 것을 뭐라고 그래?

- 담이라고도 하고, 이제 참 거시기한 사람은 담이라고 이제 돌을 강변 저 강변에 갖다 돌을 전부 지개로 지어다가, 흙 한 채 놓고, 돌 한 채 놓고, 그리고서 이제 싸요. 싸서 이제 맨 뒤에 이제 또 다 쌌잖아, 다 쌌으면 이제, 삭정이라고 산에 가서 나무, 소나무, 소나무 이렇게 자잘하니 이만큼 한 놈을 이것을 베다가, 이렇게 맨 위에다 이렇게 놔요. 그리고서 이제 집으로 이렇게 이재 용마름 틀어 놓는다고 안해요?

예.

- 그전 아 아래 내가 이야기 했는데 그 밀짚.

예예.

˘ 밀찌비로 인재 그 용마람 트러가가꼬, 당허락[507] 인재 비 암만께 이르캐 인재 밀찌브로 용마람 트러 언져요.

그면……

˘ 인는 사람드른 인재, 어지간헌 사람드른 그러캐도 하고, 그거또 저거또 인재 다무라그도 그거또 할라문 인재 그, 일려기 마니 드러가자나요. 도니 마니 드러가야 되자나요. 그래 그걸또 모다는 사라먼 울따리라고[508] 울따리라고 게 뺑: 집 둘레를 뺑: 도라서 이케 나무를 바가요. 이캐 둥::구 러캐 나무럴 나무럴 바가. 나무럴 바가가꾸서는 인재 나무럴 이재 우 우 울짱이라[509] 구러거든. 나무럴 이케 마구 이케 요그다 이르캐 이르캐 바갇 짜냐.

얘.

˘ 그러면 이러캐 양쪼게다 이러케 나무럴 지대:넝걸 게 지대:넝걸 막 한 머 둬:발썩 서너발씩 이러케 되는 노멀 사니 가서 비다가 껍떼기럴 비끼 가꼬서니 양쪼게 이르캐 대고, 여 가운데는 속쨍이, 사:니 가서 속쨍이 를[510] 찌다 이르캐 드문 꽉: 꼬바야 돼, 꽊 꼬바, 뺑:. 집까쓸 뻗끄든[511]. 그 걸 울따리라구려.

울따리라 그러고? 여그 여그 세운거슬 울짱이라 그려?

˘ 이건 말목, 울짱 울따리 말목, 말모기라고 하고, 여비512) 일찌 여피다 대능거 울짱이라고 하고, (여피다 대능기 울짱이고.) 여피다 대능기 울짱이 라고 하고. 울짱나무럴 대고서 양쪼그로 인재 그 치기로 치글 가따 이르 캐 떠매요513). 그 인재 거 다멀 몯 쌀 헹페니 되는 사라먼, 그판 사라먼 긍개, 사니 가서 속쨍이 나무 긍깨 외통빼기 인재 짜:근놈 외통수로[514] 큰 놈, 그노멀 찌다가[515] 고르케 촉: 세워요.

그러니 사네 나무가 업썬껃써요.

˘ 야:! 그렁깨 사네가 나무 귀하지요. 귀하지.

지금 가트먼 사람덜……

ˉ 밀짚으로 이제 그 용마름 틀어가지고, 담 이제 비 안 맞게 이렇게 이제 밀짚으로 용마름 틀어 얹어요.

그러면……

ˉ 있는 사람들은 이제, 어지간한 사람들은 그렇게도 하고, 그것도 저것도 이제 담도 그것도 할려면 이제 그, 인력이 많이 들어가잖아요. 돈이 많이 들어가야 되잖아요. 그래 그것도 못하는 사람은 울타리라고 울타리라고 그 뺑 집 둘레를 뺑 돌아서 이렇게 나무를 박아요. 이렇게 둥그렇게 나무를 나무를 박아. 나무를 박아가지고서 이제 나무를 이제 우 우 울짱이라고 그러거든. 나무를 이렇게 마구 이렇게 여기다 이렇게 이렇게 박았잖아.

예.

ˉ 그러면 이렇게 양쪽에다 이렇게 나무를 기다란 것을 그 기다란 것을 막 한 뭐 두어 발씩 서너 발씩 이렇게 되는 놈을 산에 가서 베다가 껍질을 벗겨가지고서나 양쪽에 이렇게 대고, 이 가운데는 솔가지, 산에 가서 솔가지를 쪄다 이렇게 드문 꽉 꼽아야 돼, 꽉 꼽아, 뺑. 집 가를 빙 둘렀거던. 그것을 울타리라고 그래.

울타리라 그러고? 여기 여기 세운 것을 울짱이라 그래?

ˉ 이것은 말목, 울짱 울타리 말목, 말목이라고 하고, 옆에 있지 옆에다 대는 것이 울짱이라고 하고, (옆에디 대는 깃이 울찡이고.) 옆에다 대는 깃이 울짱이라고 하고. 울짱 나무를 대고서 양쪽으로 이제 그 칡으로 칡을 갖다 이렇게 얽어매요. 그 이제 그 담을 못 쌀 형편이 되는 사람은, 급한 사람은 그러니까, 산에 가서 솔가지 나무 그러니까 외통박이 이제 작은 놈 곧게 큰 놈, 그 놈을 찌어다가 그렇게 쭉 세워요.

그러니 산에 나무가 없었겠어요.

ˉ 아! 그러니까 산에가 나무 귀하지요, 귀하지.

지금 같으면 사람들……

⁻ 하하하. 우리기가 머 큰: 사는 큰 사는 저 미티가 인자 큰 사는 인는
디, 큰 사는 게 업써도 야사는 쎋써요[516], 여기 쎋써도. 원체 우리 부라
게 인제 인구가 원체 마니 살고, 점:부 그케 나무를 순:전 나무럴 가따
그러케 거시겅깨나 귀해써요, 나무가. 그래 가꾸서 여 '배고리라고, 배
골 가먼 큰 사니거든요. 거가 순 산중이자나 인재, 거꺼지 가서 나무를
가따 해때고, 거기가 여기서 한:…… 팔 키로, 팔 키로 십 시키로 그래
돼요. 팔키로가 너머 한 시키로 돼요. 시키로 되는데 가서 나무럴
해……

그먼 하루에 한짐빠께 모더건네?

⁻ 그러치요. 팔키로 하루 한짐 하루 한짐. 겨울로는 인제 한지미요. 겨
울로는 한지미고, 보미 인제 해가 기러지자냐, 보미 해가 기러지머는[517]
두번 해와요.

자 인자 담, 그러케 드러왇써요. 드러오며는 인자 거 그 반찬가틍거 만들어
노먼 이러케 한쪼게 싸논는……

⁻ 응?

반찬가틍거 머……

⁻ 아:!

그 논는 거슨?

⁻ 애.

그걸 머라구려?

⁻ 살강.

아니, 살강은 집 아니고, 바까테 머 이러케 도가지 가틍거 쭉: 논는데, 거기
는 뭐라구려?

⁻ 아:! 도가지 가능거. 이 장꽝[518].

장꽝, 장……

⁻ 장꽝. 뭐 이개 옹기도, 옹기도 죽 중: 너노코, 인자 그기다가 머 저

- 하하하. 우리에게가 뭐 큰 산은 큰 산은 저 밑에가 이제 큰 산은 있는데, 큰 산은 그 없어도 야산은 쌨어요, 여기 쌨어도. 원체 우리 부락에 이제 인구가 원체 많이 살고, 전부 그렇게 나무를 순전히 나무를 갖다 그렇게 거시기하니까 귀했어요, 나무가. 그래 가지고서 여 배골이라고, 배골 가면 큰 산이거든요. 거기가 순 산중이잖아 이제, 거기까지 가서 나무를 갖다 해 때고, 거기가 여기서 한…… 팔 킬로미터, 팔 킬로미터 십 킬로미터로 그렇게 돼요. 팔 킬로미터가 넘어 한 십 킬로미터 돼요. 십 킬로미터 되는데 가서 나무를 해……

그러면 하루에 한 짐밖에 못하겠네?

- 그렇지요. 팔 킬로미터 하루 한 짐 하루 한 짐. 겨울로는 이제 한 짐이요. 겨울로는 한 짐이고, 봄에 이제 해가 길어지잖아, 봄에 해가 길어지면은 두 번 해와요.

자 이제 담, 그렇게 들어왔어요. 들어오면은 이제 거 그 반찬 같은 것 만들어 놓으면 이렇게 한쪽에 쌓아 놓는……

- 응?

반찬 같은 것 뭐……

- 아!

그 놓는 것은?

- 예.

그것을 뭐라고 그려?

- 살강.

아니, 살강은 집 안이고, 바깥에 뭐 이렇게 도가지 같은 것 쭉 놓는 데, 거기는 뭐라고 그래?

- 아! 도가지 같은 것. 이 장독대.

장독대, 장……

- 장독대. 뭐 이렇게 옹기도, 옹기도 죽 죽 넣어놓고, 이제 거기다가 뭐

꼬치장, 된 된장, 꼬치장 머, 장:물 머 이렁거 점:부 거기다 가다 노차 나요.

그 지비 읻따면 요로케 다무라기 읻꼬, 지비 읻따면 그 마당쪽 말고 지베 뒫 쪼근 뭐라구레?

‾ 뒌:. 뒌[519].

뒌:엔 주 주로 뭐가 뭐가 읻써?

‾ 보통 이제 장꽝이랑걸 대네다[520] 점부 어디든지 보통이면 뒈:네다 혜요.

아!

‾ 뒈니.

뒈네따요?

‾ 이.

자 그 뒈:니구요. 그다메 인제 소나: 이런거뜰 메기는 데는?

‾ 아랟 뒌:. 여기 몸채가 이래 우리 인제 사는 이재 몸채, 사는 집뽀고 몸채라구라거든 (얘) 몸채라고. 몸채 뒤에는 뒌, 미티 인재 아래쪼그는 아랟 모팅이, 자 욷쪼그는 움몯팅이[521], 소 미기는[522] 디, 소 미기는 디는 행:낭. 행낭이다가 소미기요 인제, 소 소도 미기고 뒈지도 미기고.

소 메기는 카는 뭐라구레?

‾ 왱:[523] 외양 외양.

외양이요?

‾ 얘.

그러며는요, 삼칸빵이여 세 세칸빵이면……

‾ 얘.

세칸빵이라고 하는, 지둥이 지둥으로 이러케 생긴거시 세개 읻딴 말이지요 이?

‾ 세칸 빵언 칸쑤가 칸쑤가 세개:, 세개가 세칸 빵이여.

저 고추장, 된 된장, 고추장 뭐, 장물 뭐 이런 것 전부 거기다 갖다 놓잖
아요.

그 집이 있다면 이렇게 담이 있고, 집이 있다면 그 마당 쪽 말고 집의 뒤쪽은
뭐라고 그래?

⁻ 뒤꼍. 뒤꼍[52].

뒤꼍에는 주 주로 뭐가 뭐가 있어?

⁻ 보통 이제 장독대라는 것을 뒤꼍에다 전부 어디든지 보통이면 뒤꼍
에다 해요.

아!

⁻ 뒤꼍에.

뒤꼍에다요?

⁻ 이.

자 그 뒤꼍이구요. 그 다음에 이제 소나 이런 것들 먹이는 데는?

⁻ 아래 뒤꼍. 여기 몸채가 이렇게 우리 이제 사는 이제 몸채, 사는 집보
고 몸채라고 그러거든 (예) 몸채라고. 몸채 뒤에는 뒤꼍, 밑에 이제 아래
쪽에는 아래 모퉁이, 자 위쪽에는 위 모퉁이, 소 먹이는 데, 소 먹이는 데
는 행랑. 행랑에다가 소 먹여요 이제, 소 소도 먹이고 돼지도 먹이고.

소 먹이는 칸은 뭐라고 그래?

⁻ 이양 이양 이양.

외양이요?

⁻ 예.

그러면은요, 삼 칸 방이여, 세 세 칸 방이면……

⁻ 예.

세 칸 방이라고 하는, 기둥이 기둥으로 이렇게 생긴 것이 세 개 있단 말이지
요 이?

⁻ 세 칸 방은 칸 수가 칸 수가 세 개, 세 개가 세 칸 방이야.

그럼 그러면 세개중에서 사라미 그 주이니 자고 인는 주이니 자고 인는 거기
는 무슨 방이라고 그레요?

⁻ 컴방[525].

큰방 읻꼬.

⁻ 애.

그다메, 그 방이 읻따면 에를 드러 지난버네 어르신 지은 지분 뭐뭐 읻꼬, 방
이 어떠케 불럳써요? 큰방 읻꼬.

⁻ 우리 방?

얘.

⁻ 컴:방, 욷빵[526]. 그렁개 여피로 읻써, 여피로 그래 우리는 텔빵이라구[527]
하고.

아! 텔빵이라고. 그먼 그먼 저 봐요 잉[528], 큰방 읻꼬, 여기가 욷빵 읻꼬, 그
먼 여기는 뭐여?

⁻ 거 또 욷빵이라구러지머.

그거도 욷빵?

⁻ 애.

그먼 불 때고 바배멍는 데는?

⁻ 정지[529].

정지가 읻쓰먼, 정지간까지 합치먼 네 네카닝가요?

⁻ 그러치요.

이 정지까지 합쳐서 네카닝거시 방이 세개고……

⁻ 상칸빠~이라는건요, 상칸빵이랑건 보통 방이 두개요.

아:!

⁻ 방이 두개구 정지가 항칸 그래서 상칸 방이라능기요. 사칸 빵이라
능건 방이 세개고 정지가 하나 그래서 사칸 빵이여, 사깐 지비라고 하
고.

그럼 그러면 세 개 중에서 사람이 그 주인이 자고 있는 주인이 자고 있는 거기는 무슨 방이라고 그래요?

⎺ 큰방.

큰방 있고.

⎺ 예.

그 다음에, 그 방에 있다면 예를 들어 지난번에 어르신 지은 집은 뭐 뭐 있고, 방이 어떻게 불렀어요? 큰방 있고.

⎺ 우리 방?

예.

⎺ 큰방, 윗방. 그러니까 옆으로 있어, 옆으로 그래 우리는 툇방이라고 하고.

아! 툇방이라고. 그러면 그러면 저 봐요 잉, 큰방 있고, 여기가 윗방 있고, 그러면 여기는 뭐여?

⎺ 그 또 윗방이라 그러지 뭐.

그것도 윗방?

⎺ 예.

그러면 불 때고 밥해 먹는 데는?

⎺ 부엌.

부엌이 있으면, 부엌 칸까지 합치면 네 네 칸인기요?

⎺ 그렇지요.

이 부엌까지 합쳐서 네 칸인 것이 방이 세 개고……

⎺ 삼 칸 방이라는 것은요, 삼 칸 방이라는 것은 보통 방이 두개요.

아!

⎺ 방이 두개고 부엌이 한 칸 그래서 삼 칸 방이라는 것이예요. 사 칸 방이라는 것은 방이 세 개고 부엌이 하나 그래서 사 칸 방이야, 사 칸 집이라고 하고.

사칸 지비고요?

¯ 애.

그다메 인제 그: 아까 그 행낭 가튼데다가 뭐 이걷저걷 허드레껃 가따 너논는데……

¯ 예, 그러죠.

그런 데는 뭐라구레?

¯ '헏청. 행낭중에 행낭에 돼지막[530], 소막[531], 헏청. 그라구 자 도장이라구[532] 또 일써요, 도장.

도장은 뭐요?

¯ 도쟁이라능기 허청이가 보통 인넌데, 도장이라능 거선 인자 이르캐 이르캐 방거치 내내 만드라 이재.

얘얘.

¯ 방거치 맨들고 무는 머 그냥 저 송판 문, 송판 문거튼 그렁걸로 게 하는데, 도장이랑거슨 인재 방애 겨을로 방애 찌가꼬서나 쌀 쌀거틍거 머 곡씩 인재 알곡썩거틍거[533] 점부 거그다 느:노코[534], 때 되면 도장에 가서 인재 쪼금썩 내다가 바배 먹고 바배 먹고, 그재[535]. 알꼭썩 찌가꾸서 알꼭썽 머 머 이렁거 저렁거 여러가지 꺼 거 거기다가, 도장에다 느쿠 멍는, 내서 멍는 디가 도장이요.

도장이 중요헌데네, 그면?

¯ 중해지요[536], 중해지요. 그래, 도장문 딱 거시가고 자물통으로 딱 장, 사람웁쓰면 도장에 쌍 내고 그라자나. 엔나레는…… 배고푼 시저리라. 그 도독 도되기[537] 일쓰요. 도장에 가서 넘 쌀 퍼가고 그렝기[538] 일썬써요. 인제 흔하든 아는디, 호:간[539] 그런 수가 일써요. 그렁깨나, 도장무는 항상 자물퉁이 일써서나, 인재: 그집 큰메느리 큰메느리가 인재 만날 인재 바불 허능깨나 큰메느리가 도장 열때는[540], 열때를 차고. 그집 안쭈이니 인재 '셔:마등가 큰메느리등가, 인재 안 부형[541] 드러와서는 즈히도 인재 얼

사 칸 집이고요?

˗ 예.

그 다음에 이제 그 아까 그 행랑 같은 데다가 뭐 이것저것 허드레 것 갖다 넣어 놓는데……

˗ 예, 그렇지요.

그런 데는 뭐라 그래?

˗ 헛청. 행랑 중에 행랑에 돼지간, 외양간, 헛청. 그리고 이제 곳간이라고 또 있어요, 곳간.

곳간은 뭐요?

˗ 곳간이라는 것이 헛청에가 보통 있는데, 곳간이라는 것은 이제 이렇게 이렇게 방같이 내나 만들어 이제.

예예.

˗ 방같이 만들고 문은 뭐 그냥 저 송판 문, 송판 문같은 그런 것으로 그 하는데, 곳간이란 것은 이제 방아 겨울로 방아 찧어가지고서 쌀 쌀같은 것 뭐 곡식 이제 알곡식같은 것 전부 거기에다 넣어놓고, 때 되면 곳간에 가서 이제 조금씩 내다가 밥해 먹고 밥해 먹고, 그렇지. 알곡식 찧어가지고서 알곡식 뭐 뭐 이런 것 저런 것 여러가지 것 그 거기다가, 곳간에다 넣고 먹는, 내서 먹는 데가 곳간이요.

곳간이 중요한 데네, 그러면?

˗ 중하지요, 중하지요. 그래, 곳간문 딱 거시기해가지고 자물통으로 딱 잠, 사람 없으면 곳간에 싹 내고 그러잖아. 옛날에는…… 배고픈 시절이라. 그 도둑 도둑이 있어요. 곳간에 가서 남 쌀 퍼가고 그런 것이 있었어요. 이제 흔하지는 안는데, 혹간 그런 수가 있어요. 그러니까, 곳간문은 항상 자물통이 있어서나, 이제 그 집 큰며느리 큰며느리가 이제 만날 이제 밥을 하니까 큰며느리가 곳간 열쇠는, 열쇠는 차고. 그 집 안주인이 이제 시어머니든가 큰며느리든가, 이제 안 부형 들어와서 저희도 이제 얼

른 그러케 드글[542] 드른 양바니 도장 얼때를 가지고 잍써. 여그다 차고 댕
겨 여그다.

〈재료에 의한 집 구분〉

집에 종류는 아까 인자 그러케 지붕으로 구분허능거 말고요, 지붕 벽까틍거
진능거시 흐그로 진지분 뭐라구래요?

⎺ 흐기르 진응기?

얘. 아까 그러케 우리가 흐그로 진 진지불 흑찌비라고?

⎺ 흑빽똘로, 흑찌비라고레야지[543] 흑집.

그며는 여기 요런……

⎺ 흑빽똘로 저가꼬.

얘.

⎺ 그런 전 그런 집 잍쩨.

얘. 요로케 인자 요로케 요로케 (⎺ 얘.) 나중에 인자 나와 나와서 요로케 시
멘트로 만드러징거 그러케 징거슨?

⎺ 아니. 흐그로 맨드는거는[544] 흐걸 사머리[545] 부루꾸[546] 잍짜너요, 왜 우
리 이? 사무리 묵, 벽 사무리.

얘얘.

⎺ 부루꾸 거 크기 왜 사머리보다 크자냐?

얘.

⎺ 고 시그로 엔날 영낙시[547] 이 흐걸 착:착 이기가꼬요, 착착 이기까꼬.
이캐: 무신 저 으: 흑 벽똘 찡는기라고 이르캐 '트럴, 틀어가꼬 착착 찌거
가꼬. 흐걸 착:착 이기가꼬, 고기다 이르캐 탁:탁 다마가꼬, 탁 드러따나
따 하문 야무자나요. 고래서 트를 쏙: 빼구서 그러머는 영낙겁시 벽똘, 벽
똘거치 그러캐가꾸 인재 고노멀 종: 노쿠서 말리요 인재, 빼:싹[548] 말려.
빼:쌍 말리면 그노무 가따가 인재 우리 저: 거시기 왜…… 벽똘, 사무리

른 그렇게 득을 들은 양반이 곳간 열쇠를 가지고 있어. 여기다 차고 다녀 여기다.

〈재료에 의한 집 구분〉

집의 종류는 아까 이제 그렇게 지붕으로 구분하는 것 말고요, 집을 벽같은 것 짓는 것이 흙으로 진 집은 뭐라 그래요?

ˉ 흙으로 짓는 것?

예. 아까 그렇게 우리가 흙으로 진 집을 흙집이라고?

ˉ 흙벽돌로, 흙집이라고 그래야지 흙집.

그러며는 여기 이런……

ˉ 흙벽돌로 지어가지고.

예.

ˉ 그런 전 그런 집 있지.

예. 이렇게 이제 이렇게 이렇게 (ˉ 예.) 나중에 이제 나와 나와서 이렇게 시멘트로 만들어진 것 그렇게 긴 것은?

ˉ 아니. 흙으로 만드는 것은 흙을 회삼물 블록 있잖아요, 왜 우리 이? 회삼물, 벽 회삼물.

예예.

ˉ 블럭 그 큰 깃 왜 회삼믈보디 그랗이?

예.

ˉ 그 식으로 옛날 영락없이 이 흙을 착착 이겨가지고요, 착착 이겨가지고. 이렇게 무슨 저 으 흙 벽돌 찍는 것이라고 이렇게 틀을, 틀어가지고 착착 찍어가지고. 흙을 착착 이겨가지고, 거기다 이렇게 탁탁 담아가지고, 탁 들었다놓았다 하면 야무지잖아요. 그래서 틀을 쏙 빼고서 그러면 영락 없이 벽돌, 벽돌같이 그렇게 해가지고 이제 그놈을 쭉 놓고서 말려요 이 제, 바싹 말려. 바싹 말리면 그놈을 갖다가 이제 우리 저 거시기 왜……

벽똘, 사무리 벽똘 이재 담 담 이캐 쌀짜나요, 왜?

　얘:.

　￣ 담싸디끼 이르캐 인재, 그노무 한채 노코, 흐걸 또 이기가꼬 한채 노코, 또 노코 한채 노코, 다물 싸든 고로캐해서 인재, 고 상: 고로캐 싸능기 그거시 인재, 흑찌비지, 흑빽똘찝.

　흑벽똘찝?

　￣ 얘.

　사무리 그걸로 허는 지번요?

　￣ 어?

　사머리 그걸로 진 지번?

　￣ 사머리로[549] 진 집또 읻쩨.

　사머리 그:.

　￣ 사머리 벽똘.

　사머리 벽또리……

　￣ 사머리 (달라요?) 벽또리지, 사머리 벽또리 지비라구제[550] 머. 그 콩걸로 지웅건 사머리 벽똘찝.

　얘.

　￣ 또 이재 사머리먼서 쪼꼬막 쪼고마케 맨등거 읻짜냐? 그건 사머리 부룩 저: 부룩, 큰 지번 사머리 부루꾸집, 쪼까넝거만[551] 허먼 사머리 벽똘찝.

　얘. 너와찝, 돌로 돌가틍걸로 진 너 너와찌비란 말도 읻써요?

　￣ 너와찝?

　얘.

　￣ 너와찌비라능건 아까 제가 애기핻떤 거 저……

　그거 그거시구나, 아:!

　￣ 사머리 참 저저 삼, 참나무.

　참나무 그러케 징거시구나:.

벽돌, 회삼물 벽돌, 회삼물 벽돌 이제 담 담 이렇게 쌌잖아요, 왜?

　예.

　⎺ 담 쌓듯이 이렇게 이제, 그놈을 한 채 놓고, 흙을 또 이겨가지고 한 채 놓고, 또 놓고 한 채 놓고, 담을 쌓듯 그렇게 해서 이제, 그 상 그렇게 싸는 것이 그것이 이제, 흙집이지, 흙벽돌집.

　흙벽돌집?

　⎺ 예.

　회삼물 그것으로 하는 집은요?

　⎺ 어?

　회삼물 그것으로 지은 집은?

　⎺ 회삼물로 지은 집도 있지.

　회삼물 그.

　⎺ 회삼물 벽돌.

　회삼물 벽돌이……

　⎺ 회삼물 (달라요?) 벽돌이지, 회삼물 벽돌이 집이라고하지 뭐. 그 큰 것으로 지은 것은 회삼물 벽돌집.

　예.

　⎺ 또 이제 회삼물이면서 조그맛 조그마케 만든 것 있잖아? 그것 회삼물 블록 지 블록, 큰 집은 회삼물 블록집, 작은 것만 허면 회삼물 벽돌집.

　예. 너와집, 돌로 돌같은 것으로 진 너 너와집이란 말도 있어요?

　⎺ 너와집?

　예.

　⎺ 너와집이라는 것은 아까 제가 이야기했던 거 저……

　그것 그것이구나, 아!

　⎺ 회삼물 참 저저 삼, 참나무.

　참나무 그렇게 지은 것이구나.

─ 참나무 저 껍띠기 그 베가꾸서나 이 위에 우에 비 암맏게 우덜거지[552]
하능건만, 항기 그거보고 너왇찌비라고.

〈연장〉
그먼 저 집찔때 쓰는 연장이 주로 멈머 읻써요?
─ '엔나레 우리 저: 엔날 우리 쓸쩌게……
요즘까지 헤서 주러 어떤 연장?
─ 우리: 엔날 연장언 큼 만치머. 톱, 짜:구, 끌, 대패, 또 큰짜구라고 읻
써 큰짜구라고 컨짜구, 도치 그러치머.
이러케 이러케 떼리는 거슨?
─ 망치로 탕탕 망치, 망치.
몯가틍거 빼는 건요?
─ 건 '장도리, 장도리.
그: 마냐게 구멍가튼거 뚜는 거슨 뭠머 읻써? 구멍 구넉 뚜는 거슨?
─ 끌 끌 끌로 이르캐 이캐 막 이케 막 끌로 이르캐 대구 때리오, 망치로
때려. 그 자꾸 이러케 파냐[553]. 끌로 뜰버요[554].
비싸게……
─ 아 보드를[555] 뜸능거 읻찌, 보드도 읻찌, 보도. 보드는 인재 개 기게
기게를 가차서 이르캐 이 막 돌리먼 빽빽빽 도라감서 뚜능거 읻써요, 보
드라고.
종우가튼데?
─ 그저~이 엔:나레는 보도가 업썯써요. 보도랑거또 이 중녀니 나왇쩨:.
엔:날 우리 저: 선조때는 게 저 보도가 업썯써요, 보도가 업꼬 그냥 끌로
뜹쩨.
요쪼게 이러케 뽀쪼게가꼬 구먹 뚜능거슨?
─ 그기 보도 말잉감만[556].

⁻ 참나무 저 껍데기 그 베어가지고서나 이 위에 위에 비 안 맞게 우덜 거지 하는 것만, 하는 것이 그것보고 너와집이라고.

〈연장〉

그러면 저 집 질 때 쓰는 연장이 주로 뭣뭣 있어요?

⁻ 옛날에 우리 저 옛날 우리 쓸 적에……

요즘까지 해서 주로 어떤 연장?

⁻ 우리 옛날 연장은 그럼 많지 뭐. 톱, 자귀, 끌, 대패 또 큰 자귀라고 있어 큰 자귀라고 큰 자귀, 도끼 그렇지 뭐.

이렇게 이렇게 때리는 것은?

⁻ 망치로 탕탕 망치, 망치.

못같은 것 빼는 것은요?

⁻ 그것은 장도리, 장도리.

그 만약에 구멍 같은 것 뚫는 것은 뭣 뭣이 있어요? 구멍 구멍 뚫는 것은?

⁻ 끌 끌 끌로 이렇게 이렇게 막 이렇게 막 끌로 이렇게 대고 떼리오, 망치로 떼려. 그 자꾸 이렇게 파내야. 끌로 뚫어요.

비싸게……

⁻ 아 볼트로 뚫는 것 있지, 볼트도 있지, 볼트. 볼트는 이제 거 기계 기계를 갓춰서 이렇게 이 마 돌리면 빼빼빼 돈아가면서 뚫는 겨 있어요, 볼트라고.

종이같은데?

⁻ 그전에 옛날에는 볼트가 없었어요. 볼트라는 것도 이 중년에 나왔지. 옛날 우리 저 선조 때는 그 저 볼트가 없었어요, 볼트가 없고 그냥 끌로 뚫지.

이쪽에 이렇게 뾰쪽해가지고 구멍 뚫는 것은?

⁻ 그것이 볼트 말인갑만.

아니, 그 돌링거 말고, 그냥 그냥 뾰쪼게가꼬 어디를 푹: 뚜능거.

‐ 그냥 그 나무 나무를 그러케 뜸능거요, 나무럴?

종이가틍거또 이러케 매가꼬 뚜능거, 실 실 뀔라고.

‐ 우리 나무로 엔날 집 나무집 진능거슨 그렁기 엄넌디. 나무집 진능건 엔나레 엔날부터 집 진는……

그 다으메. 그: 저 톱또요.

‐ 얘:.

톱 톱또 여러가지가 읻찌요?

‐ 여:가지 읻찌요.

주로 어떵거?

‐ 인자 큰 체, 큰 톱. 큰토번 인재 이가 굴구름[557] 항거. 이제 거:두라구야 거:두. 거 거걸루 컨 나무. 그라구 인재 또: 가늘게 이가 자장허고[558] 가 넝기 인는 토비 일써요. 인재 잔톱 잔토비라고.

또 똥고라머게 머 이러케 이러케 이러케 켜능거슨 무슨 톱?

‐ 똥고라케 어티게.

똥고라머게 뭐 머 짤라야 되겓따. 그러면 토부로 이러케 이러케 헤가꼬 삥: 돌레서 짤른 그런 톱또 일썯자나요?

‐ 엔:나렌 기 업썬는디, 시방언 시방언 몰라도, 엔나렌 거런 기 업썯써요.

그: 그며는 도치나 이렁거 어따 가라요?

‐ 엔 그 에:, 수또기라고 거: 수또기라고 도치나 낟 가는 그런 수뙤기[559] 일써요.

아니, 그 돌리는 것 말고, 그냥 그냥 뾰족해 가지고 어디를 푹 뚫는 것.

￣ 그냥 그 나무 나무를 그렇게 뚫는 거요, 나무를?

종이같은 것도 이렇게 매가지고 뚫는 것, 실 실 꿰려고.

￣ 우리 나무로 옛날 집 나무집 짓는 것은 그런 것이 없는데. 나무집 짓는 것은 옛날에 옛날부터 집 짓는……

그 다음에. 저 저 톱도요.

￣ 예.

톱 톱도 여러가지가 있지요?

￣ 여러가지 있지요.

주로 어떤 것?

￣ 이제 큰 체, 큰 톱. 큰 톱은 이제 이가 굵으스름 한 것. 이제 거두라고 해 거두. 그 그걸로 큰 나무. 그리고 이제 또 가늘게 이가 자잘하고 가는 것이 있는 톱이 있어요. 이제 잔톱 잔톱이라고.

또 동그스름하게 뭐 이렇게 이렇게 이렇게 켜는 것은 무슨 톱?

￣ 동그스름하게 어떻게.

동그스름하게 뭐 뭐 잘라야 되겠다. 그러면 톱으로 이렇게 이렇게 해가지고 뻥 돌려서 자른 그런 톱도 있었잖아요?

￣ 옛날에는 그것이 없었는데, 지금은 지금은 몰라도, 옛날에는 그런 것이 없있이요.

그 그러면 도끼나 이런 것은 어디에다 갈아요?

￣ 예 그 예, 숫돌이라고 그 숫돌이라고 도끼나 낫 가는 그런 숫돌이 있어요.

1) '바뀌다 → 바끼다 → 배끼다'와 같이 단모음화에 이어 움라우트가 일어났다.

2) '-까지'의 방언형. '-끄지, -꺼지'로 실현된다.

3) '생각이 → 생개기'로 움라우트가 일어났다.

4) '사실+이+ㄴ+가보+아'로 분석된다. '-가보-'는 '-갑-'으로 축약이 일어난다. 따라서 '사시링개비여'는 '사실인+갑+이어'에서 움라우트가 일어나고 연철이 되어 얻어진 것이다. '갑'은 형식명사로도 처리된다.

5) '아마'의 방언형.

6) '저희들'의 방언형. '저희'는 '저그, 지그' 등으로 실현된다.

7) '-만치'는 '-만큼'의 방언형.

8) '스물 → 시물'로 치찰음 아래에서 전부 고모음화가 일어난다.

9) '아레'는 '그저께'의 방언형이다. 따라서 '아레+께 → 아리끼'로 고모음화가 일어났다. '아레께'는 구체적으로 '그저께'를 의미하는 경우도 있지만, 2~3일 정도로 가까운 과거를 일컫는 경우도 있다.

10) '형님'의 방언형.

11) '하루 종일'과 '나무 하러'의 두가지 뜻으로 해석이 가능하다. 여기서는 전자로 해석한다.

12) 중앙어는 '베로 다녔어요'이다. '베로 → 비로'는 고모음화가 일어난다. '다녔어요'는 기본형은 음운론적으로 '다니다 → 댕기다'의 유도과정을 설명하기가 마땅치 않아, 기본형을 '댕기다'로 설정케한다. '베로 댕기었어요 → 비로 댕겼어요 → 비로 딩긴써요'로 고모음화와 축약이 연속 일어난 것이다.

13) '칠월쯤 → 치럴찜'은 '월'이 '얼'로 단모음화되고, '쯤'이 '찜'으로 치찰음 아래 전부고모음화가 일어났다.

14) '왼'은 주로 '왼쪽'의 뜻을 나타내는 말이나, '다른 것은 섞이지 아니하고 온통' 정도의 뜻으로 쓰이는 것이 일반적이다. 그러나 여기서는 '오히려' 정도에 해당한다.

15) '조그만한 것은'에서 '조그만하다'의 방언형은 '쪼까너다, 쪼끄너다'로 실현된

다. 따라서 '쪼끄넌+것은 → 쪼끈거는 → 쪼끙거는'으로 '너' 탈락과 비음화
가 일어난 것이다.

16) '여름+이는'에서 움라우트가 일어난 것이다. 중앙어의 '-에는'은 '-이는'으로
실현된다.

17) '농사방구'로 분석된다. '농사일'을 조금 낮게 표현한 것이다. '지랄방구 떨고
인네.'처럼 사용된다.

18) '겨를'의 방언형.

19) '껍떼기'의 방언형.

20) '기둥'의 방언형.

21) '-버텀'은 '-부터'의 방언형.

22) '별로'의 방언형.

23) '여우대+밖에'로 분석된다. '여우대'는 '-정도'에 해당한다. '-밖에'는 '-배끼'로
실현된다.

24) '아무렇게도 → 암케도 → 앙케도'로 줄어든 뒤 비음화가 일어난다. 그런데
여기서는 비음화가 일어나지 않았다.

25) '후딱'은 일반적으로 '빨리'와 의미나 용법이 비슷하다.

26) '한+분+만 → 함붐만'으로 순음화가 일어나야한다. 그런데 '함분: 만'처럼 휴
지를 개입해서 발음하는 경우는 순음화를 외면한다.

27) 여기서 '벌목'은 '건목'을 잘 못 말한 것이다.

28) '수월하+거든'으로 분석된다. '수월하다'는 전북 방언에서 주로 '쉬러다'로 실
현된다. 그런데 이 지역어에서는 '쉬랍다'로 실현된다. 따라서 '쉬랍+거든 →
쉬락꺼든'의 유도과정을 상정할 수 있다.

29) '배나 수월하다'의 방언형. 여기서도 '쉬랍다'를 확인할 수 있다.

30) '구멍'의 방언형.

31) '뚫다'의 방언형으로 기본형은 '뚧다'이다. '뚧+는다 → 뚬는다 → 뜸는다'와
같이 비음화와 '우~으' 교체가 일어난다. 따라서 기본형을 '뜛다'로 설정할 수
도 있다.

32) '그리다~거리다'로 '으~어' 교체가 일어난다.

33) '뚧+고 → 뚭고 → 뜩꼬'로 자음군단순화, 연구개음화가 일어났다.

34) '혼자'의 방언형.

35) '무슨 → 무신'으로 치찰음 아래 전부 고모음화가 실현되었다.

36) '자석, 지남철'의 방언형. '쇳대 → 쇠때 → 세때'로 변화과정을 상정할 수

있다. '쇳대'는 '열쇠'의 방언형으로도 사용되지만, 풍수들이 사용하고 있는 '자석, 지남철'을 지칭하기도 한다.

37) '주령+이 → 주렝이 → 주렝이'처럼 움라우트가 일어났다.

38) '뒤+에다'에서 '-에'가 생략된 것이다. 생산적인 현상이다.

39) '사립짝'의 준말로 처리하거나 '사립문'의 방언형으로 처리할 수 있다.

40) '앞+을'로 분석된다. 목적격 조사 '-을'은 이 방언에서 '-얼'로 실현된다. 따라서 '아펄'로 실현되는 것이 일반적이다. 그러나 'ㅍ'이 약화된 '아벌'도 사용된다. 예: 아벌 서라. 아벌 세운다.

41) '그렇지요'가 줄어든 말이다.

42) '사립문'의 방언형. '싸립문 → 싸림문'으로 비음화가 되는 것이 일반적인데, '싸린문'으로 실현되기도 한다.

43) '땅+이 → 땡이'로 움라우트가 일어났다.

44) '입구'의 방언형. '아구래'는 '입'을 속되게 부르는 '아가리'에 해당하는 방언형으로 '아구대'로 실현되기도 한다.

45) '아구대'의 이형태.

46) '돌'의 방언형으로 '독'으로 실현된다.

47) '한 덩이씩'에서 '-덩이 → -뎅이'는 움라우트에 의한 것이고, '-썩, -썽'은 '-씩'의 방언형이다.

48) '전부'의 방언형. '점부, 첨부'로 실현되지만 주로 '첨부'로 실현된다. 중앙어의 'ㅈ'이 'ㅊ'으로 발음되는 경우가 많이 나타난다.

49) '자(尺)'의 방언형.

50) 땅이 다져지지 않고 푸석푸석한 모양을 일컫는다.

51) '끄나풀'의 방언형.

52) '찜미다'는 중세국어에서 동사어간 '잡-'과 '미-'가 직접 결합된 '잡미-'에 기원한다. 이 '잡미다'는 '잡매다〉짬매다〉짬미다〉쩸미다〉찜미다'와 같은 유도과정을 상정할 수 있다. 어두 경음화는 별도로 논의하기기로 하고, 비음화와 '애〉이'로의 고모음화, 움라우트, 움라우트에 이은 고모음화가 실현된 것이라 할 수 있다. '찌매다'로도 실현된다.

53) '빙둘러서'의 방언형. '뺑둘러서'는 전북방언에서 생산적으로 실현된다.

54) '함목'은 '한번에 다'의 뜻으로 사용되고 있다. 전북방언에서는 '함머네, 함모게' 처럼 실현된다.

55) '그렇게 하고 → 그러케 하고 → 그러카고'로 격음화에 이어 축약이 일어났다.

56) '돌았다'의 방언형. '돌+았+어요'로 분석되어 '도라써요'가 예측되는데 '돌랄
써요'로 모음간에 'ㄹㄹ'이 실현되고 있다.

57) '힘'의 방언형.

58) '기둥'은 '지둥'으로 구개음화되어 실현되기도 하고, '기동'으로 실현되기도
한다.

59) '삼각형 → 삼가켱 → 상가켱'으로 유기음화와 연구개음화가 실현되었다.

60) 여기서 '제기다'는 임시로 못을 박는 것을 일컫는다.

61) '땅+위에'로 분석된다. 이 지역어에서 '위'는 대부분 '우'로 실현된다. 따라서
'땅+우에'인데 'ㅇ'이 탈락된 것이다.

62) '갓+에 → 가세 → 가시'의 '갓'은 '가'의 방언형이다.

63) 기둥에 도리를 앉히는 것을 '안는다'고 한다. 홈을 파서 빠지지 않게 얽어
물리게 하는 것을 일컫는다.

64) '얽혀 물리도록' 정도에 해당한다. '엉물리다'는 '얽+물리다 → 엉물리다'의
구성에서 얻어진 것이고, '-코롬'은 '먹께코롬 헌다. 가게코롬 헫따.'처럼 '-하
게끔 하다'에 해당한다.

65) 중앙어에서는 '톱+으로'이지만, 이 지역어에서는 '톱+이로'이다. '-이'가 매개
모음이다.

66) '-기로'는 '-도록'에 해당한다.

67) '앗다'는 '깎아 내다'의 뜻이 있다. 도리를 깍아 내는 것을 앗는다고 한다.

68) '길이'의 방언형.

69) '큰 방은 → 큼방언'은 순음화가 일어나고, 특수조사 '-은'은 '-언'으로 실현된
다. '큼방, 컴방' 처럼 '으~어'교체도 일어난다.

70) '처음에'의 방언형. '처메, 츠메'로 축약과 '어~으' 교체가 일어난다.

71) '장재'로 기둥이나 연목으로 쓰기 위한 나무를 일컫는다.

72) '가+ㄹ+것이고'로 분석된다. '-것이고'는 '-께고'로 실현되고 있어, '갈께고 →
갈끼고'로 고모음화를 겪은 것이다.

73) '임시로 그렇게'로 분석된다.

74) '어떤 일에 익숙하지 못하고 서투른 사람'을 일컫는 '생무지'가 순음화에 의
해 '샘무지'가 된 것이다.

75) '집같잖아요 → 지꺼차나요'에서 '같이'가 '꺼치'로 실현되고, '집'의 'ㅂ'이 탈
락된 '지꺼치' 형태는 이 방언에서 생산적으로 실현된다. '잖아요'의 '잖'은 주
로 유기음 'ㅊ'을 가진 '찬-'으로 실현된다.

76) ‘죽’의 ‘ㅈ’이 ‘ㅊ’으로 실현되고 있다. ‘ㅈ~ㅊ’ 교체현상은 생산적이다.

77) ‘위+에가’의 ‘-에’는 ‘-이’로 고모음화되어 실현되는 것이 일반적인데, ‘위’처럼 ‘y’에 후행하는 경우에는 ‘-여’로 실현된다.

78) 중앙어 ‘이만큼 해서’에 해당한다. ‘저마니 가라.’처럼 ‘-만큼’은 ‘-마니’로 실현되고, ‘-해’는 생략되었다.

79) ‘이 지역어에서 ‘뚫-’의 기본형은 일반적으로 ‘뚧-’으로 설정된다. 그런데 이 경우에는 ‘뚧+고 → 뚭꼬 → 뚝꼬 → 뚜꼬’처럼 어간말음 ‘ㄹㅂ’이 다 탈락하고, ‘ㅂ → ㄱ’으로 역행 위치동화가 일어났음을 보여준다.

80) ‘뚫-’의 기본형을 ‘뚧-’으로 설정하게 한다.

81) ‘굇돌’은 온돌방의 구들을 내기 위해 방돌 밑에서 고이는 돌을 일컫는다.

82) ‘-랑’은 ‘-이랑은’의 잘 못된 발화.

83) ‘맞추+어 → 맞춰’가 아니라 ‘맞촤’로 실현됨은 ‘우’가 모음조화에서 중성모음으로 기능하고 있음을 시사한다.

84) ‘갓+에도’로 분석된다. ‘가시도’로 실현이 자연스럽다.

85) ‘저기저기’의 방언형.

86) ‘영락없이 → 영낙업씨 → 영납씨’로 특이하게 줄어들었다.

87) ‘고+잉개나’에서 ‘고(高)’는 한자를 그대로 사용한 것이고, ‘-잉개’는 ‘-이니까’의 방언형.

88) ‘내버려두다’의 방언형. 기본형을 ‘내비두다’로 설정케 한다.

89) ‘저기 있네 → 저기 인네 → 저긴네’로 줄어들었다.

90) ‘-부터’의 방언형.

91) ‘동자기둥’의 방언형.

92) ‘동자주+라고+야로 분석된다. ‘-야는 ‘-햐’로 실현되기도 한다. ‘-해’의 충청도 방언형이다.

93) ‘기다랗다’의 방언형. ‘지대너다’로 실현되지만 전북 방언에서는 주로 ‘지댄허다’로 실현된다.

94) ‘얹+고 → 언꼬 → 엉꼬’로 경음화와 연구개음화가 실현되었다.

95) ‘-같은’은 ‘-거튼’으로 실현된다.

96) ‘돼지’의 방언형.

97) ‘술’의 잘못된 발화.

98) ‘붓다’는 ‘부서’처럼, ㅅ-불규칙 용언은 이 방언에서 정칙으로 활용한다.

99) ‘종일+하여야 → 죙일+햐야 → 젱일+햐야로 움라우트와 비원순모음화가

일어나고, '-하여'는 충청방언의 영향으로 '-햐로 실현된다.

100) '품쌌+이 → 품쌔기'로 움라우트가 일어났다.

101) '처세+대로'로 분석된다. '처세'는 '형편'의 뜻으로 사용되었다.

102) '바깥'의 방언형.

103) '토방'의 방언형. '뜰팡, 뜨렁'으로 사용된다. 그러나 전북의 남쪽에서는 '뚤 방'이 사용된다.

104) '끌리다'는 비가 안으로 끌려 들어오는 것을 일컫는다.

105) '깔치다'는 '비가 들이치다'의 뜻으로 사용되는 방언형.

106) '윗가지'의 방언형.

107) '자잘하다'의 방언형. 주로 '자자라다'로 실현된다.

108) '조그맣다'의 방언형. '쪼매너다, 쬐매너다, 쫴매너다'로 실현된다.

109) '옮기+어서 → 옴기서 → 욈기서 → 욍기서'로 어간말 자음군단순화, 움라 우트와 연구개음화가 일어났다.

110) '새끼'의 방언형. '산내끼, 사내끼, 사채기'로 사용된다.

111) '잡아매다'의 방언형. '쫌매다, 쩸매다, 찜미다'로 실현된다.

112) '-까지'의 방언형.

113) '위에다'는 '우에다, 우게다'로 실현된다.

114) '머리빡+에도'로 분석된다. '머리빡'은 '머리'를 속되게 이르는 말이다. 조사 '- 에'는 이 지역어에서 '-이'로 실현되고 있다. 따라서 '머리빡+이도 → 머리빼 기도'로 움라우트가 일어났다.

115) '옆+이라고'는 '여피라고'로 실현이 일반적이지만, '여비라고'로 실현된다.

116) '-만치'는 '-만큼'의 방언형.

117) '돌+암서'로 분석된다. '-암서'는 중앙어 '-으면서'에 해당하는 것으로 '-음서' 로도 실현된다.

118) '산내채'는 '새끼'의 방언형.

119) 대명사 '지'는 '제 → 지'로의 고모음화를 겪은 것이다.

120) '-짜리'의 방언형으로 이 지역에서 'ㅈ, ㅉ' 등이 'ㅊ'으로 실현되는 특징을 보인다.

121) '이엉'이 줄어든 말이다.

122) '역+듯이'로 분석된다. '-듯이'는 '-드끼'로 실현되는 데, 중앙어에서는 '-듯기' 로 실현된다.

123) '이망끼'는 '이+만큼'으로 분석된다.

124) '저릅+에다가 → 저르베다가 → 저르비다가'로 유도되는 것이 자연스럽다.

125) '뿌리'의 방언형. '뿌렝이, 뿌링이'로 실현된다.

126) '새+르+상 바르다'로 분석된다. '-르상 바르다'는 '-르 것 같다'에 해당한다.

127) '용마릏'은 '용마람, 용마럼'으로 실현된다.

128) '새끼'의 방언형.

129) '애벌'의 방언형. 이엉처럼 겨릅으로 엮어 지붕을 이기 위해 맨 처음 이는 것을 일컫는다.

130) '저름만'으로 분석된다. 따라서 '저름만'으로 실현되어야 하는데 잘못 발화된 것이다.

131) '다뿍'의 방언형.

132) '수숫대'의 방언형. 주로 '쑤수대, 쑥때기, 쑤숙때기'로 실현된다.

133) '심+었+거든 → 시멀거든 → 시멀꺼든 → 시무끄든'으로 중화와 경음화 뒤에 '어~우', '어~으' 교체가 일어났다.

134) '가을'의 방언형.

135) '먹을 것만'으로 분석된다. '먹을 것만 → 머글 걷만 → 머글 검만 → 머글 껌만'으로 중화에 순음화, 경음화가 일어났다.

136) '둔 것이'로 분석된다. '둔 것이 → 둔 게 → 둔 기 → 둥기 → 딩기'로 음절 축약과 비음화, 움라우트가 일어났다.

137) '이파리'의 방언형.

138) '처음 먼저'의 방언형. '처음 → 첨'으로 축약이 일어나고, '먼저'는 '먼지, 머냐' 등으로 실현된다.

139) '이만큼하게'의 방언형.

140) '썰다'의 방언형.

141) '뭉치다'의 방언형.

142) '사람이 → 사래미'로 움라우트가 일어났다.

143) 모음사이에서 'ㄹ'이 'ㄹㄹ'로 실현된다.

144) '죽'의 방언형.

145) '저렇게'의 방언형. '요로케 조로케 헤라.'처럼 사용된다.

146) '저렇게'의 방언형. '조로케'에서 '로'가 생략되었다.

147) '쪽'의 방언형.

148) '-에가'는 주로 '-이가'로 실현되는데, '-으가'로도 실현된다.

149) '찌다'의 역구개음화형.

150) ‘지붕’의 방언형.

151) ‘도리+같+으면’으로 분석된다. ‘-같다’는 주로 ‘-겉다’로 실현되고, ‘-으’는 ‘-어’
와 교체가 일반적이다.

152) ‘부엌’의 방언형. 이 지역어에서는 주로 ‘정지’로 쓰이지만, 전북 방언권의 남
부지역에서는 ‘정제’로 쓰인다.

153) ‘모두, 전부, 전체’를 의미한다.

154) ‘짓다’의 어간말음을 이 방언어서는 ‘짖-’으로 설정하게 한다.

155) ‘되어 → 돼 → 대’로 축약과 단모음화가 일어난다.

156) ‘짚+이엉’으로 분석된다. ‘짚 → 집 → 짐’은 중화와 비음화를 수행한 결과이
다. 그런데 비음화가 일어나기 위해서는 ‘이엉 → 영’의 두음이 비음이어야
한다. 그리도 ‘집영 → 짐영 → 징영’의 변화는 비음화 이후에 연구개음화가
일어난 것이다. 따라서 ‘영’의 두음에 연구개 비음 ‘이[ŋ]’이 있음을 확인할
수 있다.

157) ‘그렇게 하려면’으로 분석된다. ‘그렇게하다’는 ‘그러카다’로 줄어들고, ‘-려면’
은 ‘-라면’으로 실현된다.

158) ‘없다’는 전북방언권의 북부지역에서 ‘웂따, 읍따’로 실현된다.

159) ‘이영하다’로 ‘이영을 올리다’는 뜻으로 사용되었다.

160) ‘겨릅을 누르다’는 겨릅을 총총하게 엮어 흙을 찔 때 빠지지 않게 하기 위해
얹거나 두르는 것을 일컫는다.

161) ‘다숩다’의 방언형. 전북방언에서는 ‘따시다, 따숩따’로 실현된다.

162) ‘초가집+에’로 분석된다. 처격조사 ‘-에’가 ‘-이’로 실현된다.

163) ‘펌프’의 방언형. 일본식 영어 발음에서 기인한 것이다.

164) ‘두엇+이 → 둬시’로 축약이 일어났다.

165) ‘동석을 하다’는 불이 난 것을 알리기 위해 소리치는 것을 일컫는 말이다.

166) ‘널룹+거든’으로 분석된다. ‘널룹다’는 ‘너르다’의 방언형이고, ‘-거든’은 주로
‘-그든’으로 실현된다. ‘널룹+그든 → 널룹끄든 → 널룬끄든’의 변화과정은
경음화에 이어 ‘널룹-’의 음절말음 ‘ㅂ’이 ‘ㄷ’으로 실현됨을 보인다.

167) ‘위’는 이 지역어에서 주로 ‘우’로 실현된다. 따라서 ‘웃+골짝’으로 분석이 가
능하다.

168) ‘겨울’의 방언형 ‘시한’은 ‘시안’으로 실현된다.

169) ‘시암 퍼도’로 분석된다. ‘시암’은 ‘샘’의 방언형이고, ‘푸다’는 ‘프+어 → 퍼 →
푸’로의 변화과정을 상정할 수 있다.

170) ‘그릇’의 방언형.

171) ‘쇠죽’의 방언형. ‘쇠죽 → 세죽’으로 ‘외’가 ‘에’로 비원순모음화되었다.

172) ‘붓+어야 → 부서야로 이 방언권에서 ‘붓-’은 정칙 동사다.

173) ‘도랑물 들어다가’는 ‘도랑물을 길어다가’라는 의미로 사용되었다.

174) ‘걸레’의 방언형. ‘걸레 → 걸리’로 고모음화가 일어났다.

175) ‘솥+에다 → 손다 → 손따’로 축약에 이어 중화, 경음화가 일어났다.

176) ‘처음에’의 방언형으로 ‘츰머니, 츰머냐, 첨머니, 첨머냐’등으로 실현된다.

177) ‘번저버리다’의 방언형.

178) ‘진흙’의 방언형으로 ‘질흑, 지륵’으로 실현된다.

179) ‘밑+에다 → 미세다’로 어간말 ‘ㅌ’이 마찰음화된다.

180) ‘거기에다’가 줄어든 말이다.

181) ‘부자’의 방언형. ‘부재’로 실현된다.

182) ‘밑구멍’의 방언형. ‘구멍’은 ‘구녕’으로 실현된다. 따라서 ‘밑+구녕 → 믿구녕 → 믿꾸녁 → 미꾸넉 → 미꾸닉’으로 중화, 경음화, 단모음화, 고모음화가 일어났다.

183) ‘겨릅+이’로 분석된다. ‘겨릅’의 방언형은 ‘저릅, 저럽’이다. 이 예에서는 ‘저럽 +이 → 저레비 → 저리비’로 움라우트와 고모음화가 일어났다,

184) ‘하얀 것이’의 방언형.

185) ‘보이고 → 뵈고 → 베고 → 비고’로 움라우트와 단모음화, 고모음화가 일 어났다.

186) ‘거미줄’의 방언형. ‘거미’는 ‘거무’로 실현된다.

187) ‘청결이라고 → 청게리라고 → 쳉게리라고’로 ‘ㅕ → ㅔ’ 단모음화에 이어 움라우트가 일어났다. ‘청결’행사는 일본 사람들에 의해 도입된 것으로 강제 로 마을 주변 환경을 깨끗하게 하려고 청소하는 날을 정하고, 확인 받게했 었다.

188) ‘새’는 ‘사이’의 준말로 ‘봄 사이, 봄철’ 정도를 의미한다.

189) ‘지네’는 ‘전에’의 방언형.

190) ‘많+으니까’로 분석된다. ‘-으’는 ‘-이’로 실현되고, ‘-니까’는 ‘-응개, -응깨’로 실 현된다. 따라서 ‘많+이+ㅇ깨 → 마닝깨’로 유도된다.

191) ‘-마다’의 방언형 ‘-마도’.

192) ‘성질’의 방언형.

193) ‘무슨’의 방언형.

194) '잡것'의 방언형. '잡것 → 잡걷 → 작걷'으로 중화, 경음화에 이어 'ㅂ'이 'ㄱ'으로 동화되었다.

195) '지랄맞다'를 설정할 수 있게 한다. 여기서 '지랄맞다'는 '보기가 좋지 않다'는 뜻이다.

196) '별로'의 방언형.

197) '동이'의 방언형. 전북방언에서 주로 '동우, 동오'로 실현된다.

198) '둥그름하다'의 방언형으로 '똥그롬하다, 똥그스름하다' 등으로 실현된다.

199) '나지막하다'의 방언형으로 '나차막하다'로 실현된다.

200) '널따랗다'의 방언형. '넓다'의 방언형으로 '널릅다'가 사용된다. 따라서 '널릅따랗다'가 설정될 수 있다.

201) '자배기'의 방언형으로 '널배기, 널베기'로 실현된다. 전북 방언에서는 주로 '널벅지'로 실현된다.

202) '샘'의 방언형으로 '시얌, 샴'으로 실현된다.

203) '점판'은 '전+판'으로 분석될 수 있다. '전체, 모두'의 뜻이다.

204) '고단하다'의 방언형으로 '대근하다, 대간하다'로 실현된다.

205) '석유'의 방언형으로 '소규, 서규'로 실현된다.

206) '기름'의 방언형으로 '지름, 지럼'으로 실현된다.

207) '어디에서'로 분석된다. '어디'는 '워디'로 발음되기도 한다.

208) '-보다'의 방언형.

209) '드럼통'의 일본식 발음형이다.

210) '어디서'의 축약형. '어:서 옹가? (어디서 오는가?)' 처럼 사용된다.

211) '석유'의 방언형.

212) '조그맣하다'의 방언형으로, '쪼마너다, 쬐마너다'로 실현된다,

213) 기본형을 '뚧다'로 설정하게 한다.

214) '네모 → 니모'로 고모음화되었다.

215) '들고 다니다'에서 어미 '-고'는 '-구'로 교체되고, '다니다'는 '댕기다'로 실현된다.

216) '온통, 온전히, 전체' 등을 의미한다. '통 없다, 통 안해' 등처럼 부정적인 의미와 공기한다.

217) 물지게 양 끝에 달아맨 고리 모양의 것을 일컫는다.

218) '거시기+한+것+이+면'으로 분석된다. '거시기+한 → 거시간'으로 축약이 이루어지고, '것+이+면 → 기면'으로 축약이 이루어졌다. '거시간+기면 → 거시

강기먼'으로 비음화가 일어난쓰다.

219) '밥+해 → 바배'로 격음화를 겪는 대신 'ㅎ'이 탈락된다.

220) '벽 → 백'으로 단모음화가 일어났다.

221) '한 몫을 할'로 분석된다.

222) '이+만큼+이'로 분석된다. 이 방언에서 '-만큼'은 주로 '-만치'로 실현된다. 따라서 '요만치가'가 얻어져야한다. 그런데 '요맏치가'로 실현되고 있다.

223) '힘살'의 방언형.

224) '사이사이'가 줄어든 말이다.

225) '꽂다'는 이 방언에서 기본형을 '꼽다'로 설정케 한다. '꼽+으야 → 꼬브야 → 꼬부야로 '-아야'는 '-으야'로 실현된다.

226) '-까지'의 방언형.

227) '벽 → 백'으로 단모음화가 일어났다.

228) '뚫다'의 기본형은 '뚧다, 뜳다'처럼 '우~으'가 자유롭게 교체되고, 어간말음은 'ㅂ'으로 설정해야 한다. '뚤브다 → 뚤부다'로 유도되지만, '뜳+기도 → 뜹끼도'로 'ㄹ'이 탈락되고, 경음화가 일어나기도 한다.

229) '같은 것이나'에 대응한다. '같은 것이나 → 거튼 거나 → 거팅기나'로 유도될 수 있다. '같은'은 '거튼'으로 실현되고, '것이나'는 '거나' 또는 '기나'로 축약될 수 있는데 이 방언권에서는 '기나'로 축약된다. 따라서 '거틍기나'로 실현이 일반적인데, '거팅기나'로 '으~이'교체도 생산적이다.

230) '살짝살짝'은 '사짝사짝, 살짝사짝'등으로 'ㄹ'이 탈락되기도 한다.

231) '거든'은 '하거든'에서 '하-'가 생략된 것이다.

232) '여기'의 방언형. '요기, 요그, 이기, 이그로 실현된다.

233) '뾰족하다 → 쀠족하다'로 '요'가 '외'로 단모음화 된 것이다.

234) '-만치'는 '-만큼'의 방언형.

235) '이놈을'의 방언형. '요놈+을'로 대격조사 '-을'이 와야한다. 그런데 '요놈+을 → 요노므 → 요노무'로 'ㄹ'이 탈락되어 실현되기도 한다.

236) '뚫다'는 '뚧다, 뜳다, 뚫다'로 실현된다.

237) '위:아래'의 대응이 있드라도 '우'로 실현된다.

238) '많이'의 방언형. 주로 강조할 때 '파:니'로 실현된다.

239) '바람벽'의 방언형. 전북 방언에서는 주로 '베랑빡'으로 실현된다.

240) '두엇이냐'가 줄어든 말이다.

241) '가+에'의 방언형. 처격조사 '-에'는 '-이'로 고모음화되고, '가'는 '가상'으로도

실현된다.

242) '썰다'의 방언형.

243) '끄나풀'의 방언형. '끄나팔, 끈나팔, 끈나펄, 끈내키' 등으로 실현된다.

244) 혼자 삽으로 흙을 파기가 힘든 경우, 이를 돕기 위해 삽 목에다 두 사람이 잡아 당길 수 있게 맨 끈을 일컫는다. 일반적으로 지게꼬리를 가지고 묶었었다.

245) '이깨+으니까'로 분석된다. '이깨다'는 '잉깨다'로 실현되고, '-으니까'는 '-ㅇ 깨, -ㅇ 깨'로 실현된다. '잉깨+ㅇ 깨 → 잉깽개 → 잉깨'로 줄어든 말이다.

246) '잡+으 → 자브 → 자부'로 실현된다. '어~으'가 자유롭게 교체된다.

247) '뒤지다'의 방언형. '흙을 뒤엎다.'

248) '가마니'는 '가마이, 가마~이, 가마때'로 실현된다. '-때기'는 '귀때기, 코때기'처럼 명사에 붙어 비하하는 의미를 더한다.

249) '넣다'의 방언형. '어~으'의 활발한 교체를 보여준다.

250) '밟+고 → 밥꼬 → 박꼬'로 자음군단순화와 경음화를 수행한 뒤, 'ㅂ → ㄱ'으로 연구개음화가 일어났다.

251) '끈내키'는 '끄나풀'의 방언형인 '끄나팔'의 '끈'과 '사내키'의 '내키'가 혼태된 것이다.

252) '품 많이 지다.'는 '품이 많이 들어간다.'는 뜻으로 사용된다.

253) '풀+어 → 풀러'로 'ㄹ ㄹ'로 실현된다.

254) '흙+이기다 → 흑이기다 → 흐기기다'로 자음군단순화와 연철이 일어나야 한다. 그런데 '흥'으로 실현되는 것인 '이기다'의 기본형을 '니기다'로 설정케 한다. 즉 '흙+니기다 → 흑니기다 → 흥니기다'로 비음화가 일어난 것이다.

255) '이기+ㄹ+동안+에+만'으로 분석된다. '-에'는 '-이'로 실현된다.

256) '잡+어'로 음성모음조화가 일어난다. 전북 동부 방언의 고령층에서는 일반적으로 '잡+아'로 모음조화가 유지되는데, 이 지역어에서는 이미 음성모음화를 수행하고 있다.

257) '실+한+놈 → 시란놈'으로 실현이 일반적이지만, 'ㄹ ㄹ' 유지형으로도 실현되고 있음을 보인다.

258) '크다'의 방언형.

259) '깔+아서'의 방언형.

260) '배깥+이서 → 배까치서'로 구개음화가 일어나고 있다.

261) '토수'의 방언형.

262) '혼자'의 방언형.

263) '재벽+이라고 → 재베기라고'로 움라우트가 일어났다.

264) '매끈하다'의 방언형. '매꼼하다'로 실현된다.

265) '초벌때같이'로 해석된다. '초벌'은 이 방언에서 '초불'로 원순모음으로 실현된다.

266) '그 다음에'가 줄어든 말이다.

267) '-부터'의 방언형.

268) '돌+을'로 분석된다. '돌'은 이 방언에서 '독'으로 실현되고, 대격조사 '-을'은 '-얼'로 교체된다.

269) '강변'의 방언형. '갱변, 깽변'으로 실현된다.

270) '흙+한+켜'로 분석된다. '흙'은 '흑'으로 실현되고, '한'의 'ㅎ'은 탈락된다. '채'는 '켜'의 방언형이다. '흙+한+채 → 흐간채'.

271) '야걸 지배다.'는 '이야기를 지배다.'로 분석된다. '야걸'은 '이야기+럴 → 야기럴+야걸'로 축약이 일어난 것이고, '지배다'는 '내뱉다'의 뜻이다.

272) '재다'는 벽에 흙을 바른 것을 의미한다.

273) '-부터'의 방언형.

274) 구들을 놓을 때, 구들장을 높게 바치는 돌을 일컫는다.

275) '들어오다'의 방언형. '드러오다, 드로오다, 두로오다' 등으로 실현된다.

276) '우에'가 줄어든 말이다.

277) '놓잖아요 → 노자나요'에서 'ㅎ+ㅈ → ㅊ'로 격음화 되는 것이 전북방언의 일반적 특징이다. 그런데 이 지역어에서는 'ㅈ'으로 실현되는 경우도 많이 있다.

278) '독+놓+기 → 동노키'로 비음화와 격음화가 일어난다.

279) '강변 → 갱변'은 한자어로 움라우트가 실현되기 어려운 환경이다. 그럼에도 움라우트가 실현되고 있음은 움라우트의 생산성을 반영하고 있다.

280) '모으다'의 방언형. '모도키다'로 기본형을 설정케 한다.

281) '이런 데'의 방언형. '어~으'의 교체의 생산성을 보이고 있다.

282) '아무'의 방언형. '암'으로 줄어들었다.

283) '바위'의 방언형.

284) '걷+어 → 거드'에서 부사형 어미 '-어'가 '-으'로 교체되었다.

285) '기다랗다'의 방언형. '지다너다, 지내너다'로 실현된다.

286) '정'의 방언형.

287) '구들'의 방언형. '구들, 구둘'로 실현된다.

288) '수월하다 → 쉬러다'로 '수월'이 '쉴'로 줄어들었고, '-하다'는 전북방언에서 주로 '-허다'로 실현되지만 이 지역어에서는 '-어다'로 실현된다.

289) '등'의 방언형. 전북 방언에서는 주로 '등거리'로 실현된다.

290) '지어오다'는 '져오다'로 활음형성이 일반적인데, 이 지역어에서는 '어'가 탈락된 것처럼 보인다. 그러나 '지어오다 → 져오다 → 제오다 → 지오다'로 활음형성과 축약, 고모음화가 일어난 것으로 처리하는 것이 더 바람직하다.

291) '오히려'의 방언형.

292) '동기간'의 방언형. '동구간, 동고간'으로 실현된다.

293) '구새'는 주로 '구새통'의 방언형으로 처리된다. 이 지역어에서 '구새'는 구새 먹은 나무로 만든 '통으로 된 굴뚝'이라는 의미가 아니라, '방고래, 구들고래'의 의미로 사용되고 있다. 그리고 이 예에서는 '구들장'을 의미한다.

294) '-면'의 방언형. '-먼, -문'으로 실현된다.

295) '안 비다 → 암비다'로 순음화가 일어났다.

296) '안 가다 → 앙가다'로 연구개음화가 일어났다. 순음화와 연구개음화는 변자음화로 처리되기도 한다.

297) '뜨습다'의 방언형. '따습따'로도 실현된다. '따습다'는 '따뜻하다'와 '뜨습다'가 혼태된 것으로 생각된다.

298) '놓는다고 그래'로 분석된다. '놓는다 → 논다'로 축약되고, '-고 그래'에서 '-고'는 '-구'와 교체되고, '그래'는 충청도 방언의 영향으로 '그랴'로 실현된다. '구랴'는 '-구 그랴'가 축약된 것이다.

299) '놓+으려면'으로 분석된다. 중앙어에서는 '노으려면, 노려면'으로 실현되지만, 이 지역어에서는 어미를 '-ㄹ려면'으로 설정하게 한다.

300) '-만큼'의 방언형.

301) '있을 수도 → 잍쓸쑤도 → 잍쓰쑤도'처럼 경음화에 이어 'ㄹ'이 탈락되고 있다.

302) '낮다'의 방언형. '나찹다'는 높이가 낮은 경우에 사용되고, '야찹다'는 물이 얕은 경우에 사용된다.

303) '어른, 으른, 어런, 으런'으로 실현되어, '어~으' 교체의 생산성으로 보이고 있다.

304) '면하다 → 며나다 → 메나다 → 미나다'로 축약과 고모음화가 일어났다.

305) '-듯이'의 방언형.

306) '그랬다면 → 그랟따면 → 그랟땀'으로 중화, 경음화, 축약이 일어났다.

307) '문지르다'의 방언형.

308) ‘장작’의 방언형.

309) 벽에 바른 흙이 잘 붙어 일어나지 않는다는 의미로 사용되었다.

310) 찰흙에 물을 넣어 저어서 모래는 가라앉혀 만든 진흙물을 일컫는다.

311) ‘놈+이 → 뇌미’로 움라우트가 일어났다.

312) ‘벽 바르+듯이’로 분석된다. ‘바르-’의 방언형은 ‘발르-’이고, ‘-듯이’의 방언형
은 ‘-드끼, -디끼’이다. ‘벽 발르드끼 → 벽빨르드끼’로 실현되는 것은 단어 경
계에서도 경음화가 실현됨을 보이고 있다.

313) ‘그릇+을’로 분석된다. ‘그릇’의 방언형은 ‘그륵, 그럭, 거럭’이고, ‘-을’의 방언
형은 ‘-얼’이다. 따라서 ‘거럭+얼 → 거러걸’이 얻어진다.

314) ‘큼직하다’의 방언형으로 ‘크막하다’를 설정할 수 있다. 이 ‘크막하다’는 ‘어~
으’교체에 의해 ‘커막하다’로도 실현된다.

315) ‘옴팡하다’의 방언형.

316) ‘질리다’는 ‘오줌을 옷에 질렀다.’처럼 액체를 조금씩 흘리는 것을 일컫는다.

317) ‘기다란 놈이’로 분석된다. ‘기다랗다’의 방언형은 ‘지대너다’, ‘놈’은 ‘넘’으로
실현되기에, ‘지대넌+넘이’에서 ‘지대너미’로 줄어든 말이다.

318) ‘새 올리다’는 알매를 찌든 벽을 바르든 초벌 바른 위에 곱게 진흙물과 모래
를 섞어 바른 것을 일컫는다.

319) ‘턱이지’의 방언형. ‘텍이지, 택이지’로 실현된다.

320) ‘바깥+에’의 방언형.

321) ‘알매 찌다’의 ‘찌다’가 ‘치다’로 실현된 것이다.

322) ‘지붕’의 방언형.

323) ‘종이’의 방언형. ‘ㅇ’이 약화되어 실현된다.

324) ‘-관데’의 방언형. ‘이깐디 먹깐디.’ (있관데 먹관데.)

325) ‘미나리꽝’의 방언형.

326) ‘반드시, 전부’ 정도의 뜻으로 사용되었다.

327) ‘이 물+을’로 분석된다. ‘-얼’은 ‘-을’의 방언형이고, ‘이 물 → 임물’이 실현되
는 것은 사이시옷이 개재되어, 중화와 비음화가 실현된 결과이다.

328) ‘논+마냥 → 놈마냥’으로 비음화가 일어났다. ‘-마냥’은 ‘-처럼’의 방언형이다.

329) ‘뿌리’의 방언형.

330) ‘지기다’는 ‘쌓다’의 뜻으로 사용된다. 즉 미나리 뿌리를 한쪽에 ‘쌓아 박아놓
다’ 정도의 의미를 갖고 있어, ‘쌓다’의 의미를 갖는 제주도 방언 ‘제기다’와
동궤의 단어로 생각된다.

331) '쓸어가지고'에 해당한다.

332) '심다'의 방언형으로 '심구다'를 설정하게 한다.

333) '네모진 것 처럼'으로 분석된다. '니무지다'는 '네모지다'의 방언형이고, '-것'은 '-기'로 실현된다. '-마냥은 '-처럼'의 방언형이다.

334) '쪼개다'의 방언형. '쩨개다, 째개다, 찌개다, 찌개다'로 실현된다.

335) 어두의 'ㅈ'이 'ㅊ'으로 강화되는 현상이 있다. '전부 → 첨부, 자꾸 → 차꾸' 등.

336) '삼으면서 → 사뭄서 → 삼서'로 줄어든 말이다.

337) '만들다'의 방언형.

338) '돌겻'의 방언형으로 '돌꽂'으로 실현된다. '돌꽂+이라고+그런데'로 분석된다. '-이라구'의 '오~우' 교체에 의한 것이고, '구란데'는 '으~우'의 교체에 의한 것이다.

339) '꼬이다'가 '꾀다'로 축약되었다.

340) '이렇게 해가지고'에서 '이렇게'는 '이러케, 이러캐, 이르케, 이르캐, 이캐'처럼 다양하게 실현되고, '-가지고'는 '-가꼬'로 실현된다. '-해'는 탈락되었다.

341) '꾀이다'의 실현은 움라우트가 일어났음을 보인다.

342) '가마니'는 '가마~이, 가마'로 실현된다.

343) '구멍'의 방언형으로 주로 '구녁'으로 실현되는데, '구넉'으로 실현되기도 한다.

344) '밑+에'의 처격 '-에'는 주로 '-이'로 실현되기에 '미티'가 일반적이다. 그런데 '미티'가 '미트'로 실현되고 있다.

345) '꿰다'의 방언형.

346) '쪼개'의 방언형. '째개다, 찌개다'로 실현된다.

347) '놉~넘'에서 '오~어'가 교체됨을 보있다.

348) '없다'는 '읍따, 움따'로 실현된다.

349) '자리금+이 → 자리끼미'로 움라우트가 실현되고 있다.

350) '후리+면 → 후리면 → 후리믄 → 후리문'으로 '어~으' 교체에 이은 원순모음화가 일어났다. '후리다'는 일반적으로 '후려치다'로 실현된다.

351) '쪽'의 방언형.

352) '끼우다'의 방언형.

353) '못 놓는 → 몯 놓는 → 몯 논 → 몬는 → 몽논'으로 중화, 축약, 비음화가 일어났다. 그런데 '몽논'으로 연구개 비음으로 실현된 것은 잘못된 발화이다.

354) '고이다'의 방언형으로 '공구다'로 실현된다.

355) ‘뚫리+면 → 뚤리면’으로 실현되어야 한다. 그런데 ‘우~으’ 교체가 일어나고, ‘-리-’가 탈락되어 실현되었다.

356) ‘뜨시다’는 ‘알맞게 따뜻하다’는 의미를 갖고 있는 ‘뜨습다’의 방언형으로 처리하는 것이 바람직하다.

357) ‘솔+을 → 소설’에서 ‘솔’은 마찰음 ‘ㅅ’으로 실현되고, 대격조사 ‘-을’은 ‘-얼’로 실현된다.

358) ‘걸어놓고 → 거러노코’로 실현되어야 한다. 그런데 ‘꺼노코’로 실현되는 것은 잘못된 발화이다.

359) ‘단풍 → 담풍’으로 순자음화가 일어났다.

360) ‘널어지다’는 솔잎에 ‘떨어지다’는 뜻으로 사용되고 있다.

361) ‘기다란 → 지다란’으로 실현되어야 한다. 그런데 발화 실수로 ‘제:난’으로 실현된 것이다.

362) ‘자루’의 방언형.

363) ‘아궁이’의 뜻으로도 사용되고 있다.

364) ‘나무 물뿌리’는 표준국어대사전에서 ‘물속으로 뻗어 있어 양분을 빨아들이는 뿌리’라는 뜻으로 풀이되어 있다. 그러나 이 방언에서는 나무뿌리와 비슷한 뜻으로 사용되고 있다.

365) 이 용례로 사용되는 ‘속괭이’는 ‘삭정이’의 의미로 사용되고 있다. 그러나 일반적으로 전북방언에서 ‘관솔’은 ‘속괭이, 속깽이’로 실현되고, ‘삭정이’는 ‘삭까지’로 실현된다.

366) ‘아주’의 방언형.

367) ‘바짝 마르다’에서 비음화가 일어났다. 그런데 ‘바짝 때다’가 ‘바짱 때다’로 되는 것은 앞에 오는 ‘바짱’에 견인된 것이다.

368) 의미상으로는 ‘마르다’가 아니라 ‘말리다’여야 한다.

369) ‘바짝 때다’가 ‘바짱 때다’로 되는 것은 어떤 음운론적 이유가 없다. 다만 문장의 바로 앞에 오는 ‘바짱’에 견인된 것으로 여겨진다.

370) ‘들어오다’의 방언형. 이 방언에서는 ‘두루오다, 두로오다’로 주로 사용되는데 여기서는 ‘두러오다’로 실현되었다.

371) ‘구멍’의 방언형.

372) ‘후비다 → 휘비다 → 히비다’로 움라우트가 일어난다.

373) ‘서발’의 방언형.

374) ‘발’ 단위로 길이를 재는 것을 일컫는다.

375) ‘그래가지고’에서 ‘가지고’는 ‘가꼬’로 실현되고, 일상 발화에서 ‘그래 → 개’로 축약이 이루어진다.

376) ‘보릿짚’은 보리의 낟알을 떨어낸 뒤에 남은 짚이고, ‘보릿대’는 보릿짚의 대를 일컫는다. 여기서 사용되고 있는 ‘보릿대짚’은 ‘보릿짚’과 같은 뜻으로 사용되고 있다.

377) ‘따라가도록’으로 분석된다. 그러나 의미상으로는 ‘재가 따라나오도록’으로 보아야 한다.

378) ‘보통+이면 → 보퉁이먼’으로 움라우트가 일어났다.

379) ‘몰리잖아’에서 ‘몰리-’가 ‘물-’로 잘못 발화된 예이다.

380) ‘그것이’로 분석된다. 일반적으로 ‘고고시, 고고이’로 실현되는데, 여기서는 ‘고고’로 ‘이’가 탈락되었다.

381) ‘가깝다’의 방언형으로 ‘가찹다’를 설정케 한다.

382) ‘안+에서’에서 조사 ‘-에서’의 ‘-에’는 주로 ‘-이’로 실현된다.

383) ‘금방’의 방언형.

384) ‘검댕’의 방언형.

385) ‘구들짱’의 잘못된 발화.

386) ‘들추다’의 방언형.

387) ‘그렇게 해 가지고서나’의 줄어든 말이다.

388) ‘집+의’로 분석된다. ‘-의’는 ‘-으’로 실현되기 때문에 ‘지브’로 발화되어야 하지만, 이 지역어에서 ‘으~어’가 교체되기에 ‘지버’로 실현되고 있다.

389) ‘달구다’의 방언형. ‘-쿠-’는 ‘식쿠다, 달쿠다, 썩쿠다, 익쿠다’ 처럼 ‘-히-’에 대응하는 접사로 설정된다.

390) ‘따습+들’로 분석된다. ‘뜨시다’는 ‘따습다’의 방언형이다.

391) ‘그것도 → 그건도 → 그건또 → 근또’로 줄어든 말이다.

392) ‘굉장히’의 방언형. ‘굉장히 → 겡장이 → 경장이’로 변화과정을 상정할 수 있다.

393) ‘먹이다 → 멕이다’로 움라우트가 일어났다.

394) ‘몰고 → 몰꼬’처럼 ‘ㄹ’ 뒤에서 경음화가 실현되기도 한다.

395) ‘고삐’의 방언형.

396) ‘들+에’로 분석된다. 처격조사 ‘-에’가 ‘-이’로 실현되고 있다.

397) ‘잡아매다’의 방언형. ‘찜미다’는 ‘잡+미다 〉 잡매다 → 잠매다 → 짬매다 → 쨈매다 → 찜미다’의 변화과정에서 볼 수 있는 바와 같이 동사어간 ‘잡+매-’

가 직접 연결된 어휘이다.

398) '많+지를'로 분석된다. '-지를'에 해당하는 방언형으로 '-덜'이 주로 사용된다.
    '보덜 모델따. 입떨 아넫따. 이부덜 안타.'처럼 용언에 붙는 어미이다. '많+덜
    → 만덜'.

399) '먼저'의 방언형. 전북 방언에서 '머냐, 모냐' 등으로 실현된다.

400) '-끼'는 '-것이야'에 해당한다. '-것이'는 '-께, -끼' 등으로 실현된다.

401) '바깥+에'로 분석된다. '바깥'은 '배깥'으로 실현되고, 처격조사 '-에'는 주로 '-
    이'로 실현된다. 그래서 '배깥+이 → 배까치'로 구개음화가 일어났다.

402) '흙+으로 → 흐그로 → 흐기로'로 'ㄹ'이 탈락되는 자음군단순화와 '-으로~-
    이로'의 교체가 일어났다.

403) '한 번 → 함번'으로 순음화가 일어났다.

404) '올리+면서+나'로 분석된다. '-면'은 축약에 의해 '-ㅁ'으로 실현된다.

405) '똑같+에요 → 똑가테요 → 또까티요'로 실현된다. 즉 경음화와 '-에'의 '-이'
    로의 고모음화가 실현된 것이다.

406) '오름'은 방언형으로 높은 부분을 지칭하는 단어로 생각할 수 있다.

407) '맞지다'는 돌을 다듬어 아귀를 맞추는 것을 일컫는다.

408) '드롼디'는 '들어온 데'가 줄어든 말이다.

409) '삽짝+문 → 삽짱문'으로 연구개음화가 일어났다.

410) '청미래덩굴'은 '망개쟁이, 맹개쟁이'로 실현된다.

411) '넝쿨'의 방언형.

412) '돋혀있어 → 도쳐있어 → 도체있어 → 도첼써 → 도칠써 → 도치써'로 변
    화과정을 상정할 수 있다. 음절축약과 고모음화가 생산적이다.

413) '시루의 밑구녀글 막다'에서 처럼 '밑구녁'은 '아래 구멍'의 뜻으로 사용되기
    도 하지만, 나무나 물건의 아랫부분을 지칭하기도 한다. 여기서는 '나무나
    옥수수의 밑둥'의 뜻으로 사용된 것이다.

414) '바로'의 방언형.

415) '거시기하니까'로 분석된다. '거시기'는 '거이기~거이'로도 실현되고, '하니까'
    는 'ㅇ 깨'로 실현된다. 따라서 '거이+ㅇ 깨나 → 거잉깨나 → 거이~깨나'로 유
    도과정을 설정할 수 있다.

416) '잡아매다'의 방언형. '쫌매다, 쭘매다, 쫌매다' 등으로도 실현된다.

417) '그렇지 않는데'로 분석된다. 보통 '그라넌데, 그라넌디'로 실현되는데, '으~
    이'의 교체에 의해 '기라넌데'로 실현되었다.

418) '빨갛다'보다 색감이 조금 진한 것을 의미한다.

419) '토방'의 방언형. 전북방언에서 '뜨렁'이 '뜰'을 의미하는 지역도 있지만, 이 지역에서 '뜨렁'은 토방을 의미한다. '뜨렁'은 이 지역어에서 '뜰팡'으로도 실현된다. 대부분 전북방언에서 '토방'은 '뜰방, 뚤방, 뜨렁, 뜰팡'등으로 실현된다.

420) '마루'의 방언형. 주로 '말리'로 사용된다.

421) '없+는'의 방언형. 경기방언에서 '읍-'으로 실현되고, 이 방언권의 북부지역, 충남과 인접한 지역에서는 '웁-'으로도 실현된다

422) '놓는다 그래'로 분석된다. 이 지역어에서 마루는 '놓는다'고 한다.

423) 마루는 놓는다고 하는데, '마루 지르다.'라고도 한다.

424) '-면서'의 방언형. '-면서리'로 실현된다.

425) '오방+에'로 분석된다. 먼저 처격조사 '-에'가 '-이'로 교체된 뒤에 움라우트가 일어났다. 오방은 확인 조사에서 무엇을 지칭하는지 몰랐다. 발화 실수로 생각된다.

426) '마루'의 방언형. '마리, 마르'로 실현된다.

427) '기둥'의 방언형.

428) '귀틀'은 주로 '구틀'로 실현되는데, '구툴'로 선행 모음에 동화되어 실현되는 경우도 있다.

429) '-도록'의 방언형으로 '-기로'가 실현된다.

430) '넣으면 → 너으면 → 너면 → 느먼'으로 ㅎ탈락과 축약, 그리고 '어~으' 교체가 일어났다. '-면'은 '-먼'으로 실현된다.

431) '윗대 → 위때 → 이때'로 이중모음 '위'가 '이'로 실현된다.

432) '같으면 → 가틈'으로 축약이 이루어지고, '아~어' 교체가 일어났다.

433) '정말'에 해당한다. 따라서 '정 웂는 사람들'은 '정말 가난한 사람들'에 해당한다.

434) '없다'의 방언형. '웂따'로 실현된다.

435) '곁에 → 져테 → 저티'로 구개음화와 '에 → 이' 고모음화가 일어났다.

436) '매끄럽다'의 방언형으로 '맨드롬하다'를 설정하게 한다.

437) '집의'의 잘못된 발화.

438) '귀퉁이'의 방언형은 '귀팅이, 구텡이'로 실현된다. '귀팅이'는 '귀퉁이 → 귀팅이 → 귀팅이'이로 움라우트에 이은 '위 → 이' 평순모음화를 통해 얻어진다.

439) 반면에 '구텡이'는 '구텅이'와 같은 방언형을 기본형으로 설정해야 한다. 이 방언에서 '귀~구'와 '우~어'의 교체는 생산적인 현상이다.

440) '-도록'의 방언형.

441) '개탕을 치다, 개탕홈을 내다, 개탕을 파다'처럼 사용될 수 있다. 미닫이의 홈이기 때문에 파는 것이 정확한 표현이지만, 홈이기에 '탄다'로도 사용된다.

442) '쌍닫이문'의 방언형.

443) '넓다'의 방언형.

444) '그렇게 해야'로 분석된다.

445) '철사'의 잘못된 발화. 여기서 철사는 못을 일컫는 말로 사용된 것이다.

446) '동그랗다'의 의미로 '도랑하다'가 사용되고 있다.

447) '밭+이 → 바시'에서 체언말 'ㅌ'이 'ㅅ'으로 마찰음화되고 있다.

448) '평평해'의 방언형.

449) '비탈지다'의 방언형. '삐딱'은 '비탈'의 뜻으로 사용된다.

450) '일구니까'의 방언형. '-니까'는 이 방언에서 '-잉깨'로 실현된다. 따라서 '일구+ㅇ깨 → 일궁깨 → 잉깨'로 줄어든 말이다.

451) '큼지막한 것이'로 분석된다. '큼지막하다'는 '크막하다'로, '것이'는 '게'로 줄어든다. 따라서 '크막한 게 → 크막항게 → 크망게'로 비음화가 일어나고, 음절이 줄어들었다.

452) '가을+에'로 분석된다. 중앙어에는 '가실하다'에만 남아있지만, 이 지역어에서는 '가실'이 남아있다.

453) '이만끔하니까'로 분석된다. '이만끔한+ㅇ깨 → 이만끔항깨 → 이만ㄲ망깨 → 이마ㄲ망깨'로 '하-'가 줄어든 말이다.

454) '찌+드만'으로 분석된다. '-드만'은 이 방언에서 '-듬만'으로 실현된다.

455) '껍질'의 방언형.

456) '겨울에'는 '겨으레, 게으레'로 실현된다.

457) '껍질'의 방언형.

458) '빨갛다'의 방언형. 그런데 '삘겋다'는 '빨갛다'보다 농도가 더 짙다.

459) '종이'에서 'ㅇ'이 거의 조음되지 않고 있다.

460) '그놈이 → 그뇌미'로 움라우트가 일어났다.

461) '삘겋다'는 '삘겇다'보다 농도가 약하다.

462) '씻다'의 방언형. 기본형을 '싯그다'로 설정하게 한다.

463) 기본형을 '낳다'로 설정하게 한다. 이 '낳다'는 '물이 나다, 색이 나다'와 같이 사용된다.

464) '뚜드리다'의 방언형. 기본형을 '뚜다다'로 설정하게 한다.

465) '굉장히'의 방언형. '외 → 에'로 비원순화가 일어나고, 'ㅇ'은 약화되어 발화
된다.

466) '문짝+만하+ㄴ+것이'로 분석된다. 이 방언에서 '-하'는 주로 '-허/어'로 실현
되기 때문에 '-만하'는 '-마녀'로 실현된다. '것이'는 '게'로 축약된다. 따라서
'문짝+마녀+ㄴ+게 → 문짱마녕게'는 비음화가 일어난 것이다.

467) '집어넣고'에 해당한다. 기본형으로 '옇다'를 설정하게 한다. 다만 '집어옇+고
→ 지옇+고 → 지여코'로 격음화가 일어나야 하는데, 여기서는 일반적으로
'지여꼬'로 경음화가 일어난다. 이 경음화를 중시한다면 기저형을 '옇다'로 설
정할 수 있다. 그러나 'ㅎ'을 음운으로 인정하기가 쉽지 않아, '옇다'를 기본
형으로 설정한다.

468) '융 설렁하다'는 한지를 뜨기 위해 닥나무 펄프가 물에 섞여있는 물에 채반
을 좌우로 흔드는 모양을 일컫는다.

469) '방+에 → 방이 → 바~이'로 처격조사 '-에'가 '-이'로 고모음화된 것이고, 'ㅇ'
은 약화되어 실현된다.

470) '그냥'의 방언형.

471) '이다'의 방언형.

472) '기와집'의 방언형. 기본형은 '재집'이다. '재'는 '기와'를 지칭한다.

473) '벗기고 → 베끼고'로 움라우트가 일어났다.

474) '자세히 → 자세이 → 자시이'로 '에 → 이' 고모음화가 일어났다.

475) '잠실(蠶室)'은 '누에를 치는 방'을 일컫는데, 누에를 치기 위해 별도로 지은
집을 일컫기도 한다.

476) '누에'의 방언형.

477) '누에 알을 내이다.'

478) '돌아가시다'의 뜻으로 사용되었다.

479) '껍질'의 방언형. '껍떼기, 껍띠기, 껍딱, 껍찔, 꺼풀' 등으로 실현된다.

480) '만년'의 'ㄴㄴ'은 'ㄴㄹ, ㄹㄹ' 등으로 실현된다.

481) '집'의 잘못된 발화.

482) '이파리'의 방언형.

483) '가상+에가'에서 '가상'은 '가, 가장자리'의 방언형이고, '-에가'는 '-이가'로 실
현된다.

484) '큼지막하다'의 방언형. 기본형으로 '크단하다'를 설정케 한다.

485) '키'의 잘못된 발화.

486) '가을+에'로 분석된다. 그런데 '가을'은 '가실'이고, 처격조사 '-에'는 '-이'로 실
　　현된다. '가실+이 → 가시이 → 가시'로 'ㄹ'과 '이'가 조금 빠른 발화에서 줄
　　어든 말이다.
487) '-듯이'의 방언형.
488) 제보자가 제주도에서 입영 훈련을 받으면서 보고 들은 제주도 새집의 명칭
　　이다.
489) '다르다'의 뜻으로 사용되었다.
490) '두렁'의 방언형. 이 지역어에서는 주로 '두락'으로 실현되지만, 전북 방언에
　　서는 '두룩, 두럭' 등으로 실현된다.
491) '동아줄'의 방언형.
492) '겹'의 방언형.
493) '그네'의 방언형.
494) '초가집 짓듯이'로 분석된다. '-디끼'는 '-듯이'의 방언형이다. 따라서 '초가집
　　짓디끼'에서 빠른 발화에서 '짓'이 탈락된 잘못된 발화형이다.
495) '하여튼'의 방언형.
496) '처럼, 같이'의 방언형. '-마니로'는 경남에서는 '-맹키로'로 실현되고 있다.
497) '바르다'는 이 방언에서 '발르다'로 실현된다.
498) '하지 않아'로 분석된다. 축약이 이루어지면 '하자네'로 실현되는 것이 일반
　　적이다. 여기서는 '하자네'의 잘못된 발화이다.
499) '가볍다'의 방언형. '개봅다, 개법다'로 실현된다.
500) '기둥'의 방언형. '지둥, 지동'으로 실현된다.
501) '연목' 또는 '서까래' 용으로 쓰는 가늘고 긴 나무를 일컫는다. '연목+때기'가
　　축약된 것이다.
502) 본채에 이어 임시로 달아낸 방을 일컫는다.
503) '강변'의 방언형. 한자어인 '강변'이 '갱변'으로 움라우트가 일어난다.
504) '소나무'의 방언형. 이 방언에서는 'ㄹ'이 탈락하지 않는 것이 훨씬 생산적이
　　고 자연스럽다.
505) '용마름'의 방언형.
506) '접때'와 '그저께'에 해당한다. 전북, 전남에서는 '엊그저께'의 방언형으로 취
　　급된다. 여기서는 '접때'의 의미로 사용되고 있다.
507) '담'의 방언형. 일반적으로 전북 방언에서 '다무락'으로 실현되는데, 여기서
　　는 '당허락'으로 실현되고 있다.

508) ‘울타리’의 방언형. ‘당깐빵’의 경우에서도 볼 수 있는 바와같이, 이 지역어에서 격음이 경음으로 실현되는 경향이 있음을 알 수 있다.

509) ‘말뚝 따위를 죽 잇따라 박아 만든 울타리의 말목과 말목 사이에 가늘고 긴 막대기를 양 옆에 대서 그 사이에 들어있는 솔가지를 잡아매는 것’을 일컫는다.

510) ‘솔가지’의 방언형. 보통 ‘속꽹이’로 실현된다. 앞에 ‘속꼬행이’는 ‘속꽹이’의 잘못된 발화이다.

511) ‘집 가를 삥 둘렀거든’에 해당한다. 빠른 발화로 잘못된 발화된 것이다.

512) ‘옆+에’로 분석된다. 처격조사 ‘-에’는 이 지역어에서 ‘-이’로 실현된다.

513) ‘떠매다’는 칡으로 얽어매는 것을 의미한다.

514) ‘외통수’는 ‘달리는 어떻게 해결할 수 없게 만드는 수나 방법’을 의미한다. 그런데 여기서는 ‘외대로 곧게 자란 것’을 일컫고 있다.

515) ‘찌다’는 나무에 사용할 경우 ‘나무를 베다.’의 의미로 사용된다.

516) ‘쌧다’는 ‘쌓이어 있을 만큼 퍽 흔하다.’는 의미로 사용된다.

517) 어미 ‘-머는’은 ‘-면은’에 해당하지만, ‘-면’과 별 차이가 없다.

518) ‘장독대’의 방언형.

519) 이중모음 ‘왜’가 분명하게 실현된다.

520) ‘대네’에서는 ‘애’로 단모음화 실현된다.

521) ‘웃+모퉁이 → 욷모퉁이 → 움모퉁이 → 움모팅이 → 움모팅이 → 움몯팅이’로 유도과정을 상정할 수 있다. 중화에 이은 비음화, 그리고 움라우트에 이은 ‘위 → 이’로 비원순모음화가 일어났다. 일반적으로는 ‘움모팅이’로 실현되는데, ‘움몯팅이’처럼 ‘ㅅ’이 개재되는 경우도 있다.

522) ‘먹이다 → 메기다 → 미기다’로 움라우트에 이은 고모음화가 일어났다.

523) ‘외양이 축약되어 ‘왱’으로 이중모음으로 실현되기도 한다.

524) ‘뒤꼍’의 방언형은 ‘뒤안’으로 실현된다. 이 방언권에서 ‘뒤꼍’은 실현되지 않고, 항상 ‘뒤안’으로 실현되기에 ‘뒤꼍 의 잘못’으로 풀이하기보다는 방언형으로 처리한다.

525) ‘크~커’의 교체를 보인다.

526) 위아래 구분이 있는 경우 ‘위’를 사용하고 그렇지 않은 경우는 ‘우’를 사용하는 것이 중앙어이다. 그러나 이 방언에서는 모두 ‘우’로 사용된다.

527) ‘원칸살 밖에다 딴 기둥을 세워 만든 칸살’을 의미하는 것이 ‘툇간’이다. 여기서 ‘툇방’은 ‘툇간’을 방으로 만든 것을 일컫는다. 그런데 발음은 ‘외 → 에’로 비원순화되어 실현된다.

528) 문장의 끝에 사용되는 '-이, -인, -잉' 등은 전북방언에서 많이 실현되는 것으로 발화된 내용을 확인하는 의미를 갖는다.

529) '부엌'의 방언형. 이 방언에서 '정지'와 '부억, 부석, 부석짝' 등이 사용되는데, 전자는 중앙어의 '부엌'을, 후자는 '아궁이'를 일컫는다.

530) '돼지우리'의 방언형. 돼지우리나 외양간과 같이 동물을 치기 위한 공간에 대한 각각의 명칭을 사용하기보다 '돼지막, 소막'처럼 '막(幕)'을 붙여 사용하는 것이 일반적이다.

531) '외양간'의 방언형. '돼지막'과는 달리 '외양깐'을 사용하기도 한다. 그러나 '소막'이 더 일반적이다.

532) '곳간'의 방언형.

533) '곡식'의 방언형. '곡썩, 곡썩'으로 실현된다.

534) '넣다~늫다'와 같이 '어~으'교체가 활발하게 실현된다.

535) '그렇지'의 축약형. '그제'로 실현되어야 하는데, '에~애'가 교체된다.

536) '중하다'가 '중해다'로 실현된다.

537) '도둑'의 방언형으로 실현된 '도독'에 움라우트가 일어났다.

538) '그런 것이'로 분석된다. '그런것이 → 그렁게 → 그렁기 → 그렝기'로 축약, 비음화, 고모음화, 움라우트로 움라우트가 도출과정의 중간단계에서도 생산적으로 기능하고 있음을 알 수 있다.

539) '혹간'은 경음화에 의해 '혹깐'으로 실현되는 것이 일반적인데, 이 지역어에서는 '호:간'으로 장음화되면 평음으로 실현되기도 한다.

540) '열쇠'의 방언형. 자물쇠와 열쇠의 방언형은 '자물통'과 '열대'이다. '열대'는 '여는 막대'를 뜻하는 것으로 '쇨때'로도 실현된다.

541) '부형'을 안주인의 뜻으로 사용하고 있다.

542) 뜻이 분명하지 않다.

543) '-라고 그래'는 '-라구레~라고레'로 축약된다.

544) '만들다'의 기본형은 '맨들다'이다.

545) '회삼물(灰三物)'은 '석회, 황토, 가는 모래의 세 가지를 한데 섞어 반죽한 것'으로 '삼물'로도 실현된다. '사머리 부루꾸'는 '회삼물로 만든 블록'을 지칭한다.

546) '블록(bloc)'의 방언형.

547) '영락없이'의 잘못된 발화.

548) '바싹'의 강화된 표현.

549) '사무리~사머리'의 교체가 일어난다.

550) '-라고 하지'의 축약형.

551) '조그만'의 방언형. 센말은 '쪼끄만'이다. 기본형은 '조그마하다'로 준말은 '조
그맣다'이다. 이 방언에서는 기본형을 '쪼까넣다'로 설정하게 한다. 따라서
'쪼까넌+것'으로 분석된다.

552) '허술한 대로 위를 가리게 되어 있는 것'이라는 뜻으로, '우덜거지하다'는 허
술한 대로 지붕을 가리는 것을 일컫는다.

553) '파내야'가 줄어든 말이다.

554) '뚫다'의 방언형. 기본형으로 '뜳다'를 설정하게 한다. 이 '뚫다~뜳다'로 교체
된다.

555) '볼트(bolt)'의 방언형. '보도'는 두 물체를 죄거나 붙이는 데 쓰는, 육각이나
사각의 머리를 가진 수나사이다. 그런데 이 수나사 형태로 구멍을 뚫는 기계
의 명칭으로도 쓰인다. 암나사는 너트(nut)는 '낟또'로 실현된다.

556) '말+이+ㄴ 가보+만'으로 분석된다. '-가보-'는 '-갑-'으로 혼태(blending)된 것
이다.

557) 굵은 정도를 나타내는 것으로, '굵으스름하다'를 설정할 수 있게 한다.

558) '자잘하다'의 방언형.

559) '숫돌'의 방언형. '숟똑+이'에서 움라우트가 일어났다.

참고문헌

김홍수(1985), '소설의 방언에 대하여', 국어문학 25.

소강춘(1983), 『남원지역어의 음운론적 연구』, 전북대학교 석사논문.

소강춘(1989), 『방언분화의 음운론적 연구』, 한신문화사.

소강춘(1994), '방언자료의 전산처리에 대하여', 정신문화연구 56. 한국정신문화연구원.

소강춘(2007). 『전북 남원 지역의 언어와 생활』, 태학사.

이기갑(1986a), 『전라남도의 언어지리』. 탑출판사.

이기갑(2003), 「국어 방언 문법」. 태학사.

이기갑(2007). 『전남 곡성 지역의 언어와 생활』, 태학사.

이기갑·고광모·기세관·정제문·송하진(1998), 『전남방언사전』. 태학사.

이돈주(1978), 『전남방언』. 형설출판사.

이승재(1980), 「남부 방언의 형식명사 '갑'의 문법-구례 지역어를 중심으로」. 『방언』 4. 한국정신문화연구원.

이승재(1980), 『구례지역어의 음운론』, 국어연구 45.

이태영(1997), '채만식 소설『천하태평춘』에 나타난 방언의 특징', 국어문학 32.

최전승(1986), 『19세기 후기 전라방언의 음운현상과 그 역사성』, 한신문화사.

한영목(2007). 『대전 서구 지역의 언어와 생활』, 태학사.

찾아보기